党政干部用书

宪法学原理与适用

王　勇◎主编

法律出版社
LAW PRESS · CHINA

序　言

党的十八届四中全会明确提出“坚持依法治国首先要坚持依宪治国，坚持依法执政首先要坚持依宪执政”。“依宪执政”作为执政理念，终于正式写进党的全会文件之中，成为执政党治国理政的基本方式。“依宪执政”核心在于领导干部这一“关键少数”要树立宪法权威，依据宪法治国理政。因此，如何强化领导干部宪法思维成为重要的理论与实践问题。党的十八届四中全会强调法治教育，特别是公务员宪法教育的重要性，提出“完善国家工作人员学法用法制度，把宪法法律列入党委(党组)中心组学习内容，列为党校、行政学院、干部学院、社会主义学院必修课”。要把宪法教育作为党员干部教育的重要内容，使各级领导干部和国家机关工作人员掌握宪法的基本知识，树立忠于宪法、遵守宪法、维护宪法、运用宪法的自觉意识。对此，针对领导干部的宪法学培训教材的编撰也就显得尤为重要。从目前来看，专门针对领导干部的宪法培训教材比较少，而实践中的需求比较大，本教材恰恰适应了这一需求。

该教材具有以下几个鲜明的特点：

第一，紧扣时代脉搏，展示最新的宪法学理论研究成果。宪法学具有鲜明的时代性，回应和调整不同时期的宪法课题与民众期待，赋予社会变革以宪法的基础与界限，塑造健全的主流价值观与稳定的宪法秩序。正是基于此，在宪法学教材的编写中既要确保宪法学的“专业槽”功能得以强化，同时，还要关注社会发展进程中的热点、难点与焦点问题，为社会发展提供具有解释力的理论依据与分析工具。党的十八大以来，宪法被提到治国理政依据的重要高度，习近平总书记强调“依法治国，首先是依宪治国；依法执政，关键是依宪执政”，并要求“必须依据宪法治国理政”，以“履行好执政兴国的重大职责”。这些是在研究宪法的指导思想，对此，该教材都做了详细的阐述。从内容上看，教材分为基础理论、基本权利、国家权力、宪法保障四个部分，在对宪法学内容进行全面论述的基础上，紧扣"宪法的生命在于实施，宪法的权威也在于实施"这一中心，有的放矢、突出重点。在具体论述上，该教材也做到了既介绍宪法学通说的观点，又把当前理论研究中热点观点进行梳理，充分展示宪法学研究的最新前沿理论动态。

第二，回归宪法学本土性，着力增强领导干部的宪法思维。基于宪法学的"中国意识"，在教材编写中要坚持面向中国实际，追求以问题为导向的学术理念，致力于解决现实中的实践问题。领导干部培训教材更应该以需求为导向，紧扣领导干部最需要解决的核心问题，增强领导干部宪法思维。宪法是社会共识的基本体现，对于领导干部来说，理解并弘扬宪法核心精神，是在尊重宪法权威和规范的效力基础上的一种宪法思维方式，本身是具有合理性、科学性的。对领导干部这一"关键少数"而言，宪法观念是对宪法精神的发自内心的真诚信仰，维护宪法，捍卫宪法中所提出的共和国的核心价值观，也就是尊重人民的健康生命，维护社会的基本共识，这应该成为所有公职人员的基本价值观。该教材围绕培育领导干部宪法思维与宪法观念，以问题为导向，侧重于从解决中国法治实际出发，抓住当前中国强化宪法实施、树立宪法权威中的重要知识点，充分彰显宪法的学术与社会价值，力求体现宪法学的"中国性"。同时，从该教材的编写人员可以看到，均为在党校教学第一线的教师，对公务员所需要了解的宪法知识有较准确地把握。

第三，坚持理论与实践紧密结合，突出教材的可读性。领导干部的培训不是简单的传授理论，必须改变从理论到理论的刻板模式，而坚持从理论到实践，使理论与实践紧密结合。该教材坚持以问题为导向，不是从理论到理论的空洞演绎，更不是简单的对国外理论照搬照抄，而是紧扣宪法学实践中的难题，给领导干部学习宪法提供理论指导与实践支持。领导干部有别于全日制大学生，因此，如何把理论知识转化为实践中的具体应用，进而帮助其解决实践中面临的问题显得尤为重要。例如，在实际工作中，我们有时候面对法规之间的冲突，法律和法律的冲突，法律和法规的冲突，比如行政法规和地方性法规的冲突；等等，应该怎样思考和处理呢？面对此类问题，必须牢固坚持任何组织和个人都必须尊重宪法法律权威，都必须在宪法法律范围内活动的原则，都必须依照宪法法律行使权力或权利、履行职责或义务，任何人不得有超越宪法法律的特权。绝不允许任何人以任何借口任何形式以言代法、以权压法、徇私枉法。因而，该教材在每一篇专门设置了典型事例专章，以实践中发生的典型案例或实践为样本，通过分析和介绍这些案件背后蕴含的宪法学知识点，以及易于被忽视的宪法学问题，找到符合宪法精神的解决路径，实现理论与实践之间的紧密结合，也使整本教材从体系到内容显得十分新颖。

是为序。

中国人民大学法学院院长、教授　韩大元

2017 年 4 月

目　　录

第四篇　宪法保障篇

引　言

一、宪法具有治国安邦的属性

习近平总书记在《谈治国理政》一书中明确指出:“宪法是国家的根本法,是治国安邦的总章程。”宪法之所以是治国安邦的总章程,具有治国安邦属性,是因为它的正当性,是因为它所规定的基本内容具有根本法的属性,是因为它解决了国家的重要问题。

宪法作为人民在长期的社会生活中所形成的共识,调整着国家生活的重要且根本的方面,体现了社会共同体的基本价值,具有正当性和至高无上的权威。所以,宪法要求“任何组织或者个人都必须在宪法和法律范围内活动,任何公民、社会组织和国家机关都要以宪法和法律为行为准则,依照宪法和法律行使权利或权力、履行义务或职责”。

宪法的根本目的是保障公民的基本权利,这是宪法的最高价值追求。宪法以保障公民基本权利为终极目的,宪法所确定的基本社会制度、基本原则、国家基本框架和公权力分配体系,就是为了更好地约束公权力,让公权力放入制度的牢笼中,防止它被滥用,防止它侵犯公民的权利。宪法的价值追求是与中国共产党全心全意为人民服务的价值追求相吻合的。宪法的制度设计,也是为了更好地保障公民基本权利的。所以,“坚持依法治国首先要坚持依宪治国,坚持依法执政首先要坚持依宪执政。”

宪法规定了国家的国体,规定了国家的基本经济制度、基本政治制度、公民的基本权利等重要内容。这些重要的内容本身就证明了宪法的治国安邦属性,从一定程度上来说,宪法是组织国家的国家组织大法。一个国家的国体,一个国家的基本经济制度、基本政治制度、公民的基本权利决定着国家的大政方针,是执政党执政的基础,所以,宪法实质上决定着国家的政治属性。这意味着,宪法在整个社会规范体系中具有至高无上的地位,其他任何法律规范,任何其他形式的社会规范都不能与宪法相冲突，都要符合宪法的基本精神和价值，任何国家机关和个人都必须尊重和遵守宪法，治国安邦必须宪法至上。

在实践中，宪法主要解决五个方面的问题，这也确定了其治国安邦的属性。一是解决人民与国家的关系问题，确定了国家主权归属。在我国，现行《宪法》第2条第1款明确规定："中华人民共和国的一切权力属于人民。"二是解决人民如何行使主权的问题。三是宣示公民基本权利，解决公民与国家权力之间的关系问题。四是解决国家机关之间的关系问题。在实践中，宪法是通过构建什么样的制度，解决这一问题的呢？宪法是通过构建具体的政权组织形式去解决这一问题的。比如，我国的政权组织形式是人民代表大会制度，它确定了人民主权的机关，确定了这个机关如何行使人民主权，在符合我国国情的基础上，解决了人民与国家的关系问题。所以，习近平总书记在庆祝全国人民代表大会成立60周年大会上的讲话中曾指出："人民代表大会制度是坚持党的领导、人民当家作主、依法治国有机统一的根本制度安排。"五是解决国家整体与部分、中央与地方之间的关系问题。国家整体与部分、中央与地方之间的相互关系可通过宪法所规定的国家结构形式体现出来。我国是单一制的国家结构形式。

所以，宪法具有治国安邦属性，是治国安邦的总章程，在实践中，没有宪法统帅下的统一完备的法律制度，就不可能谈及执法、司法、守法、法律监督，乃至更多的方面。坚持依法治国，首先就要坚持依宪治国，坚持依法执政，关键是坚持依宪执政。[1]

二、宪法要解决的具体重大问题

（一）宪法解决人民与国家的关系，确定国家主权归属

人民是一个近现代概念，在我国，现阶段人民是指全体社会主义劳动者、社会主义事业的建设者、拥护中国共产党和中国特色社会主义的爱国者和拥护祖国统一的爱国者。一般理解，现代意义上的人民是作为公权力的来源和宪法合法性的"整体"的概念。所以，宪法明确确定了人民主权原则，解决人民与国家的关系问题，确定国家主权归属于人民。

---

〔1〕 参见王勇：《论宪法实施的基础》，载《理论与改革》2016年第3期。

人民享有国家主权，是国家主权的归属者，这源于人民主权理论，它由卢梭等近现代学者创立，并随着时代的发展得到完善。马克思主义者合理吸收其内核，认为人民群众是历史的创造者。人民主权观念在现代社会已深入人心。宪法是人民制定的，而一国的人民得到了独立自由，这正是作为制宪权的主体"人民"着手制定宪法的基础。那么，"人民"作为一个整体，如何通过法律层面体现出来呢？国家主权又是怎样归属于人民的呢？对这个重大问题，宪法理论需要回答，并需要在现实中通过具体的宪法制度设计予以解决。

国家主权是近现代社会的一个宪法基础理论问题，回答上述问题，首先需要清楚国家主权理论。国家主权理论的奠基者是法国著名思想家博丹，他在1593年所撰写的《共和国六书》中第一次系统地论述了主权的概念及其归属，认为主权是国家的固有权利，它指的是一个国家独立自主处理自己内外事务，管理自己国家的最高权力。国家主权是近现代社会的一个宪法基础理论问题。博丹认为，国家主权是共同体所有的绝对且永久的权力。随着社会的发展，主权的重心渐渐移向作为独立范畴的民族国家，并通过宪法予以确认，这样实质上也是促进了宪法制度在各国如雨后春笋般的迅速建立。特别是"二战"后，独立的主权国家既包括政治上的独立，又包括经济上的独立，这种独立需要通过一国宪法予以肯定，也就是说，宪法赋予了国家独立存在的合法性。

那么，国家独立存在的情况下，其主权的归属主体是谁呢？

现代宪法理论认为，一个国家的主权只能归属该国的全体人民，只有人民才是国家主权的归属者，如果说宪法制定权是"关于国家政治存在样式和形态的具体的总决断的政治意志"，〔1〕那么，只有人民才是一国宪法制定的唯一制宪权主体。这正是宪法确定的人民主权原则。人民主权意味着，永远准备着为人民而牺牲政府，而不是为政府而牺牲人民。〔2〕人民主权理论可以推导出宪法监督的主体，从最广泛意义上来说，就是人民。

---

〔1〕 C. Schmitt, Verfassungslehre, 1954, SS. 75 – 76. 转引自［日］芦部信喜：《制宪权》，王贵松译，中国政法大学出版社2012年版，第3页。

〔2〕 参见［法］卢梭：《社会契约论》，何兆武译，商务印书馆1980年版，第76页。

人民主权理论虽然从历史起源上可以追溯到雅典民主时期，但是，真正具有现代意义烙印的人民主权理论则是民族国家形成以后的产物，它兴起于启蒙时代，针对当时封建的君权、神权、特权，法国思想家卢梭曾系统阐述了反君权、反特权的人民主权理论，确立了政治的道德原则——人民、主权、公意三位一体的人民主权原则。[1] 人民主权理论在法国大革命期间曾得到实践，比如当时颁布的《人权和公民权宣言》（以下简称《人权宣言》）这一纲领性文件，就非常典型且非常完整地体现了人民主权思想。这一实践至今仍有价值，因为这一宪法性文件永存青史并影响深远，它至今仍然光彩熠熠，成为人民主权思想的重要实践标志。

人民主权解决的是国家权力的最终归属问题，即合法性问题，也确定了人民具有对宪法实施的监督权利。该理论的产生与发展从法理层面为现代意义上的宪法诞生奠定了基础。反之，宪法诞生后首先要解决的问题就是国家权力的归属问题。

我国宪法作为一部社会主义宪法，明确宣告："中华人民共和国的一切权力属于人民，"充分肯定了人民的主体地位。世界上有很多国家的宪法也明确了人民主权原则。这样，通过宪法解决了人民与国家的关系，确定了国家主权归属问题。国家主权归属于人民，人民享有宪法监督权利。

（二）宪法解决人民如何行使主权问题

国家的一切权力属于人民，人民又是如何行使主权？如何监督宪法实施呢？人民主权的思想和保障宪法监督问题主要通过宪法制度的精巧设计体现出来。

人民如何行使国家权力，既需要理论上的支撑，更需要把理论指导实践，在现实的制度设计中完整的展现出来，这会是一个复杂的较为漫长过程。在古希腊时期，由于城邦制度的存在，在规模有限的城邦政治中，每一位公民原则上都能直接参与公共事务的讨论及决策，所以，直接民主是实现人民主权的主要形式。但是，现实中，有的国家全面实行直接民主却是有困难的，因为"直接民主不仅需要人口少、面积小、公民时间充足等

---

〔1〕 参见陈端洪：《政治法的平衡结构——卢梭〈社会契约论〉中人民主权的建构原理》，载《政法论坛》2006年第5期，第145页。

条件,而且易于导致制度丧失对危机的防范力、总和为零的政治及制度功能性失衡。”〔1〕所以,潘恩首先提出平等的代议制政府是管理一个庞大的共和国的最好方式。代议制原理的核心,就是论证人民只有通过选举代表才能更好地行使自己的主权。虽然只有人民才能通过组成立法机关和指定由谁来行使立法权,选定国家的形式,〔2〕但是,人民也需要通过选举代表来实现自己主权,也就是说,人民实现主权需要一个选举制度的安排,这是组建政府的合法性基础。事实上,这种理论在诸多国家已经得到认可,并已经付诸实践。

这样,构建代议制政府,〔3〕就需要完善的选举制度,通过选举形成国家的立法权主体,这其实就是卢梭所说的政治体的立法权问题,在解决了政治体的立法权的同时,一并建构了国家行政权。所以,在卢梭看来,立法权与行政权是分离的,主权者假如可能具有行政权的话,那么,权利与事实就会混淆不清,以至于人们再也弄不清楚什么是法律,什么不是法律。〔4〕该理论对各国宪法制度的建设影响深远,也包括中国。在我国,也有完善的选举制度,全国人民代表大会和地方各级人民代表大会都是由民主选举产生的,要对人民负责,接受人民的监督;相应地,国家的其他公权力机关,包括国家行政机关、审判机关、检察机关都由人民代表大会产生,并对它负责。人民通过定期选举自己的代表,定期召开各级人民代表大会,对公权力机关实施监督,这实质是人民通过运用人民代表大会制度实现了人民权力。

我国宪法不仅很好地解决了人民如何行使主权的问题,而且对宪法监督予以了制度设计。具体来说,《宪法》第62条规定,全国人民代表大会监督宪法的实施,撤销或者改变全国人大常委会不适当的决定;《宪

〔1〕参见[美]乔·萨托利:《民主新论》,冯克利、阎克文译,东方出版社1993年版,第282~287页。

〔2〕参见[英]洛克著:《政府论》,叶启芳、瞿菊农译,商务印书馆2004年版,第88页。

〔3〕关于代议制,“一方面,卢梭的主权者在现代代议制政治中一般情况下是退隐的,而卢梭又坚决地反对主权的代表制;另一方面,卢梭坚持个人平等的参与权,反对中间的社会组织……,”但是,“现代代议制的政治结构已经演变为主权者——主权代表——政府——中间社会组织——臣民。”参见陈端洪:《政治法的平衡结构——卢梭〈社会契约论〉中人民主权的建构原理》,载《政法论坛》2006年第5期,第161页。

〔4〕参见[法]卢梭著:《社会契约论》,何兆武译,商务印书馆1980年版,第124页。

法》第67条规定,全国人大常委会解释宪法,监督宪法的实施。根据宪法上述规定,我国对法律、行政法规、规章等规范性文件的审查权,主要由全国人大及其常委会来行使,全国人大常委会是我国常设宪法监督机关。当然,宪法只是一种原则性的设计,它为宪法监督制度的确立与完善提供了依据,虽然全国人大常委会是我国常设宪法监督机关,但并非专门宪法监督机关,[1]建立专门的宪法监督机关是我国宪政建设的重要任务之一。

尽管广义上的宪法监督主体是多元的,甚至也包括了公民,但是,对于违宪问题,还是需要专门的机关予以判定更有说服力。著名学者王世杰、钱端升先生在其所著《比较宪法》一书中关于违宪问题曾专门指出:"要决定一种法律或命令是否违反宪法,所应注意者不外两点。一为法律或命令的成立,曾否具备宪法上所规定的条件。……一为法律或命令的条文,有无违反宪法条文的规定。这是法律或命令的实质问题"。[2]对此,两位学者分别引用了美国和奥地利两国不同的制度,分析了如何对待违宪的法律或命令,而所引用的制度都是法院作为专门机关的违宪确认制度。可见,依靠专门司法性质的机关予以宪法监督,裁判违宪问题更为普遍。专门机关的违宪审查制度是宪法监督方式上最权威、最有效的监督方式。要意识到,违宪审查是监督宪法实施的一种手段,[3]违宪审查实质上是对国家机器运转的审查,是保证国家机器在宪法的轨道上正常地运行,纠正国家机器越出宪法轨道的行为,它不仅关系到宪法的权威和公民的人权保障,而且对国家生活会发生非常重大的影响,有时甚至直接影响到国家的前途和命运。所以,该制度的建立需要慎重,需要条件成熟后通过宪法确认,不能一蹴而就。

(三)宪法宣示公民基本权利,解决公民与国家权力之间的关系问题

公民是指具有一国国籍并依据该国宪法和法律享有权利和义务的自然人,公民具有独立的人格,是现代社会中对个体身份所施加的无差别的称呼,代表了现代政治的参与精神和现代法治的平等理念。

---

〔1〕 参见刘茂林、陈明辉:《宪法监督的逻辑与制度构想》,载《当代法学》2015年第1期,第21页。
〔2〕 王世杰、钱端升著:《比较宪法》,中国政法大学出版社1997年版,第301~303页。
〔3〕 参见李步云主编:《宪法比较研究》,法律出版社1998年版,第385页。

公民是个现代概念,不同于传统社会中的市民、臣民。现代公民“逐步整合了市民的理性自由选择、臣民的义务消极服从与选民的投票积极参与三种特质,并在法国大革命之后以法律形式完全确立了角色形态”。[1] 正因为这样,近现代宪法确定的是公民的基本权利。

公民基本权利也称宪法权利,是宪法规定的公民享有的最高法律位阶的权利,是公民政治地位、法律地位的体现。公民的基本权利是人权的范畴,它是人之所以为人的权利,是公民实施某一行为的可能性。国家权力属于人民,国家机关只是权力的行使者。如果说人民指的是“整体”,那么公民就是一个个的“个体”了。宪法的最高价值是保障人权,其实质就是保障以公民基本权利为核心的人权,所以说,保障公民的宪法权利是至关重要的。可以说,公民基本权利是国家权力的基础,而国家权力则是用于保障公民基本权利的。宪法的实现依赖公民基本权利与国家权力之间的良性协调。保障公民基本权利,就需要协调好公民基本权利与国家权力之间的关系。如何解决这一问题呢?

首先,宪法明确自己的最高目标追求是保障公民的基本权利,即保障人权。对公民基本权利的保障是世界上大多数国家的宪法的最终目标追求,之所以精巧地设立宪法制度,适当地分权监督,就是为了防止公民基本权利受到公权力的侵犯。宪法最高的价值与追求是充分保障公民的基本权利。在宪法监督制度实践中,如果法官忽视宪法所保障的基本权利,就视为公权力的侵害,公民可以据此提起宪法诉讼。[2]

其次,宪法明确宣示了公民基本权利的具体内容。公民的基本权利内容丰富,宪法一般明确这些基本权利:政治权利和自由,即选举权和被选举权,以及言论、出版、集会、结社、游行、示威权等;社会经济权利,即财产权、劳动权、劳动者休息权、退休人员生活保障权、获得物质帮助权、受教育权等;获得救济的权利,即申诉控告权、取得国家赔偿权、补偿权等;社会生活权利,即宗教信仰自由权利、教育科学文化权利和自由等。当然,各国宪法所明确的公民基本权利内容不尽相同。我国宪法明确享

---

〔1〕 [英]巴特·范·斯廷博根:《公民身份的条件》,郭台辉译,吉林出版集团有限责任公司2007年版,译者序第2页。

〔2〕 参见陈新民:《德国公法学基础理论》(上册),山东人民出版社2001年版,第313~314页。

有基本权利的主体十分广泛，确认并保障的公民权利和自由的范围也十分广泛。从一定意义上来讲，公民基本权利实现的过程，也是公民监督宪法实施的过程。

最后，宪法通过具体的制度设计约束与控制国家公权力的行使。宪政意味着对公权力的控制。“一切有权力的人都容易滥用权力，这是万古不移的一条经验。”〔1〕宪法一般通过三种方式来限制国家权力：一是限制国家权力行使的方式和范围，并明晰公权力的界限；二是将国家权力按照一定标准划分，并合理配置给不同的国家机关；三是明确公民对公权力的监督权利。前两种方式，目的是为了更好地实现对公民基本权利的保障，第三种方式，是为了让公民直接监督与约束公权力的行使，也是广义上宪法监督的直接形式。比如，我国《宪法》第 2 条第 3 款规定：“人民依照法律规定，通过各种途径和形式，管理国家事务，管理经济和文化事业，管理社会事务。”第 27 条第 2 款规定：“一切国家机关和工作人员必须依靠人民的支持，经常同人民保持密切联系，倾听人民的意见和建议，接受人民的监督，努力为人民服务。”监督原则实质是赋予了公民直接监督公权力的权力，是广义上的宪法监督，它是具体解决公民与国家权力之间关系的重要原则。

这样，宪法明确其最高价值追求是保障公民基本权利，通过法治原则、分权原则等去合理地配置国家权力，防止公权力的滥用，并通过公民对公权力的监督、约束，予以宪法监督，保障公民基本权利的实现。

所以，宪法的价值、监督制度的设计、公民基本权利的实现紧密融为一体，让作为人类政治文明重大发明的宪法熠熠闪光。

(四) 宪法解决国家机关之间的关系

宪法是法律，自然要调整一定的社会关系，与其他法律所不同的是宪法不调整一般的社会关系，它调整的是国家的重大社会关系，包括国家机关之间的关系。

宪法通过构建一国的政权组织形式，实质也调整了国家机关之间的关系。政权组织形式是指国家权力的组织形式以及国家权力的实现或运作机制，它反映着政权组织内部的结构状况以及各个组成部分之间的关

---

〔1〕［法］孟德斯鸠：《论法的精神》(上)，商务印书馆 1961 年版，第 154 页。

系。一个国家建立什么样的政治体制,采用何种权力运行方式,是由一个国家的国情决定的。由于各国对主权理论的理解不同,对人民内涵的理解也不尽相同,同时,各国的历史文化传统也有较大差别,所以,不同国家的宪法中对于如何设计政权组织形式,基于文化传统等存在诸多差异。

世界上主要有这样几种类型的政权组织形式:一是君主立宪制。这种形式是指国家的最高权力实际上或名义上由君主一人掌握。当代社会,实行君主立宪制国家的君主一般只是一种象征地位,如英国、日本、瑞典等。在这些国家中,议会具有主导地位,是最高权力机关,内阁掌握实际的权力,内阁对议会负责。二是共和制。这包括:议会内阁制,如德国、意大利等,即由在议会中占多数席位的政党组成政府,对议会负责;总统共和制,如美国,即由选举产生的总统直接组成政府,对选民负责;委员会制,如瑞士,即由议会选举若干委员组成联邦委员会,集体行使国家管理权;半总统制,如法国,即政府对议会负责,总统与总理分享权力,总统不是政府首脑,但是可以主持内阁会议,与总理相比,总统享有更多的权力等。可见,各国的政权组织形式不一样,这与各国的文化、历史传统是息息相关的。只要符合各国国情,只要宪法确立了人民主权原则,不同的政权组织形式,都值得研究。

我国的政权组织形式是人民代表大会制度,这不同于以上各国。我国《宪法》第2条第2款明确规定:“人民行使国家权力的机关是全国人民代表大会和地方各级人民代表大会。”我国的人民代表大会制度让人民主权落在实处,使宪法监督有了可靠的制度保障。具体来说,人民代表大会制度是按照民主集中制原则设计的,它表现为:国家权力是统一的,它是由人民直接或间接选举的代表机关统一行使,国家的行政机关、司法机关由人民代表大会产生,并对人民代表大会负责,接受人民代表大会的监督;国家权力机关与国家行政、司法机关分工不同、职责不同,人民代表大会统一行使国家权力,但不代行行政权、审判权、检察权,不同的国家机关分别行使不同的权力,国家行政机关是国家权力机关的执行机关,人民法院是审判机关,检察院是法律监督机关。在监督宪法实施方面,监督机关包括全国人大及其常委会及其授权机构和组织等。另外,根据《宪法》第99条的规定,地方各级人民代表大会在本行政区域内负有保证宪法实施的职责,因此地方各级人民代表大会及其常委会也是重要的宪法监督机关。

由于政权组织形式的不同，各国对宪法监督的法定专职监督机关设置会有不同的形式。比如，以德国和奥地利为代表的宪法法院监督模式、[1]以美国为代表的普通法院监督模式、[2]以法国为代表的宪法专业委员会监督模式等。

各国宪法监督的法定专职监督机关虽不尽相同，但在不同的国度各自发挥着重要的作用。据统计早在20世纪80年代，在当时的142个立宪国家中，就有64个国家以普通法院裁决宪法争讼，37个国家设有宪法法院。[3]

我国的政权组织形式是符合我国国情的，它既有利于保障各个国家机关分工合作、相互监督，并协调有效地开展工作，又有利于集中力量办大事，发挥社会主义制度的优越性，把人民赋予的权力真正用来为人民谋利益。所以，宪法赋予了全国人民代表大会及其常委会的宪法监督权力。如果从狭义上定位宪法监督是法定专职机关所进行的监督，那么，全国人民代表大会常委会就是我国宪法监督的专门机关了。当然，这并不是一个常设机关，而是一个会议机构，所以，相应的监督措施未必能达到应有目的。因而，有的学者建议在全国人大常委会之下设立一个相对独立的宪法监督委员会是最为稳妥的办法，[4]也有的建议在全国人大之外设立宪法法院，或者由最高人民法院行使违宪审查权和宪法解释权等。

（五）宪法调整国家整体与部分之间的关系，构建中央与地方关系的制度

宪法解决的另一个重要问题是调整国家整体与部分、中央与地方之间的相互关系，这种相互关系可称作国家结构形式。一个国家采用何种

---

〔1〕 奥地利最早于1867年实施宪法法院监督模式，随着完善，其宪法法院的主要任务是：审核法律；监督国家机关的活动是否符合宪法的基本原则；裁决宪法性纠纷；维护宪法的权威性。"二战"后，1948年意大利宪法、1949年德国基本法、1960年塞浦路斯宪法和1961年的土耳其宪法等都采纳了这种模式。

〔2〕 "二战"后的日本、挪威、丹麦、瑞典以及拉丁美洲的智利、洪都拉斯、玻利维亚、哥伦比亚均建立了美国式的宪法监督制度。

〔3〕 参见［荷］亨利·范·马尔赛文等：《成文宪法的比较研究》，陈云生译，华夏出版社1987年版，第103、106页。

〔4〕 参见刘茂林、陈明辉：《宪法监督的逻辑与制度构想》，载《当代法学》2015年第1期，第21页。

国家结构形式需要在宪法中予以明确，在实践中予以落实。如果说宪法监督是对宪法实施活动的全面监督，[1]那么，国家结构也必然是重要内容。

国家结构直接关系到社会调控的形式、机制和程度，也深刻影响着多民族国家中民族之间的关系。美国19世纪的南北战争，双方斗争的焦点虽然是奴隶制的实行范围或其存废问题，但实际上却往往是围绕着采取何种国家结构形式的问题展开的。[2] 事实上，如果说国家政权的组织形式是关于国家权力的横向结构配置问题，那么，国家结构就是关于国家权力的纵向结构配置问题，它所涉及的是如何划分国家领土，一个国家内部整体与其组成部分之间的关系，以及中央与地方的关系，其实质是规定中央与地方之间的权限划分。国家政权组织形式、国家结构形式都是一种"建构社会秩序"[3]的努力。中央与地方的关系问题直接关系到国家纵向权力的划分问题，对此，必须要有合理的制度安排。

世界各国的国家结构形式均有各自的特点，这是因为国家结构形式与一个国家的历史、文化甚至民族等因素息息相关，是这些因素综合起作用的结果。可以把当代世界各国的国家结构形式分为单一制和复合制两种，而复合制又包括联邦制和邦联制。单一制和联邦制是社会发展到一定阶段上的产物，单一制和联邦制实际为资本主义和社会主义两种性质国家所专有。[4] 单一制是指国家由若干普通行政单位或者自治单位组成的国家结构形式。单一制的国家，宪法只能有一部，所以，相应地，只有一个最高立法机关、一个中央政府，司法系统也只能有一套。单一制国家的地方政府的权力由中央授予的，要听命于中央。所以，单一制的国家结构形式实质是由若干不享有独立主权的普通行政单位或自制单位组成的

---

〔1〕 本书认为，宪法监督的对象是可能违反宪法的各类行为，而违反宪法的行为主要应是指违反了宪法的内容和宪法原则，所以，宪法的内容根本决定了违反宪法的行为可能是什么。更多学者从违宪主体、违宪行为（或者称为宪法监督对象、宪法监督内容，参见李忠：《宪法监督论》，社会科学文献出版社1999年版）的角度阐述宪法监督问题。

〔2〕 参见童之伟：《国家结构形式与国家权力实质之关系探讨》，载《江苏社会科学》1995年第3期，第38页。

〔3〕 张恒山著.《法理要论》（第三版），北京大学出版社2009年版，第255页。

〔4〕 参见童之伟：《国家结构形式与国家权力实质之关系探讨》，载《江苏社会科学》1995年第3期，第39页。

统一的中央集权国家。现今世界上大多数国家都采取单一制的国家结构形式,我国也属于单一制的国家结构形式。

纵观我国历史,自秦统一以来就是一个统一的中央集权国家,在这块960万平方公里的土地上,具有统一历史渊源的中华各民族共同生息繁衍,形成不可分割的联系,国家的统一始终是历史的主旋律。正是因为"国家为一种有机体,非一时所骤能意造也,其政治现象之变化,必根据于历史",[1]所以,国家结构形式根源于国家的历史传统。"联邦国与单一国,其组织之根柢,盖有万不能相师者",[2]中国最终选择了单一制。宪法在我国诞生后,我国单一制的国家结构形式才逐渐得到确认。根据我国现行宪法规定,在我国的中央与地方关系上,体现为下级服从上级,地方服从中央,同时,中央又照顾地方的不同特点,注重发挥地方的积极性。我国的单一制模式有着自己的特色,这体现在具体的制度设置上具有灵活性,比如实行民族区域自治制度以及特别行政区制度。中国这一国家结构形式的特点使中国的地方分权也有自己的特点。[3]

随着社会的发展,中央与地方的关系也是在适应社会的发展中不断调整的。比如,党的十八届四中全会《决定》中明确赋予了有县的市具有地方立法权,从而改变了以前只有国务院规定的较大的市才有地方立法权的做法,这也是一种中央与地方关系的微调,其目的在于照顾地方特点,发挥地方优势和积极性,适当增加地方自治性。梁启超先生就曾非常重视地方自治,认为"只有先养成公民自治、地方自治的习惯,才能召开国会,建立立宪国家"。[4] 这种说法有些偏颇,是其在辛亥革命之前的思想,但也说明地方拥有一定独立性的重要性。

与单一制对应的联邦制是指国家由两个或者多个成员国(邦、州、共和国等)组成的国家结构形式。在联邦制下,联邦国家有联邦宪法,同

---

〔1〕 梁启超:《新中国建设问题》,载《梁启超全集》,北京出版社1999年版,第2433页。

〔2〕 梁启超:《中国立国大方针》,载《梁启超全集》,北京出版社1999年版,第2495页。

〔3〕 参见张友渔:《关于中国的地方分权问题》,载张友渔著:《张友渔文选》(下卷),法律出版社1997年版,第465页。

〔4〕 梁启超:《上摄政王书》,载李华兴、吴嘉勋编:《梁启超选集》,上海人民出版社1984年版,第554页。

时，联邦的各成员国也有各自的宪法，所以，在机构设立上，联邦设立了立法机关、政府和司法系统，各成员国也设立了各自相对独立的立法机关、政府和司法系统。所以，联邦制国家存在联邦中央政府和联邦各成员政府两套政府，中央政府与各成员政府之间在立法权、行政权等方面存在明确的权力划分。在联邦制国家中，公民实质上是必须服从两套法律的。美国就是一个典型的联邦制国家，在建国之初，联邦党人纷纷发表文章，赞成联邦制，指出“对于联合的价值和幸福所产生的强烈意识，很早就诱使人民去建立一个联邦政府来保持这种联合，并使之永远存在下去”。〔1〕实际上，世界上实行联邦制的国家占少数，并且，实行联邦制的国家的模式也不尽相同，这主要表现为两种形态：一种是均衡型联邦制模式，在这种模式下，联邦与成员单位权力分配比较均衡，联邦中央政府无权干涉成员政府以下的各级地方政府。美国就是采取这种模式的。另一种是非均衡型模式，在这种模式下，联邦中央政府高度集权，权力和职能分权不是均衡的。印度和阿根廷等国家是属于这种模式的。

复合制中的还有一种形式，即邦联制，它是指由若干个独立的主权国家为实现某种特定目的而组成的一种松散的国家联合。邦联不具有完整的国际法主体资格，与独立的主权国家有着本质的不同，并不属于宪法要解决的主要问题。

可见，宪法具有调整国家整体与部分之间关系的功能，中央与地方关系的制度构建是宪法实施的重要内容。

三、领导干部要树立宪法思维，维护宪法权威，积极实施宪法

宪法思维就是将宪法精神、价值以及宪法的诸种要求运用于认识、分析、处理问题的思维方式。宪法思维蕴含着宪法价值意义上的思考判断，是更高层级的法治思维，具有重要价值，是执政者必须掌握的一种思维方式。习近平总书记曾指出：“领导干部要把对法治的尊崇、对法律的敬畏转化成思维方式和行为方式，做到在法治之下、而不是法治之外、更不是法治之上想问题、作决策、办事情。”所以，作为法治思维最高层级的宪法思维，更为重要。

---

〔1〕［美］汉密尔顿、杰伊、麦迪逊著：《联邦党人文集》，商务印书馆1980年版，第8页。

领导干部要树立宪法思维模式，首先需要学习宪法，懂得宪法，并带头维护宪法权威，积极践行宪法、实施宪法。

十八大以来，中共共产党全面研究推进依法治国的重大问题，明确法治中国的路线图，其中一个重大举措是提议并由全国人大常委会设立了国家宪法日，这意味着执政党高度尊重与维护宪法权威。宪法是国家、社会与公民生活的根本规范，是人民在长期的社会生活中所形成的共识，是社会共同体基本价值的体现，具有正当性，具有至高无上的权威。所以，我们要切实维护宪法权威，“维护宪法权威，就是维护党和人民共同意志的权威。”依法治国首推的就是要尊重与维护宪法权威。坚持依法治国首先需要坚持依宪治国，推进依法治国必须维护宪法权威。

维护宪法权威，需要领导干部明晰宪法的精神。宪法精神是宪法的灵魂，它是以民主、人权、平等为主要价值追求的，主张通过法治控制公权力，切实保障公民的基本权利。

维护宪法权威，要求国家宪法至上，领导干部要带头遵守宪法。宪法至上意味着宪法在整个国家的规范体系中具有至高无上的地位，任何国家机关和个人都要尊重和遵守宪法，任何国家规范包括法律在内也都要符合宪法要求。新时期，领导干部要带头遵守宪法法律，遵守宪法法律其实也是《党内监督》条例所规定的重要监督内容之一。

维护宪法权威，还要求在立法实践中民主立法，以保障国家所制定的法律符合宪法的精神，体现人民的公意。要意识到宪法是民主的产物，也是对民主的切实保障。

维护宪法权威，需要切实保障宪法所确定的公民基本权利得以实现。宪法所确定的基本社会制度、基本原则、国家基本框架和公权力分配体系，就是为了更好地约束公权力，从而更好地保障公民基本权利。宪法要求国家的公权力能够严格按照宪法法律的要求行使，切实保障公民的基本权利。

维护宪法权威，更需要保障宪法的实施。宪法的实施是宪法规范在现实生活中的贯彻落实，是将宪法的内容及其内在的宪法精神在现实中得到落实。宪法主要解决人民与国家的关系问题、人民如何行使主权问题、公民与国家权力之间的关系问题、国家机关之间的关系问题、中央与地方的关系问题等五个主要方面的问题，宪法的实施也正是这些方面的实现。

总之，领导干部注意培养宪法思维，维护宪法权威，推进实施宪法。“任何法律，即使是最好的法律，如果不能贯彻执行，不过是一张废纸。”〔1〕保障宪法的实施才是最为实际和根本的。

〔1〕 许崇德主编：《中国宪法》，中国人民大学出版社 1996 年版，第 65 页。

第一篇　基础理论篇

【本篇导读】

本篇主要介绍宪法的概念与特征、宪法的产生与发展、制宪权基本理论、宪法的结构与形式、宪法的指导思想与原则等宪法学基本理论问题。通过本篇的学习，要认识到宪法是什么，它是在什么样的理论指导下如何诞生的？要认识到宪法的产生是人类政治文明的重大发明，标志着人类社会的发展进入了近现代崭新的政治文明阶段。宪法是国家的根本大法，是治国安邦的总章程，学习宪法，树立宪法权威，培养宪法思维，积极实施宪法，这是非常重要的，也是当代官员的历史使命。

第一章　宪法的概念与本质

【本章导读】

对于领导干部而言，学习宪法学首先需要了解宪法是什么，因此，必须掌握宪法的概念与本质。对于宪法究竟是什么？这是贯穿于整个宪法学始终的话题，从开始便提出这一问题对于领导干部从宏观上把握宪法学的基础理论具有重要的意义。宪法的概念与本质看似简单实则蕴含着深刻的基础理论，通过本章的学习，有助于领导干部识别以下理论难题：中国自古就有宪法是否正确？宪法是不是母法？宪法从本质上看是否带有阶级属性？等等。

第一节　宪法语词的起源与流变

一、宪法的词义演变

"宪法"从语词上看，古代的中国与西方都曾使用过，两者的含义是否相同？为什么要用宪法这个古典语词去对译西方的 constitution？对此理解，需要从语词上廓清宪法的含义。

汉语中"宪法"一词的出现比西方早很多，中国古代的典籍中，"宪""宪法""宪章"等词语都在适用，其与现在意义"宪法"的含义迥异。根据康熙字典的解释，大致可以从"名与动"两方面理解，具有两个方面的含义：一是指法令或制度。如《尚书·说命下》中的"监先于王成宪"；《管子·立政》中的“布宪于国”;《尔雅》中的“宪,法也”;《国语·晋语九》中的“赏善罚奸,国之宪法”;《韩非子·定法》中的“法者,宪令著于官府,刑罚必于民心”等,表达的即是此种含义。二是指法令的公布、效法与制裁。如《周礼·朝士》中的“宪谓幡书以明之”;《周礼·天官》中的“宪禁于玉宫”;《南齐书》中的“被宪者多结怨”等。然而从语词上看,这些解读与近现代宪法的含义有根本上的差异,问题在于为什么不更换一个词语来对译西方的 constitution,对此,可以从语言的约定俗成的角度去思考,亦即“当汉语的宪法”一词虽被相对固定后,其所指在不同的语境下是可以任意叠加和取舍的。也就是说,宪法是表达中国古典体制或典章,还是指涉西方现代性的制度和规则是可以选择的,[1]通说认为,在中国,将“宪法”一词赋予现代意义的人是郑观应,其在《盛世危言》中明确指出了“立宪法”“开议院”,实行君主立宪。[2] 也有学者提出异议,认为近代中国最早使用“宪法”一词的是马建忠。[3]

在西方,“宪法”的英译为 constitution,拉丁语为 constitutio,其意义为“组织、形态、规定”的意思。从现有文献梳理来看,普遍认为宪法与古希腊政体有着千丝万缕的联系,甚至可以说是宪法概念产生的萌芽。因此,在古代西方,“宪法”一词的第一重含义就是指有关规定城邦组织与权限的法律。[4] 主要根据是古希腊思想家亚里士多德《政治学》中的论断,但亚里士多德的 Politeia 大体在两个意义上使用:一种是狭义上的“共和政体”,它和君主政体、贵族政体相对应;而另一种是广义的“共和政体”,它和僭主政体相对应。希腊人把非僭主政体都称为 Politeia,这就是“城邦国家的政制”的意思。[5] 而根据吴寿彭先生考证,“Politeia”在亚里士多德《政治学》中有几种使用方法:一是公民与城邦关系;二是由这种关系形成的城邦政治生活;三是把这种关系厘定为全邦的政治制度,即“宪法”;四是有时径指该城邦政府。[6] 由此可见,古希腊时期只是“宪法”

---

〔1〕 王人博:《宪法概念的起源及其流变》,载《江苏社会科学》2006 年第 5 期。

〔2〕 参见周叶中主编:《宪法》(第二版),高等教育出版社、北京大学出版社 2005 年版,第 35 页;张千帆:《宪法学导论——原理与应用》,法律出版社 2004 年版,第 59 页。

〔3〕 参见焦洪昌主编:《宪法》(第四版),北京大学出版社 2010 年版,第 1 页。

〔4〕 参见周叶中主编:《宪法》(第二版),高等教育出版社、北京大学出版社 2005 年版,第 35 页。

〔5〕 参见顾准:《顾准文集》,贵州人民出版社 1994 年版,第 71 页。

〔6〕 参见[古希腊] 亚里士多德著:《政治学》,吴寿彭译,商务印书馆 1981 年版,第 110 页。

的萌芽时期,并不意味着一种真正的代表“治国安邦总章程”的宪法确立。

古罗马时期赋予了“宪法”根本法的地位,即帝王法或君主谕令,亦即君主不受法律的约束,法律却受到君主谕令的约束,君主谕令就被赋予了最高的法律效力,由此可见,其地位相当于君主治理国家的根本大法,因此,才有了普遍认同的宪法根本法的性质是渊源于罗马帝国的君主谕令。甚至有学者认为,实际上罗马帝国宪法为今日宪政制度的建设所起的作用同样巨大,只不过它过多地体现在概念层面和基础理论层面而长期受到忽视罢了。宪法是根本大法是罗马人的创造。[1] 中世纪教会用其表示教会的法律和规章,如 1317 年的克莱蒙特判令集(Constitutiones Clementnae)。世俗政权也通常在教会的意义上使用这个词语。例如,1164 年英王亨利二世颁布的《克莱伦登法规集》,该法规集是教会的法令的汇编,调整英国国内俗人与教会之间的权利义务关系。这些并不被学者认同为西方现代意义上的宪法,获得普遍认同的,被认为是英国宪政的奠基的是 1215 年英王约翰颁布的规定英王与英国贵族、诸侯与僧侣关系的《大宪章》(Magna Carta)。亦有学者对此持反对意见,认为“Carta”是“charter”英文的古语形式,其意思是表示该文本的契约性质。也就是说,《大宪章》可能是英国宪政主义的起源,但绝不是一个现代意义上的宪法。[2]

二、宪法词义的争鸣梳理

从宪法词义的流变可以看到,对宪法概念的语词含义呈现争鸣之势,对于宪法的理解亦存在不同见解,或从宪与宪法在典籍中的意义去揭示其本源含义,或者从价值意义上比较梳理概念之间的差异。其中对于领导干部需要掌握的一个问题就是中国古代有无宪法?对此,目前存在两种观点:一种从内容与效力的角度认为中国古代就有宪法。如有学者认为,在中外历史上,凡被称之为“宪”“宪令”的法律,都和居于至高无上地位,握有神圣权力的君主有关,要么是君主所发布的赦令,要么是君主所

---

〔1〕 参见[英]内尔·腾布尔:《哲学》,戴联斌、王了因译,三联书店 2003 年版,第 79 页。

〔2〕 参见王人博:《宪法概念的起源及其流变》,载《江苏社会科学》2006 年第 5 期。

签发的法律。这些敕令和法律仅仅是因为君主发布或签发的，就有了最根本、最重要的性质。至于其涉及的内容是否那么重要和根本，以今日立场看来是存疑的。君主所发布的诏令在很多情况下就是国家的法律，而且常常凌驾于国家法律之上。〔1〕另一种则从具体含义的角度阐明中国古代没有近现代意义上的宪法。如有学者认为，“我国古代一直使用‘宪’字，但是我国古代的‘宪’和‘宪法’从来没有‘民主’的意思而同法却有极其密切的联系”。〔2〕此外，很多宪法学教材也都认为中国古代宪法与近现代意义上的宪法有根本上的差异。〔3〕

如果从“宪法”的词源意义上来看，应当承认中国古代有“宪法”，但梳理中西宪法的发展与演变可以分析，“宪法”在词源意义上中西方存在较大的差异。有学者认为“古代西方的宪法往往侧重于组织方面的意义，而古代中国的宪法却没有此意义”，〔4〕从另一个方面也可以得到印证，中国古代刑民不分，刑事法律制度处于主导地位；而古代西方民事法律制度处于主导地位，这就从起源上产生了分化，也直接导致两者在演变路径上的差异。因此，在理解两个观点之时要注意：第一，中国古代的“宪法”只是具备了形式意义，并没有现在意义“宪法”的含义。得出“古代社会并不存在宪法”结论的学者显然意识到这个问题，往往在“宪法”一词前面加上某些限制性因素，如“古代社会并不存在民主的宪法”“古代社会并不存在近代意义上的宪法”“古代社会并不存在控制国家权力和保护基本人权的宪法”等。第二，充分认识到古代宪法对民主和个人自由的不相容，缺乏对权力的限制以及个人权利的保护。古代宪法虽然有根本法的形式意义，但这种根本法是维护皇权统治所需，并非是对其自身权力进行限制的法令，也没有起到对人民权利维护之目的，这就从本质上与对民主和个人自由保护的现在宪法区别开来。因此，才有了毛泽东同志所说的：“讲到宪法，资产阶级是先行的。英国也好，法国也好，美国也好，资产阶级都有过革命时期，宪法就是他们在那个时候开始搞起的。”

---

〔1〕参见王广辉：《宪法为根本法之演进》，载《法学研究》2000年第2期。

〔2〕钱大群：《“宪”义略考》，载《南京大学学报》1984年第2期。

〔3〕参见周叶中主编：《宪法》（第二版），高等教育出版社、北京大学出版社2005年版，第36页。

〔4〕参见周叶中主编：《宪法》（第二版），高等教育出版社、北京大学出版社2005年版，第36页。

第二节 宪法的辨析与特征

一、宪法的学理分析

在对宪法进行语词意义的分析后，需要对宪法进行一个理论上的界定，进而框定宪法概念理论上的困惑。对于宪法的界定，毛泽东同志认为，“世界上历来的宪政，不论是英国、法国、美国，或者是苏联，都是在革命成功有了民主事实之后，颁布一个根本大法，去承认它，这就是宪法”。对此，如何理解？需要对宪法从学理上进行分析，并对宪法下一个准确的定义。

应该怎样给宪法下定义？什么样的定义才能准确的概括宪法的含义？对此，学界并未达成共识，学者们对宪法的定义在具体表述上各不相同，宪法从定义上看具有多义性的特点，因此，有学者认为在确定宪法定义之时，不必追求统一的模式和标准，应允许不同宪法认识的存在。[1] 梳理当下对于宪法学的认识主要有以下几种理解：

第一，从形式与实质的界分上定义宪法。对宪法从实质与形式两个层面进行分别界定，形式意义上的宪法是根据宪法作为法律的形式特征来界定宪法，即宪法是指其制定和修改程序异于普通法律，并在效力上高于普通法律的成文法典。[2] 简单地说，就是指以“宪法”这一名称所命名的规范性文件，此种命名与内容无关。[3] 实质意义上的宪法则与此相反，是从法律规范的内容来界定宪法。此种实质意义上的宪法根据其所运用的不同情境包含两种可能的含义：一种是固有意义上的宪法；另一种是立宪主义意义上的宪法。[4] “宪法学者们对宪法所下的定义之所以不完全相同，也是因为宪法本身含有外表形式与实质内容的两面。有的从

---

〔1〕 参见徐秀义、韩大元主编：《现代宪法学基本原理》，中国人民公安大学出版社 2001 年版，第 9 页。

〔2〕 参见焦洪昌主编：《宪法》（第四版），北京大学出版社 2010 年版，第 3 页。

〔3〕 参见林来梵：《宪法学讲义》，法律出版社 2015 年版，第 38 页。

〔4〕 参见林来梵：《宪法学讲义》，法律出版社 2015 年版，第 39 ~ 42 页。

实质内容方面下定义，有的则采取外表的形式，所以，关于宪法的定义就不一致了。”〔1〕对于两种定义而言，实质意义的宪法比较合乎实际，首先，采取实质内容的观点去下定义，宪法的意义更广，可以包括许多重要的法律、命令、法院判决、判例和习惯而不拘泥于宪法必为一个文件和一时由制宪机关制定而成。其次，如果仅根据形式上的特点去了解宪法，英国这类国家就没有“宪法”，因为这类国家中，一切法律都不具备“法典”的形式，一切法律都由同一立法机关依同一立法手续制定或修改。〔2〕

第二，以宪法的阶级属性来定义宪法。这种观点曾是宪法学的通说观点，根据马克思主义的观点，各种类型的宪法，不管它们的形式如何，都是阶级斗争中阶级力量对比关系的反映，并将随着阶级力量对比关系的变化而变化。归根结底，国家自身是阶级的一种组织，而宪法是统治阶级的意志表现，是实行阶级专政的政权的重要工具。列宁曾说过：“宪法的实质在于：国家的一切基本法律和关于选举代议机关的选举权以及代议机关的权限等法律，都表现了阶级斗争中各种力量的实际对比关系。”〔3〕从20世纪50年代开始的很多宪法学教材基本上沿袭前苏联的概念，特别关注宪法的阶级属性作为界定宪法概念的核心要素，很多宪法学者和马克思列宁主义关于法律的阶级性观点和宪法本质的观点，都是从宪法体现的法律特征、政治内容和阶级意志出发，分析宪法的概念。早期较为代表性的是老一辈宪法学者吴家麟认为：“宪法是国家的根本大法，是民主制度的法律化，是阶级力量对比的表现。”〔4〕现在依然有一些宪法学者坚持从阶级属性的视角去定义宪法，将宪法定义为“集中表现统治阶级建立民主制国家的意志和利益的国家根本法”。〔5〕

此外，还有学者从宪法的调整对象或特性、从宪法的功能与作用、宪法的社会学意义以及综合各方面的角度去定义宪法的概念。〔6〕 以上各种角度的定义都具有一定的合理性，但要达成一个共识性的概念仍然较

---

〔1〕 龚祥瑞：《比较宪法与行政法》，法律出版社2014年版，第16页。

〔2〕 龚祥瑞：《比较宪法与行政法》，法律出版社2014年版，第24～25页。

〔3〕《列宁全集》（第十九卷），人民出版社1970年版，第309页。

〔4〕 吴家麟主编：《宪法学》，群众出版社1983年版，第21页。

〔5〕 周叶中主编：《宪法》（第二版），高等教育出版社、北京大学出版社2005年版，第43页。

〔6〕 参见周伟主编：《宪法学》，四川大学出版社2002年版，第3～5页；熊文钊：《宪法是什么?》，载《江苏社会科学》2002年第1期。

难，通过分析不同的语境其所存在的含义也不同，在本书看来，较为准确的一个定义是从形式与实质上的界分上来定义宪法的概念。主要缘由在于：其一，从现有的对宪法的定义来看，虽然所选的视角不同，但都可以归纳为形式与实质两个方面。即便从阶级属性来定义宪法的学者，也往往不会回避形式方面的含义，如有学者认为，"宪法内容上的本质属性是指集中表现统治阶级建立民主制国家的意志和利益，宪法形式上的本质属性则指它是国家的根本法"。[1] 其二，从形式与实质两个方面去定义宪法能够实现概念的逻辑周延性。单纯从某一方面去界定都难免有失偏颇，两个方面的定义则较为妥当的处理好了概念的外延与内涵，抓住了宪法定义的核心要素。

所以，本书对宪法所界定的具体概念是：宪法是国家的根本大法，它规定了国家的基本经济制度、政治制度、公民的基本权利等重大内容，确定了人民主权原则、法治原则等基本原则，是以约束公权力，保障人权为最高价值追求的。

二、宪法的特征

从形式与实质两个方面定义宪法之后，可以分别从两个方面概括宪法的特征。

（一）宪法的形式特征

宪法的形式特征主要体现为以下三个方面：第一，从总体上看，宪法是治国安邦的总章程；第二，宪法有着更为严格的制定和修改程序；第三，宪法具有最高的法律效力。

第一，宪法是治国安邦的总章程。

所谓"章程"，也就是某一团体的"宪法"，它使团体的活动合法化、制度化。一个团体要有一个章程，一个国家也要有一个章程，宪法就是一个总章程。[2] 因此，毛泽东说："一个团体要有一个章程，一个国家也要有一个章程，宪法是一个总章程，是根本大法。"

宪法作为治国安邦的总章程，集中体现为：

---

〔1〕 周叶中主编：《宪法》（第二版），高等教育出版社、北京大学出版社2005年版，第43页。

〔2〕 参见龚祥瑞：《比较宪法与行政法》，法律出版社2014年版，第27页。

首先,宪法规定的内容根本性。从具体上看,大多数国家的宪法规定的内容包括了国家社会制度和政治制度的基本原则,即国家的根本问题,主要包括国家性质、政权组织形式、国家结构形式、经济制度以及公民基本权利和义务等内容。以我国宪法为例,它规定了国家制度及其基本原则、公民的基本权利和义务以及国家机构的设置及相互关系;1947 年《意大利共和国宪法》也规定了国家生活的基本原则、公民的基本权利与义务及共和国的国家结构。这些内容都被认为是一国宪法最根本性的内容。由此可见,宪法规定的国家根本问题的内容极其广泛,涉及整个国家生活的各个重要领域。其他法律则不同,它们规定的内容是国家生活中一般性的问题,而且只涉及国家生活的某一方面。因此,宪法规定的内容较其他法律更为广泛,并具有一般性。

其次,宪法在规定方式上多采用原则性和纲领性的方式规定国家有关的根本问题。宪法对于国家根本问题的规定较为原则与笼统,且没有规定具体的惩罚标准。例如,我国现行《宪法》第 13 条第 1 款规定"公民合法的私有财产不受侵犯",就是一条旨在保护私有财产的原则性规定。又如,现行《宪法》第 39 条规定:"中华人民共和国公民的住宅不受侵犯。禁止非法搜查或者非法侵入公民的住宅。"对此并未规定侵犯了应当受到什么样的惩罚,仍需要通过具体的法律来加以保障。

最后,宪法调整的社会关系是国家生活中最基本的社会关系。我们"可以根据内容将全部社会关系分为政治关系、经济关系、文化关系和以血缘与婚姻为纽带形成的家庭关系。我们还可以按每一类社会关系中各子关系在该类社会关系中的不同地位将它们分为基本社会关系和一般社会关系"。[1] 宪法和其他法律相比,调整的社会关系都带有基本性,涉及的也往往是根本性问题。

第二,宪法有着更为严格的制定和修改程序。

宪法是国家的根本大法,与普通法律相比,宪法具有权威性和稳定性,因此其制定和修改程序更为严格。具体体现在:

首先,制定与修改方面有专门的机构。制定宪法需要成立专门的例如制宪会议、制宪议会等机构,该机构的基本职责主要用来制定宪法,宪

---

〔1〕 蒋碧昆主编:《宪法学》(第七版),中国政法大学出版社 2012 年版,第 10 页。

法制定任务完成后,该机构即予以解散。[1] 例如,美国在1787年召开了专门的制宪会议;法国为制定1791年宪法也成立了专门的制宪议会;我国在制定1954年宪法之时,虽未成立专门的制宪会议,但成立了"宪法起草委员会",毛泽东任主席。修宪机关也较为特殊,我国的1975年《宪法》、1978年《宪法》、1982年《宪法》都是通过成立"宪法修改委员会"来修改,然后由全国人民代表大会通过并颁布的。[2]

其次,宪法的修改程序较为严格。其中体现为:其一,宪法的提案主体受到严格限制。如我国现行《宪法》第64条规定,全国人民代表大会常委会或五分之一以上的全国人大代表方有权提议修改宪法;美国宪法第5条规定:"国会两院2/3议员认为必要时,应提出本宪法的修正案,或根据各州的2/3州议会的请求,召开制宪会议提出修正案。"其二,修改的程序性要求较高。在特定内容的修改上有一定的限制,这些限制通常涉及不得修改的内容、修改的基本原则、特别状态下的宪法修改以及宪法修改的时间等。如《法国宪法》第89条规定宪法的修改不得有损领土的完整,不得修改政府的共和政体。《西班牙宪法》第169条规定,在战时、紧急状态、特别状态和戒严状态下不得修改宪法。《希腊宪法》第110条第6款规定,在上次宪法修改完后未满5年不得对宪法进行修改。[3]

最后,宪法的通过程序较为严格。具体体现为:其一,宪法草案的通过程序比普通法律严格。一般而言,采用多数通过的方式,且是采用绝对多数通过,有些是四分之三、五分之四或者三分之二,有的国家甚至要求全民公决或有选举权的半数以上的公民通过。例如,美国在1787年宪法的通过中,规定在北美13个州中至少有9个州承认才能通过,一直拖到1788年才满足了这个条件。其二,宪法修改议案的通过也相当严格。美国宪法修正案要经过四分之三州的议会,或者四分之三州的修宪会议的批准才能通过生效。《日本宪法》规定必须经过各议院2/3以上的多数通过。我国《宪法》规定,宪法修正案由全国人大以全体代表的2/3以上的多数通过,而普通法律的修改由全国人大及其常委会以全体代表或委

---

〔1〕 参见许崇德主编:《宪法》(第五版),中国人民大学出版社2015年版,第7页。

〔2〕 参见焦洪昌主编:《宪法》(第四版),北京大学出版社2010年版,第4页。

〔3〕 参见林来梵:《宪法学讲义》,法律出版社2015年版,第55页。

员的过半数通过即可。

第三,宪法具有最高的法效力。

宪法同其他法律一样具有法律效力,即在特定空间和时间内对其管辖对象具有拘束力和强制力。各国宪法几乎都对自身的最高法律效力进行了宣告。如我国现行宪法在序言中明确宣告:“本宪法……规定了国家的根本制度和根本任务,是国家的根本大法,具有最高的法律地位。”日本宪法规定:“本宪法为国家的最高法规。”[1]宪法的最高法效力主要体现为以下两个方面:其一,宪法是普通法律的立法依据和基础。主要体现为普通法律依据宪法而制定,甚至宪法与普通法律之间被称为母法与子法的关系,二者的关系简单地总结为“子由母生”和“母命难违”。[2] 得出此结论主要缘由在于翻开中国的普通法律在其总则中一般都会发现这样的规定,即“依据宪法,制定本法”。例如,《物权法》第1条就规定:“为了维护国家基本经济制度,维护社会主义市场经济秩序,明确物的归属,发挥物的效用,保护物权人的物权,根据宪法,制定本法。”表明这些普通法律是依据宪法制定的,宪法是普通法律立法的依据。其二,普通法律的规定与宪法相抵触的不发生法效力。法律之间是有位阶关系的,宪法的法律效力最高,对于法律调整的事项,凡是宪法已经明确规定的,任何普通法律都不得同宪法的规定、原则与精神相抵触,否则,相抵触的法律条文无效或者整部法律无效。如我国现行《宪法》第5条第3款规定:“一切法律、行政法规和地方性法规都不得同宪法抵触。”1946年《日本宪法》规定:“与本宪法条款相违反的法律、命令、诏敕及有关国务行为的全部或者一部分,一律无效。”对于领导干部而言,经常听到“良性违宪”这一词语耳熟能详,对此曾经在法学界引发极大的争议,简单地说就是为了改革的发展而破除法律,甚至违反宪法。要谨慎对待这种说法,应该看到从宪法的最高法效来看,只要违反宪法都是错误的,没有良与恶之分。[3]

---

〔1〕 蒋碧昆主编:《宪法学》(第七版),中国政法大学出版社2012年版,第10页。

〔2〕 参见谢维雁:《“母法”观念释读——宪法与法律关系新解》,载《四川大学学报》(哲学社会科学版)2005年第5期;亦有学者对此提出质疑,认为两者之间不能简单的归结为母法与子法的关系,具体参见林来梵:《宪法学讲义》,法律出版社2015年版,第56~57页。

〔3〕 参见郝铁川:《论良性违宪》,载《法学研究》1996年第4期;童之伟:《“良性违宪”不宜肯定——对郝铁川同志有关主张的不同看法》,载《法学研究》1996年第6期。

（二）宪法的实质特征

宪法的实质特征需要从现代意义上宪法的基本含义去理解，亦即要充分认识到静态的宪法与动态的宪法之间的关联性，并从宪法功能性的角度去解剖宪法的特质。宪法的实质特征具体表现为两个方面：

第一，宪法是国家权力的“制衡器”。

政治权力是国家实现社会安定、秩序稳定与公平正义必不可少的工具，人类社会的不断进步与政治权力之间存在千丝万缕无法割舍的联系。但人类社会的历史表明，国家权力是“必要”的“恶”，由于国家权力具有一定的支配性和扩张性，国家权力行使的过度化有可能给公民基本权利造成损害。因此，科学的平衡国家权力与公民权利之间的关系，并建构一个稳定有序的社会成为必须思考的难题。对此，先贤们为解决这一难题提供了各种解决方案，如自然法思想家为这一历史难题的解决提供了思想支持。他们主张的天赋人权、人民主权、权利让渡和社会契约理论，认为生活于自然状态中的人通过缔结契约，让渡部分自然权利，形成一种凌驾于社会之上的国家权力的同时，也设定了国家权力存在的价值根基和限度，这也是社会契约论的观点。[1] 最后能够达成共识性的说法在于通过宪法来平衡两者之间的关系，通过科学有效的限制国家权力来保障公民权利。

西方国家主要通过分权理论来实现两者之间的平衡，以美国为例，在美国宪法中处处体现了制衡的精髓，实际上美国开国元勋制定宪法的出发点就是让政府权力受到制约与平衡。首先，地方（州）和中央（联邦）的制衡。由于美国是先有各州再有的联邦，为达到两者之间的平衡，宪法就需要对两者都有所涉猎，因此，明确授予联邦政府的外交权、宣战权、管理州际贸易和对外贸易权、货币发行权等权力基础上，明确禁止各州拥有如外交、铸币等权力外，其余权力皆由各州保留。其次，联邦政府立法、行政或执法和司法的制衡。国会制订和通过法律，但需要总统签署才有效；总统可以否决国会立法，国会能够以 2/3 多数推翻总统否决。最后，是各地区和社会利益集团的制衡。为平衡各州人数上的差异，国会的众议院按人口多寡分配名额满足大州要求；参议院不论大小一律只有两个席位，满

---

〔1〕 参见秦前红主编：《新宪法学》（第三版），武汉大学出版社 2015 年版，第 8 页。

足小州的要求。[1]

总之,宪法一个重要的实质特点在于实现权力的制衡,它一方面要为社会引入一个超乎其上的公共权力,另一方面又要为国家权力的行使设定界限和限制,以防止国家权力的滥用。在宪法功能发挥较好的国家,"权利不只是不受限制的自由,而且需要国家权力的保障。但是因为国家权力可能成为侵犯权利的主体,因而权力需要制约,从而产生了复杂的制约机制",[2]从人类政治实践的历史来看,以人权保障为价值内涵的现代宪法,必须首先解决国家权力的配置和限制问题,这正是国家权力成为宪法首要内容的机理。

第二,宪法是人权保障的"宣言书"。

宪法的终极价值是保障人权,法国的《人权宣言》就开宗明义的指出凡权利无保障的国家就没有宪法,也印证了宪法具有权利保障宣言书的特性。列宁也曾指出:"宪法就是一张写着人民权利的纸。"可见,宪法与人权保障的紧密关系是贯穿于宪法历史进程中的。

首先,宪法的诞生是在人权保障理念的发展中共生的。从历史渊源看,英国在17世纪出台了一系列关于人权保障的文件,包括了1697年通过的《人身保护法》以及1688年的《权利法案》,来确认和保障公民的权利和自由,这也被认为是较为成熟的宪法性文件。宪法被普遍认为是人权理论规范化的产物和人权的外在法律表现形式。一些资本主义国家的宪法,如法国1791年宪法及现行宪法均以《人权宣言》作为宪法的序言,直接将人权宣言写入宪法。不仅资本主义国家如此,社会主义宪法亦十分重视宪法对公民权利的保障,第一部社会主义宪法,苏俄1918年宪法将《被剥削劳动人民权利宣言》列为首篇,可见也十分重视宪法权利宣言书的作用。

其次,人权保障的价值追求构成了各国宪法的核心内容。尽管各国宪法的内容各不相同,但无论是不成文宪法国家还是成文宪法国家,公民权利的保障都是宪法的核心内容。不成文宪法国家如英国先后通过了

---

〔1〕 参见任东来、陈伟、白雪峰等:《美国宪政历程:影响美国的25个司法大案》,中国法制出版社2016年版,第4~5页。

〔2〕 张千帆:《宪法学讲义》,北京大学出版社2012年版,第15页。

《人身保护法》《权利法案》等法案保障公民的基本权利;成文宪法国家在设计宪法的内容时则无不将公民权利作为宪法的一项重要内容。以中国为例,现行宪法将"公民基本权利"的内容置于"国家机构"之前,以彰显宪法的人权保障价值;随后的几次宪法修改特别是1999年和2004年的宪法修改分别将"中华人民共和国实行依法治国,建设社会主义法治国家""国家尊重和保障人权"写入宪法,最终在我国确立了宪法乃权利保障宣言书的根本地位。

第三节 宪法的本质与属性

宪法本质与属性的问题与宪法的概念是相呼应的,宪法的概念主要讲宪法的含义是什么,宪法的本质与属性则追问:宪法究竟是什么?宪法是公法抑或私法?这些问题也是领导干部需要了解的内容。

一、宪法的本质探析

本质是相对于现象而言的,科学研究的任务在于透过现象揭示本质。对于宪法本质的研究属于宪法本体论中的重要问题,对于宪法本质的观点,理论界观点纷呈,大体梳理可以分为两个方面:传统的宪法本质观点与现代宪法本质观点。

传统的宪法本质观点是早期宪法学者对宪法本质进行理论思考所归纳总结的分类,主要有:神的意志论、全民意志论、阶级调和论与阶级意志论等观点。神的意志论把宪法的本质归结为神或者上帝的意志,认为宪法是神或者上帝意志的反映或体现,此观点起源于古代,流传于中世纪。全民意志论则将宪法的本质归结为宪法体现与反映的是全体人民的意志,法的全民意志论被引入宪法领域,是在资产阶级革命时期,当时的社会契约论是宪法体现全民意志的典型理论。阶级调和论,顾名思义,是说宪法是各种意志调和的产物,是各个阶级、阶层和个人意志调和的结果。法的意志调和论被引入宪法领域,也是在资产阶级革命时期。当时流行的社会契约论不仅体现了宪法的全民意志论,也同样体现了宪法的意志调和论。宪法阶级意志论是说宪法反映阶级的意志，体现阶级的利益的理论。法的阶级意志论是马克思、恩格斯按照他们所创立的辩证唯物主义与历史唯物主义的世界观和方法论观察和分析人类社会发展的结果。[1]

现代宪法学对于本质的探究已经大大脱离了对于传统宪法本质的认知，而渐趋走向更加理想化的讨论。从现有的观点来看，大体可以归纳为两种观点：一种是从马克思主义法学的基本原理出发，提出阶级对比论，即宪法的本质在于它是一国统治阶级在建立民主制国家过程中各种阶级力量对比关系的集中体现。在政治力量对比中，阶级力量的对比居于首要地位，宪法只能由掌握国家权力的统治阶级制定，表现为宪法随着阶级力量对比关系的变化而变化。[2] 另一种是从规范宪法学的角度去思考，从规范现象的角度去定义宪法本质，进而认为宪法的本质包含三个方面：其一，宪法是赋予国家的存在基础的基本法；其二，宪法是人的尊严和基本权利的基础法；其三，宪法既是一种授权规范，又是一种限制性规范，是两者的统一体。[3]

分析上述分类观点，本书认为：首先，从传统宪法本质的观点可以看到，这些观点一方面带有传统宪法的影子，另一方面沾染了过多的阶级斗争的痕迹。因此，所提出的本质带有一种偏颇性其难以准确地表达宪法学的本质。其次，从现在宪法本质的观点看，差异产生的原因在于基于不同的宪法学立场，一种观点主要从政治宪法学的立场去思考宪法本质，其立论的基本点多着眼于马克思主义的学说去分析宪法现象进而得出宪法的本质；另一种观点主要从规范宪法学的立场去思考宪法本质，立论基本点着眼于宪法规范本身，且尽量剥离政治学的因素。可见，两种观点都有一定的合理性，从阶级对比角度去分析宪法的本质是把宪法作为一种实然的社会现象或政治现象来考察，而规范宪法的角度去思考则更看重从规范现象加以考察。

---

[1] 参见张庆福、王文彤：《关于宪法本质的理论》，载《外国法译评》1995 年第 1 期。

[2] 参见周叶中主编：《宪法》（第二版），高等教育出版社、北京大学出版社 2005 年版，第 48 页。

[3] 参见林来梵著：《宪法学讲义》，法律出版社 2015 年版，第 58 ~ 62 页。

二、宪法的属性探析

宪法的属性主要厘清宪法是公法抑或私法，古罗马法学家最早提出了公私法的划分，之后风靡大陆法系国家。欲判定宪法的属性，首先要了解公法与私法的划分标准，根据不同的标准，会产生不同的学说，在学说史上，公私法的分类标准繁多且颇不一致，瑞士学者荷灵加曾把它们概括为17种，[1]基于这些标准难免存在交叉与重合以及教材编写的需求，大体把其概括为以下几种：

第一，利益说。此说历史最为悠久，由罗马法学家乌尔比安提出。它认为，保护共同利益的法律为公法，保护私人利益的法律为私法。第二，主体说。此说由德国学者耶律内克所创，根据法律关系的主体之一方是否有国家来确定公法或私法。凡国家为法律关系之一方当事人的，即为公法关系。法律关系中无国家作为当事人的，为私法关系。第三，权性说。认为规定权力关系的为公法，规定权利关系的为私法。第四，行为说。此说认为，公法调整根据主权者的直接或间接的委托为公共利益进行活动的人的行为；私法调整个人以自己的名义为其个人利益成就的行为。第五，规范性质区别说。此说以法律的规定是否可以由当事人的合意加以变更定公法或私法。公法规范不可由当事人任意改变，应由国家机关根据职权强制执行。私法规范可由当事人双方通过协议加以改变，法律的强制执行也应当通过当事人的要求。[2]

除了上述学说之外，还有若干关于公私法划分的学说，回归到宪法的属性上，宪法到底是公法或者私法，从宪法调整的社会关系来看它既调整国家公权力与个人私权利之间的关系又要调整国家权力内部的关系，因此，简单的套用上述公私法的划分似乎都难以找到对应的位置，但按照大多数学说的观点，宪法是公法是一个共识性的观点。[3]

---

〔1〕 参见[日]美浓部达吉：《公法与私法》，黄冯明译，中国政法大学出版社2003年版，第23页。

〔2〕 参见徐国栋：《民法是私法吗?》，载《江苏行政学院学报》2009年第3期。

〔3〕 参见林来梵：《宪法学讲义》，法律出版社2015年版，第50页。

第二章 宪法的产生与发展

【本章导读】

作为一种特殊性质的法律,宪法并非随着国家的产生而产生,也没有随着社会法律的产生而产生,它是资产阶级革命的产物,其产生有一定的经济、政治和历史条件,其发展也是一个循序渐进的过程。通过本章的学习,旨在帮助党员领导干部全面了解宪法的产生和发展过程,使其能更加深刻地认识到《中华人民共和国宪法》是中国共产党领导全国各族人民历经长期艰难曲折斗争的胜利成果和经验总结,反映了我国社会主义现代化建设的宝贵经验,是中国共产党领导全国各族人民社会主义初级阶段建设富强、民主、文明的社会主义现代化国家的总章程。同时,本章学习还有助于党员领导干部把握未来宪法的发展趋势。

第一节 近代宪法的产生与发展

如果不包括13世纪的《英国大宪章》,严格讲,近代意义上的宪法产生是伴随着资产阶级民族革命的胜利、资产阶级国家政权的建立和资本主义民主制度的确立而出现的。近代西方国家的宪法根植于其长期以来所积淀的经济、政治、社会和思想文化,其产生亦非偶然。

一、近代西方国家宪法产生的基础条件

第一，资本主义市场经济的持续发展

资本主义市场经济的发展是近代西方国家宪法产生的经济基础。市场经济要求市场主体平等、意思自治、交换自由，这必然与封建专制制度的等级特权、人身依附关系互不相容。为了确保主体的平等与交换自由的恒久性，就必须要有一种制度，制度必需求诸于法治，其中很重要的一方面就是对宪法的需求。简言之，封建的生产关系严重阻碍资本主义经济的发展，生产关系与生产力的矛盾，最终导致了资产阶级革命的爆发。

革命胜利后，资产阶级摧毁封建生产关系，进而确立了可以"自由"地出卖劳动力，"平等"地占有财产的资本主义生产关系，为近代宪法的产生奠定了社会经济基础。[1]

第二，资产阶级国家政权的建立与民主制度的确立

在封建专制制度下，君主拥有至高无上的权力，国家一切活动都完全听命于君主，封建的等级制度和等级特权公开确认人们社会地位的不平等。这些都使得新兴的资产阶级无法参政，也无法保护自己获得的经济利益。[2] 民主政治是与君主政治截然不同的一种政治形态。民主政治要求政治、经济等各方面的平等与自由，同时又必须具备达成这些目的所必需的政治制度。为了改变自身的无权地位，资产阶级开始进行争取民主、自由和平等的革命，并通过系列革命摧毁封建专制制度，建立起资本主义国家政权，以普选制、议会制为标志的资产阶级民主制度得以确立，这为近代西方国家宪法的产生奠定了坚实的政治基础。正如毛主席所说的："世界上历来的宪政，不论是英国、法国、美国，或者是苏联，都是在革命成功，有了民主事实之后，颁布一个根本法，去承认它，这就是宪法。"[3]

第三，政治国家与公民社会的区分

政治国家体现为政府，政府与社会的区分为近代西方国家宪法的产

---

〔1〕 参见周伟、谢维雁主编：《宪法教程》，四川大学出版社 2012 年版，第 43 页。

〔2〕 参见周伟、谢维雁主编：《宪法教程》，四川大学出版社 2012 年版，第 43 页。

〔3〕《毛泽东选集》（第 2 卷），人民出版社 1991 年版，第 735 页。

生奠定了良好的社会基础。商品经济的蓬勃发展和市民阶级的形成，使国家政府与市民社会逐渐区分开来，社会经济的发展不再过度依赖于政治权力，社会经济的发展逐步摆脱国家的控制和干预。市民阶级对个人利益的追求也逐渐被确认为正当合法。为了更好地建立分权来制衡政府的权力，防止政府权力对社会经济的干预，保障市场经济和民主政治的建立与完善，宪法便以调整政府与市民关系的基本法律依据的身份出现了。

第四，资产阶级启蒙运动的影响

西方国家资产阶级启蒙运动，为近代西方国家宪法的产生奠定了丰厚的思想文化基础。以洛克、孟德斯鸠、卢梭为代表的启蒙思想家们提出的"天赋人权"、"主权在民"、"社会契约"和"三权分立"等一系列民主、自由与人权的学说和主张，为资产阶级反封建斗争提供了思想理论武器。这些思想理论的产生与普及，不仅为资产阶级组织革命力量取得革命胜利起到了积极的指导作用，还为资产阶级最终制定宪法和实施宪法提供了不可或缺的思想理论基础。

二、近代资本主义宪法的产生

近代意义的宪法发端于英国、美国和法国，基本一致的规律和不甚相同的道路与模式，使它们的宪法各具特色。

（一）英国宪法

英国被视为资本主义宪政的发源地。早在 1215 年，英国就颁布了限制王权的《英国大宪章》。17 世纪，随着商品经济的迅猛发展，手工工场遍布全国，劳动分工越来越细化，资本主义市场经济已经占据了主导地位，资产阶级已经逐步形成。然而，斯图亚特王朝一直致力于强化王权专制，封建贵族在社会的各个领域享有许多特权，妨碍了商品经济的自由发展。这种对抗性的矛盾终于在 1640 年爆发，经过内战阶段、共和国阶段、克伦威尔军事独裁阶段和"光荣革命"四个时期近五十年的时间，英国各阶层经过不断博弈和妥协终于达成君主立宪的政治制度。在此期间，英国陆续出台了 1628 年的《权利请愿书》、1679 年的《人身保护法》、1689 年的《权利法案》、1701 年的《王位继承法》、1832 年的《选举改革法》、1911 年的《议会法》、1918 年的《国民参政法》等，这些宪法性文件，不断丰富了英国宪法制度的内容。[1] 此外,宪法惯例也是英国宪法制度的重要组成部分。在英国,英国国王的实际权力与法律地位,皆由宪法惯例调整。由于英国实行判例法,高等法院判决所构成的宪法性判例,如关于国王特权的判例,有关人民控诉官吏的判例,都成了英国宪法的重要组成部分。[2] 总之,在资产阶级革命时期逐渐产生的英国不成文宪法,扩大了议会的权力,确立了议会至上的宪法原则;限制了王权,奠定了议会君主立宪的政体;规定了公民的基本权利,强化了权利保护措施。

(二)美国宪法

美国宪法的产生经历了从《独立宣言》到《邦联条例》再到美国联邦宪法的发展过程。1775 年,英属北美殖民地爆发了反对宗主国的独立战争,1776 年 7 月 4 日发表了《独立宣言》,北美 13 个殖民地宣布脱离英国,美国独立。《独立宣言》在历史上第一次以政治纲领的形式宣布了资产阶级民主共和国的原则,被马克思誉为“第一个人权宣言,它最先产生了伟大的民主共和国思想,并且最先推动了 18 世纪的欧洲革命”。[3] 独立战争胜利后,1777 年 11 月 15 日,13 个州制定并通过了《邦联条例》,确定美国是由 13 个州联合组成的美利坚合众国,各州保有主权、自由和独立,各州议会选派代表组成邦联国会。《邦联条例》建构了一个较为松散的国家联盟,但实践证明,这种软弱无力的邦联机构并不适应巩固资产阶级统治和发展资本主义的需要,不能很好地适应新的国家政治经济发展和对外关系的需要,建立一个能有效协调国内各种关系的联邦制国家势在必行。于是,1787 年 5 月 25 日,制宪会议在费城召开,12 个州的 55 名代表与会,经过 3 个多月激烈辩驳之后终于达成妥协,宪法草案得以通过。1789 年 3 月 4 日,第一届联邦国会集会,宣布宪法生效。美国宪法是世界上第一部成文宪法,由一个序言和 7 条正文构成,确立了分权制衡、联邦主义、代议制政府等原则,规定了宪法修改的特别程序,却没有规定公民的权利自由。在人民的压力下,统治集团于 1789 年 9 月以宪法修正案的形式增加了十条关于公民权利自由的《权利法案》。从此,美国宪

---

〔1〕 参见周伟、谢维雁主编:《宪法教程》,四川大学出版社 2012 年版,第 44 页。

〔2〕 参见周伟、谢维雁主编:《宪法教程》,四川大学出版社 2012 年版,第 44 ~45 页。

〔3〕《马克思恩格斯全集》(第 16 卷),人民出版社 1964 年版,第 20 页。

法基本上完备起来。[1]

(三)法国宪法

美国独立战争的胜利,无疑极大地鼓舞和推动了同一历史时期欧洲反封建革命斗争的发展,法国随后爆发了法国大革命,法国宪法便是法国大革命的产物。1789 年 7 月 14 日,巴黎市民武装起义,攻占了巴士底狱,法国大革命开始,直到 1799 年“雾月政变”后才告结束。法国大革命经历了第一次革命(1789 年—1791 年)、第二次革命(1792 年)、法兰西第一共和国(1792 年—1795 年)和宪法共和国(1795 年—1799 年)几个阶段。法国大革命在当时是较为彻底的资产阶级革命,通过武装起义推翻了封建统治,并制定了《人权和公民权宣言》(以下简称《人权宣言》),确立了资产阶级民主、分权、法制等基本原则,宣告私有财产神圣不可侵犯,意义深远。法国大革命深受启蒙思想的影响,启蒙思想的观点不仅是革命的指导思想,而且被写入宪法,使宪法置于人权、民主、法治的思想氛围中,有了深厚的思想基础。《人权宣言》后来成为了 1791 年法国第一部成文宪法的序言,至今依然是法国宪法制度的基本原则。[2] 1791 年制定的法国宪法是欧洲大陆第一部成文宪法,充分地贯彻了进步资产阶级的宪法要求,确立了人民主权原则、保护公民权利和自由原则以及三权分立原则,同时,这部宪法确立了君主立宪制原则,反映出一定的历史局限性和阶级局限性。随着大革命的深入进行,法国宪法的产生经历了从宣布一般原则到制定君主立宪宪法,最后到颁布共和制宪法的过程。实行君主立宪制的 1791 年法国宪法最终被实行共和制的 1793 年法国宪法所取代。

三、近代资本主义宪法的发展

英国、美国、法国宪法的产生对世界各国宪法的产生与发展具有重要的带动作用,受英国、美国、法国宪法的影响,西方各国、北美和亚洲的一些国家也相继制定了宪法,使整个 19 世纪成为宪法的世纪。资本主义宪法自产生以来,随着资本主义经济、政治的发展,特别是阶级力量对比关

---

〔1〕 参见周伟、谢维雁主编:《宪法教程》,四川大学出版社 2012 年版,第 45 页。

〔2〕 参见周伟、谢维雁主编:《宪法教程》,四川大学出版社 2012 年版,第 45 页。

系的发展变化，其宪法也随之发生变化。由于英国、美国、法国宪法具有典型性和代表意义，在此仅以这三国宪法为例说明近代资本主义宪法的发展。

（一）英国宪法的发展

“光荣革命”最终确立了英国的君主立宪制度，至19世纪中叶，英国责任内阁制逐步形成，议会至上的宪法原则确立，政党制开始兴起，英国进入了自由资本主义发展时期。这些制度的发展和完善极大地促进了英国资本主义的发展，随着英国工业革命的完成，英国的社会关系也发生了重大变化，工业资产阶级越来越壮大，少数资本家占据了大量的社会财富。相伴随着的，是英国无产阶级的空前发展，资产阶级和无产阶级之间的矛盾开始积聚。19世纪末至20世纪初，英国由自由资本主义开始向帝国主义转型，而英国的议会制度则开始走向衰落，内阁掌握了国家的核心权力；同时，英国政党在宪政体制运行中的作用越来越大，政党把持政治并形成了政党政治。英国内阁的建立和职权、内阁和议会的关系、首相的地位等，都逐步形成了宪法惯例，这些惯例使英国议会内阁制得以建立和完善，从而使君主立宪制最终巩固下来。[1] 而1949年的《人民代表法》、1958年的《终身贵族法》、1972年的《欧洲共同体法》等宪法性法律文件也极大地丰富了宪法的内容。

（二）美国宪法的发展

美国宪法的发展是通过宪法修正案、宪法解释和创设宪法惯例等方式实现的。1789年宪法产生后，作为对宪法的补充，1791年通过了10条修正案，内容都涉及公民的基本权利，因此，也被称作《权利法案》。此后，美国又陆续颁布了系列宪法修正案，以规定修正有关宪法制度的内容，这些修正案成为美国宪法的重要组成部分。迄今为止，美国共有27条宪法修正案，这些宪法修正案的内容大多涉及公民的基本权利，除《权利法案》外，还有南北战争修正案和有关妇女选举的修正案。值得注意的是，美国宪法稳定运行两百多年，形式上变化不多，但其内容却在不断发生变化。美国资产阶级主要通过议会的立法、政府的行政行为、惯例、判例，特别是联邦最高法院的解释对宪法赋予新的意义，以使宪法适应不

[1] 参见廉希圣主编：《中国宪法教程》，中国政法大学出版社2012年版，第52页。

断变化的发展形势和统治阶级的需要。[1] 此外，政党、总统和国会所创立的宪法惯例，对美国宪法的发展也起着重要的作用。

（三）法国宪法的发展

法国从1791年制定第一部宪法以来，在将近二百年的时间里，由于国内外政治风云变幻，阶级斗争尖锐复杂，阶级力量对比关系不断变化，政治形式多次变更，其间经历了两次封建王朝复辟，两次帝制和五次共和，最后共和制取得了胜利。因此，法国历史上先后颁布了14部宪法。[2] 可以说，法国近代宪法是在共和制和君主立宪制之间的斗争中得以发展的。总体上讲，法国宪法的发展可以分为两个阶段，第一阶段从1789年《人权宣言》到1875年《宪法》，标志着资产阶级代议制政体的完全确立和资产阶级统治的全面巩固。1799年法国宪法为拿破仑第一帝国的创立埋下了伏笔，1804年，拿破仑称帝，共和宪法实际上变成了君主立宪宪法。1814年，波旁王朝复辟，路易十八继位，颁布了一个钦定宪法，法国宪法变成了彻头彻尾的君主立宪宪法。1848年，巴黎人民发动"二月革命"建立了第二共和国，颁布了第二共和国宪法，宪法赋予了总统很大的权力，由模仿英国的内阁制转而效法美国的总统制。1851年12月，路易·波拿巴发动政变，解散国民议会并修改宪法，进一步扩大了总统权力。1852年11月，波拿巴建立第二帝国，后因在普法战争中失败，第二帝国被第三共和国取代。1875年，法国国民议会陆续通过了《参议院组织法》《公共权力组织法》《公共权力关系》构成了第三共和国宪法。这部宪法一直持续到第二次世界大战后第四共和国建立及其宪法的颁布。法国宪法发展的第二阶段是从1875年《宪法》到现行1958年《宪法》，法国资产阶级共和国从政局不稳、内阁频繁更替逐渐向稳定的政府和完善的宪政发展。

总体而言，在整个近代，宪法基本上仍然是西方的一种政治现象和法律现象，局限于西方文化圈的范围之内。近代宪法的发展总的来说呈现了以下特点：（1）确立了主权在民的宪法原则；（2）强调公民的权利和自由；（3）国家的权力得到了一定程度的限制。

---

〔1〕 参见廉希圣主编：《中国宪法教程》，中国政法大学出版社2012年版，第53页。
〔2〕 参见康希圣主编：《中国宪法教程》，中国政法大学出版社2012年版，第54页。

第二节 现代宪法的产生与发展

从近代宪法的产生发展至今约有三百余年,学术界一般认为宪法的发展史可以第一次世界大战,为界分为两个发展时期:第一次世界大战以前的宪法被称作近代宪法;第一次世界大战以后的宪法则称为现代宪法。

一、现代宪法的产生

第一次世界大战是近代宪法和现代宪法发展的分界线,随着第一次世界大战的结束,宪法在西方国家的发展开始发生转变,并逐步迈入现代宪法的门槛。1919 年德国《魏玛宪法》和 1918 年苏俄宪法的颁布,标志着现代宪法的产生。

(一)德国《魏玛宪法》的产生

1919 年 2 月,魏玛共和国成立,同年 7 月,国民议会通过了宪法。由于宪法在魏玛制定,因此,人们将其称之为《魏玛宪法》。《魏玛宪法》宣布了主权在民,确立了联邦主义原则和二元议会制的共和政体,联邦中央的权力得到加强。《魏玛宪法》还规定了广泛的公民权利。作为现代宪法的标志性产物,《魏玛宪法》的特点在于:(1)宪法赋予国家广泛干预社会经济和文化的权力;(2)《魏玛宪法》通过对私有财产的限制,使近代宪法的自由主义精神受到了抑制,社会公共福利开始得到倡导和重视;(3)议会权力受到了一定的限制,行政权力扩大的趋势被宪法所认同。所有这些,尤其是《魏玛宪法》所提出的公民经济权利的保护和社会化原则,反映了 20 世纪初个人本位逐步被社会本位所取代,代表了时代的新动向,为世界的法学思潮和宪政制度的新发展提供了契机,标志着近代资本主义宪法向现代宪法的过渡,标志着宪法在现代时期的发展走向,从而使《魏玛宪法》具有了划时代的意义。[1]

---

〔1〕 参见廉希圣主编:《中国宪法教程》,中国政法大学出版社 2012 年版,第 54 ~55 页。

（二）苏俄宪法的产生

1917 年，俄国人民在列宁的领导下，取得了十月社会主义革命的伟大胜利，建立了人类历史上崭新的苏维埃社会主义国家，与此相适应，社会主义宪法也随之在世界上诞生了。[1] 1918 年 7 月，第五次全俄苏维埃代表大会通过了《俄罗斯社会主义联邦苏维埃共和国宪法（根本法）》，确立了社会主义的经济原则；宣布了苏维埃的国家性质是"城乡无产阶级与贫农专政"；宣布了苏维埃国家的政权组织形式；规定了劳动者共同享有的权利和自由，并提供了物质保障。作为人类历史上第一部社会主义宪法，1918 年《苏俄宪法》在宪法史上具有重要的地位和作用：（1）作为社会主义性质的宪法，苏俄宪法突破了资产阶级宪法的局限性，使宪法成为无产阶级实现民主和组织国家政权的根本法。它标志着世界上从此存在两种不同类型的宪法，它的出现对宪法的发展、宪政运动的发展具有重要意义，它为全世界的宪政运动增强了活力并且产生了深远的影响。（2）苏俄宪法第一次系统性地规定了经济制度，扩大了宪法的调整范围，使宪法由传统的政治领域进入社会经济生活领域。（3）苏俄宪法使宪法突破了西方文化的范围并推动了社会主义宪法的发展。它为社会主义类型宪法的制定提供了指导原则，为后来各个社会主义国家制定本国宪法提供了借鉴。[2]

二、现代宪法的发展

以第二次世界大战结束为标志，现代宪法的发展可分为两个阶段：前一阶段的宪法发展主要表现为现代宪法的产生和近代宪法向现代宪法转型，进一步民主化是这一阶段宪法发展的主流，但也有逆流，例如在德国，希特勒上台后于 1933 年颁布了"保护人民和国家法令"，具有浓厚民主色彩的魏玛宪法虽然没有被宣布废除，但实际上成了一纸空文。在 20 世纪 40 年代末和 50 年代初，美国也出现了法西斯逆流，制定了一系列反民主的法律，如 1947 年的《联邦忠诚法》、1950 年的《国家安全法》、1952 年

---

〔1〕 廉希圣主编：《中国宪法教程》，中国政法大学出版社 2012 年版，第 55 页。

〔2〕 廉希圣主编：《中国宪法教程》，中国政法大学出版社 2012 年版，第 55 页。

的《华夫脱——麦卡锡法》。[1] 后一阶段的宪法则主要表现为随着反法西斯战争的胜利和世界各地民主独立运动的兴起，宪法发展中出现的逆流得到了清理，世界各国掀起了建立宪法的热潮。世界反法西斯斗争的胜利和一系列新国家的出现，大大加强了世界和平民主力量，许多资本主义国家为了维持和加强自己的统治，通过修改宪法或制定宪法性法律的方式，对原有宪法规定作出相应调整。

在现代宪法的发展过程中，产生了许多具有代表性的宪法，也发生了一些对宪法发展具有重要影响的宪法事件。

（一）世界经济危机时期和罗斯福新政

就形式而言，美国并无现代意义上的宪法，美国宪法还是1789年美国独立战争后生效的那部宪法，不过美国的社会发展，特别是美国经济危机时期罗斯福新政赋予了美国宪法新的时代内涵，从而使其具有了现代宪法的品质。罗斯福在20世纪30年代经济大萧条时期当选美国总统，为摆脱经济危机，他开创性地采取了一系列被称之为新政的有关复原、救济和改革立法等措施，其中包括紧急银行法、农业调整法、全国产业复兴法。

（二）"二战"以后的德国联邦基本法

1945年德国战败并投降，美国、英国、法国和苏联分区占领了德国。1948年6月，美国、英国和法国在其占领的西德建立了德国联邦政府并着手起草基本法。1949年2月，制宪会议完成了基本法草案并于同年5月18日通过了德意志联邦共和国基本法。联邦德国基本法是以《魏玛宪法》为蓝本，在恢复《魏玛宪法》规定的宪政体制的道路之上的新发展。德国联邦基本法加强了议会和内阁总理的权力并削弱了总统的地位。

（三）世界上第一部社会主义宪法——苏联宪法

俄国十月革命以后，在原沙俄帝国的废墟之上新建了许多的共和国。1922年，苏俄联邦、南高加索联邦、乌克兰与白俄罗斯召开全权代表会议，讨论成立苏维埃社会主义共和国联盟的有关事宜。1922年12月，联盟苏维埃召开第一次代表大会，通过了关于各国以主权国家身份加入苏联的有关决议并宣告苏联成立。1924年，制定了第一部苏联宪法。1936

---

[1] 周伟、谢维雁主编：《宪法教程》，四川大学出版社2012年版，第46页。

年制定了第二部苏联宪法。1936 年苏联宪法《苏维埃社会主义共和国联盟(根本法)》是在 1924 年苏联宪法的基础上修改而成的,是对 1918 年苏俄宪法和 1924 年苏联宪法的发展。1936 年苏联宪法规定了更加民主化的选举制度,准确地反映了苏联社会的政治、经济和思想文化发展水平,全面地展示了苏联社会的基本面貌,以后各社会主义国家制定的宪法都受到它深刻的影响。

无产阶级革命运动和殖民地人民民族解放运动的发展,特别是俄国十月革命的胜利以及社会主义宪法的诞生,都对资本主义世界产生了巨大的冲击和影响。资产阶级为了维护其统治,在使用暴力镇压的同时,也根据不同时期斗争形势的需要采取怀柔政策,在不触及其根本利益的前提下,扩大人民的民主权利,向民主势力作出某些让步,在宪法上也扩大了资产阶级民主的范围。[1] 因此,可以说苏联宪法的影响是深远的。

第三节 中国宪法发展史

"一百多年来,中国革命同反革命的激烈斗争没有停止过。这种激烈的斗争反映在国家制度的问题上,就表现为三种不同形式所要求的三种不同的宪法。"[2]这三种宪法是:从晚清政府、北洋军阀到国民政府所炮制的伪宪法;中国民族资产阶级所向往的资产阶级民主共和国宪法;工人阶级领导的,以工农联盟为基础的人民共和国宪法。

一、晚清、北洋到民国时期的宪法

中国近代的"宪法"一词系从日本引进,中国的立宪之路更与日本密切相关。中日甲午战争和日俄战争使人们开始认识到立宪对于一个国家现代化发展的重要性,以康有为、梁启超为首的资产阶级改良派举起"变法"、"维新"的旗帜,发动了一场争取资产阶级民主的宪政运动。虽然维

---

〔1〕 参见周伟、谢维雁主编:《宪法教程》,四川大学出版社 2012 年版,第 46 ~ 47 页。
〔2〕 刘少奇:《关于中华人民共和国宪法草案的报告》(1954 年 9 月 20 日)。

新运动因封建顽固派的镇压而失败，却揭开了中国近代宪政运动的序幕。[1]

（一）《钦定宪法大纲》

清朝末年，慈禧太后镇压维新运动之后，义和团运动和八国联军侵华使大清国内外交困。为挽救摇摇欲坠的统治，朝廷不得不打出"变法"和"新政"两张牌。1905年，慈禧太后派五大臣出国考察，并于1906年宣布"预备立宪"，最后以光绪皇帝之名义于1908年8月颁布《钦定宪法大纲》。《钦定宪法大纲》是在"大权统于朝廷，庶政公诸舆论"的指导思想下制定的，[2]其以日本1889年帝国宪法为蓝本，删去了对天皇权力限制的部分，至于臣民权利义务则仅以附录的形式予以规定。《钦定宪法大纲》并非宪法，仅是大清王朝制定宪法的纲要，《钦定宪法大纲》以根本法的形式使君权合宪化，为原有的君主专制增添了法律保障，借以巩固封建专制统治，其浓厚的封建色彩显而易见。

（二）《重大十九信条》

清王朝的立宪骗局，激起了全国人民的愤怒，反对清王朝的革命更加高涨。1908年，光绪皇帝和慈禧太后相继死去，末代皇帝溥仪即位，其父载沣为摄政王。1911年10月，辛亥革民爆发，慑于革命的压力，宣统皇帝下了"罪己诏"，清朝皇室仅用3天时间就炮制出一部宪法性文件——《重大十九信条》（以下简称《十九信条》），并宣布立即施行。这是清王朝最后一部宪法性文件，它依然强调皇统不变与不可侵犯，而对人民权利只字未提。只是因为清政府此刻面临覆亡的危机，《十九信条》不得不对皇帝的权力作出某些限制，被清朝统治者当作了挽救其统治的最后一根救命稻草。不过，《十九信条》没能改变清政府灭亡的命运，这部宪法性文件旋即被淹没在革命的浪潮之中，清政府的制宪闹剧也宣告结束。[3]

（三）《临时约法》

1905年10月，孙中山在同盟会机关刊物《民报》月刊上提出了"民

---

[1] 参见廉希圣主编：《中国宪法教程》，中国政法大学出版社2012年版，第56页。

[2] 周伟、谢维雁主编：《宪法教程》，四川大学出版社2012年版，第51页。

[3] 参见廉希圣主编：《中国宪法教程》，中国政法大学出版社2012年版，第56～57页。

族、民权、民生”三民主义，并创立五权宪法学说。孙中山的宪政思想反映了近代中国社会政治、经济发展的状况，反映了中国资产阶级反对封建专制制度，发展资本主义的要求。1911 年 10 月 10 日，孙中山领导下爆发了武昌起义，推翻了清王朝，结束了中国长达两千多年的封建专制制度。1912 年 1 月 1 日，南京临时政府成立，孙中山任临时大总统，正式宣告中华民国的诞生。后为维护辛亥革命的胜利成果，制约袁世凯的政治野心，于 1912 年 3 月颁布了《中华民国临时约法》（以下简称《临时约法》）。《临时约法》是中国资产阶级共和国方案的具体体现，确立了资产阶级民主共和国的国家制度；确认中华民国实行“三权分立”的政治体制；赋予了人民较为广泛的权利和自由。作为资产阶级革命的产物，《临时约法》是中国历史上仅有的一部资产阶级性质的宪法性文件，是中国资产阶级宪政运动所取得的最高成就，以根本法的形式确立了主权在民、人人平等、三权分立等原则，使民主共和的观念深入人心，具有重大的进步意义，在 20 世纪初期的亚洲各国中极具影响力。[1]

（四）《中华民国约法》

正如毛泽东同志所言，“民国元年的《中华民国临时约法》，在那个时期是一个比较好的东西，当然，是不完全的，有缺点的，是资产阶级性的，但它带有革命性、民主性”。[2] 由于时代的局限性和中国民族资产阶级自身的阶级局限性，《临时约法》既没有提出反帝的任务，也没有提出彻底的反封建纲领，当袁世凯篡夺辛亥革命成果之后，《临时约法》就被撕毁了。辛亥革命失败以后，中国进入北洋军阀统治时期。袁世凯为了扩大总统权力并削减议会的牵制实现自己个人专制独裁的野心，撕毁《临时约法》，摒弃《天坛宪草》，炮制出了《中华民国约法》。它效仿美、英、日、德等国的宪制，集行政权力之大成，实行个人专制与独裁。

（五）《中华民国宪法草案》

段祺瑞在曹锟倒台之后当上了“中华民国临时执政”。他一上台就声明“法统已坏，无可因袭”，随后下令撤销曹锟的“贿选宪法”并宣告《临时约法》失效。1925 年 8 月，新成立的“国宪起草委员会”负责宪法起草，

---

〔1〕 参见周伟、谢维雁主编：《宪法教程》，四川大学出版社 2012 年版，第 51～52 页。

〔2〕 《毛泽东选集》（第 5 卷），人民出版社 1977 年版，第 127 页。

不久就炮制出了一部《中华民国宪法草案》并于同年12月11日通过。但由于段祺瑞政府在国民议会召开之前便垮台，因此，这部宪法草案也从未实行。[1]

（六）《中华民国训政时期约法》《中华民国宪法》

北伐战争的胜利宣告了北洋军阀几幕制宪丑剧的终结。但以蒋介石为首的国民党却背叛了革命，在南京建立起了国民政府，实行大地主、大资产阶级专政的反动统治，并先后制定了《中华民国训政时期约法》和《中华民国宪法》。

1931年5月12日，国民党一手操办的"国民会议"通过了《中华民国训政时期约法》，简称《训政时期约法》，并于1931年6月1日公布施行，这是国民党政府第一部宪法性文件，其主要内容是确认国民党的一党专政与个人独裁的政治制度，其实质是一个反民主、维护独裁的工具。

抗战胜利后，在中国共产党的倡议和努力之下，1946年1月重庆政治协商会议通过了"政协关于宪草问题的决议"，确定了实行"国会制"、"内阁制"及"省自治"，保障人民权利自由及少数民族自治的权利。但国民政府撕毁了和谈协议，向解放区发动了全面进攻，并于1946年11月15日非法单独召开"制宪国大"，12月15日通过了《中华民国宪法》。这部宪法在政权组织形式上，名为实行内阁制，实为总统独裁制度，总统有凌驾于一切机关之上的大权；在中央与地方关系上，名为省、县地方自治，实则中央集权；人民名义上享有较为广泛的自由权利，实际上要受到很多的限制。《中华民国宪法》实质上是以根本法的形式确认以蒋介石为首的四大家族对人民的专制独裁统治，是一部反人民、反民主的法西斯专政的宪法，随着人民解放战争的胜利和国民政府的垮台，最终被人民抛弃。[2]

二、新民主主义时期革命根据地的宪法

从"五四"运动到新中国成立的30年时间为中国的新民主主义革命时期。这一时期经历了反北洋军阀、反民族侵略战争与反国民政府反动

---

〔1〕 参见周伟、谢维雁主编：《宪法教程》，四川大学出版社2012年版，第53页。

〔2〕 参见廉希圣主编：《中国宪法教程》，中国政法大学出版社2012年版，第59页。

统治的艰苦斗争,也是中国人民争取民族独立与民主宪政的时期。其间,在中国共产党领导的革命根据地,一些反映人民利益的宪法性文件被制定出来。

(一)《中华苏维埃共和国宪法大纲》

大革命失败以后,中国共产党领导的武装力量走上了农村包围城市,武装夺取胜利的革命道路。1930 年 9 月 12 日,中国工农兵会议第一次全国代表大会中央准备委员会全体会议在上海召开,会议讨论通过了中共中央提出的《中华苏维埃共和国根本法(宪法)大纲草案》,[1] 规定了宪法大纲的制定原则。1931 年 11 月第一次全国工农兵苏维埃代表大会在江西瑞金召开,宣告了中华苏维埃共和国的成立,并通过了《中华苏维埃共和国宪法大纲》,1934 年 1 月的第二次全国苏维埃代表大会对其作了补充修改后颁布实施。这是中国历史上由人民政权制定并颁布实施的第一个宪法性文件,确认革命根据地政权性质是工农民主专政,规定工农民主政权的组织形式是工农兵苏维埃代表大会,基本任务是反帝反封建,并赋予工农劳动群众广泛的权利和自由。这部宪法性文件的内容虽然并不完善,但它总结了人民革命政权的早期经验,确认了人民革命的成果,指明了革命发展的方向和奋斗目标,所以,其颁布和实施激发了根据地人民的革命积极性,进一步推动了全国人民的革命斗争,为后来革命根据地政权建设和制宪工作提供了宝贵的历史经验。[2]

(二)抗日战争时期边区的《施政纲领》

抗日战争时期,各抗日根据地先后建立了抗日联合政权并制定了施政纲领作为抗日根据地的基本法,如《晋察冀边区施政纲领》《陕甘宁边区施政纲领》《晋察冀鲁豫边区政府施政纲领》等。在施政纲领中有关人权原则的指导下,各抗日根据地大都制定了人权保障条例。这些人权保障条例对人权的法律概念、人权的内容以及人权保障的具体措施等做了详细的规定,反映了各抗日根据地民主宪政对人权保障的重视。这些施政纲领是抗日战争时期革命根据地的宪法性文件,对于团结边区各界人

---

〔1〕 参见韩延龙、常兆儒编:《中国新民主主义革命时期根据地法制文献选编》(第 1 卷),中国社会科学出版社 1981 年版,第 2 页。

〔2〕 参见周伟、谢维雁主编:《宪法教程》,四川大学出版社 2012 年版,第 54 ~ 55 页。

民，动员各方面力量联合抗日，战胜日本侵略者起到了重要作用。[1]

（三）《陕甘宁边区宪法原则》

抗日战争胜利后，革命形势和阶级关系发生了重大变化，陕甘宁边区根据政治协商会议通过的《关于宪法草案问题的协议》中的有关精神，起草了《陕甘宁边区宪法原则》，并于 1946 年 4 月在陕甘宁边区第三届会议上通过，规定边区政权的组织形式是各级人民代表会议，人民享有政治、经济、文化等方面的权利自由，同时还规定了边区政权的司法制度、经济和文化教育政策等。[2] 根据《陕甘宁边区宪法原则》，边区政府聘请了法律专家，着手宪法的起草工作，拟定了《陕甘宁边区宪法草案》，准备送交边区参议会常驻会议修改后，提请边区第三届参议会第二次大会通过。不久，由于国民党发动全面内战，边区的制宪工作被迫停止。

三、《共同纲领》及新中国成立后的中国宪法

（一）《共同纲领》

1949 年秋，中国共产党领导的人民解放战争已经在全国范围内取得决定性胜利，阶级力量的实际对比关系已经发生了根本性变化，建立中华人民共和国的条件已经成熟，急需制定一部宪法来确认已经取得的胜利成果，确定新中国的国家制度和社会制度以及其他方面的重要国策。由于当时战争还在进行，大陆还没有完全解放，被战争破坏的国民经济尚未恢复，特别是全国大部分地区的土地改革尚未进行，人民群众的组织程度和觉悟程度还有待提高，因此，尚不具备条件立即召开普选的全国人民代表大会来制定一部正式宪法。于是，1949 年 9 月 21 日，中国共产党邀请各民主党派、各爱国民主人士召开了中国人民政治协商会第一届全体会议，会议宣告中华人民共和国成立，组织了中央人民政府，通过了《中国人民政治协商会议共同纲领》（以下简称《共同纲领》）。《共同纲领》总结了我国人民群众一百多年来反帝、反封建、反官僚资本主义的历史经验，是中国共产党在新民主主义时期的最低纲领。《共同纲领》是中国宪政史上第一部由全国各族人民、各民主党派、各人民团体和各阶层民主人

---

〔1〕 参见廉希圣主编：《中国宪法教程》，中国政法大学出版社 2012 年版，第 60 页。

〔2〕 参见周伟、谢维雁主编：《宪法教程》，四川大学出版社 2012 年版，第 55 页。

士在充分民主协商的基础上共同制定的大宪章，它集中体现了全国人民的意志和利益，确立了新中国的各项制度，规划了民主政治的发展方向，对新中国民主宪政制度的建立和完善产生了重要影响。《共同纲领》还是新中国成立初期团结全国人民共同前进的政治基础和战斗纲领，是动员人民起来迅速完成民主革命的遗留任务，朝着社会主义方向前进的行动指南和法律保证。它起到了临时宪法的作用，成为新中国在一个很重要的历史时期内的总章程和根本大法，也为我国正式宪法的制定和实施积累了经验，创造了条件。[1]

(二)1954 年《宪法》

新中国成立后，中国进入了社会主义改造和建设时期，开始逐渐实现由新民主主义向社会主义过渡。在土地改革、抗美援朝取得决定性胜利之后，国内又进行了"三反"、"五反"、镇压反革命等一系列民主改革和斗争，人民群众的觉悟和组织性大大提高和加强，人民政权得到巩固，遭受战争破坏的国民经济已经逐步恢复，为全面开战社会主义改造和有计划进行社会主义建设创造了条件。[2] 在这一背景之下，中央人民政府委员会第二十次会议决定成立宪法起草委员会，负责宪法的起草工作。1954 年 9 月 15 日，第一届全国人民代表大会第一次会议在北京召开，会议庄严通过了新中国第一部正式宪法——《中华人民共和国宪法》(又称《五四宪法》)。《五四宪法》是我国第一部社会主义类型宪法，确立了国家体制及政治、经济等各项制度，以指导、推动社会主义建设的顺利进行。《五四宪法》以根本法的形式把社会主义原则和人民民主原则确认了下来，奠定了中华人民共和国宪法的基本框架，确定了新中国宪政体制的基本模式，规划了社会主义民主政治的基本格局，从而使新中国的民主宪政进入了一个新的发展时期。

作为新中国第一部根本大法，《五四宪法》特点鲜明：(1)体现了原则性与灵活性的结合。原则上坚持人民民主和社会主义方向与道路，但方法和步骤则是灵活的。(2)体现了历史与现实的结合。它以《共同纲领》

---

[1] 参见周伟、谢维雁主编：《宪法教程》，四川大学出版社 2012 年版，第 55 ~ 56 页；廉希圣主编：《中国宪法教程》，中国政法大学出版社 2012 年版，第 62 ~ 63 页。

[2] 参见周伟、谢维雁主编：《宪法教程》，四川大学出版社 2012 年版，第 56 页。

为基础产生制定，记载了我国人民一百多年来英勇奋斗的胜利成果，又总结了新中国成立五年来革命和建设的经验，丰富和发展了《共同纲领》。(3)带有过渡性特点。它不同于旧中国和其他资本主义国家的宪法，又不同于完全社会主义的宪法，是一部由新民主主义向社会主义过渡的宪法。[1]

（三）1975年《宪法》

我国到1956年基本上实现了社会主义改造，打下了社会主义工业化的初步基础，《五四宪法》的某些规定不再适应社会主义建设的要求，需要进行适当的修改和补充。由于从1957年开始，我国社会主义建设中出现了左的错误，政治上的阶级斗争扩大化极大地破坏了宪法的人民民主原则，终于发生了"文化大革命"，修改宪法一事被搁浅。1975年1月7日，第四届全国人民代表大会第一次会议召开，对《五四宪法》进行修改，通过了1975年《宪法》（以下简称《七五宪法》）。由于这部宪法是在"文化大革命"的动乱中修改而成，虽然对《五四宪法》的一些原则性问题予以了肯定，但是从指导思想到具体条款都掺杂了极"左"的内容，不可避免地存在严重缺点和错误。《七五宪法》以阶级斗争为纲，将坚持无产阶级专政下的继续革命作为宪法的指导思想，使得"四人帮"有机可乘，运用手中窃取的权力对宪法中那些抽象的原则和口号作出适合他们阴谋活动需要的解释，将《七五宪法》异化为他们篡权窃国、对人民实行封建法西斯专政的一种工具。[2]

（四）1978年《宪法》

"四人帮"于1976年10月被粉碎，中国共产党于1977年8月召开第十一次全国代表大会，宣布"文化大革命"结束。为清除"四人帮"的流毒，恢复宪法中被破坏的人民民主原则和社会主义原则，迫切需要修改《七五宪法》。1978年3月5日，第五届全国人民代表大会第一次会议通过了1978年宪法（以下简称《七八宪法》）。

《七八宪法》是我国进入新的历史发展时期的根本法，因为是在粉碎

---

〔1〕 参见廉希圣主编：《中国宪法教程》，中国政法大学出版社2012年版，第63~64页。

〔2〕 参见周伟、谢维雁主编：《宪法教程》，四川大学出版社2012年版，第57~58页；廉希圣主编：《中国宪法教程》，中国政法大学出版社2012年版，第65页。

“四人帮”后不到一年半的时间里修改颁布的,还来不及全面总结新中国成立以来社会主义革命和建设的经验教训,来不及彻底清理和肃清极“左”思想的流毒和影响,许多理论上和政治上的是非尚未澄清,这就决定了这部宪法未能彻底摆脱“文化大革命”的影响和流毒,仍然存在很多问题。《七八宪法》的指导思想依然是坚持“以阶级斗争为纲”和坚持“无产阶级专政下继续革命”的基本路线,并充分肯定“文化大革命”的胜利。在公民基本权利部分,保留了《七五宪法》规定的“大鸣、大放、大辩论、大字报”的权利。国家机构中,仍然保持“革命委员会”,国家主席制度未能恢复。[1]

(五)1982年《宪法》及以后的修正案

《七八宪法》实施后,为了肃清极“左”流毒的影响,解决存在的问题,中央决定全面、系统地修改宪法。1982年11月25日,第五届全国人民代表大会第五次会议召开。会上,彭真作了《关于中华人民共和国宪法修改草案的报告》。全国人大代表们对宪法修改草案进行了认真的审议。12月4日,大会通过了修改后的《中华人民共和国宪法》,这就是现行的1982年宪法(以下简称《八二宪法》)。《八二宪法》以《五四宪法》为基础并予以较大发展,将四项基本原则作为宪法总的指导思想,并在整个宪法中贯彻始终;明确规定了宪法在国家生活中的根本大法地位和最高法律效力,并规定了各种制度和措施以保证它们的实现;规定了在建设社会主义物质文明的同时,努力建设社会主义精神文明;规定了经济体制改革和政治体制改革的基本原则;规定了维护国家的统一和民族团结。《八二宪法》对于促进我国政治体制改革,推动我国社会主义现代化建设和改革开放事业的顺利进行,建立健全社会主义民主法治等都发挥了重要作用。[2]

改革开放初期是中国处于大发展和大变革的时期,随着经济的不断发展和政治制度的不断改进,我国的政治、经济、文化等领域都发生了很大变化,《八二宪法》又作了多次修改:(1)1988年宪法修正案增加了“国

[1] 参见周伟、谢维雁主编:《宪法教程》,四川大学出版社2012年版,第58~59页;廉希圣主编:《中国宪法教程》,中国政法大学出版社2012年版,第65~66页。

[2] 参见周伟、谢维雁主编:《宪法教程》,四川大学出版社2012年版,第59~60页;廉希圣主编:《中国宪法教程》,中国政法大学出版社2012年版,第66~69页。

家允许私营经济在法律规定的范围内存在和发展。私营经济是社会主义公有制经济的补充。国家保护私营经济的合法权益和利益,对私营经济实行引导、监督和管理"的规定。增加了"土地的使用权可以依照法律的规定转让"。(2)1993 年宪法修正案增加了中国共产党领导的多党合作和政治协商制度将长期存在和发展;把家庭联产承包责任制作为农村集体经济组织的基本形式确定了下来;把社会主义市场经济作为国家的基本经济制度规定了下来等。(3)1999 年宪法修正案规定了中华人民共和国实行依法治国,建立社会主义法治国家;规定了社会主义初级阶段的分配制度;规定了农村集体组织实行家庭承包经营为基础、统分结合的双层经营体制;增加了个体经济、私营经济等非公有制经济是社会主义市场经济的重要组成部分等。(4)2004 年宪法修正案增加了国家尊重和保障人权;国家保护公民的合法收入、储蓄、房屋和其他合法财产的所有权;规定了国家为了公共利益的需要,可以依照法律的规定对土地实行征收或征用并给予补偿等。[1]

对《八二宪法》的四次局部修改,及时确认了改革开放和社会主义现代化建设过程中取得的成果和经验,从而使宪法更加符合发展变化了的社会关系和改革开放的新需要,增加了宪法的适应力和生命力。[2]

综上所述,从中华人民共和国成立至今,《共同纲领》是建国初期的临时宪法;1954 年制定的第一部《中华人民共和国宪法》,是一部比较好的宪法;1975 年和 1978 年制定的两部宪法,限于当时的历史条件,在内容和形式上都显得很不完善;1982 年制定并经四次修正的现行宪法是新中国成立以来最完善的一部宪法,并将在今后的宪政实践中不断得到进一步发展和完善。[3] 总体来讲,中国现阶段宪法是在沿袭了中国几千年的历史文化传统,在同封建专制主义、帝国主义和官僚资本主义的斗争中,在吸取了中国新民主主义革命成功的宝贵经验和一些血的教训,在中国改革开放的伟大实践中,在《中华苏维埃宪法大纲》等各时期宪法的基础之上凝聚而成的。中国的宪法立足于传统,又展望未来,但同时,它又

---

〔1〕 参见周伟、谢维雁主编:《宪法教程》,四川大学出版社 2012 年版,第 60 ~ 61 页;廉希圣主编:《中国宪法教程》,中国政法大学出版社 2012 年版,第 69 ~ 78 页。

〔2〕 参见周伟、谢维雁主编:《宪法教程》,四川大学出版社 2012 年版,第 61 ~ 62 页。

〔3〕 参见廉希圣主编:《中国宪法教程》,中国政法大学出版社 2012 年版,第 78 页。

有自己独特的魅力和自身特色。中国的宪法是建立在中国特色社会主义政治体制之上的,它规定的人民代表大会制度反应和表现了中国特色社会主义政治体制的特征。中国人民代表大会制度是中国人民民主专政政权的组织形式,是中国的根本政治制度,它同西方国家的议会制度有着本质的区别。中国人民吸取国际无产阶级专政政权建设的经验,结合中国的具体实践,创建人民代表大会制度。《八二宪法》规定:"中华人民共和国的一切权力属于人民。人民行使国家权力的机关是全国人民代表大会和地方各级人民代表大会","全国人民代表大会和地方各级人民代表大会都由民主选举产生,对人民负责,受人民监督"。"国家行政机关、审判机关、检察机关都由人民代表大会产生,对它负责,受它监督。"中国人民代表大会制度是中国人民当家做主,中国人民管理国家,实现中国宪法赋予的基本权利的根本体现。中国是议行合一的单一制国家,全国实行和维护同一部宪法。而根据民主集中制的原则建立起来的中国国家机构,就是议行合一的国家机构。这种单一制国家形式既是中国两千多年大一统国家思想和制度的延续,也是中国不断发展繁荣,实现伟大复兴的中国梦的重要基础。

第四节　宪法的发展趋势

宪法是基于人类生存和发展的需要,并以保障基本人权为目的,对人类社会进行制度安排的基本形式。随着人类社会的发展,人类对人权内涵认识的不断深化,宪法也会不断地发展变化。

一、行政权力的不断扩大

20世纪尤其是"二战"以后,资本主义国家行政机构日益扩大,行政权日益加强成为普遍现象,突出表现在委托立法权的发展,行政得以直接干预议会立法和紧急措施权的运用。从宪法对近代国家基本政治制度的规定上来看,宪法对国家权力的配置,一方面表现为加强行政权力,使行政权力呈扩大趋势,另一方面表现为国家权力向中央不断集中。宪法对国家权力横向配置可分为三权分立和议行合一两种模式,不过这两种模式,行政权都没能处于国家权力的核心地位。在现代宪法时期,行政权呈现不断上升趋势,各国行政权的扩大表现为:(1)行政权干预立法权;(2)行政权中出现紧急命令权;(3)委托立法的出现,即行政机关经过委托享有一定的立法权;(4)行政权干预司法权等。应该看到,资本主义国家通常实行三权分立的政治体制,行政权力的加强一般伴随着立法权力的弱化,这与社会主义国家不同。随着经济的发展、科学的进步和国际关系的复杂化,社会主义国家组织和管理的事务也在不断扩大,与之相对应,行政机关及其职权也会相对加强。[1]

二、宪法对经济文化方面的规定越来越具体

不论在社会主义国家还是资本主义国家,这种宪法的发展趋势都越来越明显。从1919年德国《魏玛宪法》设立"经济生活"专章到1949年《德意志联邦共和国基本法》对有关公民的教育、财产的基本权利的规定都显示出宪法不再仅仅是政治性的法,它同时也是社会法。这一点在我国宪法的规定中也得到了相应体现。

三、宪法更加重视公民权利的保护

从公权力与私权利的关系上来看,宪法在配置公权力的同时越来越注重对私权利的保护,各国宪法中关于公民基本权利的项目逐步增多,社会经济权利与教育事业普遍受到重视。主权在民是宪法的基本原则,也是调整公权力与私权利的基本准则。随着国家权力进入社会生活中的经济领域和文化领域,主权在民原则通过在经济和文化生活中的相应方面设定公民的基本权利以制约国家权力。公民基本权利的扩大表现为宪法对经济和文化的规定,这是对以往宪法只规定政治性事务的发展。"二战"以后,世界各国宪法普遍对人权问题给予关注,并将人权问题扩展到世界范围,成为宪法的一个重要问题。各国宪法普遍强化了人权保障措施,扩大了公民基本权利和自由的范围。这种对人权保障机制的完善,势

---

〔1〕 参见廉希圣主编:《中国宪法教程》,中国政法大学出版社2012年版,第80页。

必在越来越多的国家的宪法中得到体现。[1]

四、宪法保障加强

作为国家根本大法，宪法是国家法制建设的核心，它在现代国家生活和社会生活中的地位和作用不可替代，其贯彻和实施对于调整日益复杂的社会关系，发展国家法治，都起着举足轻重的作用。加强宪法实施和保障的呼声越来越高，各国纷纷建立起了宪法保障制度。1803 年，美国联邦最高法院审理马伯里诉麦迪逊案，确立了司法审查制度，这种制度与司法解释权相结合，最高法院拥有司法解释权，同时也有司法审查权，即有权宣布联邦法律或州法律是否违宪。1920 年，奥地利率先设立宪法法院，成为司法审查制度的欧洲版本。随后，法国也设立了宪法委员会。第二次世界大战之后，德国、法国、日本等国家也建立和进一步完善了本国的宪法监督制度。从众多国家的监督制度来看，专门机关监督宪法实施已然成为一种潮流。虽然各国的具体国情不同，保障宪法实施的机关和制度也不尽相同，但是各国不断完善宪法保障制度的趋势却是一致的。[2]

五、宪法与国际法相结合

随着国际间的频繁交往和国际关系的日趋复杂，世界各国对国际交往问题越来越关注和重视。在历经两次世界大战之后，这种现象更加明显。与此对应的是，很多国家的宪法文本中都规定了关于加强国际协作、维护世界和平的内容。有的国家宪法宣布放弃战争作为解决国际争端的手段，或宪法直接规定不参与侵略战争。有的国家甚至在宪法中规定遵守国际条约，承认国际法是国内法的一部分，具有高于一般法的法律效力。如《联邦德国基本法》第 24 条规定："联邦可以通过法律将部分主权让与国际机构。"《日本宪法》则规定："日本国缔结的条约及已确定的国际法规，必须诚实遵守之。"各国宪法中的这些规定反映了国际形势的进一步缓和及国际协作关系的进一步发展。总体而

---

〔1〕 参见廉希圣主编：《中国宪法教程》，中国政法大学出版社 2012 年版，第 78 ~ 79 页。
〔2〕 参见康希圣主编：《中国宪法教程》，中国政法大学出版社 2012 年版，第 79 页。

言，自21世纪“冷战”结束之后，世界格局逐步由对抗转化为合作与对话，和平与发展成为了当今世界的主题，这使得各国的宪法与国际法相结合的趋势日趋明显，加强合作与维护和平的要求势必在各国宪法中得到更加广泛的体现。[1]

---

〔1〕 参见廉希圣主编：《中国宪法教程》，中国政法大学出版社2012年版，第81页。

第三章　制宪权理论

【本章导读】

宪法的制定是在一定理论指导下制定的，这就是制宪权理论。制宪权理论的核心是制宪权，它是制宪主体按照一定原则创造宪法的一种权力。制宪权是以国民主权理论为逻辑起点的，国民主权是制宪权理论的核心，只有全体国民才享有制宪权。什么是制宪权理论？制宪权理论对新中国宪法的制定有怎样的影响？对此，领导干部应有清晰的认识。宪法是治国理政之基石，而制宪权理论则是现代宪法的重要理论，是宪法产生的理论基础。

第一节　何为制宪权理论

宪法的制定需要一定的理论指导，一般认为，制宪权理论最早出现在法国大革命时期，由法国学者西耶斯（1748—1836 年）在其著作《第三等级是什么？》中提出的。该书出版于 1789 年 1 月，正值法国大革命风起云涌之时，无疑，它对 1791 年欧洲大陆即法国的第一部宪法的制定起到很大的影响。当然，西耶斯的制宪权理论并不是现代制宪权理论的全部，但是，它却是一个源头、一个开端。了解制宪权理论，就需要先了解西耶斯的理论。

西耶斯的制宪权理论认为：制宪权是制宪主体按照一定原则创造国

家根本法即创造宪法的一种权力。它是“关于国家政治存在样式和形态的具体的总决断的政治意志”。[1] 西耶斯认为,从制宪主体上来说,制宪权主体只能是一国中的全体国民。他在《第三等级是什么?》一书中提出:“国民存在于一切之前,它是一切之本源。”[2] 所以,“唯有国民才能表达自己的意愿,从而为自己创立法律”。并进而指出:“所有进入立法机构者,只有受到人民委托,才有资格代表人民表决。”[3]“唯有国民拥有制宪权”,[4] 国民意志永远是最高法律。

西耶斯认为国家不是从来就有的,制宪权是一种始原的权力,国家权力是依据制宪权而产生的“形成的权力”。制宪权为创设宪法之权,该项权力只能由主权者所享有。[5] 国民通过自然法形成,享有制宪权,政府“只能隶属于人为法”。[6]

西耶斯还指出,国民拥有制宪权,但是,具体到制定宪法的实践中,需要其背后存在一个成熟的政治力量去领导制定。也就是说,把潜在的制宪权向现实的制宪权转化,既需要一个民族成为现实中主权的主体,也需要一个成熟的政治力量,率领人民,主导形成人民的共同意志。这是因为,人民的统一意志可委托给一定的政治团体。在政治社会形成中,起作用的不是真正的共同意志,而是一种代表性的共同意志。[7] 所以,西耶斯指出实际的制宪权产生于政治力量。制宪权作为具体地决定国家的政治存在样式的权力,它立于政治与法的交汇之处。[8] 依靠政治力量,着手制定宪法,需要先设立宪法制定机构,提出宪法草案,然后,再通过人民的代表机关或全体公民表决通过,再公布实施。制定宪法后,人民就可合法委托给国家权力了,国家就可组成政府实体了。

从以上理论中可以看出,西耶斯对国民主权理论有很深的认可度,可

---

〔1〕 C. Schmitt, Verfassungslehre,1954,SS. 75 – 76.

〔2〕 [法]西耶斯:《论特权第三等级是什么?》,冯棠译,商务印书馆 2010 年版,第 59 页。

〔3〕 [法]西耶斯:《论特权第三等级是什么?》,冯棠译,商务印书馆 2010 年版,第 53 页。

〔4〕 [法]西耶斯:《论特权第三等级是什么?》,冯棠译,商务印书馆 2010 年版,第 56 页。

〔5〕 参见陈端洪:《人民既不出场也不缺席:西耶斯〈第三等级是什么?〉中的民族制宪权理论》,载《中外法学》2010 年第 2 期。

〔6〕 [法]西耶斯:《论特权第三等级是什么?》,冯棠译,商务印书馆 2010 年版,第 60 页。

〔7〕 [法]西耶斯:《论特权第三等级是什么?》,冯棠译,商务印书馆 2010 年版,第 58 页。

〔8〕 参见[日]芦部信喜:《制宪权》,王贵松译,中国政法大学出版社 2012 年版,第 35 页。

以说,制宪权理论正是以国民主权理论为逻辑起点的,国民主权是制宪权的核心。现代社会,国民主权理论逐渐演化成人民主权理论。制宪权理论由西耶斯首创,随后在德国由施米特发扬光大,在当代则由德国的博肯福德和日本的芦部信喜加以进一步发展。[1]

根据制宪权理论,我们可以得出结论:一国要制定宪法,首要的是民族的独立,国家的独立,然后要有代表人民意志的政治力量予以主导。

第二节 制宪权理论对新中国宪法制定的影响

新中国成立后,我国的第一部宪法是1954年9月20日颁布的《中华人民共和国宪法》,它奠定了新中国的法治基础,揭开了新中国的法治建设之路。新中国制宪权源于中国人民掌握国家政权的事实,而国家独立,人民当家做主正是中国共产党作为一个成熟的政治力量领导中国人民长期浴血奋斗的结果。通过历史事实的推论,我们能否判断,制宪权理论对我国宪法的最初制定存在一定影响呢?

制宪权受到根本法思想和国民主权思想的决定性影响,可以说是根本法和国民主权思想的产物。我国制宪权主体的人民获得国家政权和国家独立的客观事实,让宪法的制定具有了一定基础,而中国共产党的先进性、代表性和作为一个成熟的政治力量成为执政党的事实,让其不但认可人民的主体地位,并且具有了主导形成人民意志的可能性,让真正意义上的国民立宪在中国历史上第一次成为事实。德国施米特的制宪权观点也强调宪法的正当性必须是制宪的权力和权威得到承认。[2]

当然,在制宪实践中,由于刚刚建国后举行全国人民代表大会的条件并不成熟,“程序的正当性与合法性考量是推迟制定宪法的重要原因之一,这反映了宪法起草者们对程序问题的高度关注”。[3] 于是,在中国共

---

〔1〕 参见[德]卡尔·施米特:《宪法学说》,刘峰译,上海人民出版社2005年版,第84页;[日]芦部信喜著:《制宪权》,王贵松译,中国政法大学出版社2012年版。

〔2〕 参见[德]卡尔·施米特:《宪法学说》,刘峰译,上海人民出版社2005年版,第98页。

〔3〕 韩大元:《论1949年“共同纲领”的制定权》,载《中国法学》2010年第5期。

产党的主导下先制定了宪法性文件《共同纲领》,同时,在全国逐步普遍建立人民政权。事实上,从 1949 年到 1954 年,人民民主政权在全国已普遍建立了,截至 1952 年底,人民代表会议的代表已经有一千三百余万人,全国各省,2/3 的市、1/3 以上的县的人民代表会议选举了人民政府。在此基础上,1953 年 1 月 13 日,中央人民政府委员会决定成立中华人民共和国宪法起草委员会,负责宪法的起草工作。[1] 宪法起草委员会共有 33 名委员组成,毛泽东为主席,并成立了以周恩来为主席的选举法委员会。1953 年底,中共中央决定成立一个宪法起草小组,其任务是为宪法起草委员会提供可讨论、修改的宪法起草初稿。[2] 起草小组组长由毛泽东主席亲自担任。在宪法起草期间,毛泽东阅读了有关宪法的许多理论著作,把大量的精力与心血投入到宪法起草过程之中。[3] 1954 年 6 月 14 日,中央人民政府委员会举行第三十次会议,讨论了宪法起草委员会提交的《中华人民共和国宪法草案》。随后,6 月 16 日,中央人民政府委员会向社会公布了宪法草案予以全民讨论。全民讨论一直持续到当年的 9 月 11 日,历时近三个月,这是中国历史上第一次真正意义上的关于宪法问题的全民大讨论。据统计,许多地区听报告和参加讨论的人数都达到了当地成年人口的 70% 以上,有些城市和个别的专区达到了 90% 以上。[4] 据 1954 年 9 月 11 日的《人民日报》的报道,经过近三个月的讨论,全国人民对宪法草案和组织法共提出了 1180420 条修改和补充的意见和问题。其中的很多意见和建议被接纳和吸收。1954 年 9 月 9 日,中央人民政府第三十四次会议讨论并通过了经过修改的《中华人民共和国宪法草案》,会议决定把这个宪法草案提交第一届全国人民代表大会第一次会议审核。1954 年 9 月 20 日下午,宪法草案最后定本交付全国人民代表

---

〔1〕 从世界范围来看,宪法起草机构的产生一般有三种模式:全国人民选举产生;由制宪会议行使宪法起草权;由国家元首等特定机关任命产生。我国的宪法起草委员会是由中央人民政府委员会第 20 次会议决定成立的。中央人民政府委员会是当时的最高权力机关。参阅韩大元主编:《新中国宪法发展 60 年》,广东人民出版社 2009 年版,第 51 页。

〔2〕 参见穆兆勇著:《第一届全国人民代表大会实录》,第 98 页。

〔3〕 参见韩大元主编:《新中国宪法发展 60 年》,广东人民出版社 2009 年版,第 56 页。

〔4〕 参见韩大元主编:《新中国宪法发展 60 年》,广东人民出版社 2009 年版,第 63 页。

大会表决,全国人民代表大会代表人民的意志行使制宪权。[1] 5时55分,大会执行主席宣布表决结果:投票数共1197张,同意票1197张,宪法草案获得全票通过。

1954年9月20日通过并颁布的《五四宪法》是中国历史上第一次人民自主地运用制宪权而制定的民主宪法,其整个制定程序、过程,无不体现着制宪权理论的核心价值,是一部真正的人民主权下的根本大法。虽然在《五四宪法》中没有明确宣告宪法的根本法地位,但是,当时的宣传是把它作为根本法属性的,其规定的修改程序和要求也是不同于普通法律的。后来,在我国《八二宪法》序言中明确宣告了宪法"是国家的根本法,具有最高的法律效力"。

通过回顾新中国第一部宪法的出台历程,可清晰地洞察其从无到有的发展逻辑,感受到新中国第一部宪法制定的步骤非常稳健,宪法的具体内容也充满先进的理念。所以,我们不能不说西耶斯的制宪权理论对制宪者也许还是存在一定影响的,至少在方法上是有影响的。也许是一种巧合,《五四宪法》的制宪过程竟完全符合制宪权理论对宪法制定的几点基本要求。

探讨制宪权理论对我国宪法制定的影响是有积极价值的。卢梭理想中的民主制是以雅典民主为原型的,国家的特点是领土小、人口少,所以便于实行直接民主制。虽然在《第三等级是什么?》一书中,"西耶斯以简约的言辞道出了代表制民主的基本原理,"[2]但是在其制宪权理论中并没有区分国家的情形,主要是针对当时的法国而言的。在现实中,有的国家全面实行直接民主却是有困难的,因为"直接民主不仅需要人口少、面

---

[1] 制宪权与行使制宪权是不同的。本文认为制宪权只能属于全体国民,在实践中,人民可以委托自己的代表机构行使制宪权。在我国,全国人民代表大会是全体人民的代表机构,是最高的权力机关,它是按照全国人民的意志办事的,可以代表人民行使制宪权。同时,"五四宪法"以及现行的"八二宪法"都规定了全国人民代表大会具有修改宪法的权力,这明确规定了全国人民代表大会具有行使制宪权的权力。对于修宪权,卢梭和西耶斯都认为修宪权本身也是国民意志的表达,是制宪权的体现,其本身不应受到限制,其目的是寄望于通过修宪改变政治决断,从而避免革命。但是,斯密特和日本学者芦部信喜均认为修宪权与制宪权存在本质不同。这些说明,学者们对制宪权理论的认识是存在分歧的。

[2] 陈端洪:《人民既不出场也不缺席——西耶斯的民族制宪权理论解读》,载《中外法学》2010年第1期。

积小、公民时间充足等条件，而且易于导致制度丧失对危机的防范力、总和为零的政治及制度功能性失衡。"[1]况且，如果导致暴民政治后果更为可怕，大众"不善推理，却急于行动"。[2] 马克思在批判卢梭人民主权概念的基础上实现了实质性超越，马克思对人民民主的现实基础、实现途径作了崭新论断，这种超越让其理论具有普适性，认识到这一点，有助于丰富制宪权理论，完善代议制民主理论，也有助于我们坚定"制度自信"。

然而，《五四宪法》之后的二十余年间，中国的法治进程却走了一段弯路。一段时期内，法律虚无主义盛行，人们法律意识普遍淡薄，法治的发展跌宕起伏、世所罕见，宪法也是在六十余年间，数度变更。新中国第一部宪法制定并颁布了一年多后，中国的法治建设却开始停滞甚至出现大踏步地倒退。制宪权理论对"五四宪法"制定真的存在影响么？对待这个问题，不少学者持异议，甚至认为，"从《共同纲领》到《五四宪法》的蜕变可以看出，新中国的制宪完全融入到国家的目的、政治的决断或者说人民意志的整合过程当中，从而也就不可避免地丢失了其本身的独立性"。[3]

我们认为，制宪权理论对《五四宪法》制定的影响在实质意义上是非常有限的，这种影响也许是在一种摸索中逐渐融入了先进的宪法价值理念，而不是刚开始就有了一种根深蒂固的法治观念并作为制定宪法的指导理念。所以，我们认为，这种影响并不是一般意义上的方式方法或价值上的影响，而是一种思想上的反思。

在很长时期，我们并没有准确把握宪法背后的一系列价值，而这些价值是最先进的，是符合时代潮流的，而且还需要深入执政者头脑深处，成为一种信仰。

---

〔1〕［美］乔·萨托利：《民主新论》，冯克利、阎克文译，东方出版社 1993 年版，第 282～287 页。

〔2〕［法］古斯塔夫·勒庞：《乌合之众——大众心理研究》，冯克利译，中央编译出版社 2005 年版，第 4 页。

〔3〕李忠夏：《从制宪权角度透视新中国宪法的发展》，载《中外法学》2014 年第 3 期。本文作者李教授认为，"五四宪法"的制定过于强调党领导下的人民意志的塑造以及各种社会经济改造，而忘记了这一过程可能会出现的异化，也是过于强调政治性了，让宪法失去了独立，所以，导致随后的违宪之举比比皆是。本文认为，当时制定的《五四宪法》，其独立性并没有丧失，根本原因在于中国缺少法治的土壤，人们对法治的认识是初步的和摇摆的，并没有形成统一的法治共识，从而导致政权组织在领导体制上的变革，继而把宪法束之高阁，违宪频发。

第四章　宪法的分类与结构

【本章导读】

宪法的分类与结构问题也是宪法学中的一个重要知识点，涉及宪法从理论上划分的标准是什么以及据此可以划分为什么类型；宪法的渊源、宪法的形式结构以及宪法的规范结构等基础问题，帮助领导干部系统梳理易于混淆的宪法分类与结构难点。通过本章的学习，领导干部能够系统了解以下难题：宪法可以分为成文宪法与不成文宪法，中国宪法到底属于哪一种类型？中国宪法的渊源包含那几种？党章是否属于宪法的渊源？宪法的序言是否有效？宪法规范的原则性是否意味着宪法无用？等等。

第一节　宪法的分类

所谓宪法的分类，是指依据不同的标准把宪法划分和归纳为不同类别的活动。对宪法进行分类，并在此基础上展开宪法学研究，既有利于认清不同性质宪法的特征与本质，也为宪法进行比较研究提供前提与基础。当前宪法学界对宪法宏观分类较多，归纳起来，总共有以下几种学说：第一，以研究主体为标准进行的总体分类，从宏观上把宪法分为资产阶级学者传统的宪法分类与马克思主义学者的宪法分类以及其他宪法分类。[1] 第二,以研究时间为标准进行的总体分类,从宏观上把宪法分为传统宪法的分类与现代宪法的分类(或新宪法分类)。[2] 第三,以研究内容为标准进行总体的分类,把宪法从宏观上分为形式分类与实质的分类。[3] 以上学说均具有一定的道理,本书较为赞同第三种总体的学说分类,主要在于:首先,以研究主体为标准的分类带有浓厚的阶级划分的特点,而以研究时间为标准的划分并不能在传统与现在之间准确厘定清晰时间轴;其次,本书在宪法的特征上明确了从形式与实质上界定宪法,分类采纳形式与实质的标准易形成前后的呼应。

一、宪法的形式分类

(一)成文宪法与不成文宪法

宪法可分为成文宪法与不成文宪法,这种分类的依据和标准是宪法的外在表现形式,即宪法是否具有统一的法典形式。这种分类方法普遍认为是英国宪法学家詹姆斯·布赖斯于1884年在牛津大学讲学时提出的一种分类方法。所谓成文宪法,是指一种文本性宪法典,它记载着一国根本组织,公民权利和义务以及修宪程序等。这种宪法典可以是单一文件,也可以是数种文件。单一文件的成文宪法如1787年的美国宪法和1791年的法国宪法;奥地利的宪法则是由四种宪法文件组成;加拿大的宪法由英国议会1867年通过的北美法和加拿大联邦议会1960年通过的权利法案两个文件组成,现代世界上绝大多数国家的宪法是成文宪法。[4] 成文宪法的优点在于,宪法的内容表现为书面形式的条文,比较明确、具体;其缺点在于,书面形式的条文修改起来比较困难,对社会实际的适应性差。

不成文宪法,来源于罗马法,其原意是没有文书记载的法律,也就是习惯法,但后来,习惯法也有了成文的形式,也就不都是不成文的法律了。

[1] 参见周叶中主编:《宪法》(第二版),高等教育出版社、北京大学出版社2005年版,第49~54页。

[2] 参见韩大元、李元起主编:《宪法》(第三版),中国人民大学出版社2005年版,第28~31页。

[3] 参见许崇德主编:《宪法》(第五版),中国人民大学出版社2015年版,第9~12页。

[4] 参见龚祥瑞:《比较宪法与行政法》,法律出版社2014年版,第38页。

现在不成文宪法是指由书面形式的宪法性法律文件、宪法判例和非书面形式的宪法惯例等构成的宪法。英国宪法、新西兰宪法是典型的不成文宪法,英国宪法主要由三部分构成:其一,在资产阶级革命过程中的不同历史时期制定的一系列宪法性法律文件,如1628年权利请愿书、1679年人身保护律、1689年权利法案、1701年王位继承法、1911年国会法、1918年国民参政法、1928年男女选举平等法、1969年人民代表法等;其二,法院的宪法判例,如法院就人身自由、言论自由、正当法律程序、法官独立等宪法问题所作出的判决;其三,宪法惯例,英国是在宪政实践中形成了大量的宪法惯例而被称为"宪法之母"的国家,如内阁对议会下院负责、国会每年至少集会一次、两党制等。不成文宪法的优点和缺点与成文宪法正好相反。[1]

(二)刚性宪法与柔性宪法

这种分类的依据和标准是宪法的法律效力与宪法的制定、修改程序的不同。学界一般认为,此分类是由英国宪法学家詹姆斯·布赖斯于1901年在《历史与法学研究》一书中率先提出的分类方法。[2] 所谓刚性宪法,就是它的条款不易更改,修宪须经特定程序,由特定机关修订。当今世界上绝大多数国家的宪法属于这种类别的宪法。刚性宪法的优点在于:制定和修改宪法的程序比较复杂,相对而言,宪法的稳定性强;同时,宪法具有最高的法律效力,便于保证形成统一的宪法秩序。其缺点是:宪法修改程序较为复杂,不能及时适应社会实际的变化。

所谓柔性宪法,是指宪法的修改由普通立法机关依据一般法律修改程序进行的宪法,因此又被称为弹性宪法。作为英国宪法重要组成部分的宪法性法律文件,是在资产阶级革命的不同历史时期,由议会依一般立法程序制定的,其法律效力与其他法律也完全相同。英国是典型的柔性宪法国家。某些国家虽制定了成文宪法典,但宪法中未规定修改程序,因而在修改宪法时按照一般立法程序进行修改。这种宪法也属于柔性宪法,如1848年的意大利宪法。柔性宪法的优点和缺点与刚性宪法正好

---

〔1〕 参见秦前红主编:《新宪法学》(第三版),武汉大学出版社2015年版,第11页。

〔2〕 参见龚祥瑞:《比较宪法与行政法》,法律出版社2014年版,第38页。

相反。[1]

在理解刚性宪法与柔性宪法中，要准确把握以下几个易混淆的概念：一是认为成文宪法就是刚性宪法，柔性宪法是不成为宪法。需要澄清的是两者并不是等同的概念，有些成文宪法属于柔性宪法，如 1848 年《意大利宪法》由于没有规定宪法的修改而成为柔性宪法。现行《新西兰宪法》虽是成文宪法，但议会可以随时以法律的形式修改宪法，也是柔性宪法。[2] 二是以修改的频率来划分刚性与柔性，认为刚性宪法较少被修改，柔性宪法经常被修改。实际上，刚性宪法和柔性宪法的分类仅是学理上的分类，事实上现代宪法大都为刚性宪法，只是刚性的程度不一定很高或者不尽一致。所以，我们不能认为刚性宪法一定比柔性宪法更难得到修改，柔性宪法一定很容易被修改，也经常被修改。宪法修改的频率主要不是取决于其修改机关和程序与普通法律如何不同，而在于宪法是否反映了时代的主流价值追求和社会的发展变化。英国宪法虽是典型的不成文宪法，但英国宪法的修改十分困难，根据《英国议会规程》第 46 条规定，宪法性的法律案，应由全院委员会，而不归常任委员会审查，更重要的一点，在于宪法性法律案大都先经两党联席会议讨论，并需要经过类似公民投票的批准程序。[3] “我国宪法虽是刚性宪法，但自 1954 年宪法以来，我们一共进行了三次全面修改、四次部分修改，几乎是每五年就修改一次，宪法修改不可谓不频繁。”[4]

（三）钦定宪法、民定宪法和协定宪法

这种分类是以制定宪法的主体为标准而作的划分。所谓钦定宪法，是指由君主自上而下地制定并颁布实施的宪法，钦定宪法多是在封建君主与基于民主思潮兴起的民主运动斗争为了维护自身统治而进行的妥协之举，所作的民主规定也较为形式化，仍然强调君主至高无上的权力。如 1814 年法国国王路易十八颁布的宪章、意大利 1848 年宪法、1889 年日本明治天皇颁布的《大日本帝国宪法》及 1908 年中国清末的《钦定宪法大纲》等。

---

〔1〕 参见许崇德主编：《宪法》（第五版），中国人民大学出版社 2015 年版，第 10 页。

〔2〕 参见秦前红主编：《新宪法学》（第三版），武汉大学出版社 2015 年版，第 12 页。

〔3〕 参见龚祥瑞著：《比较宪法与行政法》，法律出版社 2014 年版，第 40 ~ 41 页。

〔4〕 秦前红主编：《新宪法学》（第三版），武汉大学出版社 2015 年版，第 12 页。

所谓民定宪法，是指由民选议会、制宪会议或公民投票表决制定的宪法。当今绝大多数国家的宪法属于这种类别。民定宪法主要基于人民主权的思想而产生与发展，亦即强调国家的一切权力属于人民，人民通过各种形式掌握国家权力。

所谓协定宪法，是指由君主与人民或民选议会进行协商共同制定的宪法。协定宪法是君主和人民达成了合意，进而共同分享国家权力。据学者的解读，当前世界上最古老的协定宪法是1809年的《瑞士宪法》，此外如英国1689年权利法案、法国1830年宪法等也属于此类。也有学者认为，1215年英国由英国国王与贵族们妥协签订的《自由大宪章》属于协定宪法。[1]

对此分类有学者认为纯属于名义分类法，其实都是资产阶级发起、推动而成，且这种分类的提法已经过时。[2]

二、宪法的实质分类

在对宪法的形式分类之后，很多学者普遍关注到了新分类法，也就是所谓的“实质分类法”，实质分类法中，国外学者的讨论较多，较为代表的是肯尼思·惠尔、卡尔·洛温斯坦和沃尔夫·菲利普斯，[3]中国学者也有从阶级属性以及内容方面进行了较多的讨论。

（一）原始宪法与派生宪法

这种分类是以宪法的内容是否具有原创性为标准进行划分的。所谓原始宪法，又称为创制性宪法，是指直接产生于本国的宪政运动或者说根植于本国的具体历史条件、其内容具有创制性的宪法。例如，英国的议会至上的宪法体制、美国典型的三权分立宪法体制、1793年的法国国民公会制、1918年苏俄宪法等都属于原生宪法。[4] 所谓派生宪法，是指从外国移植或模仿、其内容大多具有继承和借鉴性的宪法。如独立后的印度以总统共和制代替君主议会制即为移植美国的，同时也有英国的影子。需要澄清的一点，并非原始宪法一定就比派生宪法要“长寿”，典型的是

---

〔1〕 参见焦洪昌主编：《宪法》（第四版），北京大学出版社2010年版，第14页。

〔2〕 参见龚祥瑞：《比较宪法与行政法》，法律出版社2014年版，第38页。

〔3〕 参见龚祥瑞：《比较宪法与行政法》，法律出版社2014年版，第41页。

〔4〕 参见陈文华主编：《宪法学》，华中科技大学出版社2015年版，第9页。

日本宪法虽然是派生宪法，但较为稳定。

（二）纲领性宪法、确认性宪法

这种分类是以宪法的作用和功能为标准所作出的分类。较早之时，斯大林在1935年苏联宪法报告中做出了说明，所谓纲领性宪法，是指宪法的内容中包括不少目前尚未实现或正在争取实现的部分。所谓确认性宪法，就是确认已经取得的成果而不包括尚未获得和正在争取中的目标。还有一类是介于两者之间的，被称为中立性宪法，是指只规定政府组织，而不规定意识形态、公民基本权利的宪法，印尼宪法就是一例。[1]

（三）规范性宪法、名义性宪法和语义性宪法

此类宪法分类是以宪法的实施效果为依据进行的分类，这种分类方法是洛温斯坦提出的，认为是实质分类的典型。所谓规范性宪法，是指不仅在法律规范条文上，也在实际政治生活中具有法律效力的宪法。所谓名义性宪法，是指宪法的规范只是作为法的形式发生作用，在现实政治运行中并不适用。充其量只是一种将来可能会成为现实生活的蓝图。由于这类宪法与政治现实存在距离，因而不能有效地运用于社会生活中，如同空头支票一般。所谓语义性宪法，是指在政治生活中可能加以适用，但并没有发挥宪法的作用，只是为了维护实际掌权者的特殊利益或者宣传点缀的宪法。需要指出的是，这三种分类方法从实践看并不具有可操作性，因此，伦敦大学的沃尔夫·菲利普斯曾对此提出过批评，认为这种分类一是分类界限太机械，名与实之间的界限相对模糊，二是分类的标准太笼统、绝对化，没有对宪法的实际产生意义。[2]

（四）资本主义类型的宪法、社会主义类型的宪法

这是根据宪法所赖以产生和存在的经济基础的性质以及国家政权的性质所进行的分类。所谓资本主义类型的宪法，又称资产阶级类型的宪法，是指建立在资本主义私有制基础之上，确认资产阶级民主的宪法。所谓社会主义类型的宪法，又称无产阶级类型的宪法，是指建立在社会主义公有制基础之上，确认由人民当家做主的宪法。[3] 此种宪法分类带有较

---

〔1〕参见龚祥瑞：《比较宪法与行政法》，法律出版社2014年版，第42页。

〔2〕参见龚祥瑞：《比较宪法与行政法》，法律出版社2014年版，第43页。

〔3〕参见许崇德主编：《宪法》（第五版），中国人民大学出版社2015年版，第12页。

强的阶级属性的成分,同时,分类的标准显得过于简单,产生的实际效用较小。

(五)政治宪法、规范宪法

这里谈及的规范宪法有别于洛温斯坦的规范性宪法,这主要是中国宪法学者在对待宪法的态度上产生的两种不同的分类,政治宪法站在政治宪法学的立场认为,宪法不仅仅是一套权利保障的叙事,还是对主权的规范落实与直接表达,宪法本身就承载着政治与法律两套逻辑,法律逻辑是水平结构的,政治逻辑是垂直结构的,而宪法要做的是将法律的逻辑强加给政治逻辑。[1] 规范宪法站在规范宪法学或者宪法教义学的立场,认为需要从宪法文本出发,挖掘宪法规范背后的实质内涵。[2] 近年来,以政治宪法学与规范宪法学为基本立场,在宪法学界渐趋形成争鸣之势,本书认为,两者从各自的立场出发都具有一定的合理性,应该说也正印证了宪法的分类是形式与实质的统一。

第二节 宪法的形式结构

对于宪法的形式结构的界定,当前宪法学界主要有以下两个方面的观点:一是把宪法的形式结构等同于宪法的渊源;二是认为宪法的形式结构包含了宪法的渊源与宪法体系。在本书看来,宪法的形式结构理应包含两个方面:一是宪法从法渊构成上包含哪几个内容,这是宪法形式结构的外在表现形式;二是宪法典的结构形式,这是宪法的内部表现形式。

一、宪法的渊源

宪法渊源即宪法形式结构的外在表现形式,由于受各国的历史文化传统、法律传统、政治力量对比关系,以及政治需要等因素的影响,各国的

---

〔1〕 参见陈端洪:《论宪法作为国家的根本法与高级法》,载《中外法学》2008 年第 4 期。

〔2〕 具体参见林来梵:《从宪法规范到规范宪法:规范宪法学的一种前言》,法律出版社 2001 年版,第 7 ~ 11 页。

宪法渊源并不完全相同。从总体上看,宪法主要有以下渊源:

(一)成文宪法典

宪法的主要表现形式是宪法典,绝大多数国家以成文宪法典的形式出现。美国1787年在费城由制宪会议制定了《美利坚合众国宪法》是人类历史上第一部立宪意义上的成文宪法典,在这部宪法中规定了美国的根本制度、国家机构、联邦与联邦成员的分权及其他基本制度。欧洲大陆第一部完整的宪法典是法国于1791年由制宪议会通过了《法兰西共和国宪法》,以法典形式规定国家的根本制度和基本原则。同时,成文宪法典往往有宪法修正案,如美国1787年宪法就是由7条宪法条文以及27个宪法修正案组成。根据通说的理解,成文宪法典的优点是,宪法的内容明确具体,便于实施,同时一般规定了严格的修改程序,有利于保障宪法的稳定性;其缺点是,因宪法修改程序较为严格和复杂,宪法规范适应社会实际变化的能力不是很强。

(二)宪法性法律

宪法性法律一般是指除了宪法典之外,其他调整宪法关系内容的法律,是从部门法意义上按法律规定的内容所作的一种法律分类。宪法性法律具体又有两种不同的类型:一是不成文宪法国家的立法机关制定的实质宪法。这些国家受本国的历史文化传统及阶级力量对比关系的影响,没有采用宪法典的形式规定宪法的内容,而是在不同的时期根据普通立法程序制定了一系列有关宪法内容的法律。英国是不成文宪法国家的典型,它没有宪法典,但有宪法性法律,如国会法、人权法、王位继承法以及人身保护令等。二是指在成文宪法国家里存在的确认基本权利的法律、政府组织法、选举法等。但从严格意义上看,这些基本属于普通法律,有的甚至是代议机构内部的议事规则,如我国的《全国人大议事规则》,不具有宪法同等的法律效力,被称为宪法性法律。有学者将其称为宪法的关联法或者相关法,对此,亦有学者认为这个范围太宽,采用宪法附属法较为妥当。

(三)宪法惯例

宪法惯例是指在长期的宪法实践中形成,被反复运用并被普遍认可与遵循的实际上与宪法具有同等效力的习惯或传统。宪法惯例在不成文宪法国家和成文宪法国家都存在,只是在国家生活中发挥的作用及在该国宪法中所占的地位有所不同。宪法惯例的作用很大,被看做宪法的重要法源,其作用体现为三点:第一,它实际上可以改变宪法的规范。例如,在英国的宪法实践中,英国女王依照宪法有权否决议会通过的议案,长期以来,英王从未使用过这个否决权,这就成为了一个宪法惯例,若其行使了此权利,那么就有可能违背了宪法惯例,甚至可能导致宪法实施的危机。第二,宪法惯例可以使宪法规定更易于实施。例如,美国总统的选举,宪法规定为间接选举,而在政治实践中逐渐演变为直接选举。第三,宪法惯例可以弥补宪法规定的不足,绝大多数宪法惯例都能够起到这一作用。

宪法惯例是否具有法效力?对此,我们可以做如下理解:其一,从一般意义上看,宪法惯例不具有宪法形式效力。主要在于宪法惯例并不是通过立宪机关通过法定程序制定的,亦不是法院等具有宪法判例确立机构所明确的,一般而言也没有法律文书的表现形式,从理论上看,其不具有宪法的形式效力,但也不能完全排除其实效性。其二,成文宪法的国家里,由于成文法优于习惯法的原则,宪法惯例可以被国家立法机关的法律所变更。变更的途径主要通过宪法的修改,将宪法惯例转变成宪法或法律规定。例如,美国宪法对总统连任制度并没有规定,但美国第一任总统华盛顿在连任两届后主动辞职,因此,连任两届成为了一个宪法惯例,但在罗斯福总统在任时,基于特殊的历史原因,打破了这一惯例,因此,在1951年《美国宪法》第22条修正案明确规定了总统连任不得超过两届,事实上通过宪法规定的方式来对宪法惯例进行了确认。

(四)宪法判例

宪法判例,是指具有宪法诉讼机制或类似体制的国家中,违宪审查机关所做出的有关宪法问题的判例。因为在普通法系国家,根据“先例约束原则”,最高法院及上级法院的判决因是下级法院审理同类案件的依据而成为判例。同时,根据普通法的原理,法院在法律没有明确规定的情形下可以创造规则,即所谓的“造法”。在不成文宪法和柔性宪法的国家,没有根本法意义上的宪法,法院在宪法性法律没有明确规定的前提下,就有关宪法问题作出的判例也是宪法的表现形式之一。典型的判例就是,美国宪法中对司法审查权的归属没有作出规定,联邦最高法院通过1803年的“马伯里诉麦迪逊案”确立由联邦法院审查联邦国会制定的法律是否符合宪法的宪法判例。同时，法院在具体案件的判决中认为某项法律或行政命令违宪而拒绝适用的，下级法院在以后审理类似案件时也不得适用被联邦最高法院认为违宪的法律或行政命令。

现在学界通说的观点认为，宪法判例只存在于普通法系国家，对此有学者已经提出这是一个误解，除了普通法国家，许多大陆法系国家也有宪法判例，随着法治的发展，已经引入了判例法制度，如德国与日本。

（五）宪法解释

关于宪法解释，学界争议较大，可以确认的是宪法解释与宪法判例之间关系密切，一般而言，在有宪法判例的国家，宪法解释就存在于宪法判例之中，也有国家没有宪法判例，因此，也可以单独发布宪法解释。根据通说的观点，所谓宪法解释，是指有权机关对宪法的基本原则、基本精神和具体规定的含义的说明，包括有权机关所作的独立的宪法解释决议和有权机关在违宪审查过程中为了判断法律的合宪性而对宪法所作的解释。

对于宪法解释的效力问题，有学者认为宪法解释与宪法具有同等的法律效力，也有学者对此不赞同，认为其一，在有宪法判例的国家，两者的效力等同，但在没有宪法判例的国家宪法解释最多仅与宪法性法律相对应。其二，基于新法优于旧法的原则，宪法性法律也可以变更，也就意味着宪法解释可能违反宪法本身，可通过制定一部宪法性法律来修改或废止它。

（六）国际条约

国际条约是国际法主体之间就某一事项中各自的权利、义务所缔结的书面协议，包括宪章、公约、规约等。现代以来，各国之间在政治、经济、文化等各领域中的国际交往日益频繁，任何一个国家或者其统治者的任用、滥用国家权力，都可能祸及其他国家甚至国际社会。逐渐地，人们在思想观念上和国家制度上，由近代的绝对国家主权转变为现代的相对国家主权，国家主权要受到国际社会公认的基本规则的限制。为适应这一转变，各国在宪法上通常规定“诚实履行国际条约原则”，各国的违宪审查机关通常也不对国际条约的合宪性进行审查。一个国家在与他国签订了国际条约以后，就承担了相应的国际义务，即要在本国内诚实履行国际条约或者所加入的国际公约中规定的国际义务。即使在发生政府更迭的情况下,本着政府继承的原则,新政府仍然要履行前政府所签订的国际条约或者国际公约。通常被作为宪法渊源的国际条约有《联合国宪章》《经济、社会及文化权利国际公约》《公民权利和政治权利国际公约》《欧洲人权公约》《欧盟宪法条约》等。

以上是现在各国通行的宪法渊源,对领导干部而言,需要知晓的一个问题是以上各种宪法渊源是否都适用于中国?亦即我国的宪法渊源包括哪几种?对此,较无争议的是成文宪法典、宪法性法律肯定是我国的宪法渊源。宪法惯例是否是我国宪法渊源呢?本书认为,在我国是存在宪法惯例的,一个简单的例子就是我们所熟知的"三位一体",也就是中国共产党总书记、国家主席、中央军委主席均由一人担任。同时,国家的中央军委主席与党内的中央军委主席均为一人,这就是宪法惯例。我国是否有宪法判例呢?一般而言,宪法判例仅普通法系国家较为普遍,近几年我们国家也出了"齐玉苓"案件,有学者每年也收集制作宪法学十大事例,但这些与作为宪法渊源的宪法判例具有较大的差异。我国是否有宪法解释呢?对此我国《宪法》第67条明确规定,全国人大常委会是宪法的解释机关,相对于国外通过宪法审查机关来解释宪法的模式,中国由参与宪法制定与修改的机关进行。迄今为止,我国宪法解释的案例较少,但全国人大常委会曾经在1999年、2004年、2005年、2011年先后对香港基本法做过解释。对于国际条约,我国参加的国际条约比较多,我国政府在1997年10月签署了《经济、社会及文化权利国际公约》,1998年签署了《公民权利和政治权利国际公约》,但全国人大常委会尚未批准。

由此可见我国的宪法渊源包括了成文宪法典、宪法性法律、宪法惯例、宪法解释、国际公约。领导干部认知中,有一个较易讨论的话题,即中国共产党章程是否是宪法渊源?对此应该说不同的立场容易得出不同的结论。政治宪法学者是较为赞同这一观点的,认为在党的领导与依法治国的辩证统一关系中,党章与法律是并行的规范模式,甚至有学者认为党章作为高级法是中国宪法体系的有机组成部分,居于重要地位。[1]

---

〔1〕 参见陈端洪:《论宪法作为国家的根本法与高级法》,载《中外法学》2008年第4期;强世功:《党章与宪法:多元一体法治共和国的建构》,载《文化纵横》2015年第4期。

二、宪法典的结构形式

一般而言,宪法典本身也具有结构形式,有学者把其分为宪法典的形式结构与内容结构,[1]也有学者将其分为体裁结构与内容结构。[2]两者意义相近,宪法典的形式结构主要就是宪法体例,亦即由篇、章、节、条、款、项、目等构筑的表现形态。从我国宪法典的体例来看,以“章”开篇,兼有节、条、款等设置,现行宪法全文共4章,7节,138条,另附17条修正案。其中有些设置具体权利或者职能的条文标明了中文数码,如第30条、第62条、第63条、第67条等,大部分没有中文数码。宪法的内容结构根据宪法规范调整对象的性质和内容不同而划分为若干部分,一般意义上说,宪法由三个部分组成:序言、正文和附则,但大部分国家的宪法反而没有附则,有附则的国家如比利时以及意大利宪法等。我们国家的宪法由序言、正文构成,也没有附则。

(一)序言

绝大多数国家的宪法在正文之前,会有一部分叙述性文字,用以规定制宪的宗旨、目的,制宪权的来源,制宪的经过,宪法的地位,以及其他不便以条文形式规定的国家基本政策等。有明示序言和非明示序言两种,前者如中国、韩国、联邦德国等国的宪法,后者无明显的标题,如美国、日本、俄罗斯等国的宪法。[3]依据宪法序言的繁简和表现形式的不同,可以分为四类:

第一类是仅用来陈述宪法制定目的的目的性序言。采用此分类的宪法序言较少,字数一般较少。以美国宪法为例,序言仅表述为一句话,即“我们美国人民,为建立一个更加完善的合众国,树立正义,保证国内治安、筹设国防,增进全民福祉并谋吾人及子孙永享自由和幸福,特制定美利坚合众国宪法”。瑞士和希腊宪法序言也较少,联邦德国属于较长的也仅有230个字。[4]

第二类用来阐述宪法基本原则的原则性序言。按照通说的观点,这

---

〔1〕 参见周叶中主编:《宪法》(第二版),高等教育出版社、北京大学出版社2005年版,第121页。

〔2〕 参见林来梵:《宪法学讲义》,法律出版社2015年版,第185页。

〔3〕 参见何华辉:《比较宪法学》,武汉大学出版社2013年版,第39页。

〔4〕 参见周叶中主编:《宪法》(第二版),高等教育出版社、北京大学出版社2005年版,第122页。

类序言的字数一般集中在100—200字左右，如法国的1958年宪法在序言宣告1789年《人权宣言》的原则时，又确认了国家主权和民族自决原则。按照学者统计，原则性序言在世界各国宪法中约占60%左右。[1]

第三类是带有政策性的纲领性序言。采用这类宪法序言的第三世界国家较多，如中国、越南、蒙古、阿尔巴尼亚等国家。我国宪法序言就是在总结历史经验基础上，规定了四项基本原则与我国建设的根本任务及对外政策等内容。

第四类是综合性序言。此种序言数量少，但篇幅最长，典型的就是1974年《南斯拉夫宪法》的序言，长达两万多字，其内容也涵括各个方面。[2]

宪法序言是比较重要的内容，但争议也较大，尤其是对我国宪法的序言，学界争议较大。总体而言，有以下几个需要领导干部了解的争鸣较大方面：

一是序言的篇幅是否越短越好？有学者批评我国宪法序言的篇幅，认为跟国外的宪法相比太长，多拿美国宪法序言做对比，美国宪法序言包括副词在内总共52个单词，而我们国家宪法序言包括标点符号在内达到了1794个字。因此，宪法序言越长越代表我们国家宪法水平较低，序言越短越好。对此，本书认为，宪法序言的长短与宪法水平之间没有必然的联系，往往一国宪法序言与各国家的宪法制定历史、政治传统等有较大的关联性，所起到的作用也存在较大差异。

二是序言中是否可以写入人名？我国宪法序言一个特点是提到了具体的人名，以现行宪法序言为例，共涉及9人次，5位名人，分别为：孙中山（1次）、毛泽东（3次）、马克思（2次）、列宁（2次）、邓小平（1次），对此有学者认为中国宪法序言人名的加入，不符合宪法规范的特点。如此一来每一位领导人的加入，都导致宪法频繁修改，不利于实现民众的预测可能性。本书认为，宪法序言分为四种类型，在目的性序言、原则性序言中不会写入人名，但我国属于纲领性序言，这类序言中难免会有人名出现。

---

[1] 参见秦前红主编：《新宪法学》（第三版），武汉大学出版社2015年版，第45页。

[2] 参见周叶中主编：《宪法》（第二版），高等教育出版社、北京大学出版社2005年版，第122页。

三是我国宪法序言属于纲领性，因此，宪法序言是否有效？此问题属于宪法序言的法律效力问题，存在着分歧，大致上有全部无效力说、部分有效说、强于正文效力说、全部有效说。[1] 对此，本书较为赞同全部有效力说，此说也是当前的通说，认为宪法序言是宪法的重要组成部分，规定的内容与总则或者总纲的内容存在重合和交叉的部分，因此，理应具有最高的法律效力。[2] 但是，也应该看到宪法序言的作用方式与效果存在一定的差异，其中有发挥规范作用的部分，也有发挥事实效果的部分，总体而言，序言中基本原则条款、基本任务条款、基本国策条款以及宪法本身的效力条款发挥着规范作用和效果，其余大部分发挥着事实性或者叙事性作用，起到宣传、教育的作用。例如，序言的第 13 自然段就是典型的规范性作用，而序言第 8 段“在我国，剥削阶级还在一定范围内长期存在”，则已经进行转化，成为事实性叙述，发挥着的也是指导性效力。

（二）正文

根据通说的观点宪法正文部分也包括了总则、分则与附则，我们国家的宪法正文部分主要包括总则与分则部分，总则部分也有学者称为总纲。因此，具体而言，我国宪法包括了总纲、公民的基本权利和义务、国家结构等内容。总纲部分主要规定了国家的根本政治制度和基本制度，如国家性质、国家的政治制度、国家的结构形式、政党制度、选举制度、社会经济制度以及作为国家象征的国旗、国徽、首都。我国宪法的总纲部分规定了社会主义制度是我国的根本政治制度、我国是人民民主专政的社会主义国家、人民代表大会制度是我国的根本政治制度，以及社会主义的经济制度、社会主义精神文明、国家维护社会主义法治的统一和尊严等。在总纲部分之后，《五四宪法》、《七五宪法》、《七八宪法》规定的是国家机构部分，现行的《八二宪法》进行了改变，把公民权利与义务部分提前，体现了国家尊重和保护权利的作用。在国家机构部分，依据民主集中制的基本原则，规定了最高国家权力机关、中华人民共和国主席、国务院、中央军事

---

[1] 参见周叶中主编：《宪法》（第二版），高等教育出版社、北京大学出版社 2005 年版，第 123 页。

[2] 参见秦前红主编：《新宪法学》（第三版），武汉大学出版社 2015 年版，第 56～57 页。

委员会,以及地方各级人民代表大会和各级人民政府、民族自治机关、人民法院和人民检察院的地位、产生、组织、任期、职权、活动原则及相互关系等。

第三节　宪法的规范结构

1. 宪法规范的概念与特点

宪法规定是指调整国家最基本、最重要的社会关系的各种规范的综合。也就是宪法规范调整的是国家和社会生活中最基本的社会关系。宪法规范是与宪法的定义紧密相关的,对宪法规范的特点,宪法学界也有争鸣,大体有以下几种概括:

第一种综合类概括。从宪法规范所涵射的各方面进行综合性概括,认为宪法规范特点包含了政治性、组织性与限制性、最高性、稳定性和适应性、制裁性、原则性、历史性和概括性。[1] 第二种举例式概括。从宪法规范所调整的社会关系出发抽取重要的特点进行总结,认为宪法规范主要包含了根本性和最高性、广泛性、原则性、适应性和稳定性等。[2]

两种概括都具有一定的合理性,本书认为,宪法规范从某种意义上具有一定的多义性,其与宪法概念一样,尚未形成共识性概括。基于不同的视角,往往会得出不同的结论。但根本性的一些共识是有的,亦即能够从中寻找到一定的最大公约数,例如以宪法的根本性与最高性为例,根本性集中体现在《宪法》序言的第13自然段中,指出“本宪法以法律的形式确认了中国各族人民奋斗的成果,规定了国家的根本制度和根本任务,是国家的根本法,具有最高的法律效力。全国各族人民、一切国家机关和武装力量、各政党和各社会团体、各企业事业组织,都必须以宪法为根本的活

〔1〕 参见周叶中主编:《宪法》(第二版),高等教育出版社、北京大学出版社2005年版,第128～133页。

〔2〕 参见许崇德主编:《宪法》(第五版),中国人民大学出版社2015年版,第20～21页。

动准则,并且负有维护宪法尊严、保证宪法实施的职责”。在通说的观点中也主要从宪法规范调整的社会关系的角度去论述其根本性与最高性,特别是宪法规范中的人权规范条款是宪法的核心要素,也就是宪法规范具有人权保障的根本法性质,衍生出宪法的根本属性,这些都具有一定的共识性认知。

2. 宪法规范的逻辑结构

按照法理学的通说观点,一个完整的法律规范都是由三个要素组成的:假定、处理、法律后果(制裁)。宪法规范是否也是由此三个规范要素构成? 对此有两种不同的观点:其一,认为宪法规范与一般的法律规范一样,也是由此三个要素构成。这也是通说的观点,认为在理解宪法规范的三要素时,要进行区分,也就是要区分宪法规范与宪法条文之间的关系,两者并不相同,逻辑结构上宪法规范必须具备三个要素,但体现在宪法条文上,则不一定必须具有逻辑上的三个要素。[1] 其二,宪法规范用传统的三要素去概括会产生争议,适用两个要素也就是构成要件与法效果能够更好的概括宪法规范的逻辑结构。以国家应该保障公民的人格尊严不受侵犯为例,可以分解为其构成要件是国家(公共权力)、公民(私主体),法效果是应予保障或有义务保障。[2]

以上对于宪法规范逻辑结构与宪法规范的特点具有一定的关联性,本书认为,法律规范的传统三要素,在法理学上已经形成共识,而法律规范的两要素说是随着法律解释学的兴起而逐渐被接受的概念,基于不同的宪法学立场往往会对此有不同的理解。从领导干部掌握知识的角度来看,传统的三要素说较易理解,也更符合约定俗成概念的特征。同时,对于宪法规范逻辑结构的差异化理解主要在于宪法规范是否具有制裁性这一焦点问题,通说的观点认为,宪法规范具有制裁性,认为这是宪法规范的特点,但从宪法条文来看,宪法规范中并没有写明制裁要素,按照通常理解,法律规范主要由行为规范与强制规范构成的。行为规范规定的可以为一定的行为,或者不可以为一定行为的形态;强制规范则是对违反或者背离行为的强制效果。因此,由此引申出的一个问题是宪法规范是否

---

〔1〕 参见周叶中主编:《宪法》(第二版),高等教育出版社、北京大学出版社2005年版,第134页。

〔2〕 参见林来梵著:《宪法学讲义》,法律出版社2015年版,第89~90页。

含有强制规范？对此，有学者认为，宪法规范没有明确的制裁规范，但在宪法的总体结构上，含有强制规范，如《宪法》第 5 条、第 41 条、第 62 条、第 67 条等，属于宪法结构中总体适用强制规范，只是这些规范有赖于是否具有宪法审查的制度性规定。

第五章　宪法的基本原则

【本章导读】

宪法基本原则是宪法学理论中的核心点，基本原则具有重要的指导作用，其对于研究宪法结构和揭示宪法的精神实质都有重要的理论价值。对于领导干部而言，学习宪法必须了解宪法的基本原则，因为它具有较强的指导意义与实践应用性。通过本章的学习，可以让领导干部系统了解以下基本问题：宪法基本原则包括哪些具体的内容？宪法各基本原则的内容与要求是什么？等等。

第一节　宪法基本原则的概念与特征

定义宪法的基本原则，首先需要从法律原则入手。在法学中，原则是指构成法律规则和法律学说基础和本源的综合性、稳定性原理或准则。或者说是可以作为众多法律规则之基础或本源的综合性、稳定性的原理和准则。[1] 对宪法基本原则的概念，宪法学界有不同的界定，较有代表性的主张有：认为宪法的基本原则是人们在制定和实施宪法的过程中所必须遵循的最基本的准则，是贯穿立宪和行宪的基本精神；[2] 宪法原则

〔1〕 参见张文显主编：《法理学》，法律出版社1997年版，第71页。

〔2〕 参见周叶中主编：《宪法》（第二版），高等教育出版社、北京大学出版社2005年版，第97页。

是体现宪法应然价值取向、统合宪法规则并指导全部宪政过程的依据和准则,是主流宪法思想的高度浓缩;[1]也有学者将宪法基本原则概括为那些作为宪法规范存在之基础,尤其是宪法制度构造的根据或本源的原理和准则。[2]

由上可见,对于宪法基本原则的界定,尚未形成统一的共识,从以上学者定义可以看出,均关注到了宪法基本原则的特殊性,也就是宪法的基本原则是与宪法的概念休戚相关,且体现了宪法基本原则的特征。因此,我们认为首先需要对宪法基本原则的特征有清晰的了解,在我们看来宪法基本原则具有如下基本特征:

其一,普遍性。即真正实行民主宪政的国家都会普遍遵循,适用于一个国家宪法实践的全过程。其二,特殊性。即宪法这一调整领域所独有,不是与其他法律共享的法律原则。其三,最高性。即相对宪法一般原则和规范是最高准则,也是判断一切权力行为是否具有合法性的最高和最终依据。其四,抽象性。即一般不直接规定在宪法中,而是由人们高度抽象概括而成,只有少数的宪法原则会在宪法中获得规范表述。其五,稳定性。即相对于宪法条文具有长期不变的特点。

因此,宪法基本原则是指通过宪法规范所体现的宪法内容的基本标准、基本准则或基本界限。接续的问题是宪法基本原则包括哪些内容?对此,不同的学者有不同的见解:

有学者认为,宪法基本原则包括人民主权原则、基本人权原则、法治原则和保护财产原则;[3]有学者认为,包括主权在民原则、尊重人权原则、权力行使民主化原则、依法治国原则和巩固经济基础原则;[4]还有学者认为,社会主义国家宪法和资本主义国家宪法基本原则具有本质的不同,即使都具备法治原则,社会主义法治同资本主义法治在内容上也有根本上的差别;有的以宪政原则来代替宪法基本原则;[5]还有学者认为,宪法的基本原则主要有人民主权原则、基本人权原则、权力制约原则和法治

〔1〕 参见秦前红主编:《新宪法学》(第三版),武汉大学出版社2015年版,第27页。
〔2〕 参见王广辉、叶芳:《宪法基本原则论》,载《法商研究》2001年第5期。
〔3〕 参见张庆福主编:《宪法学基本理论》,社会科学文献出版社1994年版,第131页。
〔4〕 参见董和平等著:《宪法学》,法律出版社2000年版,第128页。
〔5〕 参见张千帆主编:《宪法学》,法律出版社2004年版,第35页。

原则构成。[1]

应该说宪法基本原则的确立和一个国家的宪法历史传承、制宪权以及政治基础具有很大的关联性，宪法基本原则的确定不能脱离宪法政治的实质和宪法本身内容，宪法的本质是通过对国家权力的合理调控来规范权力的行使，从而达到保障公民基本权利的实现。因此，本书认为采用通说的观点更为妥帖，也就是宪法基本原则包含人民主权、基本人权、权力制约和法治原则，其中人民主权原则是逻辑起点，基本人权是终极目的，权力制约是基本手段，法治是根本保障。[2]

第二节 宪法基本原则的具体表现

一、人民主权原则

最早提出“主权”概念的是法国的思想家布丹。他认为，主权就是“不受法约束，统辖公民和臣民的最高权力”；主权有对内主权和对外主权两方面，“对内主权，即向构成国民集体的所有公民和所有居住于其国土之上的人发布命令的权利；对外主权，即代表全体国民并处理本国国民与其他国家国民关系的权利”。一般认为，主权有三要素，即意志的权力、发布命令的权力和独立发布命令的权力。

人民主权论经过了十七八世纪启蒙思想家们的倡导而不断发展，卢梭就是其中的代表人物，其理论基础是基于自然权利说以及社会契约论，以社会契约论作基础，他认定国家由人们相约组成，缔约者必须遵守契约，服从“公意”；同时认定人民的公意在国家中表现为最高权力，而主权即是公意的具体表现，因而主权属于人民。卢梭进一步论述了人民主权的基本特性及实现形式，指出人民主权具有不可转让性和不可分割性。他根据主权的不可转让性反对代议制，根据主权的不可分割性反对分权学说。他主张人民除意外情况之下需要特别集会之外，还要有定期的绝

[1] 参见许崇德主编:《宪法》(第五版),中国人民大学出版社 2015 年版,第 15 ~ 16 页。

[2] 参见周叶中主编:《宪法》(第二版),高等教育出版社、北京大学出版社 2005 年版,第 98 页。

对不能取消或延期的集会，在这些集会中制定法律，决定国家大事。

继政治宣言之后，人民主权原则开始表现在资本主义国家宪法之中。1791 年法国宪法用序言的形式载入《人权宣言》，并且规定："一切权力来自国民，国民只得通过代表行使其权力。"现代资本主义国家多采用各种形式来表现人民主权原则。从发展情况来说，有的国家从国王主权演变为人民主权，如日本明治宪法确认天皇主权，现行宪法宣布人民主权。有的国家从只用代议制形式演变为以代议制和公民复决相结合的形式实现人民主权，如法国宪法就经历了这一演变过程。

从世界各国的宪法内容来看，宪法一般从两个方面体现人民主权原则，其一，明确规定人民主权原则。例如，1958 年《法国第五共和国宪法》第 3 条明确规定："国家主权属于人民，由人民通过其代表和通过公民投票的方式行使国家权力。"其二，通过规定人民行使国家权力的形式来确认人民主权。

人民主权原则在我国《宪法》中的也有体现：其一，《宪法》第 1 条第 1 款明确规定："中华人民共和国是工人阶级领导的、以工农联盟为基础的人民民主专政的社会主义国家。"同时，第 2 条第 1 款规定："中华人民共和国的一切权力属于人民。"其二，规定实现人民主权的具体形式与途径，如《宪法》第 2 条第 2 款规定："人民行使国家权力的机关是全国人大和地方各级人民代表大会。人民依照法律规定，通过各种途径和形式，管理国家事务，管理经济和文化事务，管理社会事务。"其三，《宪法》对公民基本权利和义务的规定也是人民主权原则的具体体现。其四，为了体现人民主权原则，我国《宪法》规定了选举制度的基本原则，并以选举法具体给予保障。

二、基本人权原则

人权从某种意义上看，是指作为一个人本身所应该享有的，为满足生存和发展需要所享有的最基本的权力。人权原则最初是作为王权的对立面而产生与发展的，在封建社会末期，随着资本主义生产关系的孕育成长，资产阶级的经济势力日益膨大，但是他们在政治上仍然受封建主的压迫，处于无权的地位。封建主一直利用王权神授学说为自己的统治权力辩护，要反抗这种压迫，摧毁这种统治权力，就必须首先摧毁王权神授学说，于是资产阶级的启蒙思想家便创立了天赋人权学说与之抗衡，天赋人权学说的理论基础是近代自然法学派的自然权利说。这派理论认定在国家产生以前人们生活在自然状态之中，人人都有自然权利，过着自由、平等的生活。国家是由于这种自然权利受到侵犯之后，根据社会契约组成的。人们相约组成国家是为了保护自然权利。可是，当时的封建专制国家不但没有保护人们的自然权利，而且侵犯人们的生命、财产和自由。于是资产阶级的启蒙思想家便提倡维护自然权利的斗争，并且在自然权利说的基础上创立了天赋人权学说，这个学说的基本内容是：每个人都有与生俱来的自由和平等权利；这种权利既不能被剥夺，也不能被让与。[1]

天赋人权学说的产生与发展变成了强大的推动力，将其由政治宣传类的口号直接落实到了宪法原则上。1776 年美国《独立宣言》提出："我们认为这些真理是不言而喻的，人人生而平等，他们都从他们的'造物主'那边被赋予了某些不可转让的权利，其中包括生命权、自由权和追求幸福的权利。"1789 年法国《人权宣言》宣告："在权利面前人们生来而且始终是自由平等的"，"任何政治结合的目的都在于保存人的自然的和不可动摇的权利，这些权利就是自由、财产安全和反抗压迫"。其中，政治宣传类的作用远远大于宪法原则的作用，但之后提出的这些主张转化为带有规范性的基本权利条款。

基本人权的原则在各国宪法中的体现主要有三种：一是原则上确认基本人权，并以公民基本权利表现基本人权的具体内容。如意大利宪法一方面在基本原则中宣布承认并保障人权之不可侵犯，另一方面又规定公民所有的各种基本权利。其他如日本、德国等国家的宪法也采用这种方式。二是并不明文规定基本人权原则，只规定公民基本权利的内容。采用这种方式的有美国、委内瑞拉、埃及等。三是原则上确认基本人权，但对公民基本权利的内容规定较少。例如，法国 1958 年宪法宣布"热爱 1789 年的《人权宣言》所规定的内容，并由 1946 年宪法序言所确认和补充的人权和国家主权原则"，但宪法的具体条文中只规定了选举权。[2]

从 1949 年《共同纲领》开始，我国宪法都规定公民的基本权利与义

---

〔1〕 参见许崇德主编：《中国宪法》（第四版），中国人民大学出版社 2010 年版，第 33 页。

〔2〕 参见秦前红主编：《新宪法学》（第三版），武汉大学出版社 2015 年版，第 32 页。

务，特别是2004年规定“国家尊重和保障人权”的宪法原则后，基本人权原则表现为国家的基本价值观。除此之外，我国宪法还规定了公民参与国家政治生活的权利和自由、公民的人身自由和信仰自由、公民社会经济文化方面的权利等公民的基本权利。

三、法治原则

法治是与人治相对的概念，两者的争论历史较久，从西方看，从古希腊时期就开始两者的争论与对峙，亚里士多德就主张法治，认为不凭感情用事的统治者比凭感情用事的人们优良。要使事物合乎正义、公平，须有毫无偏私的权衡；而法律恰正是没有感情的，恰正是这样一个中道的平衡。而柏拉图则主张人治，他在对话集中指出，除非哲学家充任国王，否则国家就永远不会摆脱灾难、得到安宁。中国古代也有法治与人治之争，但都以人治主义为前提，所不同的只是是否重视法的作用而已。因此，对于法治与人治之间的区分，应该要看到，其根本区别不是是否有人发挥作用，法治与人治都需要人发挥作用，在一个把法律当成统治工具的国家，仍然不是法治而是人治。因此，现在通说的观点认为，法治与人治的区分标准，应该是在法律权威和个人权威发生矛盾时何者居于优势。如法律权威高于个人权威，就是法治，个人权威高于法律权威，便是人治。这种区分随着十八大之后中国强调全面推进依法治国，显得更加明显，对领导干部这一“关键少数”而言，必须要树立法治思维，运用法治方式去推进改革、化解矛盾、维护稳定，这本身就是法治的集中体现。

近代法治理论被确认为宪法原则始自美国宪法和1791年以《人权宣言》为序言的法国宪法，其后为其他立宪国家的宪法所确认。一般认为，宪法的制定即是以法治国的法治核心已经确立，它本身就是近代法治原则的表现。概括起来，法治原则在各国宪法中的体现方式主要有两种形式：一是在宪法序言或者宪法条文中明确宣布为法治国家。例如，《葡萄牙共和国宪法》序言就明确了“确保法治在民主国家中的最高地位”。二是虽然不直接适用法治词语表述，但文字和内容中能够表明法治的基本原则。例如，法国1958年宪法第1条规定的“自由、平等、博爱”，从某种意义上就是法治的价值体现。

我国在1999年宪法修正案的第13条明确规定了“中华人民共和国

实行依法治国,建设社会主义法治国家”。其中的“法治国家”既包括实质意义的法治内涵,也包括形式意义的法治要素,是一种综合性的概念,体现了维护宪法秩序的基本要求。这与法治概念的演变趋势相一致。

四、权力制约原则

权力制约原则是指国家权力的各部分之间相互监督、制衡,来保障公民基本权利不受侵犯。从历史上看,权力制约思想由来已久,最早是从分权学说中引申出来的,在西方国家集中体现为三权之间的分立,这一学说最早是由英国的洛克倡导,由法国的孟德斯鸠完成。它的理论基础是和社会契约论相结合的近代自然法学派学说;它的事实根据是英国的君主立宪制和英国的阶级妥协与阶级分权;它的中心思想的立论目的是以权力对抗权力,反对君主专制制度。

洛克、孟德斯鸠以英国的君主立宪制为事实根据创立近代分权学说以后,法国《人权宣言》即宣布了凡分权未确立的地方就没有宪法,把分权原则作为一项普遍的宪法原则。在资本主义国家中,除瑞士以外,都以不同的形式确认了这个原则。

权力制约的原则在各国宪法中的体现大体有三种:

第一,总统制式的三权分立式。具有代表性的国家是美国,根据美国宪法的规定,立法权属于参、众两院组成的合众国国会,行政权属于美利坚合众国总统,司法权属于联邦最高法院及随时设立的下级法院。其立法、行政、司法权力之间的分立是非常明确的。另据美国宪法规定,国会有权要求总统条陈政策以备审议,批准总统对外缔结的条约,建议、批准总统对其下属行政官员的任命;有权通过弹劾案撤换总统;有权建议、批准总统对联邦最高法院法官的任命,弹劾、审判联邦最高法院法官并撤销其职务;有权宣告、惩治叛国罪;参议院对弹劾案有审判权。美国宪法也规定:总统有法律公布权,国会通过的法案须经总统签署公布才能成为法律,总统如不同意国会通过的法案,有要求复议等有限否决权;副总统兼任参议院议长;总统有权提名并任命联邦最高法院法官,有特赦权。美国宪法还规定:总统因弹劾受审时,联邦最高法院首席法官担任审判庭主席。另据宪法惯例,联邦最高法院有权解释法律,宣布国会通过的法律违宪无效。其立法、行政、司法三机关的制衡关系也十分明确。[1]

第二,议会制的分权制衡。具有代表性的国家是英国,英国运用分权原则的特点是立法权胜过行政权,下议院胜过上议院,立法权是三权中的重点,建立以议会为重心的责任内阁制。最初由代表封建贵族的国王掌握行政权,控制下议院的资产阶级在很大的程度上掌握立法权,形成行政和立法的分立、牵制。其后资产阶级和封建贵族进行长期的权力斗争,其结果是立法权胜过行政权,下议院胜过上议院,最终形成实际上由资产阶级独享政权的英国责任内阁制。在这种政治体制之下,内阁由下议院多数党的领袖组织,内阁成员对下议院负连带责任;如果下议院对内阁不信任,不是内阁总体辞职,就是内阁解散下议院。[2]

第三,综合式的分权制衡。典型的国家是法国,既吸收了总统制制衡的特点,又加入了议会制的一些特征,通过加强总统的权力来削弱议会的权力,从而把制衡的中心由立法转移到行政。国民议会如果通过不信任案或者不同意政府的施政纲领或总政策说明,总理必须向共和国总统提出政府辞职。法国宪法虽然没有规定总理可以提请总统解散国民议会,但它扩大了总统的权力,削弱了议会的权力。它规定总统在与总理及议会两院议长磋商后得宣布解散国民议会。同时宪法还规定:总统在法定期限之内得要求议会重新审议其最后通过的法案,议会不得拒绝;总统有权就一切涉及公共权力组织的法案提交公民复决;总统有权以命令宣布议会特别会议的召开和闭会,他在相当大的程度上控制着议会。[3]

权力制约原则既包括公民权利对国家权力的制约,也包括国家权力相互之间的制约。由于分权原则是权力制约原则的主要形式,因此,有人质疑中国没有权力制约的基本原则,在本书看来,各个国家具有不同的历史传统,导致各国在权力制衡上也各有差异,即便是分权制国家也体现为三种不同的方式,没有必要苛求所有的国家在背弃国情的情况下完全去采纳一种全新的权力制约方式,如果那样反而容易引发国家秩序的紊乱,泰国便是典型的例子。我们国家宪法中也充分体现了权力制约的基本原

---

〔1〕 参见许崇德主编:《中国宪法》(第四版),中国人民大学出版社2010年版,第36页

〔2〕 参见周叶中主编:《宪法》(第二版),高等教育出版社、北京大学出版社2005年版,第109页。

〔3〕 参见秦前红主编:《新宪法学》(第三版),武汉大学出版社2015年版,第39页。

则，具体表现在三个方面：

其一，《宪法》规定了人民对国家权力活动进行监督的制度，如“全国人大和地方各级人民代表大会都由民主选举产生，对人民负责，受人民监督”，“国家行政机关、审判机关、检察机关都由人民代表大会产生，对它负责，受它监督。”其二，《宪法》规定了公民对国家机关及其公务员的监督权，如“中华人民共和国公民对于任何国家机关和国家工作人员，有提出批评和建议的权利”。其三，国家机关之间、国家机关内部不同的监督形式。例如，《宪法》第 135 条规定，“人民法院、人民检察院和公安机关办理刑事案件，应当分工负责，互相配合，互相制约，以保证准确有效地执行法律”。

第六章　本篇典型案例

案例一：重庆最牛钉子户案：宪法的功能与作用

【事件回顾】

该事件是一起强制拆迁案，事件所涉房屋地址位于重庆杨家坪鹤兴路17号，建筑面积共219平方米，为1944年杨武父亲修建，是一底一楼的木质结构。1957年依国家私房归公政策，该楼被房管部门收走统一分配。1983年杨武与吴苹结婚后，吴苹以书面形式，向上层反映，讨回产权。1993年，房子年久失修，吴苹向当地房管所申请排危，获准在原址重建起现在人们看到的这栋砖混结构的小楼。[1]

随着改革开放的发展，该地段处于了开发的“风口浪尖”，按照杨家坪步行商业区城市建设总体规划，2004年重庆智润置业有限公司与重庆南隆房地产开发有限公司以联建的方式启动了对该片区的改造，开发建设“正升——百老汇广场”项目，2005年重庆正升置业有限公司加入成为第三方开发商。2004年8月31日，开发商取得拆迁许可证，启动拆迁。此后经过开发商和被拆迁户协商，至2006年8月，该片区281户中有280户接受了安置补偿方案，同意拆迁。但17号房屋业主杨武与开发商虽经多次协商却未能达成一致意见。而吴苹夫妇的房屋自2004年10月开始，相继被断水、断电，并由于施工队挖掘周围已搬迁区域而成为一座兀立10余米的“孤岛”。2007年1月11日，开发商向重庆市九龙坡区房管局（以下简称房管局）申请行政裁决。当日，房管局即裁决被拆迁方在

---

〔1〕 尹建国：《重庆“史上最牛钉子户拆迁案”的法治思考》，载《人民法院报》2007年4月10日第5版。

15日内自行搬迁并将房屋交由开发方拆除。但杨武并没有按该裁决书履行义务，房管局遂于2007年2月1日向九龙坡区人民法院（以下简称法院）提交了《先予强制执行申请书》，申请法院强制拆迁。法院受理该申请，于3月19日举行听证会后作出《重庆市九龙坡区人民法院非诉行政执行裁定书》，裁定杨武在2007年3月22日前履行房管局裁决书第三项所确定的义务，即自行搬迁并将房屋交付拆迁人拆迁，逾期不履行法院将依法强制执行。但杨武并没有履行该裁定，断然在3月21日爬上"孤岛"重返留守孤房，在楼顶（前方）扯上"公民的合法的私有财产不受侵犯"横幅，后方一楼则拉上"国家尊重和保护人权"横幅，并在众多记者的镜头前挥舞国旗，表示"与楼共存亡"。

至2007年4月2日下午，事情有了突破性进展。在九龙坡区委负责人进行相应工作的前提下，开发商和被拆迁人杨武的代理人吴苹在九龙坡法院的主持下，最终达成异地产权调换安置的和解协议：杨武位于鹤兴路片区17号的房屋按照评估价价值为247万余元，此外开发商还得补偿杨武房屋装修费10万元、搬家费2万元和屋内设备费2222元，总计近260万元；由于开发商提供的位于沙坪坝区的异地安置房价值为306万余元，故杨武需补足46万余元的结构价差。同时，双方还就因断水断电断交通给杨武造成的营业损失达成了赔偿协议，杨武获得90万元赔偿。协议达成的当天下午，杨武从开发商专门制作的梯子走下"孤岛"，当天晚上10点36分"孤岛"在机器的轰鸣声中倒塌。至此，旷日持久的拆迁矛盾终于化解，备受关注的重庆钉子户事件以和解的方式成功解决。[1]

【事件相关的本编宪法理论】

从事件本身来看，该事件涉及政府强制拆迁的问题，事实上，随着经济的发展与多元利益诉求的增加，"强制拆迁"已经成为引发社会矛盾的一个重要因素。其除了涉及行政法的相关理论外，也涉及宪法上的基础理论，尤其是对于宪法的功能与作用。该事件涉及的本编宪法学理论在于如何理解《宪法》第10条第3款以及第13条第3款的含义，《宪法》第

---

〔1〕 张悦：《重庆"钉子户"事件内幕调查》，载《南方周末》2007年12月18日。

10 条第 3 款规定:“国家为了公共利益的需要,可以依照法律规定对土地实行征收或者征用并给予补偿。”《宪法》第 13 条第 3 款规定:“国家为了公共利益的需要,可以依照法律规定对公民的私有财产实行征收或者征用并给予补偿。”这里几个重要的知识点需要厘清:其一,如何理解“公共利益”? 征收和征用都必须有公共利益作为前提,否则不能进行征收或征用。宪法没有授权国家为了私人利益或商业利益而对土地或私有财产进行征收或征用;同时,公共利益为必要条件但不必然带来征收或征用,如果用其他不损害私有财产的方法可以达到目的的,也可以不采取征收或征用土地或私有财产的方式。其二,如何理解“补偿”? 从条文规范来看,补偿的依据只能是法律,也就是全国人大和全国人大常委会制定的法律,不应该包含行政法规、规章、地方性法规、自治条例、单行条例等;从宪法的基本精神理解,这里的补偿必须是合理的,亦即给予征收与征用对象足够对等的补偿标准。

【事件评析】

该事件从法律上看争议点主要有两个:其一是开发商和政府拆迁本区域的房屋是否属于“基于公共利益”,杨武夫妇拒绝拆迁是否构成违法行为;其二是关于征收征用的合理补偿问题。

第一,对于“公共利益”的法律内涵和外延的模糊处理,使得公共利益和私益的界限模糊。因此,本案争议双方也就根据被拆迁区域是否基于公共利益的理由展开了辩论。根据我国法律规定,公民合法的私有财产不可侵犯,但国家在特殊情况下,可以对公民的私有财产进行征收或征用。关于这一点,我国《宪法》第 10 条第 3 款规定,国家为了公共利益的需要,可以依照法律规定对土地实行征收或者征用并给予补偿;第 13 条第 3 款规定,国家为了公共利益的需要,可以依照法律规定对公民的私有财产实行征收或者征用并给予补偿。我国《土地管理法》第 2 条第 4 款规定,国家为了公共利益的需要,可以依法对土地实行征收或者征用并给予补偿。《物权法》第 42 条第 1 款规定,为了公共利益的需要,依照法律规定的权限和程序可以征收集体所有的土地和单位、个人的房屋及其他不动产。可见,国家在为了“公共利益”的需要时,是可对土地和公民的私有财产实行征收或征用的。而本案中到底是否属于“公共利益”呢?

有学者认为，本案中，由于涉及的旧城改造项目，从环道、轻轨、公交换乘站等市政设施建设用地来看，可以认定为“公共利益”。但是，另外一部分则涉及“办公、商用、住宅综合建设用地”是否一定是“公共利益”存在争议。但也有专家也指出，若因征地行为带有一定的商业色彩就断定该区的拆迁行为不符合“公共利益”的需要也是不妥当的。商业征地虽有加剧土地资源的匮乏、导致环境恶化等消极后果，但对增加社会就业率、提高税收、改善投资环境、促进城市经济的发展等积极作用也是显而易见的。所以，商业征地是“公益”与“私利”并存的一种经济行为，将其单纯的视为一种“纯商业行为”或“纯基于公共利益的行为”是不全面或不妥当的。不能仅因征地行为有一定的商业因素就认定相应的征地行为不符合“公共利益”之目的，从而否认征收行为的合法性。本案中的拆迁的城区改造包含了大量的市政公用设施建设，商业建设和改造也有助于改善投资环境、扩大商业经济圈，有助于提升重庆市的经济实力和竞争力，这一切反过来均是可以惠及重庆市民的。可以说，在这个方面是符合“公共利益”的。[1]

第二，夫妇两人决绝搬迁的行为是否属于违法行为。要判定两人行为是否违法，与前文所讨论的“基于公共利益需要”密切相关。

《宪法》第 10 条第 3 款和第 13 条第 3 款都规定了对公民私有财产的征收或者征用是国家为了公共利益的需要。在吴苹夫妇看来，此次拆迁是商业开发行为，不属于《宪法》第 13 条第 3 款规定的“国家为了公共利益的需要，可以依照法律规定对土地实行征收或者征用并给予补偿”的情况，他们与开发商是平等民事主体之间的协商、合作关系，因而拆迁户不仅有主张补偿数额的权利，而且有不同意拆迁的权利。如果开发商不同意他们提出的条件，他们就可以拒绝搬迁。那么事实是不是就是如此呢？学者们认为，《宪法》第 13 条第 3 款的意义不仅在于要求对国家征收行为进行补偿，而且还规定了国家征收行为的实质要件，即只有为了公共利益的需要，国家才能实施征收行为。《宪法》的这一规定，对拆迁行为进行了区分，一种是基于公共利益的强制性拆迁，这种拆迁的被拆迁人

〔1〕 冯玉军：《权力、权利和利益的博弈——我国当前城市房屋拆迁问题的法律与经济分析》，载《中国法学》2007 年第 4 期。

没有同意不同意的权利，只有通过实际运作中不很顺畅的救济渠道（包括政府裁决和司法诉讼）主张要求合理补偿的权利；一种是非强制性拆迁，凡不属于国家征收行为的拆迁，被拆迁人不仅可以对拆迁损失要求补偿，而且可以根本不同意拆迁。这样一来，如果此次拆迁属于基于公共利益的拆迁，那么吴苹夫妇的行为就是违法的，他们至少应当首先履行搬迁义务，然后再主张补偿的权利；但如果不属于公共利益的拆迁，吴苹夫妇在自己主张的补偿数额得到满足之前，就有充分的权利拒绝搬迁。[1]

第三，关于征收征用的合理补偿问题。

本案之所以如此“扑朔迷离”很大一部分就是由于双方对赔偿一事无法形成一致的意见。吴苹无法同意开发商提出的异地安置和货币安置的条件，而开发商对于吴苹提出的要“原位置、原楼层、原朝向、原面积”还房，同时要求拆迁人另付自 1993 年 3 月以来的经济损失赔偿 500 余万元的要求也同样难以实现。双方就如何赔偿的问题僵持不下。[2]

在过去的土地、房屋等补偿标准或补偿价格往往是政府或政府部门单方面拟订，要么是非常低廉，要么就是很不合理。政府或政府的有关部门也总是以公共利益为由，将自己的意志强加于人，极易引起人们的普遍反感。所以，有学者提出对于涉及民众利益的土地或房屋的征收、征用，要尝试引入市场机制或者合理的评估机制，既要发展经济，更加要照顾到民众利益。政府要更多地扮演一个中立者的角色，裁决或处理发生在开发商与相关当事人之间的纠纷，而不能为了招商引资，就向开发商的利益倾斜，置民众利益于不顾。

【结论】

该事件是“中国拆迁史上”具有标志性意义的事件，当吴苹女士挥舞着《宪法》，打着条幅高呼“公民合法的私有财产不受侵犯”之时，似乎也在昭示着公民权利觉醒与公权利之间的博弈，这两个问题同时也是宪法的核心问题。该案件适逢《物权法》的出台，更为公民个人私有财产保护

---

〔1〕 参见王新生：《执拗的个体权利与无言的公共利益——重庆“最牛钉子户”事件宪法学评析》，载《山东社会科学》2008 年第 4 期。

〔2〕 参见湛中乐：《“钉子户”现象背后的法律思考——关于重庆“钉子户”事件的几点启示》，载《中国发展观察》2008 年 3 月 5 日。

增加了更为积极的法治元素。在涉及公民基本权利之时，宪法不是可有可无的“装饰品”，而是可以看得见、摸得着、感受得到的“必需品”。

案例二：“北雁云依”案——宪法原则的适用问题

【事件回顾】

2009 年 1 月，吕某的妻子张某产下一女，夫妻两人因喜欢诗词歌赋和中国传统文化，决定为女儿取名为“北雁云依”，取自四首著名的中国古典诗词，寓意对女儿美好的祝愿。随后，吕某以“北雁云依”为名办理了新生儿出生证明和计划生育服务手册新生儿落户备查登记。2009 年 2 月，前往燕山派出所为女儿办理户口登记，派出所以孩子姓氏必须随父姓或母姓，即姓“吕”或姓“张”，否则不能上户口为由，不予办理户口登记。因吕某坚持以“北雁云依”为姓名为女儿申请户口登记，被告燕山派出所遂依照《中华人民共和国婚姻法》第 22 条之规定，于当日作出拒绝办理户口登记的具体行政行为。为此，吕某于 2009 年 12 月 17 日以被监护人“北雁云依”的名义向济南市历下区人民法院提起行政诉讼，成为全国首例姓名权行政诉讼案。

此案经两次公开开庭，因案件涉及法律适用问题，需送请有权机关作出解释或者确认，于 2010 年 3 月 1 日裁定中止审理。2014 年 11 月 1 日，第十二届全国人民代表大会常务委员会第十一次会议通过了《关于〈中华人民共和国民法通则〉第 99 条第 1 款、〈中华人民共和国婚姻法〉第 22 条的解释》（以下简称《解释》），中止事由消除，该案于 2015 年 4 月 21 日恢复审理。[1]

庭审中，双方争执不下。原告“北雁云依”法定代理人认为公民享有姓名权，有权改变自己的姓名。自我命名权是自然人的权利，任何人不能干涉，姓名只要不存在有损国家尊严、违反民族美德等情况，皆可自由选

〔1〕 载新华社：http://news.sina.com.cn/s/2015－04－24/163131757189.shtml，最后访问日期：2015 年 4 月 24 日。

取。《婚姻法》规定“子女可以随父姓,也可以随母姓”,并没有严格规定只可以随母姓或者父姓,此项规定是男女平等的法律表示。“法无禁止皆自由,”公民可以选取其他姓氏。而被告燕山派出所辩称,按照婚姻法,没有规定可以随第三姓,行政机关应该依法行政。法律没有明确规定的行为,行政机关就不可以实施。

历下区法院认为,依据2014年出台的上述立法解释,规定了可以在父姓和母姓之外选取姓氏的三种情形:选取其他直系长辈血亲的姓氏;因由法定抚养人以外的人抚养而选取抚养人姓氏;有不违反公序良俗的其他正当理由。而本案的焦点是原告法定代理人吕某提出的理由是否符合《解释》第2款第3项规定的“有不违反公序良俗的其他正当理由”。针对本案是否符合立法解释中规定的“存在其他正当理由”的情况,法院审理认为,选取父母姓氏之外其他姓氏的行为,通常情况下主要存在于实际抚养关系发生变动、有利于未成年人身心健康、维护个人人格尊严等情形。本案审判长任军认为,原告“北雁云依”的父母仅凭个人喜好愿望并创设姓氏,具有明显的随意性,不符合立法解释所规定的正当理由,不应给予支持。因此,2015年4月22日,历下区法院作出一审判决,驳回原告“北雁云依”要求确认被告燕山派出所拒绝以“北雁云依”为姓名办理户口登记行为违法的诉讼请求。宣判后,原被告双方均未提出上诉。[1]

【事件相关的本编宪法理论】

该事件涉及姓名权的问题,即公民是否拥有自我取名字的权利,对此,美国与日本等国宪法上有“自我决定权”的理论,因此,对本案而言,有学者主张应当将姓名权归入宪法中,作为宪法的一项基本权利;也有学者认为将此归入到宪法的基本权利中有抬高其作用的嫌疑,直接用民法去调控此行为即可;还有学者认为全国人大常委会对姓名权有解释的正当性,因为其符合了比例原则与必要性原则,且由作为全国人大常设机关的全国人大常委会作出的关于姓名权的法律解释,认定的公益与私益的衡量是恰当的,基于此,有些学者认为比例原则应当成为宪法的基本原

---

〔1〕 载http://news.sina.com.cn/0/2010-01-08/142816901000s.shtml,2015年8月29日访问。

则。对于这些疑惑与问题，涉及宪法的基本原则的范围以及如何更好地应用宪法基本原则来平衡利益冲突等理论。

【事件评析】

在"北雁云依"案中，法院审理的法律依据主要是全国人民代表大会常务委员会通过的《解释》，认为自创姓名不符合"有不违反公序良俗的其他正当理由"。同时这也成为本案的焦点所在，该项规定设定了在父母姓氏之外选取其他姓氏的两个必备要件，一是不违反公序良俗，二是存在其他正当理由。关于这一规定的具体内容，各方有自己的看法和理解。

首先，"北雁云依"是否是自创姓氏。济南公安局指出，即便"北雁云依"是"名字"，但没有姓氏。然而这个"北"到底是不是姓，吕某特意通过网络筛查，发现姓氏中有与"北"相关的姓：其一，相传黄帝与蚩尤大战之后，把蚩尤部落整个迁移至北地，其后裔便以"北"为姓氏，称北氏；其二，这个"姓"源于复姓，后汉灵帝时，湟中胡人有北堂伯玉，为北堂姓始祖。并且，如今浙江宁波还有个司机叫"北堂志庆"。所以，吕某认为，"北雁云依"并不是自创姓氏，并且他认为姓名权是公民的基本权利，可以为女儿取"不冠姓"的名字。[1]

其次，限制自创姓名是否相当于限制公民的自由。有学者认为，我国现行《宪法》第 38 条规定"中华人民共和国公民的人格尊严不受侵犯"，姓名权作为具体人格权的体现，属于宪法保护的公民基本权利范畴。人的姓名旨在区分人己，彰显个别性及同一性，并具有定名止争的秩序规范功能。但是其中也存在问题，姓名权作为一种人格权属于绝对权，但我国法律却并没有赋予其排他效力，《民法通则》第 99 条第 1 款对"姓名权"也只规定了"禁止他人干涉、盗用、假冒"，并未涉及"重名"问题。这样一来，"重名"问题无疑会增加行政机关的行政负担，降低行政效率，增加了行政工作人员的行政成本。自创姓名的行为并不会加害他人，不应以社会道德限制。因此，限制自创姓名也就是在限制宪法赋予公民的自由。

但是，学界也有另外一种观点，若滥用姓名权，行政相对人恣意地行

---

〔1〕 参见白杨：《公民选取"第三姓"应有不违反公序良俗的正当理由》，载《山东审判》2015 年第 5 期。

使这种权利，任凭自己的爱好取名，很容易模糊他人和自己的界限，使不法分子乘虚而入，这在相反的方面也增加了行政成本，极易使社会管理出现混乱，增加社会管理的风险性和不确定性。

再次，吕某将女儿名字取名为“北雁云依”是否符合“公序良俗”。不违反公序良俗是选取其他姓氏时应当满足最低规范要求和道德义务。由此案所引发的公众的广泛讨论和对“北雁云依”是否是自创姓名的普遍质疑，都可以看出取名为“北雁云依”符合“公序良俗”这一命题是值得讨论的。若绝对的以“不符合公序良俗”来限制自创姓名，如前文所说，容易因为大量的重名而产生摩擦，增加不必要的行政成本，降低社会管理的效率。山东民俗学博士张士闪、前民俗学学会会长李万鹏认为：“孩子随母姓刚开始被社会接受，现在有人连孩子的姓都不要了，这说明社会越来越包容，越来越开放了。”同时，千舜律师事务所律师金白水则表示，社会发展了，法律滞后导致一些简单问题产生争执，加强立法是关键。针对不断涌现的涉及老百姓切身利益的新现象、新问题，应出台新的政策法规，并加强宣传和解释工作。

并非所有人都认为此案符合公序良俗，就如同历下区法院认为的那样，原告“北雁云依”的父母仅凭个人喜好自我创设姓氏，具有明显的随意性，会造成对文化传统和伦理观念的冲击，既违背社会善良风俗和一般道德要求，也不利于维护社会秩序和实现社会的良性管控。从社会管理和发展的角度看，子女承袭父母姓氏有利于提高社会管理效率，便于管理机关和其他社会成员对姓氏使用人的主要社会关系进行初步判断。反之，如果任由公民仅凭个人意愿喜好，随意选取姓氏甚至自创姓氏，则不利于维护社会秩序和实现社会的良性管控。故而本案中“北雁云依”的父母自创姓氏的做法，不符合公序良俗对姓名的规制要求。

最后，吕某将女儿名字取名为“北雁云依”是否符合“其他正当理由”。公民选取第三姓作为姓氏符合其他正当理由要求不仅不应违背社会公德、不损害社会公共利益，还应当具有合目的性。本案中，原告“北雁云依”的父母自创“北雁”为姓氏、选取“北雁云依”为姓名给女儿办理户口登记的理由是：“我女儿姓名‘北雁云依’四字，取自四首著名的中国古典诗词，寓意父母对女儿的美好祝愿。”此理由仅凭个人喜好愿望并创设姓氏，具有明显的随意性，不符合立法解释第 2 款第 3 项所规定的正当理由。[1]

【结论】

该案件虽然从形式上看是一个行政案件，但亦涉及宪法问题，该案件集中的焦点问题也在于对《婚姻法》第22条的解释问题，该条文是说子女可以随父姓，也可以随母姓。在此，用的是“可以”而非“应当”这就为条文解释留下了巨大的想象空间，此案件也正是出在这一模糊化词语之上。如何化解这一窘境，一个方案是从根本上完善立法，十八届四中全会明确指出要“科学立法”，即是为了化解立法中的随意化问题，增强立法的科学化水平。但这种方法涉及的利益平衡与时效问题导致不能成为常态。另一个较好的方式就是适用法律原则，尤其是宪法原则，用原则来规制立法中的模糊问题，立法虽然具有超前性，也不能完全解决生活中方方面面的问题，本案采用的“公序良俗”就是民法中的基本原则，已经在实践中发挥了较大的功效。宪法的基本原则现在仍处于理论争鸣期，尚未在实践中发挥其应有的作用，随着宪法至上理念的夯实，宪法基本原则将会在实践中发挥出异样的光彩，同时，也企盼宪法审查机制能够在中国宪法中真正确立与发挥。

美国联邦宪法的制定：经验与启示

【事件回顾】

在用和平的请愿的方式无效的情况下，1776年7月4日，北美13个殖民地发表了脱离英国的《独立宣言》，并提出了“人人生而平等”的口号，让无数当时和后来的人激动不已。1783年独立战争胜利了，但是当时参战的13个州内部却产生了激烈的争执，主要原因在于当时统合各州的《邦联条款》，缺乏对13个州的控制力，各州的关系整合的异常松散，缺乏一个有力且有效的中央政府来调整各州之间的关系，并处理对外事

〔1〕 参见怿之轩：《首例姓名权行政诉讼案落槌》，载《检察风云》2015年9月15日。

务，导致独立后的13个殖民地各自为政，各有宪法，在政治上互不相让，在经济上相互拆台。政治的不统一，经济的凋敝，财政的混乱，导致了社会的动荡和民众的不满，富人和有产阶级的利益再次受到威胁。作为独立战争的领导人，各州的政治精英心急如焚。

1787年5月各州代表赶忙召集了一次由各界精英参加的政治会议，打算商讨对策，修改不合时宜的《邦联条例》。谁料想，会议代表违反授权，擅自主张，把修改《邦联条例》的会议变成了制定新宪法的大会。他们之所以敢这么做，固然是形势逼人、时不我待，也是因为参加会议的55位代表均非等闲之辈，其中34人是法律人，8人是各州的法官，还有立宪理论专家1人，都是声名响亮且才华横溢之人。法国学者托克维尔称赞他们“是新大陆当时最精明、最高尚的人物”。他们个个信心满满，期冀发挥各自的学识智慧，采撷人类历史上各种先进制度和思想之精华，共同为美利坚合众国制定一部完美的宪法，以构建一个既强大又受到适度限制，既民主又不至于陷入无政府状态的政府体制。参加会议的代表人才济济，既有老成持重的独立战争的领导者华盛顿，亦有德高望重，已经81岁的发明家富兰克林，还有年富力强、才思敏捷、知识丰富的年轻律师、法官如汉密尔顿、麦迪逊、威尔逊等人。很多会议代表都默默的发挥了作用，例如麦迪逊，时年36岁，但发挥了重要的组织与协调作用，他竭尽全力邀请华盛顿出席制宪会议。华盛顿第一次拒绝了麦迪逊的邀请。但麦迪逊和时任弗吉尼亚州长伦道夫一道，将其推举为弗吉尼亚代表团的领队。为了留有回旋余地，麦迪逊特别要求华盛顿，即便不打算这个提议，也请不要马上拒绝，以免发生突发情况而导致被动。麦迪逊深知，以华盛顿当时的名望，他如果出席，那么其他州派代表出席将顺理成章。而麦迪逊亦深知，如果其他各邦都出席，华盛顿也不可能置身事外，故他也在全力通过国会的网络，来动员各州参与。其次，在美国制宪会议开始前，麦迪逊做了大量的研究和准备工作，这一点甚至被历史学家认为是“美国最富有成效的学术工作”。麦迪逊考察了人类历史上邦联的历史，将其各种缺陷精细归纳，专门编成小册子《美国政治体系的缺陷》。同时，他还担任了制宪会议的书记员，把制宪会议的全过程详细忠实的记录下来，后来整理出版了《辩论：美国制宪会议记录》一书。[1]

虽然看起来各州代表和睦相处，实则代表了各自的利益诉求，因此，制宪会议从开始到结束就充满了“火药味”，各州代表团的意见分歧越来越大，各执己见，争执不下，谁也不愿让步，制宪会议代表们的信心几乎丧失殆尽，制宪会议面临解散，激辩整个夏天，有人出言威胁，有人离场抗议，连当中意志最坚定的人都心生绝望。甚至到了争吵的激烈之处，年龄最大的富兰克林都要站出来借助宗教信仰的力量平息大家的“怒火”，他告诉代表：“前面一个多月会议的一个小小成果就是，悲哀地证明了人类理智并非十全十美。”他提醒与会代表们：需要“众光之父——上帝耶稣给我们理智亮光”。于是，富兰克林建议，由费城当地的一个或几个牧师，带领制宪会议代表们每日举行祷告会，借助耶稣的力量和智慧，使代表们恢复理智，完成神圣的制宪任务。因此，有学者总结说：“美国宪法是争吵出来的。”

经过长达四个多月的讨论、争议、妥协与让步，最终1787年9月17日表决通过了宪法草案。但当时的55名代表中，也只有39人在宪法上签字。宪法草案完成之后，还需有9个以上州的批准才能生效。1788年6月21日，9个州相继批准，随后，弗吉尼亚、纽约两大州分别于6月26日、7月27日才批准。美国1787年宪法的制定过程充满了波折而又富有成效，有学者称：“就宪法质量而言，它充分印证了慢工出细活的老话。”

【事件相关的本编宪法理论】

美国宪法的制定史涉及制宪权理论，也就是“谁有权制定宪法”这一原初理论，用来解决有关宪法制定的问题，它主要阐述制宪权的性质、主体以及制宪权与修宪权的关系等重大理论问题。从西哀耶斯最早提出制宪权的概念以来，该理论得到长久的发展，如对于制宪权主体是国民，但国民没有必要也不可能一个一个地来行使，而是可以委托代表。以及讨论制宪权有没有界限，到底是“原初状态”不受任何规范限制，还是应当受到限制等问题。对此，美国宪法的制定提供了很好的印证与注脚。

---

〔1〕 陈夏红：《麦迪逊：美国宪法之父》，载《法治周末》2016年10月12日。

【事件评析】

应该说美国宪法的制定过程从表面上看,充满了冲突与妥协,内蕴着平衡的技巧,这些平衡的技巧也是制宪中的核心要素,55 个代表中有从美国独立战争中走出来的“勇士”,他们丰富的政治经验防止了会议的破裂;也有精于法律事务的律师与专家,他们的法律知识与技巧又使妥协成为可能。这也充分印证了制宪权理论中委托代表的合理性,设若当时不是推选出这 55 位知识丰富而又政治经验丰富的代表,而是民众直接参与制宪会议,或许结果又是另外一种。美国“宪法之父”并无高深的政治理论,但他们却对英王专制给殖民地带来的祸害有痛切的体验,对当时欧洲思想界最先进、最杰出的政治哲学理论了如指掌,于是,他们从英国政治学家洛克那里借鉴了“有限政府”的观念,从法国法学家那里搬来“三权分立”的武器,并且将这些理论创造性地与北美殖民地的具体实际相结合。“既能涵容政治哲学理论的精髓,又能深解人性和民情,不好高骛远,以奠定国政之基。那样的历史时刻,真是罕见。”

同时,该宪法的制定过程也充分体现了制宪权理论中制约和平衡的基本原则的重要性。或者说的更加直白一点,美国开国元勋据此制定出的宪法,其根本点就是政府的权力必须受到制约和平衡。主要原因在于:首先,是地方(州)和中央(联邦)的制衡。美国的建国史是先有各州,后有联邦,宪法就不得不尊重各州已有的权力。除宪法明确授予联邦政府的权力(如外交权、宣战权、管理州际贸易和对外贸易权、货币发行权等权力)和明确禁止各州拥有的权力(如外交、铸币等权力)外,其余权力皆由各州保留。其次,是联邦政府立法(国会)、行政或执法(总统)和司法(联邦法院)的制衡。国会制定和通过法律,但需要总统签署才有效;总统可以否决国会立法,国会则能够以三分之二多数推翻总统的否决。而且,国会还可以对民选的总统和终身任职的联邦法官提出弹劾。总统是最高的执法官员,又是国家元首和军队总司令,他可以对外订立条约,任命重要外交官员和联邦法院法官,但都需要国会参议院批准;他可以动用军队,但却无权对外宣战。相比之下,联邦法院的权力最不足道,它既不像国会那样掌握着钱袋子,也不像总统那样紧握着枪杆子,它唯一的优势是法官一旦任命便终身任职。最后,是各地区和社会利益集团的制衡。

当时美国既有弗吉尼亚这样的人口超过42万的大州,也有德拉华这样人口不到4万的小州,它们在政治和经济上利益大为不同。国会议员的议席如何分配。后来,采取了国会的众议院议席按人口的多寡成比例分配,由此来满足大州的要求,而参议院则不论大州小州一律只有两个议席,这样小州也皆大欢喜。[1]

美国1787年宪法只有七条,当时缺少对于公民权利的规定这一核心内容,也就是缺乏了制宪权中的灵魂。当时,有几个州拒绝签字的原因也在此,认为此宪法无法保障人民的权利,只是一个"花瓶"。为此,1789至1912年先后有关于宪法权利的宪法修正案出台,一直到1992年宪法第27条修正案的批准,方才构成了完整的美国宪法形态。威尔逊曾经说过:"毫无疑问,我们的宪法之所以恒久,就在于它简洁。它是一块奠基石,而不是一座完整的大厦。或者用句老话比喻:它是根,而不是完美的藤。"

【结论】

美国宪法的制定过程充满了艰辛,但它的成功也为制宪权理论提供了较好的范本。同时,它为其他国家的制宪理论提供了充分的借鉴作用,它充分体现了先贤为宪法的出台付出的艰辛,以及会促进宪法的实践所进行的不懈努力。新中国1954年宪法的出台也受到了西方制宪理论的启迪,也产生了积极的效应,"呵护"与推动了新中国的发展。当然,宪法制定得再完美,如果不在实践中推行,也会出现较大的问题,对此,有学者认为:"在人类历史上,曾经有过很多比美国宪法不知美妙多少倍、甚至可谓是尽善尽美的宪法,但却都沦为明日黄花,它们试图构造的人间天堂犹如过眼烟云,好则成为后人的笑柄,恶则成为百姓的炼狱。"可见,宪法制定的再完美尚需在实践中发挥作用,正如习近平同志所说:"宪法的生命在于实施,宪法的权威也在于实施。"

---

〔1〕 参见任东来等:《美国宪政历程:影响美国的25个司法大案》,中国法制出版社2015年版,第4~5页。

第二篇　基本权利篇

【本篇导读】

宪法文本的重要组成部分之一便是基本权利。随着民主法治的发展,我国公民的权利意识迅速崛起,维权意识也在逐步增强。很多党员领导干部在实际工作中都深有体会,改革举措也好,发展措施也好,只要涉及老百姓的实际利益,推行起来就会有一定的困难。究其原因,主要有两个方面:一是我们的党员领导干部对公民的基本权利认识不到位,对权力和权利的关系认识不清,没有充分认识到行使权力的目的到底是什么,制定的政策要么不利于权利保障,要么仅考虑了公共利益而忽视了公民合法权益,甚至对公民的基本权利造成不必要的克减,从而招致群众的抵触和反对。二是公民对基本权利的认识尚有不足,不明白权利的边界,不理解个人权益在面对公共利益时的合理牺牲和退缩,凡事只考虑自身利益,不考虑国家和社会公益,一旦利益受损便难以接受,即使明知道某些政策和措施有利于整个国家、社会和地区的长远发展,也公然反对。

列宁曾说,宪法就是一张写着人民权利的纸。从宪法制定的本意和国家权力的起源来看,公民权利保障是宪法的核心内容。培养党员领导干部的公民权利意识是宪法教育的重中之重。本篇重在阐释基本权利的有关理论,让党员领导干部通过学习树立正确的权利观和权力观,培养宪法思维和法治理念,培养尊重和保障人权的意识,大力提升其依宪执政、依法执政的法治能力。党员领导干部作为公权力的行使者,要真正做到依宪执政、执政为民,就必须深入理解基本权利的概念、功能和具体内容,理解基本权利保障和限制的相应知识,带头尊重和保障公民的合法权利,在行政管理中才能尽量避免侵害公民的基本权利,即使为了地区经济的长远发展不得不克减公民的基本权利,也懂得主动给予公民相应的合理补偿,从而真正树立起政府亲民、诚信的形象。

第一章　基本权利的概念与功能

【本章导读】

作为人，有一些权利是与生俱来的，比如生命权、发展权、人身自由、思想自由等，这些权利往往被统称为“人权”。而基本权利，便是人权范畴中最最基础的权利，是人生存和发展所必需的最最重要的权利，是国家必须提供保障、助其实现的重要权利。可以说，宪法文本所确认的基本权利，是整个权利谱系中最重要的基础性权利，相比其他法律规范所确认的各种权利更不容侵犯。

本章的学习，旨在帮助领导干部全面把握基本权利的宪法含义、深刻理解基本权利的各项功能、领悟每一项功能所对应的国家义务，从而确保领导干部在行政管理的过程中不恣意、不擅权、不随意侵犯公民的基本权利，确保每一项政策的制定都能真正顺应民心，得到民众的支持和肯定，从而真正促进法治政府的建设。

第一节　基本权利的概念

一、人权

谈基本权利，避不开人权。而人权，简言之，就是人作为人应该享有的权利，是人基于其自然属性（如生命、安全）和社会属性（如自由、发展）

都应当享有的权利。[1] 也就是说，每个人都应有符合人的尊严的权利，具有相应的人权。“人权观念就是这样一种观念：存在某些无论被承认与否都属于任何时代和任何地方的全体人类的权利。人们仅凭其作为人享有这些权利，而不论其在种族、宗教、性别、社会地位、职业、财富、财产或其他任何体力、文化或社会特征方面的差异。”[2] 具体来说，人权就是一定社会历史条件下的人（包括个体和群体）基于所处的经济条件和文化结构，为了自身生存、自由活动和协调发展所必需的某些平等的权利。

自由和平等是人权的本质特征和首要要求，人的生存和发展则是人权的实质内容和首要目标。首先，如果没有自由和平等做保证，人类的生存和发展都成问题，尊严和人权更无从谈起。其次，自由和平等又服务于人的生存和发展，它们使人摆脱一切形式的压迫、剥削和歧视，获得有尊严的生存和全面的发展。因此，脱离人的生存和发展，自由和平等就必然会流于形式，空洞无物，失去意义。故而，人权就其实质意义来讲，就是人人自由、平等生存和发展的权利，或者说，是每个人基于生存和发展所必需的自由和平等权利。[3]

人权具有以下特点：

第一，人权的主体是人，包括自然人和群体，其外延比公民、人民还要宽泛，因此，人权对于每个人来说都不可或缺、不可替代。

第二，人权的客体是自然人为了在人类社会自由生存和发展所必需的所有物质条件和精神条件，是有关物质和精神的利益与需求。

第三，人权的内容非常广泛，且无法穷尽。有人存在的地方就有人权，其内容涉及政治、经济、文化、人身等各个方面的权利。人权既包括基本的人权（如生命权、生存权、发展权、自由权、平等权等），又包括其他所有特定人权；既包括个人的人权，也包括集体人权。人权的内容不可穷尽，是一个不断发展变化的体系。

第四，人权既有普遍性，又有特殊性。一方面，人权对于全人类，对于每个国家或地区，对于每个民族都具有普遍的意义。另一方面，社会经济

---

[1] 参见刘英：《论精神障碍患者的权利保护》，西南政法大学 2012 年硕士学位论文。

[2] [英]米尔恩：《关于人权的概念》，夏勇译，载《法学论丛》1991 年第 5 期。

[3] 参见高壮华：《论尊重人权与普世价值的关系》，载《河南司法警官职业学院学报》2014 年第 1 期。

和文化状况决定了人权的存在、发展和实现程度,“权利绝不能超出社会的经济结构以及由经济结构制约的社会的文化发展”。[1] 在不同的经济条件、文化背景下,人们对人权的理解和实践均有所不同。

第五,人权有历史性。随着历史发展和社会进步,人权的具体内容和范围也将得到不断的扩展和丰富,历史时代不同,人们对人权的取舍和使用也有所不同。因此,人类发展至今,已经有了第一代人权、第二代人权、第三代人权。

从存在形式上看,人权的基本形态包括应有人权、法定人权和实有人权。应有人权是人权的最基本形态,是基于人的独立性、自主性和尊严而产生的权利的应然体系,是宪法规定人权保障的依据和渊源。换言之,只要是人就应该享有的权利就叫应有人权,其一旦上升为国家意志或得到一定范围内国际社会的共同认可,首先就会体现到各国宪法以及国际人权公约的文本中。[2] 这种以法定的形式来规定和确认的人权就是法定人权,其最常见的表现形式就是以各国宪法确认下来的基本权利。最后,部门法将法定人权具体化并赋予其相应的实操性,并通过形式多样的执法活动和守法行为加以贯彻实施,最终达致实有人权的享有和实现。这便是从应有人权到法定人权,再到实有人权的转换演进过程。在这个过程中,宪法发挥了极其重要的作用。从应有人权到法定人权,就是宪法对应有人权进行选取和整合的过程,是将人权规范化、制度化和法律化,将应有人权上升到公民基本权利的地位,并促进各部门法对基本权利进行规定和保障,使法定人权得以真正地实现。

二、基本权利的概念

公民的基本权利,是指由宪法所规定和保护的公民在政治、人身以及经济、社会和文化等方面的权利和自由,是公民享有的基本的、必不可少的权利和自由,是公民其他权利和自由的基础,体现了公民在国家中的政治和法律地位。[3]

---

〔1〕《马克思恩格斯选集》(第2版)(第3卷),人民出版社1995年版,第305页。

〔2〕参见刘英:《论精神障碍患者的权利保护》,西南政法大学2012年硕士学位论文。

〔3〕参见朱最新、杨桦助编:《宪法学》(第二版),中国人民大学出版社2014年版,第177页。

作为公民的宪法权利，基本权利就是国家权力产生和存在的基础和源泉，是国家权力运行的目标以及国家活动服务的指向，也是制约国家权力、防止其滥用的根本力量。[1]

第一，基本权利意味着宪法所认可的公民权利具有基本性，是公民在国家和社会生活中必须具备的最根本的权利。换言之，如果一个国家的公民不能享有这些权利，就不是这个国家的主权者，这个国家就会丧失民主国家的性质。同时，基本权利是宪法对应有人权当中最基本的那部分权利的确认，在一定的时代背景下，会同时得到不同国家的认可，会在不同国家的宪法中以不同的方式予以确认和规定，因此，国际性是基本权利的一大特征。

第二，基本权利是公民在国家政治生活和社会生活中享有的最重要、最主要权利，具有根本性和原则性，以其为基础便能派生出公民的一般权利或其他各种具体权利，国家权力归根结底也是由它派生的。因此，公民在国家的政治地位和法律地位是通过基本权利得以体现的，基本权利规定了公民的政治人格和法律人格，与自然人的公民资格密不可分，与自然人的法律地位不可分割。基本权利实质上反映了公民与国家、公民与政府的基本关系，公民的每一项基本权利都对应着国家和政府应该承担和履行的相应义务和责任。简言之，国家权力的形成和运行旨在服务公民的基本权利，受基本权利的监督和制约，努力促成其实现。

第三，基本权利具有相对稳定性和排他性，不能被转让，也不能被取代。同时，根据时代的变化和社会的发展，基本权利体系的内涵和外延将不断丰富和发展。

第四，基本权利是主体之间某种对等的法律关系的体现。换言之，作为主体的一方在权利关系中，与他方彼此独立、相互对等，无需凭借外在的物理力量去制约对方。这种主体之间的对等性，就决定了在某些特定的权利对象上，主体一方享有某种基本权利，他方相应地就需要承担某种义务。不过，这种对等性指的是主体之间法律地位的对等性，而不是指主体双方各自拥有的权利之间的对等性，或主体一方所拥有的权利与另一

---

〔1〕 参见《中国人民大学宪法笔记》，载百度文库网：http://wenku.baidu.com/view/a5499fbefd0a79563c1e728a.html。

方所必须履行的义务之间的对等性。[1]

第五，基本权利是一种法律资格。换言之，基本权利可视为一种通过国家最高法规范所确认的、法律关系主体的一方要求他方作为或不作为的可能性。从规范意义上理解，这种可能性无非就是法律上的资格。当然，从另一个侧面讲，这种资格也意味着权利主体享有自身可以作为或不作为的可能性。[2]

第二节　基本权利的基本性质与功能

一、基本权利的性质

基本权利具有多样的、对应复合的性质。

（一）固有性和法定性

宪法上的基本权利体现着公民与国家之间的关系，国家保障基本权利的义务主要分为两类：一类是不侵犯的义务，对应诸如自由权、平等权和政治权利这些传统的宪法基本权利；另一类则是积极给予服务的义务，对应的是社会权。[3] 总之，基本权利通过实在的宪法得以确认，其根本属性就是法定性。实在的宪法通过文本规范表述和规定基本权利的内容，予以实施和保障，从而“确认”这些权利。这容易让人产生误会，认为基本权利直接源于实在的宪法规范本身，误以为没有宪法规定，就没有基本权利。传统的法律实证主义便倡导这样的观点。同样，那些认为人的权利来源于君主对臣民的恩赐或是国家对公民的赋予的观点，也源于这样的误会。

而自然法思想及“天赋人权”的观点却主张：人的权利或基本权利是上帝或某种造物主赋予的，是一种人作为人与生俱来的权利。

---

〔1〕参见韩大元、林来梵、郑贤君：《宪法学专题研究》（第二版），中国人民大学出版社2008年版，第286页。

〔2〕参见韩大元、林来梵、郑贤君：《宪法学专题研究》（第二版），中国人民大学出版社2008年版，第286页。

〔3〕参见林聪：《基本权利教学研究》，首都师范大学2008年硕士学位论文。

显而易见,相对于法律实证主义,自然法思想在肯定人权的前国家性质或前宪法性质这一点上,更接近真理。“人的基本权利是人作为构成社会整体的自律的个人,在人类社会历史发展过程中不断形成和发展的那些为确保其自身的生存和发展、维护其作为人的尊严而享有的权利;从终极意义上说,这种权利既不是造物主或君主赋予的,也不是国家或宪法赋予的,而是人本身所固有的,同时又多为宪法所认可和保障,为此其固有性和宪法规定性(即法定性)是相互统一的。”[1]

(二)不受侵犯性和受制约性

基本权利是公民所固有的权利,并由具有一国最高法律效力的宪法规范加以确认和保障,不可侵犯。可以说,固有性和法定性直接推导出了基本权利的不受侵犯性。简言之,从规范意义上实现基本权利的不受侵犯,是宪法确认和保障这些人权的价值目标。宪法以根本法的形式将最重要的基本权利确认下来,并通过约束国家权力来防范其对基本权利的侵犯。

为此,不少宪法规范直接宣称某些基本权利不受侵犯,最具代表性的当属 1789 年法国《人权宣言》的第 17 条。该条宣称:所有权神圣不可侵犯。虽然这种具有浓厚自然法思想色彩的话语已经被现代各国的宪法所摒弃,但对于作为自由权的传统权利,各国宪法文本还是沿袭了宣称其不受侵犯的条文模式。我国《宪法》也通过第 37 条、[2]第 38 条[3]和第 39 条[4]明确规定“人身自由不受侵犯”、“人格尊严不受侵犯”以及“住宅不受侵犯”。

受自然法思想的影响,资本主义国家早期的宪法绝对保障基本权利的不受侵犯性,但随着社会的发展,各国开始承认基本人权同时又具有受

---

[1] 韩大元、林来梵、郑贤君:《宪法学专题研究》(第二版),中国人民大学出版社 2008 年版,第 291 页。

[2] 《宪法》第 37 条规定:“中华人民共和国公民的人身自由不受侵犯。任何公民,非经人民检察院批准或者决定或者人民法院决定,并由公安机关执行,不受逮捕。禁止非法拘禁和以其他方法非法剥夺或者限制公民的人身自由,禁止非法搜查公民的身体。”

[3] 《宪法》第 38 条规定:“中华人民共和国公民的人格尊严不受侵犯。禁止用任何方法对公民进行侮辱、诽谤和诬告陷害。”

[4] 《宪法》第 39 条规定:“中华人民共和国公民的住宅不受侵犯。禁止非法搜查或者非法侵入公民的住宅。”

制约性。人本就是社会人，市场经济的发展使人与人之间的联系更为紧密，个人权益密切勾连着国家利益、社会利益。从社会公平正义的角度讲，从民主法治的发展看，满足个人权益也须兼顾公共利益。因此，基本权利的行使绝非恣意任性，在一定程度上它必将受到制约。“这种受制约性主要表现在两个方面：第一是事实论意义上的制约，主要是社会学意义上的制约，即人们享有基本权利的程度以及基本权利保障的具体状态，显然必须受到一个国家或民族的历史文化、地理环境、社会制度、经济水平以及人权观念等多方面的制约；第二是规范意义上的制约，主要是宪法学意义上的制约，其中主要包括权利内在的制约和外在的制约。”[1]这个问题留在下一节进行探讨。

（三）普遍性与特殊性

基本权利的普遍性是由其固有性和不受侵犯性共同推导出来的。作为人本身所固有的、不受侵犯的权利，不分国籍、民族、种族、性别、家庭出身，以及宗教信仰、职业、受教育程度、财产状况，人们应该普遍享有基本权利。

必须承认，一个国家、地区或民族的历史条件、社会经济和文化状况等，实际上会对人们享有基本权利的程度和基本权利保障的具体状态形成一定的制约。这与基本权利的普遍性并不矛盾。一般来讲，在应然形态（或称应有形态或理想形态）上存在的基本权利均具有一定的普遍性，而在实然形态（包括规范形态和实现形态）上存在的宪法权利则往往会受到一个国家具体的历史条件、社会经济和文化状况等因素的制约，因而呈现出一定的特殊性。[2]

正是因为基本权利的普遍性，人权的国际保障趋势在当今世界尤为凸显。一方面各国宪法均规定外国人同样适用本国宪法的诸多权利条款；另一方面人权宣言、人权公约日趋呈现国际化动向，一系列国际人权公约都确认了一些关系到人的生存的基本权利具有超出国家范畴的普遍性，要求缔约国确保在其境内的外国人和本国居民一样享有这些权利。

---

[1] 参见宁凤利：《诉权之宪法建构》，广西师范大学2006年硕士学位论文。

[2] 参见韩大元、林来梵、郑贤君：《宪法学专题研究》（第二版），中国人民大学出版社2008年版，第293页。

我国不但在《宪法》第32条[1]中明确规定了"保护在中国境内的外国人的合法权利和利益",同时,还于1997年10月和1998年10月先后决定签署了《经济、社会文化权利国际公约》与《公民权利和政治权利国际公约》,并明确表示:人权的普遍性原则应该得到尊重;而普遍性原则一旦与各国具体情况相结合,就能得到更好的体现。[2]

二、基本权利的功能

基本权利的功能,即基本权利的作用,也就是指宪法设置基本权利的目的,它体现在多个方面。

(一)防御权功能

毫无疑问,国家政府的权力边界是各国宪法首先需要明确的内容,通过规制政府权力从而确保公民基本权利的实现。可以说,公民基本权利的首要功能就是防御国家和政府,防止个人的生命、财产和人身自由等遭受公权力的侵害。

基本权利为何自身具有防御功能,追根溯源,是因为公民基本权利发肇于自然权利,近代意义上的自然权利是公民基本权利的原始形态,而自然权利的提出则是基于为政府权力寻找合法性的"法学的论证",用萨拜因的话说就是"依据人们的权利和统治者有依据的权力来推理",[3]这成为了近代西方政治思维方式与政治推论的一个普遍认可的方法。近代社会之前,国家政府权力有两种合法性依据:一是人们相信历来适用的传统的神圣性和由传统授命实施权威的统治者的合法性统治即传统型统治,二是人们自愿献身于一个人以及由他所默示与创立的制度的神圣性即魅力型统治。[4] 无论是在传统型统治,还是魅力型统治,人们都很少去思

[1] 《宪法》第32条规定:"中华人民共和国保护在中国境内的外国人的合法权利和利益,在中国境内的外国人必须遵守中华人民共和国的法律。中华人民共和国对于因为政治原因要求避难的外国人,可以给予受庇护的权利。"

[2] 参见韩大元、林来梵、郑贤君:《宪法学专题研究》(第二版),中国人民大学出版社2008年版,第293页。

[3] [美]乔治·霍兰·萨拜因:《政治学说史》(上册),盛葵阳、崔妙因译,商务印书馆1986年版,第209页。

[4] 参见[德]马克斯·韦伯:《经济与社会》(上卷),林荣远译,商务印书馆1997年版,第241页。

考政府乃至国家权力的正当性和合法性。国家和政府凭什么凌驾于个人之上,人民为何要服从国家和政府?个人权利与国家权力之间到底是怎样的关系?两者谁是目的,谁又是手段?

近代西方政治学中社会契约论的兴起,就是在为国家权力和政府权力寻找权利法学依据的合法性理论,也就是马克斯·韦伯所说的第三种合法统治——合法型统治。他们针对政府权力,在自然状态下提出了自然权利,依此论证前政府状态下人民权利的固有性、不可转让性与不可剥夺性。自然权利是人作为人与生俱来的权利,包括生命、自由、财产、安全、平等以及反抗压迫的权利。[1] 既然自然权利是人所固有的、神圣的、不可剥夺的,那么人们之间借助社会契约的合意而组成的政府,就无权剥夺或改变脱胎于前政府状态下的公民基本权利,因为在人们中间成立的政府只行使人民所转让的社会管理权,其他权利即公民基本权利则由人民自己做了保留,政府存在的唯一正当目的"只是为了人民的和平、安全和公众福利",或仅仅在于"为人民谋福利"。[2] 这就揭示了亚当斯所指出的根本原理:"权利先于所有世俗政府——这就是人法所不能废止或不得限制的权利——这就是源于宇宙最伟大的立法者上帝的权利。……我们的许多权利是固有的、根本性的,是大家作为准则一致同意的,并且是作为政府的开端确立的。"[3] 而公民基本权利就是社会契约论为政治权力寻找到的依据,是国家和政府存在的基础,论证自然权利"天赋"的固有属性就是为了证成公民基本权利的神圣性。

正如孟德斯鸠在《论法的精神》中所说,自由、平等的权利是每个人与生俱来的,国家是人民之间缔结契约,让渡一部分权利给其行使的公共机构,这也就是公权力的产生。人民让渡给国家、给政府的只是立法权、执法权和司法权,生命、财产、自由、平等,这些权利并不因国家和政府的成立而被抹杀。虽然,人民成立国家和政府的目的只有一个,即让国家和政府协调分工、促进合作,创造福祉,带领共同体成员获取更大的幸福,但是国家和政府一旦拥有了凌驾于个人之上的权力,权力一旦没有边界,权

---

〔1〕 参见范进学:《论公民基本权利的功能与实现》,载《山东社会科学》2008年第4期。

〔2〕 [英]洛克:《政府论》,叶启芳、瞿菊农译,商务印书馆1964年版,第80、139页。

〔3〕 [美]爱德华·S.考文:《美国宪法的"高级法"背景》,强世功译,北京三联书店1996年版,第81~82页。

力一旦不受到规制,就会肆意践踏人民的自然权利。封建王权专制数千年的侵凌,让人们感悟到:国家政府一旦拥有了凌驾在个人之上的权力,一旦权力不受制约,就会对社会成员的权利构成整体的、制度的、无休止的暴虐与肆意蹂躏,不平等的国家制度将会造成人的不平等和权利等差制,国家政府才是各种权利最大的侵害者。当权力打着国家政府之名侵犯和蚕食权利时,人们通常束手无策。这一经验性判断已经得到了前近代社会的历史反复验证。所以,只有国家政府得到约束和规制,人的价值才能得以高扬,基本权利才能得以实现。在理论上颠覆权力与权利之间的关系,这成为了限制和约束国家政府的必然前提,同时,还必须否定"强力即权利"的专横理论与制度,因为,"强力并不能产生任何权利",只有人民的约定"才可以成为人间一切合法权威的基础",[1]"社会只有以人民的同意为基础","如不取得人民的同意,决不能建立一个新的结构",[2]而征服、篡夺或暴政等皆无权利的合法性依据。这些就是提出社会契约论和自然权利的全部理由,自然权利因此成为了近代公法的基石范畴。而自然权利的宪法化就是公民的基本权利,所以,公民基本权利的首要功能就是防御权,防御国家和政府滥用公权力,这是一种消极防卫权,使公民得以对抗国家和政府的侵犯。

(二)国家保护义务功能

国家权力始终保持理性的克制,才能避免侵害公民基本权利。同时,国家权力还要积极提供保护,避免公民权利受到其他私法主体(私人)侵害。从宪法学基本权利的功能出发,这被称为基本权利的国家保护义务功能。

国家保护义务理论发端德国。1975 年的中止妊娠案,德国联邦宪法法院在裁决中首次承认了基本权利的这一功能。宪法法院在这一裁决及以后的一系列相关裁决中表明:基本权利"不仅是个体针对公权力的主观防御权,同时还是宪法的客观法价值决(objektiv-rechtliche Wertentscheidungen)"。客观法价值决定本身并不应属于基本权利的功能,而同主观权利一样是基本权利的一种属性。这一属性不仅"影响着整个法律体系",还应该被视为"立法,行

---

〔1〕[法]卢梭:《社会契约论》,何兆武译,商务印书馆 1980 年版,第 14 页。

〔2〕[英]洛克:《政府论》,叶启芳、瞿菊农译,商务印书馆 1964 年版,第 80、107 页。

政和司法的方针与推动力”。根据基本权利的双重属性，从主观权利属性中导出国家不得侵犯公民的基本权利，另一方面从客观法价值决定属性中导出，国家还有义务积极保护这一宪法最重要的价值不受侵害。今天，国家保护义务的宪法依据已经得到德国理论界的普遍认可。[1]

原则上，对于自由权的行使，公民个体可以自主选择是用积极方式还是消极方式，任一行使方式都受到相关基本权利条款的保障。为避免“基本权利”变成“基本义务”，国家不能通过强制手段限制行使自由权的方式。故而，当公民自愿消极行使基本权利时，国家原则上不得进行干预。只有当公民不具备或（暂时）失去相应判断力时，国家才负有保护义务。[2]

由于立法是公认的国家保护公民基本权利最重要且最有效的方式，因此，保护义务首要约束立法机关。一旦客观条件成熟，立法机关就要通过具体努力去实现基本权利的价值，使行政机关和司法机关可以直接适用这些法律。当然，立法者在具体化过程中要理智地平衡社会上相互冲突的各种利益。如果客观情况随着时间推移发生了较大变化，立法机关必须及时修改或补充相关法律规范，必要时甚至要制定新的规范，否则同样违反了保护义务。在法制健全的国家，立法机关履行保护义务起着绝对主导的作用，司法机关主要通过正确适用相关规范做出保护。[3]

按我国学界通说，防御权功能应当处于基本权利功能的主导地位。但应该认识到，宪法对私人予以约束本质上依然是在对国家权力的运作进行约束，这其实是要求必要时国家应该介入社会领域，以平衡相互冲突的私人利益。国家存在的终极目的是满足人的需求，带领人们获取更大的幸福，在社会分工协作中，个体间的利益冲突无法调和，这便是国家权力存在和行使的必要性和正当性。简言之，国家的存在就是为了平衡社会利益冲突。如果国家不负有保护义务，还有何存在的意义？国家不存在，基本权利便没有所谓的防御权功能。在我国，随着国家逐渐放松对经济和社会领域的控制，公民基本权利的侵害主体由国家权力为主过渡到

---

〔1〕 参见陈征：《基本权利的国家保护义务功能》，载《中国法学》2008年第1期。

〔2〕 参见陈征：《基本权利的国家保护义务功能》，载《中国法学》2008年第1期。

〔3〕 参见陈征：《基本权利的国家保护义务功能》，载《中国法学》2008年第1期。

了国家权力与私人并存的状态。若不及时加以遏制,后者的侵害现象在一定时期内还可能会日渐增多。在简政放权的背景下,许多国家权力在“变脸”成为企业组织或社会团体后势力并未减弱,甚至在公民眼中,它们与国家权力基本就是“一家人”。[1] 故而,国家保护义务功能和防御权的地位应当同等重要。

(三)受益权功能

受益权功能主要针对国家的积极义务,即公民的基本权利可以请求国家以积极的作为,为基本权利的实现提供一定的服务或者给付,给付内容既包括保障权利实现的法律程序和服务,也包括对公民在物质上、经济上的资助,如提供失业救济、免费教育或者职业培训等。受益权功能与社会权有着密切联系,但在当代的基本权利体系中,受益权功能并不只是社会权的功能,其他权利也具有受益权功能。比如传统上被认为是自由权的生命权,在当代的宪法理论中可能意味着要求国家承担积极的义务,如提供食物、提供保健服务、提供医疗等。[2]

从法律特征上看:(1)受益权功能是基本权利所具有的请求国家作为的一种功能,这是其与基本权利的防御权功能的根本差别。防御权要求国家不作为,而受益权要求国家作为,防御权的实质是要求国家不侵犯基本权利,而受益权的实质是要求国家积极干预基本权利以促成其实现。在自由主义的法治国时期,尤为重视和提倡基本权利的防御权功能,随着福利国家的理念相继在各国树立,基本权利的受益权功能则日渐受到关注。(2)各项基本权利普遍具有受益权权能。第一,每项基本权利都同时具备几种权能,“受益权功能”只是基本权利的权能之一,简言之,受益权功能是基本权利的一项权能,其本身并非基本权利。第二,受益权功能和防御权功能一样,都是基本权利所普遍具有的权能。只是在不同的权利中,这两种功能分别处于主导地位。(3)受益权功能主要针对国家的给付义务。[3] 受益权功能针对的是国家给予公民物质上、程序上的帮助

---

[1] 参见陈征:《基本权利的国家保护义务功能》,载《中国法学》2008 年第 1 期。

[2] 参见张翔:《基本权利的受益权功能与国家的给付义务——从基本权利分析框架的革新开始》,载《中国法学》2006 年第 1 期。

[3] 参见张翔:《基本权利的受益权功能与国家的给付义务——从基本权利分析框架的革新开始》,载《中国法学》2006 年第 1 期。

和给付的义务，所以又称为“给付请求功能”，[1]国家所负义务是积极义务。

（四）社会功能

有学者提出，国家在现代社会，随着政治的民主化，已经脱掉落后的标签，成为社会的“自我管理者”，其正当性得到承认。国家对社会的干预更多可视为是对经济自由的干预，其背后则体现了社会内部分裂的价值观，并体现至基本权利案件当中。“基本权利的第三人效力”正是国家通过宪法当中的基本权利价值对私法产生辐射效力，防止契约自由等经济自由权的滥用。因此，社会不再等同于以经济自由和私人自治为基础的市民社会，而是融合多元冲突的价值观念在内，这与卢曼提出的“社会的功能分化”相吻合。基本权利在今天社会中的意义就在于“维系社会系统的功能分化”，这便是基本权利的社会功能。即作为宪法组成部分的基本权利，其功能同样在于维系社会系统的功能分化，不仅仅是维系政治系统与法律系统之间的分化，还包括以财产权为基础的经济系统、以宗教自由为基础的宗教系统等社会系统的分化等。但由于基本权利始终需要在法律系统中运行并通过基本权利案件体现出来，而社会系统功能分化的威胁主要来自政治系统，因此，基本权利仍然是在政治系统与法律系统的分化与耦合中起到维系社会功能分化的作用，也就是透过法律系统中的基本权利维系社会系统的功能分化。[2]

第三节　基本权利的享有主体和侵害主体

一、享有主体

基本权利的享有主体在现实生活中，呈现出多样性和复杂性，根据这些主体的法性质和享有宪法权利的范围，可分为一般主体、特殊主体和特

---

〔1〕 许宗力：《基本权的功能与司法审查》，载《宪法与法治国行政》，元照出版公司1999年版，第159页。

〔2〕 参见李忠夏：《基本权利的社会功能》，载《法学家》2014年第5期。

定主体。

1. 一般主体

公民是我国宪法所确定的基本权利的一般性主体。我国《宪法》第33条第1款规定:“凡具有中华人民共和国国籍的人都是中华人民共和国公民。”这表明确定我国公民资格唯一要件是具有国籍。

作为对宪法权利享有主体的指称,“公民”是我国宪法所特有的用语,其他国家则有所不同。美国宪法采用“人民”作为人权享有主体的称谓,德国宪法则采用“德意志人”“德意志国民”或者“任何人”的表述,日本宪法沿用“国民”这一用语,但其正式的英译本中也将“国民”译为“人民”。[1]

2. 特殊主体

法人和外国人是我国宪法所确定的享有基本权利的特殊主体。作为特殊主体,法人和外国人分别享有作为一般主体的公民所享有的某些基本权利,而非全部基本权利。

通常情况下,法人可以享有财产权或其他一些经济上的自由权利,而人身自由、生存权等基本权利因其自身特性,只有自然人才能享有。法人也不能享有选举权和被选举权,就算施行功能团体选举办法,法人组织本身也不是具有政治意志能力的主体,这样的主体只能是各种功能界别中的自然人。

在各国宪法下,外国人也可视作享有该国基本权利的特殊主体。我国《宪法》第32条第1款明确规定:“中华人民共和国保护在中国境内的外国人的合法权利和利益,在中国境内的外国人必须遵守中华人民共和国的法律。”不过,宪法关于基本权利保障的规定,虽然原则上适用于外国人,但其适用范围同样要视各种基本权利的性质而定。一般来讲,外国人可以享有具有前国家性质、作为自由权的诸如人身自由、人格尊严等人权,而对诸如劳动权、受教育权等社会经济权利则不完全享有。尤其是外国人对所在国的政治意志的形成、决定和实施具有影响作用的政治活动,

---

〔1〕 参见韩大元、林来梵、郑贤君:《宪法学专题研究》(第二版),中国人民大学出版社2008年版,第295页。

更是要受到一定的限制。[1]

3. 特定主体

基本权利的特定主体是指享有某种或某些特定的基本权利的主体，如享有不受刑讯逼供、及时知悉被控内容、自行辩护或委托他人辩护等诉讼权利的犯罪嫌疑人以及享有自行辩护或委托他人辩护、提出上诉或申诉等诉讼权利的被告人，就是典型的基本权利的特定主体。[2]

又如，依据我国《宪法》第 49 条第 1 款和第 4 款的规定，婚姻、家庭、母亲和儿童受国家的保护，禁止破坏婚姻自由，禁止虐待老人、妇女和儿童，依据这些规定，妇女（含母亲）、老人和儿童都可视为我国基本权利体系中的特定主体。

此外，我国《宪法》第 32 条第 2 款规定："中华人民共和国对于因为政治原因要求避难的外国人，可以给予受庇护的权利"，这表明对于特殊主体外国人，当其依据这一款成为受庇护权的主体时，学理上也应视为特定主体。

4. 关于"集体权利"

从传统学理上说，基本权利的主体一般为可辨识的个体，其最典型的形态就是个人。但某些基本权利也表现为集体（或共同）行使的形态，如集会、结社、游行、示威等都离不开集体的权利行使行为。然而，一个集合体通过其成员共同行使权利的方式来完成权利行使行为，并不意味着这个集合体本身演变为了基本权利的主体。[3]

不过，20 世纪 70 年代以后，宪法学中关于人权主体的传统理论似乎受到了一定的挑战。根据 1979 年第 23 届联合国大会通过的《关于发展权的决议》以及 1986 年第 41 届联合国大会通过的《发展权宣言》，发展权也是一项人权，不但个人需要享有平等的发展机会，各个国家也将其视作一项权利；此外，每个国家和民族都享有自决权以及对本国所有资源和财富的处置权。为此，如将国家、民族作为集体权利主体，也可纳入基本权利的特定主体这一范畴之中加以观照。但这可能超出了一国宪法的领

---

〔1〕 参见韩大元、林来梵、郑贤君著：《宪法学专题研究》（第二版），中国人民大学出版社 2008 年版，第 297 页。

〔2〕 参见许崇德主编：《宪法》（第五版），中国人民大学出版社 2014 年版，第 142 页。

〔3〕 参见许崇德主编：《宪法》（第五版），中国人民大学出版社 2014 年版，第 142 页。

域，更多地属于国际人权法上的问题。[1]

二、侵害主体

“设防的学说”是西方立宪主义的起源，即制定宪法就是要在国家权力与公民权利之间设置相互调整的制度或装置。在这种理念下，对公权力拥有独占性的承担者之地位的国家权力就被设定为基本权利的侵害主体。这既是规范意义上的一种拟制或预设，也是基于人类社会长期的痛苦经验所得出的理性结晶。此外，这一宪法原理还反映了近代自由主义的思想和经济要求，与近代的“私自治”原理相结合，彼此呼应，构成了近代法秩序的基本框架。[2]

进入现代历史阶段之后，随着市场经济的长期发展，市民社会内部产生了剧烈分化，一些诸如大型企业等可与国家权力比肩的、庞大的私人组织开始出现；同时，公权力的运作日趋复杂，公权力的部分功能开始交由一些私人组织来承担，或者某些私人组织的营运具有了公权力的制度背景。在这种情形下，不仅国家权力可能是基本权利的侵害主体，强大的特定的私主体也可能成为个人基本权利的侵害主体。[3]

---

〔1〕 参见韩大元、林来梵、郑贤君：《宪法学专题研究》（第二版），中国人民大学出版社 2008 年版，第 298 页。

〔2〕 参见韩大元、林来梵、郑贤君：《宪法学专题研究》（第二版），中国人民大学出版社 2008 年版，第 298 ~ 299 页。

〔3〕 参见韩大元、林来梵、郑贤君：《宪法学专题研究》（第二版），中国人民大学出版社 2008 年版，第 299 页。

第二章　基本权利的保障与限制

【本章导读】

孟德斯鸠在《论法的精神》一书中写道:“国家是公民之间缔结契约,让渡一部分权利给其行使的公共机构。这也就是公权力的产生。”从权力的来源上讲,公权力源于私权利,任何政府运行公共权力的目的其实只有一个,那便是维持秩序、协调分工、促进合作,最终带领人民获取最大化的幸福。对基本权利的保障,是国家、政府行使公权力、维护公共秩序和公共利益时所必须兼顾的内容。

本章的学习,旨在帮助党员领导干部认识到,宪法以书面形式将公民的基本权利确定下来,其关键是通过具体的措施和制度,将这些书面规定的权利落到实处,防止公民的基本权利受到不法侵害,确保基本权利的最终实现。同时,基本权利并非没有边界,其行使也有着一定的界限,要受到相应的限制。在学习中,党员领导干部要重点把握基本权利的边界以及对其进行限制的形式,要明确对于基本权利的限制绝不能恣意和任性。在行政管理中,一项侵害大多数公民基本权利的政策和措施,应该及时废止或修改,以停止对基本权利的继续侵害。如果为了公共利益,不得不侵害少数公民的基本权利,就应该对这些公民予以合理的补偿。唯有这样,才能真正贯彻和实施我国宪法所规定的“尊重和保障人权”原则。

第一节　基本权利的保障

一、基本权利保障的模式

在宪法中详尽地规定基本权利，但是不给予相应的保障，宪法规定就失去了意义。因为不论宪法的规定多么完美多么翔实，如果缺乏保障的支撑，基本权利就得不到实现。简言之，并不是宪法规定本身，而是实际保障的程度决定着基本权利的实效性。众所周知，美国宪法一开始并没有详尽规定权利，而是在具体的保障过程中，逐步扩张权利的内涵，丰富权利的类型。而英国，虽然没有成文宪法，但通过优良的宪政和法治传统，同样在极大程度上实现了对人权的保障。[1]

无可厚非，对宪法权利进行保障的效果，客观上受制于宪法保障模式。日本学者宫泽俊义和芦部信喜将基本权利的保障模式分为三种。

（一）绝对保障模式

不允许其他法规范对于宪法规定的基本权利加以任意限制或作出例外规定的情形，这便是宪法权利的绝对保障模式。美国宪法对基本人权的保障就是典型的绝对保障模式。[2] 从目前世界各国的宪法适用来看，在实践中，采取绝对保障模式的国家大多施行了具有实效性的违宪审查制度。这种制度的机制，有效排除了其他法律规范可能加诸于基本权利、超出了基本权利自身的内在制约限度、不为宪法所接受的那些制约。[3] 当然，违宪审查制度本身也是宪法上的一种权利救济制度，并在实践中发展成为保障宪法权利的一种较有实效性的制度。绝对保障模式直接依据宪法规定并通过宪法自身所设置的制度得以实现，通常也称作“依据宪法的保障”模式。

---

〔1〕 参见韩大元、林来梵、郑贤君著：《宪法学专题研究》（第二版），中国人民大学出版社2008年版，第308页。

〔2〕 参见韩大元、林来梵、郑贤君著：《宪法学专题研究》（第二版），中国人民大学出版社2008年版，第309页。

〔3〕 参见牛静：《国外宪法对新闻自由的规定和保障模式之探析》，载《新闻知识》2008年第1期。

(二)相对保障模式

与绝对保障模式不同,相对保障模式允许其他法律规范直接有效地限制宪法所规定的基本权利或在客观上承认存在这种限制的可能性。是否采取这种保障模式,通常由宪法自身作出选择,故而某些宪法本身就规定或默示可以限制自身所确认的某些权利。如果一国宪法规定某种基本权利"其内容由法律规定"、"在法律的限制之内"或"在法律的范围内"予以保障,"其例外依法律规定"以及"非依法律不得限制"等,就表明该国宪法选择了相对保障的模式。正因为相对保障模式是通过普通法律而非宪法自身来实现对宪法权利的保障,所以又被称为"依据法律的保障"模式。"二战"以前欧洲各国的宪法、日本明治宪法以及我国民国时期的历部宪法,对基本权利保障,基本上都采取相对保障模式。[1]

相对保障模式与欧洲传统公法中的"法律保留"观念和制度联系紧密。法律保留是源于"法治国"理念的产物,本意是要制约国家权力对公民权利的肆意侵害,将国家权力对基本权利的限制严格保留在法律层面,即允许通过国家立法机关制定的法律对基本权利作出限制。在基本人权保障中,法律保留也表现为两种具体方式:一是基本人权的具体内容和保障方法必须由普通法律加以具体规定,该意义上的法律保留在德国被称为"规范保留";[2]二是对宪法权利的限制必须通过普通法律加以规定,在德国称之为"限制保留"。但随着"依法行政"原理的确立,"法律保留"逐渐失去了其原本的意义,在与宪法权利的关系上,也渐渐演变成了一种只在法律的范围内保障基本权利的观念。[3] 换言之,它会导致这样的情况,即唯有依赖普通法律的具体化,宪法规定的基本人权才能得到真实的保障,一旦基本人权保障遭遇普通法律的立法不作为,这种基本人权的保障就被"雪藏"了。而且,即使立法作为,普通法律也可以通过"规范保留"的方式变相削减宪法规定的基本权利的内容,而"限制保留"方式则在实际上首先默认了普通法律对宪法权利的限制。

---

〔1〕 参见韩大元、林来梵、郑贤君:《宪法学专题研究》(第二版),中国人民大学出版社2008年版,第309~310页。

〔2〕 黄学贤、郭殊:《试论紧急状态下公民基本权利之保障》,载《当代法学》2004年第4期。

〔3〕 参见陈新民:《德国公法学基础理论》(下),山东人民出版社2001年版,第181页;韩大元、林来梵、郑贤君:《宪法学专题研究》(第二版),中国人民大学出版社2008年版,第310页。

(三)折中模式

绝对保障模式和相对保障模式有时并不能截然分开。在一些国家的同一部宪法中,既存在被绝对保障的基本权利,也同时存在被相对保障的基本权利。德国魏玛宪法时期的公法学家托马将它们分别称为"拥有宪法之力"和"拥有法律之力"。[1] 第二次世界大战之后,西欧各国宪法中的人权保障出现了一种转型,即从传统的"依据法律的人权保障"转向"针对法律的人权保障",并建立了违宪审查制度,但同时又沿袭了部分的"法律保留"机制,出现了介于绝对保障模式和相对保障模式之间的一种保障模式。这种折中模式在具备实效性的违宪审查制度的同时,宪法本身又交由普通法律来完成对某些基本权利的保障。当代德国基本法就是采取这种折中模式来保障基本权利。

(四)制度性保障模式

此种模式与上述三种模式不同,属于法规范通过对某种特定制度的保障而产生的对基本人权的间接的、补充性的保障,德国传统宪法学称之为"制度性保障"。[2] 德国学者施米特是该种学说的代表人物。根据这种学说,宪法除了对个人基本权利提供纯粹的、直接的保障,还会保障一些历史上形成的传统制度即特定的"客观制度",如私法领域中的所有权制度、继承权制度、婚姻制度以及公法领域中的地方自治制度、节假日休假制度、大学自治制度等,均属于该类制度。保障制度的"本质内容",而非其制度现状,是宪法对这些制度予以保障的关键。换言之,国家可以根据立法界定和变更这些制度的周边部分,但不得侵害其核心部分。这类制度有别于基本权利本身,但保障这类制度显然对个人权利自由的保护与强化具有补充功能,因此,制度性保障的结果,也可以产生对某些基本权利的保障效果,施米特称之为"连续性的、补充性的保障"。"二战"后,德国公法理论和判例实践沿袭了制度性保障说,并有所发展,将自由权利本身直接理解为一种制度。如出版自由就被认为是一种自由地出版并得到保证的制度。这一新理论被称为"作为制度的基本权"或"制度性的自

[1] 韩大元、林来梵、郑贤君:《宪法学专题研究》(第二版),中国人民大学出版社 2008 年版,第 310 页。

[2] 韩大元、林来梵、郑贤君:《宪法学专题研究》(第二版),中国人民大学出版社 2008 年版,第 311 页。

由"理论。[1]

二、基本权利保障的方式

纵览世界各国的宪法和法律,对基本权利的保障无一例外地采取两种进路,即对基本权利进行规定和宣告,并为公民基本权利的实现提供条件。从根本上说,基本权利的实现与社会经济发展水平密切相关,要切实保障公民基本权利,必须首先大力发展社会生产力,把公民基本权利的实现建立在雄厚的物质基础上。同时,要不断增强公民的宪法观念、民主意识和权利意识,并培养其依法维权的维权意识。具体来讲,宪法明确规定公民的基本权利是国家对公民作出某种行为的保障,其最直接的意义表现为当人们的权利受到侵害,国家有义务制裁侵权行为。因此,保障公民基本权利,最基本的方式就是运用法律手段,从法律制度和措施上予以保障。就世界各国公民基本权利保障的情况来看,主要有以下方式:

(一)宪法保障

宪法保障是公民基本权利保障的前提所在。只有以宪法的形式,从宏观上和整体上对国家权力和公民权利的关系进行界定,明确两者的关系,即国家权力的运行唯有以维护基本权利为目的、以促进基本权利的实现为宗旨,才能使公民基本权利的保障获得合宪性依据。[2] 从各国目前的实际情况来看,在完善基本权利的内容、促进基本权利的保障更为具体的基础上,力争使宪法关于公民基本权利的规定更加具有可操作性,并强化和完善国家权力的制约,方能从根本上保障公民基本权利的行使。

(二)立法保障

在完善宪法对公民基本权利规定的基础上,进一步制定比较具体和完备的部门法,将宪法关于公民基本权利的规定具体化、规范化,为基本权利保障提供具体的、可操作的法律依据,是公民基本权利保障的一个重要方式。[3] 各国在宪法颁布后,都会制定大量的法律规范,为公民基本权利的保障提供更为明确的法律依据。当然,如果一国法律对公民基本

---

〔1〕 参见韩大元、林来梵、郑贤君:《宪法学专题研究》(第二版),中国人民大学出版社2008年版,第311～312页。

〔2〕 参见朱最新、杨桦主编:《宪法学》(第二版),中国人民大学出版社2014年版,第180～181页。

〔3〕 参见朱最新、杨桦主编:《宪法学》(第二版),中国人民大学出版社2014年版,第181页。

权利的规范和保障尚未健全,有一些基本权利的具体保障就会处于真空地带;而一些涉及基本权利的立法如果太过原则,内容就会缺乏真正的可操作性,这些都会在一定程度上影响对公民基本权利的保障。立法应该对这些问题予以重点关注并加以完善。

(三)司法保障

司法保障是公民基本权利保障的终极手段,是指司法机关通过司法审判活动打击和制裁犯罪,依法化解公民之间的各种纠纷,以保障公民权利的实现。从世界各国的实践来看,通过司法救济维护公民权利和自由,是公民基本权利保障的最终途径。虽然各国的体制不同,对基本权利的司法保障在具体模式上也有所不同,但从各国的实际情况来看,通过制度设计,完善公民基本权利的司法保障,都是公民基本权利保障的核心内容。

三、我国的基本权利保障

自党的十一届三中全会以来,我国的社会主义民主与法制建设取得了显著成绩。"依法治国,建设社会主义法治国家"的基本方略一经党的十五大确立,便由 1999 年第九届全国人大二次会议载入了宪法。21 世纪,我国进入了全面建设小康社会、加快推进社会主义现代化的新的发展阶段。改革开放的纵深深入和经济社会文化的飞速发展,都在很大程度上促进了公民宪法意识和权利意识的提升。党的十五大和十六大明确提出了"尊重和保障人权"。根据新形势下党和国家事业的发展要求,我国第十届全国人大二次会议于 2004 年 3 月 14 日审议通过宪法修正案,不但直接将"国家尊重和保障人权"写入宪法,而且同时增加了依法保护公民的私有财产权、完善土地征用制度、健全社会保障制度等几项保障公民权利的重要规定。宪法作为根本法,体现人民的最高意志,是以契约为纽带建立的社会共同体的价值体系。[1] "将'国家尊重和保障人权'载入宪法,突出地强调了保障公民权利、规范国家权力(重点是规范行政权力)

〔1〕 参见韩大元、林来梵、郑贤君:《宪法学专题研究》(第二版),中国人民大学出版社 2008 年版,第 120 页。

这一现代宪法的核心价值理念,突出地宣示了我国宪法的人权关怀”,〔1〕不仅完善了中国人权的宪法保障,同时也使“人权保障”上升成为我国立法、执法和司法的核心理念。

我国宪法虽然没有明确由普通法律来规定某种基本权利的具体内容和保障方式,也没有明文规定或实际上默示性地规定可以由普通法律来限制某种基本权利,〔2〕但从具体的法律制度层面以及实践来看,我国的基本权利保障和其他各国一样兼采宪法保障、立法保障和司法保障三种保障方式,且更倾向于相对保障模式。

这是因为我国现行制度下,“公民基本权利的具体内容和保障方式均只有通过普通法律规定才能实现。其具体运作技术是:首先由宪法规定基本权利,再由普通法律依据宪法的有关规定对基本权利的内容进行具体界定,然后在法律所界定的范围内付诸保障和实施”。〔3〕另外,“我国不存在具有实效性的违宪审查制度或宪法上的权利救济途径,只存在普通法律上的权利救济制度。而且,就目前的情况来看,普通法律上存在的这种救济制度,也只适用于部分情形之下的部分宪法权利,而非所有情形下的所有宪法权利”。〔4〕

之所以会采取相对保障模式,是因为我国宪法对于基本权利的规定比较简单和抽象,“且不具有直接据以追究侵权行为的法律责任和予以相应处罚的那种强制性规范的构成要素”。〔5〕因此,要先具体界定基本权利本身的内容才能真正对其实施保障,而由谁来界定、怎样界定,都是非常重要的宪法问题。虽然我国宪法赋予了全国人大常务委员会宪法解释权,但实践中受各种因素掣肘,全国人大常务委员会几乎很少行使这项权力,通常也不可能对公民基本权利的具体内容和保障方式给予具体解释。〔6〕尽管在某种程度上,全国人大及其常务委员会行使宪法监督权也可以加以实现,但实际上两者对宪法监督权的行使在技术上又存在较大

---

〔1〕莫于川:《树立现代行政法治观念是建设法治政府的要义》,载《中共青岛市委党校:青岛行政学院学报》2006年第6期,第88页。

〔2〕参见李应涛:《论我国公民迁徙自由权的实现》,华中科技大学2011年硕士学位论文。

〔3〕参见李应涛:《论我国公民迁徙自由权的实现》,华中科技大学2011年硕士学位论文。

〔4〕黄学贤、郭殊:《试论紧急状态下公民基本权利之保障》,载《当代法学》2004年第4期。

〔5〕牛静:《国外宪法对新闻自由的规定和保障模式之探析》,载《新闻知识》2008年第1期。

〔6〕参见黄学贤、郭殊:《试论紧急状态下公民基本权利之保障》,载《当代法学》2004年第4期。

难度,所以现实中至今尚未形成惯例。加之司法机关的违宪审查制度在我国尚未确立,宪法也不能直接适用于司法判案,故而便排除了由普通法院通过具体案件的审理来解释基本权利的可能性。排除了以上三种途径之后,剩下的最后一个选择便是通过普通法律对各种基本权利的内容进行具体界定并予以保障。

实际上,采取相对保障模式来保障基本权利,源于立宪者与立法者之间在事实上或观念上的同一性或同构性,这也是以宪法对立法机关的信赖为前提的。我国现行的宪法制度恰好满足了这样的要求。根据我国宪法的规定,我国政权的组织形式是人民代表大会制度,该制度建立在“国家一切权力属于人民”这样的理念基础之上。人民行使国家权力的机关是人民代表大会,可以推定其所形成的意志与人民的真实意志具有一定的共同性和同构型。同时,在人民代表大会制度下,全国人民代表大会既是国家最高权力机关,又是立法机关,这使得公众的内心与法学理论一样,普遍信赖全国人大及其常务委员会所制定和通过的普通法律,至少不会侵犯、限制或者剥夺公民的基本权利。[1]

第二节　基本权利的限制

包括基本权利在内的一切权利都具有边界。任何一项权利在行使过程中,都可能与他人的权利或社会公共利益发生冲突,基本权利也不例外。为了避免各个权利主体在行使合法权利时相互妨碍,为了确保公共利益不受侵害,为了营造和谐的社会秩序,宪法必然要求对各种权利和自由进行界定和协调,这在一定范围内表现为基本权利的限制。基本权利的限制与基本权利的保障密切关联。

---

〔1〕 参见韩大元、林来梵、郑贤君:《宪法学专题研究》(第二版),中国人民大学出版社 2008 年版,第 312 ~313 页。

一、基本权利的界限

讨论基本权利的界限是讨论基本权利限制的前提。承认基本权利有界限,就意味着其界限的起点就是基本权利保障的终点,即对基本权利予以限制的开端。问题是基本权利的界限何在?审视和把握这种界限,主要从相对性和具体性两个方面加以把握。

(一)基本权利界限的相对性

正如学者言,"与其说宪法权利是有界限的,因而是相对的,倒不如说这种界限自身才是相对的。这种界限的相对性表现在:从法学上看,某些宪法权利具有界限,而某些宪法权利不具有界限"。[1]

某些基本权利的行使必须或必然伴随着某种法学意义上的行为,这类基本权利大都具有界限。该类权利只有在被行使的过程中,才会在理论上和现实中有可能触及或损害公益(国家的、社会的、集体的利益)或他者权利(其他公民的合法的自由和权利)。但诸如思想和良心的自由这类权利,其行使并不需要伴随着某种法学意义上的行为,不会在规范意义上触及或损害公益或他者权利,故而不具有界限。这类自由的行使仅仅属于人们内心的某种精神作用,并不会实际侵害他人的自由权利以及社会公共利益,所以,在法学意义上,这类自由具有绝对性和无界限性。[2] 又如宗教信仰自由,其内容主要包括内心的信仰自由、宗教上的行为自由以及宗教上的结社自由三个方面,其中纯粹内心的信仰自由(含不信仰的自由)也具有绝对性和无界限性。以上这些内心的自由,作为基本权利的类型在整个权利保障体系中只是个别的(但非例外的),然而作为权利本身却具有不容忽视的意义和价值。如思想和良心的自由,就既是整个精神、文化活动自由的具体内容之一,同时又是整个精神、文化活动自由的原点。[3] 同时,较之于一些诸如政治权利等重要的宪法权

---

〔1〕 韩大元、林来梵、郑贤君:《宪法学专题研究》(第二版),中国人民大学出版社 2008 年版,第 314 页。

〔2〕 参见韩大元、林来梵、郑贤君:《宪法学专题研究》(第二版),中国人民大学出版社 2008 年版,第 314 ~315 页。

〔3〕 韩大元、林来梵、郑贤君:《宪法学专题研究》(第二版),中国人民大学出版社 2008 年版,第 315 页。

利，人们往往更广泛和更惯常地行使这种内心的自由。此外，作为人格权价值基础意义上的人格尊严以及接受公平审判的权利、不受不人道或残酷对待的权利等，也是没有界限的。

必须看到，包括任何内心的自由以及人格尊严在内的没有界限的权利，也可能受到自由意志主体所处的社会历史环境及其自身的心理机制、思维方式和道德观念等因素事实上的制约，但这样的制约多是构成其在社会学意义上的界限，而非纯粹宪法学意义上的界限。〔1〕

（二）界限的具体性

基本权利的界限具有具体性，不同的基本权利其界限的性质和内容也不相同。通常情况下，基本权利的界限分为内在制约和外在制约。

基本权利基于自身性质而产生的、存在于宪法权利体系之中的界限被称为内在制约。如前所述，一旦权利主体主张和行使自己的合法权利，并伴随某种法律行为，就可能与其他权利或其他主体的权利发生冲突。倘若一个主体无节制地滥用权利，此等情形更加凸显。只要一种权利本身的性质决定其行使不能侵犯或损害其他权利或其他主体的权利，这就构成了权利的内在制约。例如，一个人行使其言论自由权，不能构成对他人的隐私权、人格尊严等自由权利的侵犯，这是言论自由作为一种权利在性质上理所当然所具有的制约。〔2〕 应当看到，任何具有界限的基本权利一般都存在这种内在的制约。我国《宪法》第 51 条，〔3〕从注释宪法学的立场看，可以理解为对权利内在制约原理的一种宪法规范上的表述。

外在制约与内在制约不同，是指从外部加诸于权利、并为宪法的价值目标本身所容许的制约。这种制约主要指现代宪法根据社会公共福利的原则对经济的自由所施行的限制，故又可称为“（公共）政策上的制约”。〔4〕 最为典型的外部制约是针对财产权的制约，现代宪法大都明文

---

〔1〕 参见韩大元、林来梵、郑贤君：《宪法学专题研究》（第二版），中国人民大学出版社 2008 年版，第 315 页。

〔2〕 参见韩大元、林来梵、郑贤君：《宪法学专题研究》（第二版），中国人民大学出版社 2008 年版，第 316 页。

〔3〕 《宪法》第 51 条规定：“中华人民共和国公民在行使自由和权利的时候，不得损害国家的、社会的、集体的利益和其他公民的合法的自由和权利。”

〔4〕 参见韩大元、林来梵、郑贤君：《宪法学专题研究》（第二版），中国人民大学出版社 2008 年版，第 316 页。

规定国家可以基于公共福利的需要对其进行适当的限制。当然,需要注意的是,这种宪法权利的外在制约并非针对所有基本权利,仅仅构成了某些特定基本权利的例外界限。

二、基本权利限制的理论和法律基础

作为国内法的最高法,宪法对公民基本权利作出了规定,这是个人在政治社会中应该享有的权利,也是作为人所必须享有的基本人权,是国家理应保障的基本人权。然而,基本权利并非绝对,也非排他。从理念上看,基本权利是人所应享有的最基本、最高的人权,是天赋的,应受宪法保障,但实证意义上,各国宪法都没有采取绝对保障,而都对基本权利采取相对保障,即可以依法限制基本权利。“个人权利与其他法益冲突的客观存在”就是对基本权利进行限制的理论基础。[1] 人是群体性动物,从来不是孤立的存在,而是组成社会共同体并在其中生存发展。作为社会人,个体之间相互联系相互依存,个体行使个人权利时,有可能侵害他人合法权益或社会公共利益,有可能对他人合法权益或社会公共利益造成一定程度的克减,在不同的权利之间进行适度平衡是完全有必要的,这便是基本权利限制的理论基础。早在1789年法国的《人权宣言》便已经对基本权利限制作出了规定,《人权宣言》第4条规定:“自由包括从事一切不损害他人的行为的权利。因此,行使个人的自然权利只有以保证社会的其他成员享有同样的权利为其界限。这些界限只能够由法律确定。”这一规定的内涵既体现了法治原则,也点明了基本权利有一定界限,应该而且只能由法律对其加以限制。我国《宪法》第51条也明确规定,我国公民在行使自由和权利的时候,不得损害公共利益和其他公民的合法的自由和权利。这便表明,与公共利益和他人合法权益可能发生冲突的临界点,就是基本权利的界限,是限制基本权利的起点。以言论自由、人身自由、通信与住宅不受侵犯、财产权这些传统的基本权利为例,没有哪一项是绝对权利,每一项都要受一般性的法律规则限制。例如,言论自由并不意味着可以不负责任地造谣、诽谤,更不允许以报警、公众示警等方式

---

〔1〕 参见朱最新、杨桦主编:《宪法学》(第二版),中国人民大学出版社2014年版,第182页。

来制造混乱,否则将承担相应的法律责任。[1] 自然人非常重要的人身自由也是如此。当人身自由遭遇紧急状态下的国家安全、公共安全和社会秩序时,只要符合法律规定的前提和范围,也可以在一定程度上限制人身自由。可见,从理论和法律两方面来看,宪法所规定的基本权利都不是无边界的,都是可以限制的。

三、基本权利限制的形式

(一)基本权利的本质限制

基本权利的本质限制即基本权利的内在限制。每一项基本权利都有自己的构成要件,通过这些构成要件,可以判断出某种行为是否属于行使该项基本权利。[2] 换言之,基本权利的构成要件本身就框定了基本权利的范围,从这个角度讲,基本权利的构成就是基本权利的限制。当然,这是从界定基本权利内涵的视角来界定其限制,故而这种限制属于基本权利的自我限制,体现了基本权利在本质上的有限性。有观点认为,所有的基本权利的限制都不过是基本权利的本质限制,是基本权利的内在限制。以公共利益限制基本权利,不过是基本权利的整体对个别的基本权利的限制。所以,只要界定清楚了各项基本权利的构成要件,该项基本权利的限制也就大致确定了。[3]

(二)基本权利的法律限制

宪法所规定的基本权利可以受到限制,这并无争议,但问题是应该由谁来限制基本权利?广义的现代政府主要由立法机关、行政机关和司法机关等机构组成,那是不是意味着这些机构都可以对基本权利作出限制?显然不是。在民主法治及基本权利的发展进程中,世界各国都明确了只有"法律"才能对基本权利进行限制。前述《人权宣言》第 4 条规定的"这些界限只能够由法律确定",已经清楚地阐明了这一观点。公民的基本权利都以明确的方式或者明文规定的方式受到了宪法保护,"除非依照法律,"否则不得对其作出任何限制。"依照法律"表明只有法律才能限

---

[1] 参见李慈恩、郑贤君:《由孙志刚案看宪法基本权利的限制》,载《法学家》2004 年第 2 期。

[2] 参见朱最新、杨桦主编:《宪法学》(第二版),中国人民大学出版社 2014 年版,第 182 页。

[3] 参见朱最新、杨桦主编:《宪法学》(第二版),中国人民大学出版社 2014 年版,第 182 页。

制基本权利，法律保留原则就是由这一理论发展变化而来。特别要强调，在权力分立或者分工的政府机构中，“法律”并非一般法理学教科书在阐述法律渊源时所指的包含宪法、法律、行政法规、地方性法规、部门规章、地方规章等在内的所有法律规范，而仅仅是指立法机关按照立法程序通过并颁布的法律。换言之，此处所指的法律，必须具备法的形式理性和实质理性。〔1〕

问题是，法律可以限制基本权利，但这种限制的程度应该如何把控？怎样才算合适？基本权利受限的过程中，不排除借口限制而实质上虚化或者架空基本权利。这会导致基本权利沦为空话，宪法规定也将失去其实际意义和价值。综观宪法理论和国外审判实践，为预防这种情况的发生，大都确立了基本权利的基本内容或者核心不可以限制的原则。如德国《基本法》第19条第2项规定：“在任何情况下，不得危及基本权利的实质”，即从理论上承认每一项基本权利都有某些任何法律不得加以限制的核心内容，法律一旦限制这些核心内容就将被宣布无效。但是，究竟如何掌握核心标准？从实践看，主要有三个，即残余论、利益论和折中论。〔2〕 例如，在有关死刑违宪审查理论的讨论中，有学者所持的观点就属于此例，认为刑法规定死刑属于违宪，因为法律规定死刑，是法律剥夺个人生命权，生命权出于个人基本权利的核心地位，属于基本权利的实质，受宪法保障，因此，不可以被法律剥夺，而规定死刑剥夺生命权的法律也在此意义上构成违宪。〔3〕

总之，理解基本权利的界限和限制，不能对人权的相对性或抽象的公共利益概念一概而论，应该针对具体的权利及其具体的情形作出具体的考量。我国目前尚未建立起行之有效的宪法权利保障的具体救济制度，对此更需有所警戒。在此方面，外国宪法理论以及实践中所采取的比例原理与比较衡量理论，对于解决基本权利的界限以及调整各种权利冲突具有重大意义。

基本权利限制的比例原理，是据以判断某一个涉及对基本权利可能

〔1〕 参见李慈恩、郑贤君：《由孙志刚案看宪法基本权利的限制》，载《法学家》2004年第2期。

〔2〕 参见陈新民著：《德国公法学基础理论》（下），山东人民出版社2001年版，第367～368页。

〔3〕 参见朱最新、杨桦主编：《宪法学》（第二版），中国人民大学出版社2014年版，第182～183页。

作出限制的公权力行为(包括立法、行政和司法行为),其所采取的手段与所要达致的目的之间是否存在合理的关联性、是否保持最低的必要限度以及是否合乎适当性比例的原则。比较衡量理论,又称利益衡量理论,也是现代各国违宪审查实践中所采取的一个重要标准,其典型的具体运作方式一般是:面对个案,通过对其中所关涉的"由于对某一项人权进行限制所可获取的利益"(可表现为公共利益)与"由于对该人权进行限制所丧失的利益"(或"不加限制所可维持的利益")进行具体的比较衡量之后,在可以判断前者的价值高于后者的情形下,才对该项权利作出适当的限制。[1]

我国宪法还通过规定公民基本义务的方式来对基本权利的行使作出了相应的限制。公民基本义务,是指宪法规定的公民必须履行的义务,代表着公民对国家、社会和他人应该履行的某种责任,是国家利益、集体利益和个人利益的高度结合,体现了权利、义务的一致性。基本义务意味着公民必须做或者不做某种行为,在一定程度上是对公民权利和自由的限制,但其目的却是为了更好地保障公民的基本权利,保障国家利益和社会公共利益。具体来说,我国宪法规定的公民基本义务主要包括:(1)维护国家的统一和全国各民族的团结;(2)遵守宪法和法律,保守国家秘密,爱护公共财产,遵守劳动纪律,遵守公共秩序,尊重社会公德;(3)维护国家的安全、荣誉和利益;(4)保卫祖国,抵抗侵略,依照法律服兵役和参加民兵组织;(5)依照法律纳税;(6)其他义务。[2]

---

〔1〕 参见邱之岫:《公法框架下公共利益正当性的判定与考量》,载《河南省政法管理干部学院学报》2010 年第 6 期。

〔2〕 参见《宪法》第 52 条、第 53 条、第 54 条、第 55 条、第 56 条之规定。

第三章　人身权利

【本章导读】

人身权利在近代以来一直是被作为基本权利加以讨论的，同时也是基本权利中最早受到人们关注、认可以及重视的。1215年，英国《自由大宪章》第39条规定："任何自由人，如未经其同级贵族之依法裁判，或经国法判决，皆不得被逮捕，监禁，没收财产，剥夺法律保护权，流放，或加以任何其他损害。"从中可以看出人身权利中人身自由概念的早期雏形。1948年，联合国大会通过决议并颁布《世界人权宣言》，这一具有历史意义的《宣言》受到所有会员国的广为传播。作为第一个涉及人权问题的国际文件，《世界人权宣言》展现了国际社会对个人人身权利的高度重视，也为世界人民争取、改善、维护个人人身权利拓展了国际法渊源，并奠定了公民人身权利坚实的理论基础。

人身自由、人格尊严、隐私权、住宅权以及宗教信仰自由等基本权利是人身权利的重要内容，通过本章节的学习，领导干部应当掌握以下几个基本问题：其一，明确人身自由、人格尊严、隐私权以及宗教信仰自由的具体意涵。其二，人身自由如何演化成宪法中基础性原则——正当程序。其三，人格尊严之于公民个体的重要性。其四，宗教信仰自由的发展历史以及我国具体的宗教政策。其五，我国现行宪法中关于人身自由、人格尊严、隐私权以及宗教信仰自由的明确规定。

通过本章学习，党员领导干部要认识到，人身权利不仅是一种道德权利，也是一种法律权利，其性质与人身、权利、自由等概念关系密切。从某种程度来说，人身权利是个人能够实现自身意志的必要资格。换言之,人身权利是人之所以为人所应具备的最基本权利。这也意味着个人在法律范围内、在侵犯他人利益的前提下能够自主支配自身行为的权利。此外,公民的人身权利不仅依靠国家和社会提供一定的物质条件保障该权利的实现,也要求在公民人身权利受到侵害时,国家和政府能够提供相应的救济渠道。

第一节 人身权利的内容

一、研究的价值与意义

人身权利是公民作为权利主体,应当享有的最为基本、最为核心的个人权利,其与个人人身利益直接相关。人身权利的范畴十分广泛,只要与公民人身相关且无经济内容的个人权利都属于人身权利:诸如生命权、身体权、健康权、人身自由、名誉权、隐私权、姓名权、肖像权等。与西方人身权利的发展历程不同,我国关于人身权利的理论研究和实践机制发展较晚,新中国成立以后的《五四宪法》才开始有了公民人身权利的概念。

研究公民人身权利的主要价值和意义在于:

一是深入对公民人身权利的研究工作能够加速与国际社会的接轨。目前,国际法中的有关人权的宣言、公约以及法规等文件基本都牵涉人身权利的意涵、内容以及价值,可以说国际社会对于公民人身权利的研究比较完善,加深对公民人身权利的研究能在一定程度上同化我国与国际社会的话语体系,拓宽我们与国际社会的对话渠道。反过来说,与国际接轨也能为我们开展公民人身权利研究工作提供广阔的理论渊源,并促使我国公民人身权利的理论研究更上一层楼。

二是深入针对公民人身权利的研究能够促成我国公民人身权利保障机制的形成。人身权利的涉猎范围极其广泛且十分重要,生命权、身体权、健康权、人身自由等都属于公民的人身权利。我国人权事业的建设和发展,在很大程度上取决于公民人身权利的实现和保障。开展对公民人身权利的研究工作能够厘清人身权利的现状、问题以及原因,并形成相应的解决机制,为改善我国公民的人身权利提供更好保障。

三是深入针对公民人身权利的研究能够提高我国公民自身的权利意识。随着我国法治建设进程的不断推进,人们的法治、权利意识也得到相当程度的提高。但就我国建设社会主义法治中国的目标而言,公民的法治、权利意识仍有待进一步提升,需要坚实的理论予以支撑。因此,深入针对公民人身权利的研究能够让我国更多的公民了解保护自身权利的重要性、必要性。同时,公民在维权意识的指引下能够更好地掌握及运用法律,切实保障自身应当享有的人身权利。

二、人身权利的具体内容

宪法作为国家的根本大法,往往从特定的社会条件出发,对公民最为基础或者最具有保障必要性的权利予以确认。依据我国《宪法》第 37 条的法条内容,本章将主要阐述人身自由、人格尊严、隐私权(包括住宅权和通信自由)以及宗教信仰自由等人身权利。

(一)人身自由

1. 人身自由的概述

人身自由有广义和狭义之分。狭义上的人身自由,是指公民享有的人身活动自由的权利。非经正当法律程序,公民人身不受拘禁、限制、搜查和逮捕。而广义上的人身自由还包括人格尊严、迁徙自由、通信自由以及宗教信仰自由等。本节所谈及的人身自由主要是指狭义上的人身自由。作为一项禁止侵害的消极性权利,人身自由要求国家或其他社会主体不得非法侵害公民个体的人身自由。如果公民个体的人身自由遭到其他主体的侵害或者剥夺时,可要求国家以积极行为消除此类侵害。

人身自由是早期民主革命中公民的基本诉求,其也在一定程度上推动着世界各国民主法制的确立、发展、成熟以及进步。早在英国封建专制时期,自由民为追求自身基本的人身权利,长期与基督教神权、王权不断抗争,最终孕育出以自由为基石、以法治为形式、以民主为核心的新型政权。1215 年,自由民强行迫使英王签订了《自由大宪章》。《自由大宪章》第 39 条规定:“任何自由民,如未经其同级贵族之依法裁判,或经国法判决,皆不得被逮捕,监禁,没收财产,剥夺法律保护权,流放,或加以任何其他损害。”第 54 条亦规定:“凡妇女指控之杀人案件,如死者并非其夫,即不得逮捕或监禁任何人。”上述条款从根本上保障了自由民的人身自由和安全,对于反对封建行政、司法专制,加速资产阶级革命进程,奠定民主法治基础均具有重要的历史意义。

随着法治对公民人身自由这一实体性权利的不断保障,人身自由权利条款逐渐演化成西方宪政制度中的基础性原则——正当程序。英王(查理二世)1679 年受议会逼迫签订《人身保护法》,该法的主要内容即为:非经法院签署的载有正当理由的逮捕证,公民不接受任何形式的逮捕羁押。纵观该法全文 20 条,基本上是对拘禁、逮捕等限制、剥夺人身自由的措施的限制性程序规定。此外,美国《宪法》第 5 修正案和第 14 修正案也相继对正当程序法律原则作出明确规定,其第 5 修正案规定:“未经正当程序,任何人的生命、自由或财产不受剥夺”;第 14 修正案亦规定:“无论何州亦不得不经正当程序而剥夺任何人之生命、自由或财产。”上述修正案对公民人身自由的保障具有积极的促进意义,同时也能在法治框架内有效地防止美国联邦政府或各州政府对公民人身自由权利实行非法侵害。

可以说,公民的人身自由是公民作为社会个体参与社会活动的先决条件,是公民所享有的最基本、最起码的权利。人身自由作为现代民主、法治的衡量标准,各国宪法基本上均对保障公民人身自由的具体内容作出了详尽规定。

2. 我国宪法中的人身自由

我国《宪法》第 37 条规定:中华人民共和国公民的人身自由不受侵犯。非经人民检察院批准或者决定或者人民法院决定,并由公安机关执行,任何公民不受逮捕。禁止以非法拘禁和或其他方式非法限制、剥夺公民的人身自由,禁止对公民的身体非法搜查。

《宪法》第 37 条是我国宪法对公民人身自由的确认,依据我国宪法,我国公民享有的人身自由至少包括以下三方面的保障:其一,法律保留。法律保留是指关于公民基本权利的限制性立法事项,必须由立法机关通过法律予以规定。行政机关、司法机关不得制定限制公民基本权利的法律法规,同时立法机关不得将该项立法权予以转授其他国家机关。我国《立法法》第 8 条规定了只能制定法律的立法事项;同时第 9 条规定:“本法第8条规定的事项尚未制定法律的,全国人民代表大会及其常务委员会有权作出决定,授权国务院可以根据实际需要,对其中的部分事项先制定行政法规,但是有关犯罪和刑罚、对公民政治权利的剥夺和限制人身自由的强制措施和处罚、司法制度等事项除外。”因此,对公民人身自由的处罚或者强制措施属于公民基本权利,其立法权只能归属于全国人大。在我国只有刑事诉讼法、民事诉讼法、行政处罚法等法律规定了有关限制公民人身自由的强制措施,而上述法律也均是由全国人大所制定。换言之,对公民人身自由的限制和剥夺必须遵循法律保留的宪法精神。

其二,正当程序。主要包括以下三方面的具体内容:第一,公民非经法律程序,不受逮捕。其中法律程序主要是指人民法院决定,或者人民检察院决定或批准并由公安机关执行的合法程序。第二,不得以非法拘禁或其他方式非法限制或剥夺公民的人身自由。非法拘禁是一种严重侵犯公民人身自由的行为,我国《刑法》第238条规定了非法拘禁罪的具体内容,即“非法拘禁他人或者以其他方式剥夺他人人身自由,判处三年以下有期徒刑、拘役、管制或者剥夺政治权利。具有殴打、侮辱情节的,从重处罚。”第三,非经法律程序,禁止任何组织或个人对公民进行非法搜查,此处的非法搜查是指对他人身体非法进行搜查的行为。而对搜查公民身体必须符合下述两类规定:一方面,基于正当性理由对公民进行搜查,如查找犯罪嫌疑人或收集犯罪证据;另一方面,符合法律规定的正当程序。如出示搜查证、其他见证人在场、制定笔录并由相关人员签名或盖章等。

其三,权利保障。我国公民享有广泛的人身自由权利,当公民的人身自由受到国家机关的限制,为防止公权力的恣意性,公民理应享有知情权及相关诉讼权利。此处的知情权主要是指具有公法权利属性的知情权,即被限制或剥夺人身自由的公民理应享有的被告知限制、剥夺个人人身自由的事项、理由的权利。我国《刑事诉讼法》在各阶段都对司法机关的告知义务予以明确规定,根据我国《刑事诉讼法》第33条第2款的规定:侦查机关在第一次讯问犯罪嫌疑人或者对犯罪嫌疑人采取强制措施的时候,应当告知犯罪嫌疑人有权委托辩护人。人民检察院自收到移送审查起诉的案件材料之日起3日内,应当告知犯罪嫌疑人有权委托辩护人。此外,公民在刑事诉讼过程中享有相应的辩护、尽早接受审讯以及获得国家赔偿的权利。

（二）人格尊严

1. 人格尊严的概述

人格尊严是指公民理应享有的受到社会和他人的最起码尊重的权利。人格尊严具有自然权利的基本属性。人格尊严作为一项自然权利，是每个人生来就有的权利。"人是万物的尺度，是存在的事物存在的尺度，也是不存在的事物不存在的尺度。"[1]"以人为本"是近代以来法律规范对人性的基本关怀，人权强调人之为人理应拥有的能力、资格及自由，而人必须拥有起码的人格尊严。只有这样，个人才能真正成为自己的主人，才能践行人权的核心价值。此外，人格尊严必须受到他人尊重还具有无需言明的伦理价值。"把人当做人看，尊重人及人的权利，这是公民以至一切人类享有权利的基础。"[2]个人是社会的基本构成单位，尽管公民具有种族、性别、财富、经济、社会地位上的差异性，但人格尊严是公民作为社会独立个体所不可替代的特殊禀性。质言之，尊重个人意味着承认个人是具有独立人格的社会个体，并肯定其作为权利主体理应享有最起码的尊重。

在历史渊源上，人格尊严一开始并没有受到立法者的深刻认同。20世纪之前，世界各国的宪法文本中也没有直接体现人格尊严的规范法条。人们更多的是从伦理、道德、哲学层面对人格尊严的重要性进行反思。"二战"以后，基于纳粹德国骇人听闻的反人类暴行，人们开始越发重视人格尊严的理论意义与实践价值。1945年《联合国宪章》序言中即写明："欲免后世再遭今代人类两度身历惨不堪言之战祸，欲免后世再遭今代人类两度身历惨不堪言之战祸。"1948年《世界人权宣言》序言写道："鉴于对人类家庭所有成员的固有尊严及其平等的和不移的权利的承认，乃是世界自由、正义与和平的基础。"同时，《世界人权宣言》第1条明确规定："人生来自由，在权利和尊严上一律平等。"该法条将人格尊严置于权利体系的核心地位予以确认，并对世界人格权法的发展起到重大作用。[3] 德国《基本法》于1949年获得通过，该法第1条即开宗明义地规

[1] 夏勇著：《人权概念起源》，中国政法大学出版社2001年版，第111页。

[2] 魏定仁等：《宪法学》，北京大学出版社2001年版，第243页。

[3] 参见王利明：《人格权法中的人格尊严价值及其实现》，载《清华法学》2013年第5期。

定:“人的尊严不受侵犯,保护、尊重人的尊严是国家机关应尽的义务。”这一条文开启了人格尊严的立宪先河,并对人格权法的发展产生深远影响。此后世界大陆法系国家纷纷效仿,将人格尊严的具体内容规定为宪法规范性条款,并以此为立法依据,衍生出应当保护公民人格尊严不受侵犯的单行法规定。此外,现代国际法也越发关注公民人格尊严的保护。1966 年《公民权利和政治权利国际公约》在序言中提到:“世界正义、自由、和平的基础在于对于所有人类家庭成员的尊严、平等以及权利予以承认。人的固有尊严是人权的根本源泉。”1999 年《维也纳宣言和行动纲领》也在序言中强调,人权具有普遍性,所有国家应当确认人所固有的尊严及价值。2000 年欧盟《基本权利宪章》第 1 条规定:“人性尊严不可侵犯,必须受到必要保护和尊重。”

2. 我国宪法中的人格尊严

我国《宪法》第 38 条规定:我国公民的人格尊严不受侵犯。禁止用任何方法侮辱、诽谤和诬告陷害我国公民。在我国 1982 年宪法出台之前,人格尊严并没有受到立法者的足够重视,前几部宪法也没有关于人格尊严的专条规定。“文化大革命”十年期间,受“左”的错误思想影响,各种大字报、游行示众以及批斗会铺天盖地,广大公民群体的人格尊严受到严重侵害。为了深刻吸取这一惨痛的历史教训,我国 1982 年《宪法》第 38 条对人格尊严作出专项规定,严禁侵犯公民的人格尊严。

宪法是我国的根本大法,具有最高的法律效力。因此,在建构各个部门法时,应当将宪法所确认的人格尊严作为基础性价值予以严格保护。同时,由于宪法条文在较多情况下是一种原则性规范,旨在表述某种价值追求,不可能将社会生活中所有侵犯人格尊严的类型予以详尽表达。是故,有必要通过单行法的具体规定落实宪法中保护人格尊严不受侵犯的法条内容。比如,根据我国《民法通则》第 101 条的规定:公民、法人应当享有名誉权,法律保护公民的人格尊严,禁止用侮辱、诽谤、诬告等方式损害公民、法人的名誉。我国《刑法》第 246 条规定了侮辱罪、诽谤罪:以暴力或其他方法侮辱他人或捏造事实诽谤他人,情节严重的,判处 3 年以下有期徒刑、拘役、管制或者剥夺政治权利。此外,其他单行法也对公民人格尊严的内容作出具体规定。比如,根据我国《残疾人保障法》第 3 条的规定:残疾人的公民权利和人格尊严受法律保护。禁止侮辱、歧视、侵害残疾人。修订后的《妇女权益保障法》第 42 条规定：名誉权、荣誉权、隐私权、肖像权等人格权受法律保护。禁止用侮辱、诽谤等方式侵害妇女的人格尊严。禁止通过大众传播媒介或者其他方式贬低损害妇女人格。我国《消费者权益保护法》第 43 条规定：经营者违反本法第 25 条规定，侵害消费者人格尊严或者侵犯人身自由，应当停止侵害、恢复名誉、消除影响、赔礼道歉，并赔偿损失。上述内容都是以《宪法》第 38 条作为法理基础和立法依据衍生出的单行法规定。

根据我国宪法学界的通说观点，人格尊严的主要内容包括名誉权、荣誉权、姓名权、肖像权以及隐私权。所谓名誉权，是指公民享有的获取社会名声并不受他人侵害的权利。名誉是社会对公民的关于在信誉、声望、品德等方面的综合评价，是公民参与社会活动的必要前提和基本条件。名誉权的具体内容包括：其一，公民有权享有适当的社会综合评价。个人是社会的成员，公民作为具有社会属性的权利主体，有参加社会活动、进行社会交际的必要性。而社会在其运转过程中，将产生关于公民的共同评价标准，并基于此标准自然地形成对公民在信誉、声望、品德等方面的综合评价。公民藉由上述综合评价而获得继续参与社会活动的便利性。其二，公民有权维护自身名誉，国家应当保护公民名誉不受侵犯。根据我国《民法通则》第 101 条、第 120 条的规定，公民名誉权受到他人或其他组织的侵犯时，可要求他人或其他组织停止侵害，消除影响，赔礼道歉，恢复名誉，并可以要求赔偿损失。情形严重的，可依据《刑法》追究相关刑事责任。

所谓荣誉权，是指公民依法享有并可以维护的，因自己突出贡献而从国家或社会组织获得光荣称号的权利。荣誉和名誉存在一定区别，名誉是社会基于共同的评价标准给予公民的评价；而荣誉则是由国家或社会组织授予公民的正式称号，其影响力更大。荣誉权的具体内容包括：其一，公民因劳动成果或突出贡献而从国家或社会组织获得光荣称号，有权享有并维护该光荣称号。具体来说，如果公民具有特殊劳动成果或已经作出突出贡献，符合获得荣誉的条件，公民有权获得国家或社会组织授予的荣誉。同时，公民对自己所有的荣誉具有保持、支配并获得相关精神利益和物质利益的权利。其二，公民的荣誉不受非法侵占、非法损害以及非法剥夺。根据我国《民法通则》第 102 条的规定，公民享有荣誉权，并禁止他人或其他组织非法侵害该项权利。

所谓姓名权,是指公民依法享有的决定、使用及改变自己姓氏名称的权利,他人或其他社会组织不得假冒、滥用公民的姓名或干涉公民依法行使姓名权。姓名权的主要内容包括:其一,公民依法享有的决定、使用及改变自己姓氏名称的权利。姓名是公民作为社会个体所专有的、特定的名称符号。公民在社会活动中首先通过姓名与其他社会个体进行区分。我国《户口登记条例》第 18 条规定了公民变更姓名的具体程序,即年满 18 周岁的公民,有权向户口登记机关申请变更登记自己的姓名。其二,公民有权维护自己的姓名权,他人或其他社会组织不得假冒、滥用公民的姓名或干涉公民依法行使姓名权。根据我国《民法通则》第 99 条的规定,公民享有姓名权,能够决定、使用并变更自己的姓名。同时根据我国《户口登记条例》第 18 条的规定,当公民的姓名权受到他人侵害时,可以要求停止侵害,消除影响,赔礼道歉。

所谓肖像权,是指公民享有的对自己肖像实现人格利益的权利。肖像权的主要内容包括:其一,公民可以根据自己意愿制作、使用以及占有自己的肖像。肖像是个人形象的客观记录,是公民人身的派生物。[1] 可见,肖像权与公民个人的人身不可分离。此外,肖像权在私法领域中还具有财产利益属性。其二,当公民肖像权受到不法侵害时,公民有权要求侵害人停止侵害。情况严重的,可追究侵害人的民事法律责任。根据我国《民法通则》第 100 条的规定,公民享有本人专属的肖像权,非经公民本人同意,他人或者其他社会组织不得以营利为目的使用或占用公民的肖像。

(三)隐私权、住宅权和通信自由

1. 隐私权的概述

隐私权是指公民依法享有的私人空间不受侵扰与私密信息受到保护的权利。从法理上看,隐私权是一项复合型的基本权利。其一,隐私权属于个人自由权利,具有防御权功能。个人可以依据自己的意愿在私人领域内独立促成自己人格的形成与发展,享有不受他人、组织甚至国家机关打扰的权利。因此有学者提出,隐私权具有防御、对抗第三人和国家机关

---

〔1〕 胡锦光、韩大元:《中国宪法》,法律出版社 2004 年版,第 280 页。

的基本功能。[1] 其二,隐私权是具有专属性质的人身权利。隐私内容与个人人身密切相关,是个人从主观意志和客观行为两方面独立于社会的个人事物。因此,隐私是个人人格内容中的专属事项。其三,隐私权具有请求权的基本属性。隐私权通常是公民对个人信息的处理、控制,当个人隐私受到他人侵犯时,公民可以要求他人停止侵害,消除影响,赔礼道歉。

在早期法学理论的发展过程中,并没有形成隐私权的完整概念。1890 年美国两位法学家沃伦和布兰戴斯在《哈弗法学评论》中刊载了一篇《隐私权》的文章,并在其中首次提出关于隐私权的概念。联合国大会于 1948 年通过《世界人权宣言》,该宣言第 12 条规定:"个人的家庭、住宅、通信和私生活不受恣意干涉。"联合国大会于 1966 年通过《公民权利和政治权利国际公约》,该公约第 17 条规定:"刑事审判必须公开进行,如果涉及个人隐私,可以考虑不公开审判。"上述法律条文的制定和出台,意味着隐私权在国际法领域得到认可并受到逐步重视。关于隐私权的经典判例主要来源于美国,譬如美国 1975 年禁避孕案以及 1973 年的禁止堕胎案件。在禁止避孕、妇女堕胎以及性行为等法律争议问题上,最高联邦法院的大法官最终都援引"隐私权保护"的法学理论,从而形成一系列经典的宪法判例。

保护隐私权对于实现个人自治以及保障人格尊严都具有重要的实践意义。一方面,就实现个人自治来说,公民作为社会中的独立个体,有自主决定个人价值、私人空间以及私密信息的需求。保障个人隐私权意味着公民的私人空间和私密信息能够不受他人侵扰,有助于作为权利主体的公民独立形成完整的人格。另一方面,就保障人格尊严来说,隐私权是构成个人人格尊严的重要组成部分,而隐私权也承载着满足公民人格尊严得到尊重的价值追求。个人隐私是指公民不愿为他人知晓或向他人公开的秘密,而隐私感本质上是人类羞耻感的外在表现。如果个人的私人空间遭到侵扰或者私密信息遭受泄露,那么公民的羞耻感将会被激起,从而也使公民原本完整的人格尊严受到侵害。此外,从现实层面来说,随着互联网等通信技术的发展,加上信息本身具有普遍性、共享性、传递性的特征,公民在私人领域的个人信息具有更多的泄露可能性,譬如网络泄

---

〔1〕 韩大元著:《宪法学基础理论》,中国政法大学出版社 2008 年版,第 294 页。

密、通信监听以及入室搜查等各种侵权行为。因此，有必要运用法律规范手段保障公民应当享有的隐私权。依据我国宪法学界的通说观点，隐私权属于人格尊严的重要内容，但出于编排上的考量，编者将具有隐私权性质的住宅权、通信自由与隐私权统一划归为独立篇章。

2. 我国宪法中的隐私权、住宅权和通信自由

在我国宪法中，并没有保护隐私权的专项规定，但我国学者主张对《宪法》第 38 条作扩张解释。根据我国《宪法》第 38 条的规定，我国公民享有人格尊严不受侵犯的基本权利。人格尊严是隐私权的价值基础，而隐私权是公民人格尊严的具体构成内容，因此我国《宪法》第 38 条也暗含“我国公民享有隐私权不受侵犯的基本权利”的内在意涵。另外，根据我国《宪法》第 39 条、第 40 条的规定，我国公民享有住宅不受侵犯的权利，以及我国公民的通讯自由和通讯秘密受到法律保护。在学理上，住宅权和通信自由均属于隐私权的具体内容。因此，我国多数学者主张《宪法》第 39 条、第 40 条是保护隐私权的具体规定。综上所述，隐私权在我国能够得到宪法的隐性保护。

住宅权：住宅权是指公民享有的住宅不受他人、组织或国家机关非法侵入和搜查的权利。住宅是公民私人领域的主要载体，是公民学习和生活的主要场所，公民住宅是否得到良好保护是公民能否行使其他权利的重要保障。根据我国《宪法》第 39 条的规定：我国公民的住宅不受侵犯。禁止非法侵入或者非法搜查我国公民的住宅。根据该条文的规定，我国公民享有的住宅权包括以下具体内容：其一，任何他人或组织不得强占公民住宅；其二，任何他人或组织不得非法侵入公民住宅，此处的“非法”主要是指违背公民意愿秘密或强行进入公民住宅的情况；其三，任何他人或组织不得非法搜查公民住宅，只有在法定条件下，司法机关或国家安全机关经由法律程序才能对特定公民的住宅进行搜查。

宪法对非法强占、侵入以及搜查公民住宅的行为作出禁止性规定，这表明我国公民住宅权能够受到宪法保障。根据我国《刑事诉讼法》和《国家安全法》的相关规定，我国司法机关或国家安全机关必须基于查找犯罪嫌疑人、收集犯罪证据或者保障国家安全的必要性，才能对公民的住宅进行搜查。进行搜查时，司法机关或国家安全机关工作人员必须出示相关证件。同时，根据我国《刑法》第 245 条的规定，非法搜查、侵入他人住

宅的,可判处 3 年以下有期徒刑或拘役。司法机关或国家安全机关搜查公民住宅是为了维护公共利益,这是对公民住宅权的合理限制。如果司法机关或国家安全机关工作人员在紧急情况下搜查公民住宅而没有办理相关法律手续时,事后必须补办必要手续。

通信自由:通信自由是指公民享有的根据自己 的意愿通过电话、电信、电报、网络、书信等通讯手段与他人联系的自由。根据我国《宪法》第 40 条的规定:我国公民的通信自由和通信秘密受法律保护,任何组织或者个人不得以任何理由、方式侵犯公民的通信自由和通信秘密,除因国家安全或者追查刑事犯罪的需要,由公安机关或者检察机关依照法律规定的程序对通信进行检查的特殊情况外。根据该条文的规定,我国公民的通信自由主要包括:其一,公民具有选择通信手段、通信时间、通信地点、通信对象以及通信内容的自由等。其二,任何他人或组织不得毁弃、隐匿或拆阅公民的电话、电报、信件等方式侵犯公民通信自由,或在未经公民同意的情况下泄露公民通讯秘密。

通信是公民进行社会交际、参与社会活动的必要手段。侵犯公民通信自由不仅意味着公民语言沟通、思想交流的表达自由受到限制,也使公民个人生活的隐私受到侵犯。根据我国《邮政法》《邮政法实施细则》的相关规定,任何他人或单位不得利用邮政业务从事法律、法规以及国家政策所禁止的活动。司法机关依法没收国内邮件时,必须出具法律文书,并向相关县或县级以上的邮政管理部门办理必要手续。根据我国《刑法》第 252 条的规定,非法毁弃、隐匿或拆阅他人信件,侵犯他人通信自由,情节严重的,可判处 1 年以下有期徒刑或者拘役。根据我国《刑法》第 253 条的规定,邮政部门工作人员非法毁弃、隐匿或拆阅他人邮件、电报的,可判处 2 年以下有期徒刑或者拘役。我国宪法保护公民享有的通信自由,但如果公民的通信自由危害国家安全或违背公共利益,则必须受到必要的限制。根据我国《刑事诉讼法》的相关规定:在侦办案件过程中,侦查人员扣押犯罪嫌疑人的电报、邮件,必须经过人民检察院或者公安机关的批准,执行扣押时,应当面通知有点机关,侦查人员除了应当出示工作证件外,还应当出示由人民检察院或公安机关批准扣押电报、电报的文件证明。为保障公民的通讯权利,《刑事诉讼法》还对扣押的电报、邮件返还的方式、程序和限期作出明确规定。

(四)宗教信仰自由

1.宗教信仰自由的概述

宗教信仰自由是指公民享有的依据内心信念信仰宗教的自由。宗教信仰是人们精神领域自由的集中体现,反映了人们内心的基本信念。宗教信仰自由主要体现在公民对宗教信仰的自由选择权上,其同时具备积极自由和消极自由的双重属性。具体来说,宗教信仰自由的基本内容包括:其一,人们享有选择是否信仰宗教的自由,即人们可选择积极方式信仰宗教,也可选择消极方式不信仰宗教。其二,人们享有信仰何种宗教的自由,即人们可选择信仰这种宗教,也可选择信仰那种宗教。其三,人们享有选择信仰宗教内何种教派的自由,即人们可选择信仰宗教内的这种教派,也可选择信仰宗教内的那种教派。其四,人们享有选择在任何时间段内是否信仰宗教的自由,比如人们有过去信仰而现在不信仰宗教的自由,也有现在信仰而过去不信仰宗教的自由。其五,人们享有是否举行宗教仪式的自由,即人们可选择积极方式举办宗教仪式,也可选择消极方式不举办宗教仪式。

宗教信仰自由作为人们的基本权利,是在反对宗教压迫的历史过程中形成的,反映了个人自我发展的途径、机会以及人权价值的实现目标。在中世纪,基于统治需要,国家权力往往和宗教信仰相结合,限制不同地区的人们的宗教信仰自由,在本国范围内只允许国教传播。而不同国家、不同地区的人们也因为宗教信仰理念上的差异,引发多次的宗教冲突乃至战争。比如历史上著名的十字军东征以及穆斯林西进。可以说,宗教冲突曾给人类社会带来惨绝人寰的灾难和动荡。在16世纪,马丁·路德和加尔文发起的宗教改革运动席卷整个欧洲,基本结束了罗马天主教会对西欧的神权统治,其领导的新教以“因信称义”为核心思想,基本确立了信仰面前人人平等。1689年英国议会通过《容忍法案》,首次承认各教派具有平等的法律地位。宗教也对美国的诞生发挥了积极的促进作用,当时从英国远渡重洋到达美国的移民们,很多都是受到宗教压迫的新教徒。因此,美国的制宪者们深知宗教迫害的流弊,将宗教信仰自由作为宪法保护的首要对象。[1] 美国宪法第一修正案即规定:“国会不得制定关

[1] 参见张千帆主编:《宪法学导论:原理与应用》(第2版),法律出版社2008年版,第583页。

于宗教信仰之建立或禁止其自由与活动的法律。”“二战”后，宗教信仰自由也越发受到国际社会的普遍关注，1948 年联合国通过《世界人权宣言》，该《宣言》第 18 条规定：“宗教信仰自由和思想自由是人们应当享有的权利；此项权利包括改变个人宗教信仰的自由，以及单独或集体、公开或秘密地以教义、礼拜、实践和戒律表示个人宗教信仰的自由。”1987 年联合国再次通过《消除宗教或信仰原因的一切形式的不容忍和歧视宣言》，该《宣言》全文阐明：人人皆应享有宗教信仰的自由，任何人的宗教信仰自由不得受到压迫。国家具有保护公民宗教信仰的积极义务，应当在国家立法中体现公民宗教信仰自由的内容。

马克思主义认为，宗教是一种相信并崇拜自然的社会意识形态。作为一种客观存在的历史现象，宗教有其产生、发展、消亡的客观规律。而当宗教所依托的社会环境没有发展到一定程度时，宗教将始终具有存在必要性。另一方面，宗教信仰自由对于人权保障、社会稳定以及法制发展都具有积极的促进作用：其一，宗教信仰自由是公民基本权利的重要组成部分。宗教信仰自由属于思想自由、个人权利的范畴，公民行使宗教信仰自由的权利也完全是出于个人的自主选择，只要公民宗教信仰自由没有侵害到他人的正当权益，公民宗教信仰自由便应当受到国家的合法保护。其二，宗教信仰自由是社会生活的调节剂。宗教信仰不仅仅是单纯的思想自由问题，更是复杂、深刻的文化问题以及民族问题。在世界范围内，存在单一信仰的国家少之又少。很多国家都具有多种历史悠久、文化根基深厚的宗教。尊重公民宗教信仰自由是妥善处理国家和公民、不同社会群体之间良好关系的基本前提，保障公民宗教信仰自由也将有助于国家内部不同亚文化的相互借鉴以及不同族群的交流、融合。其三，宗教信仰自由是国家法制发展的必经之路。宪法是公民权利的保障书，也发挥着反映社会实际、调整社会生活的功能。国家法制作为调整社会生活的必要手段，应当正视具有长期性、历史性以及复杂性等多重特点的宗教信仰问题，在合法保障公民宗教信仰自由的前提下，良性引导宗教事业的和谐发展。

2. 我国宪法中的宗教信仰自由

根据我国《宪法》第 36 条第 1 款的规定：我国公民享有宗教信仰自由。我国《宪法》第 36 条的规定确立了宗教信仰自由在基本权利体系中的地位,[1]相对完整而确切地概括了保障公民宗教信仰自由的主要内容。即我国公民享有是否信仰宗教、信仰何种宗教、信仰宗教内何种教派、在何种时间段内信仰宗教以及以何种方式信仰宗教的自由。

根据我国《宪法》第36条第2款的规定:任何个人、社会团体和国家机关不得强制我国公民信仰宗教或者不信仰宗教,不得歧视信仰宗教的我国公民和不信仰宗教的我国公民。这是我国宗教政策的具体体现,即公民的宗教信仰自由不受任何他人、社会组织即国家机关的强制。此项规定亦表明任何他人、社会组织及国家机关不得以任何方式(包括暴力压迫、经济待遇以及思想情感等方式)干涉、歧视公民的宗教信仰自由。此外,我国民法、刑法、教育法以及选举法等相关部门法均对宗教信仰自由的保障作出具体规定。比如,根据我国《刑法》第251条的规定,国家机关工作人员非法干涉公民宗教信仰自由或者侵犯少数民族风俗习惯的,情节严重的,可判处两年以下有期徒刑或拘役。

根据我国《宪法》第36条第3款的规定:国家保护正常的宗教活动。任何公民不得利用宗教损害他人身体健康、破坏社会秩序、妨碍国家教育制度。此项规定赋予我国国家机关保护公民宗教信仰自由的积极义务,同时也禁止任何人利用宗教破坏社会公序良俗、侵害他人利益以及社会公共利益。此外,我国是政教分离的国家,不允许宗教干预国家立法、行政以及司法。宗教活动也不得妨碍国家教育制度,不得干预学校教学以及社会公共教学。有学者指出,此项规定也是宪法给予公民的法律义务,即公民依法享有宗教信仰自由应当在法律的范围内,如果超越宪法和法律的界限,公民的宗教信仰自由将不受到法律保护,如有违法行为还应承担相关法律责任。

根据我国《宪法》第36条第4款的规定:我国宗教团体和宗教事务不受外国势力的干涉。此项规定同样简明扼要地概述了我国现行的宗教政策,即我国宗教应当独立自主发展,不能与外国宗教发生经济上的依赖关系或者组织上的依附关系。不允许外国宗教组织或个人与我国宗教团体保持非正常联系,外国宗教势力或政治势力不得以宗教形式对我国宗教团体、宗教事务以及内政进行干涉。根据我国1994年颁布的《中华人民

---

[1] 参见韩大元著:《宪法学基础理论》,中国政法大学出版社2008年版,第274页。

共和国境内外国人宗教活动管理规定》以及2000年颁布的《中华人民共和国境内外国人宗教活动管理规定实施细则》，外国人在我国境内从事宗教活动，可以携带用于宗教文化学术交流的用品，可以在中国宗教学校进行学术交流，但禁止携带危害中国公共利益的宗教印刷品及音像制品，禁止在中国境内成立宗教组织、设立宗教办事机构、活动场所或开办宗教院校，不得在我国公民中发展宗教信徒或任命宗教教职人员。

此外，我国宗教政策还包括严厉打击封建迷信和邪教组织。根据我国《刑法》第300条的有关规定：组织和利用邪教组织、门道会或者利用迷信破坏国家法律、行政法规实施的，判处三年以上七年以下有期徒刑；情节特别严重的，判处七年以上有期徒刑。组织和利用邪教组织、门道会或者利用迷信蒙骗他人，致人死亡的，依前款的规定处罚。组织和利用邪教组织、门道会或者利用迷信奸淫妇女、诈骗财物的，分别依照本法第236条、第266条的规定定罪处罚。封建迷信和邪教活动不是正常的宗教活动，其不属于公民宗教信仰自由的合理范畴。封建迷信的本质是历史遗留的社会消极现象，而邪教活动更是以反社会、反人类为宗旨。因此，如果有人利用封建迷信或者邪教进行违法犯罪活动，应当追究其刑事责任。

第四章　政治权利

【本章导读】

所谓政治权利，是指公民依据宪法和法律的规定，参加国家政治生活的行为可能性。[1] 1954 年，联合国人权委员会提出《公民权利和政治权利国际公约》，历经十余载，由第 21 届联合国大会审议通过，供各国签署、批准和加入。《公民权利和政治权利国际公约》最终于 1976 年 3 月 23 日生效，它的通过也标志着国际社会对人们政治权利的认可与重视。

通过学习本章，领导干部应着重了解政治权利的重要意义及政治权利包含的具体内容，如“平等权、选举权和被选举权、政治自由和监督权的内在意涵、理论来源”“我国宪法关于公民政治权利的规定有哪些”及“如何将理论知识与法律规范相结合，真正做到保障公民政治权利”等问题。在学习本章内容的过程中，领导干部应当重点掌握以下几个基本问题：一是平等权在基本权利体系中的基础性地位以及如何正确认识“歧视”。二是选举权和被选举权之于现代民主政治制度存在和发展的重要意义。三是政治自由的发展历史以及密尔对政治自由的理解和辩护。四是公民监督权的涵盖内容以及实现途径。

在本章的学习中，还要重点把握政治权利在基本权利体系中重要的基础性地位，它既是公民基本权利的重要组成部分，也是公民行使其他基本权利的前提与基础。申言之，如果公民在公共生活中无法享有政治权利，那么便无法参与具体的国家事

---

〔1〕 参见韩大元著：《宪法基础理论》，中国政法大学出版社 2008 年版，第 256 页。

务管理,其所具有的公民身份也无法得到确认和保障,更遑论公民能够行使其他个人自由权利以及社会权利。简单来说,如果公民无法行使政治权利,那么公民的其他基本权利也将失去赖以存在的现实基础。

第一节 研究价值与意义

一、问题的提出

保障公民政治权利是构建社会和谐秩序的重要基石,也是中国特色社会主义民主政治发展的必然要求。综观新中国成立60多年来政治权利的发展,可以发现存在以下鲜明特点:

一是公民政治权利意识的不断增强。新中国成立60多年来,随着社会经济水平的不断发展以及人民生活水平的不断提高,公民政治权利意识也发生了翻天覆地的变化。在十一届三中全会之前,我国公民政治权利意识相对单薄,公民对政治权力存在着个人崇拜或恐惧的盲目倾向,对国家机关的态度呈现两级分化的趋势——要么政治冷漠,要么觉得造反有理;现在,我国公民则具有较强的政治权利意识,可以依法践行并维护自己的政治权利,能够根据个人理性参与公共政治。二是公民政治权利的内容扩展。新中国成立初期,发挥临时宪法功能的《共同纲领》只规定了人们具有政治自由和选举权,在"文化大革命"的动荡中,《七五宪法》修改了《五四宪法》的政治方针,以空洞的文本规定煽动人们狂热地进行政治运动;现如今,《八二宪法》回到了理性对待公民政治权利的正确轨道上,不仅在法律文本中肯定政治权利在基本权利体系中的基础性地位,更在宪法框架下,以《刑法》、《民法》以及《选举法》等重要法规丰富、细化并保障公民的各项具体政治权利。三是公民政治权利的践行方式发生转变。从某种程度上说,新中国成立后,反右倾扩大化、"文化大革命"等政治浩劫,是公民政治参与无序化、混乱化的集中体现;现如今,公民参与政治的方式呈现出现代化、多元化的参与方式。公民在现代信息化科技的技术支持下,可以通过浏览各类网站实现网络化的政治参与,诸多焦点事件均是经由网络媒体传播促使公共事件不断酝酿、发酵,这也从侧面反映我国公民更为关注公共事件的倾向。

公民政治权利主要体现在公民以平等主体身份参与公共事务管理、享有政治自由并监督公共权力的运行。正因为如此,公民政治权力的实现程度是衡量一国政治、法治发展水平的标准。尽管我国公民享有政治权力的深度、广度已有翻天覆地的进步,但在某些方面仍存在引人深思且有待改进的地方:其一,就平等权而言,我国仍然存在"歧视"的宪法事例。譬如,女性就业歧视仍是一种较为常见的社会现象,长期存在于很多企业中。很多女性在入职后因意外怀孕而遭到原有单位解聘,此类违反平等的宪法事例依旧时有发生且未得到妥善解决。其二,就选举权和被选举权而言,我国仍然存在"漠视选举权"的宪法事例。譬如,2016 年严肃查处的辽宁拉票贿选案,这是"新中国成立以来查处的第一起发生在省级层面、严重违反党纪国法、严重违反政治纪律和政治规矩、严重违反组织纪律和换届纪律、严重破坏人大选举制度的重大案件,是对我国人民代表大会制度的挑战,是对社会主义民主政治的挑战,是对国家法律和党的纪律的挑战,触碰了中国特色社会主义制度底线和中国共产党执政底线。"该案的爆发也引发了人们对选举权和被选举权如何保障的深刻反思。其三,就政治自由和监督权而言,公民政治自由和监督权的保障方式仍有待进一步制度化。譬如,在宪法视域下审视南京某房产局局长抽天价烟的事件、"表哥"事件等,均是公民通过网络媒体行使对国家机关工作人员的监督权。然而此类事件的频发,在某种程度上也折射出常规性公民监督渠道的不畅。

二、研究的价值与意义

政治权利是一种"公权利",政治权利的行使通常反映公民在国家政治生活中的宪法地位。[1] 因为它不仅仅事关公民的个人利益,同时也与社会公共利益有着密切联系。政治权利的构成要素应当包括表明公民权利主体地位的平等权、构成国家权力来源的选举权和被选举权、表达公民

〔1〕 参见韩大元著:《宪法基础理论》,中国政法大学出版社 2008 年版,第 256 页。

意愿且影响国家权力运行的政治自由以及制约国家恣意性权力的监督权。

就选举权和被选举权而言,公民是否享有选举权和被选举权表明国家权威产生、被认可、被接受的合法化程度。人民主权原则是现代民主制国家的基本建构原则,公民通过行使选举权与被选举权,影响乃至决定国家权力的产生。可以说,一个国家公民选举权和被选举权的实现以及保障状况是该国民主、法治发展水平的客观反映。就平等权而言,确认宪法基本权利体系中的平等权,也是肯定平等原则是贯穿宪法并对宪法具有指导性意义的基本原则。平等权不像其他基本权利那样具有特定而具体的内容,其价值诉求主要蕴含在与其他权利的相互关系中,以诸如政治平等权、社会平等权、民族平等权以及男女平等权等具体形式实现其内在价值。就政治自由而言,公民享有政治自由,可以体现出公民政治权利中"公"的一面,即公民通过表达个人观点或参加相关社会活动、政治活动,影响国家权力的运行。公民享有政治自由也是现代民主国家宪法以及国家人权条约普遍承认和保护的一组互相影响、互相关联的自由权利。就监督权而言,宪法中的监督权类似于刑法理论中公民正当防卫的权利,公民在遇到不正确、不合理乃至严重违法的国家行为时,可以通过行使监督权保障自身权益。此外,公民合理行使监督权还能够防止国家权力的恣意膨胀,而国家也能够在公民行使政治权利的过程中知晓公民的政治诉求,规范自身权力的运行。

深化对公民政治权利的研究之于我国民主、法治的进步乃至公民个体权利的保障都具有重要的现实意义:

首先,深化对公民政治权利的研究能够进一步明确我国人民当家做主的国家性质。我国的一切权力属于人民,人民通过全国人民代表大会和各级地方人民代表大会行使国家权力。可以说,这是具有中国特色的"人民主权"基本原则的集中体现。在现阶段,深入对公民政治权利的研究,可能使人们意识到可以通过享有并行使广泛的政治权利,表明自己有权利、有意愿、有能力成为国家的主人,并可以通过各种渠道和方式参与国家政治事务、经济事务、文化事务以及社会事务的管理。

其次,深化对公民政治权利的研究有利于防止权力的滥用和腐败,改进国家机关及其工作人员的工作方式。各国宪法往往规定人民是国家的主权者,但是事实上国家有无按照民主原则运行并体现人民意愿则是另外一回事。因此,研究公民的政治权利能够加强公民的权利意识,对于规范国家权力运行具有直接的促进意义。最后,深入对公民政治权利的研究有利于提升公民的政治参与能力及政治素养。深入对公民政治权利的研究有利于促进公民意识到"国家兴亡、匹夫有责"的深刻内涵 ,明白国家政治与个人生活具有千丝万缕的紧密联系。而公民责任意识和主人翁意识的增强无疑将主推公民政治参与能力和政治素养的提升。

第二节 政治权利的具体内容

一、平等权

(一)平等权概述

平等权是指公民参与国家社会生活中依法所享有的、与其他公民相对无差异的权利。它要求国家对公民实行同等保护,如非必要因素,公民不得受到区别对待。平等权的基本含义应当包括以下三个方面:其一,公民无论民族、种族、职业、性别、家庭出身、财富状况等差异,一律享有宪法与法律所赋予的平等地位及同等权利;其二,国家机关在适用法律过程中对公民予以同等保护,公民因违反法律而受到的处罚也应当是平等的;其三,平等权并非要求绝对意义上的平等,对特殊主体可给予特别保护。

早于1776年,美国《独立宣言》即宣示:人人生而平等,造物者赋予他们若干不可剥夺的权利,其中包括生命权、自由权和追求幸福的权利。1789年,法国《人权宣言》也规定 :"法律对所有人,无论是实施保护和处罚都应当一样。在法律面前,所有公民一律平等。"可见,平等原则早于反对封建等级特权制度的斗争中便已提出,并被新生的民主政权(主要是指当时法国大革命中的制宪国民会议)以法律形式所确认。[1] 南北战争后,美国国会颁布宪法第14修正案,其中第1款涉及平等保护原则,该条款禁止政府在其管辖范围内拒绝给予公民平等的法律保护。1948年

〔1〕 参见周叶中主编:《宪法》,高等教育出版社2011年版,第254页。

联合国《世界人权宣言》第1条明确提出:"人人生而自由,在尊严和权利上一律平等。他们赋有理性和良心,并应以兄弟关系的精神相对待。"1963年联合国大会通过的《联合国消除一切形式种族歧视宣言》提出:"鉴于世界人权宣言宣示人皆生而自由,在尊严及权利上均各平等,人人有权享受该宣言所载的一切权利与自由,无分轩轾,尤其不因种族、肤色或民族而分轩轾,鉴于人人在法律上悉属平等并有权享受法律的平等保护,以防止任何歧视及任何煽动歧视的行为。"上述法律条文的制定和颁布体现了国际社会对平等权普遍认可与逐步重视。相对于其他具体的公民基本权利而言,平等权较为抽象,其着眼于人与人之间的关系和比较,是对不受约束的个体自由的一种限制。[1] 很多学者甚至认为,平等权并非一项具有具体内容的实体性权利,而是一项实现其他权利的基本原则。因为公民在行使平等权或者国家在保障公民平等权的过程,本身即是保护并实现其他权利的过程。

平等权依据其内容可划分为:教育平等、就业平等、民族平等等。比如,教育平等是指是人们不经济、政治、文化、信仰、民族、种族、地域、性别等差异,享有同等的受教育权利、具有同等的受教育机会,且该项教育权利受到法律的保护。民族平等是指各民族不管宗教信仰和风俗习惯的差异,经济社会发展水平高低、所占地域大小以及人口多少,与其他民族享有平等的地位;在国家和社会生活等方面,与其他民族享有同等的权利,并履行同等的义务。此外,平等权在宪法学理论中还存在一种较为通行的分类:形式平等和实质平等。形式平等是主要指法律形式上的平等,要求法律毫无例外地适用于所有公民,不能存在因人而异、区别对待的法律。实质平等的含义则更为广阔,其力求在法律形式之外实现社会意义上的平等。换言之,实质平等要求正视现实生活中人与人之间客观存在的各种差别,同时为保障特定主体在社会领域内能够享有相对平等的经济、教育、文化等社会权利,国家应当给予特定主体合理的差别待遇。

(二)我国宪法中的平等权

我国《宪法》第33条第2款规定:"中华人民共和国公民在法律面前一律平等。"这一法律条款是对平等原则、平等权的确认的积极确认。此

[1] 参见秦前红主编:《新宪法学》,武汉大学出版社2005年版,第111页。

外，我国《宪法》第4、5条对平等权的实现形式作出重要补充。《宪法》第4条规制了“民族平等”的具体内容，其规定：“中华人民共和国各民族一律平等。国家保障各少数民族的合法的权利和利益，维护和发展各民族的平等、团结、互助关系。”第5条则补充了“个人平等”的具体内容，其规定：“任何组织和个人都不得有超越宪法和法律的特权。”学术界通常将上述法律条款的诸多内容统一概括为“平等权”。

平等权是公民作为权利主体的基本表征，是公民参与国家社会生活、平等行使其他个人权利的必要保障，也是始终贯穿基本权利体系的宪法原则。平等权主要依托于其他基本权利而具有存在的价值与必要性，其实质内容主要体现在反对歧视。换言之，有多少项内容的基本权利就应当具备多少项基本权利下的平等权内容。[1] 比如，我国《宪法》第46条规定我国公民享有受教育的基本权利，那么平等权即要求国家同等保护公民的受教育权，而公民在享有自身的受教育权时，不能因某种特定方式（如歧视）而受到限制或者剥夺。

值得注意的是，平等权并不否定权利主体之间的合理差异。因为公民的某些自然差异，诸如年龄、民族、生理、种族以及经济状况等，是在“平等”出现之前便已客观存在。宪法中的平等权必须对这些自然差异予以客观正视，在法律规定中对特定群体实施特殊保护。比如，我国《宪法》第48条规定：“中华人民共和国妇女在政治的、经济的、文化的、社会的和家庭的生活等各方面享有同男子平等的权利。”这是平等权内容在男女差异上的应然体现，同时，这也是从我国政治、经济、文化发展相对不平衡的客观因素出发，从反对歧视的价值立场加强对妇女权利的保护。另外，根据我国《宪法》第44条的规定，国家应当保障退休人员和军烈属的权利；根据我国《宪法》第46条第2款的规定，国家应当关怀青少年和儿童成长；根据我国《宪法》第49条的规定，国家应当保护婚姻、家庭、母亲、儿童和老人的相关权利；根据我国《宪法》第50条的规定，国家应当保护华侨合法享有的正当权利。上述条款均是宪法对我国存在特殊情况的特定主体所设置的专项条款。这些条款中针对特定主体提出应当予以

---

〔1〕 参见杨海坤、上官丕亮、陆永胜：《宪法基本理论》，中国民主法制出版社2007年版，第141～142页。

特殊保护，其实质是平等权在实质平等意义上的延伸，也是我国宪法中平等原则的应然体现。

二、选举权和被选举权

（一）选举权和被选举权概述

选举权一般是指公民依法享有的选举国家权力机关代表以及其他国家机关公职人员的权利。被选举权则指的是公民依法享有的被选举为国家权力机关代表以及其他国家机关公职人员的权利。选举权和被选举权是一国公民最为重要的政治基本权利：首先，选举权和被选举权具有基本权利的重要属性，其在整个权利体系中有着相较于一般权利更为重要的核心地位，选举权和被选举权的行使关乎公民自然人格以及政治人格的完整性，是公民理应享有的基本权利。[1] 其次，选举权和被选举权具有政治权利的基本属性。相较于经济权利、文化权利而言，具有政治权利基本属性的选举权和被选举权赋予公民政治参与并最终控制国家的可能性，是国家公民本质属性的集中体现。公民通过行使选举权和被选举权将代表自己利益的代言人送入国家机关，或者自己通过民主选举成为国家公职人员，使国家最终能够被民有、民治乃至民享得以具有实现可能。

选举权和被选举权对于现代民主政治制度的存在与发展同样具有重要的现实意义：其一，选举权和被选举权的行使是构成现代民主制度的重要基石。选举是现代民主制度的重要组成部分，无论是直接民主还是间接民主，都要求公民能够选举自己的利益代表或者政治领袖来对国家进行管理。因此，公平、公开、公正的选举是一国民主政治的题中之义。其二，选举权和被选举权的行使是人民主权原则的直接体现。人民主权原则一般是指国家权力必须来源于人民，换言之，人民认可并接受国家权力的权威是国家权力合法化的根本前提。公民通过行使选举权和被选举权产生政府，同时也表明国家权力的产生已然获得公民的普遍认可与接受。其三，选举权和被选举权的行使能够促进公民与政府之间的良性互动。在民主选举过程中，享有被选举权的被选举人需要与选民进行多方面的沟通，传递其政治理念以吸引选票。而选民行使选举权，既是对自身政治

---

〔1〕 参见焦洪昌：《选举权的法律保障》，中国政法大学2005年博士学位论文。

诉求的一种表达,也是以政治参与的形式影响并决定国家权力的产生。在选举人和被选举人的良性互动中,选举发挥着交流政治理念、表达利益诉求的积极作用。

(二)我国宪法中的选举权和被选举权

我国《宪法》第 34 条规定:"中华人民共和国年满十八周岁的公民,不分民族、种族、性别、职业、家庭出身、宗教信仰、教育程度、财产状况、居住期限,都有选举权和被选举权;但是依照法律被剥夺政治权利的人除外。"根据本条规定,我国公民在一般情况下,只需年满十八岁,即享有选举权和被选举权。

在我国,公民行使选举权和被选举权具有以下特点:其一,普遍性。年满十八周岁的公民,不分民族、种族、性别、职业、家庭出身、宗教信仰、教育程度、财产状况以及居住期限,都具有选举权和被选举权。但值得注意的是,下述两类人员不能行使选举权和被选举权。第一类人员为不能行使选举权的精神病患者,《全国人民代表大会和地方各级人民代表大会选举法》第 26 条第 2 款即规定:"精神病患者不能行使选举权利的,经选举委员会确认,不列入选民名单。"第二类人员为被判处剥夺政治权利的人员。《刑法》第 54 条即规定:"剥夺政治权利是剥夺下列权利:(一)选举权和被选举权……"

其二,平等性。《全国人民代表大会和地方各级人民代表大会选举法》第 14 条第 1 款即规定 :"地方各级人民代表大会代表名额,由本级人民代表大会常务委员会或者本级选举委员会根据本行政区域所辖的下一级各行政区域或者各选区的人口数,按照每一代表所代表的城乡人口数相同的原则,以及保证各地区、各民族、各方面都有适当数量代表的要求进行分配。在县、自治县的人民代表大会中,人口特少的乡、民族乡、镇,至少应有代表一人。"选举平等要求具有选举权的公民在选举过程中只能有一个选举权,且有效选票具有同等的法律效力。城乡按相同人口比例选举人大代表,是 2010 年第十一届全国人民代表大会第三次会议对《全国人民代表大会和地方各级人民代表大会选举法》进行修改的重要内容,其从制度上保障城乡居民享有同等的选举权,是选举平等的应然体现。

其三,公正性。《全国人民代表大会和地方各级人民代表大会选举法》第 33 条规定:“选举委员会或者人民代表大会主席团应当向选民或者代表介绍代表候选人的情况。推荐代表候选人的政党、人民团体和选民、代表可以在选民小组或者代表小组会议上介绍所推荐的代表候选人的情况。选举委员会根据选民的要求,应当组织代表候选人与选民见面,由代表候选人介绍本人的情况,回答选民的问题。”该条款实质上增加选举制度的透明性,选民能够在充分了解被选举人的实际情况以及政治理念,并真实表达自己的政治意愿。此外,《全国人民代表大会和地方各级人民代表大会选举法》第 39 条规定了秘密选举的内容,即选民可以通过无记名投票的方式行使选举权,如果选民因文盲或残疾等原因不能投票的,可以委托他人代写选票。无记名投票的选举方式能够使选民在选举时不受他人影响,进一步确保选举的真实性。

其四,保障性。在选举过程中,选民若要不受他人的操控或强迫,独立形成自己的政治观点、表达自己的政治意图,除了上述的无记名投票方式之外,还需要国家能够对投票和竞选活动提供物质保障。根据《全国人民代表大会和地方各级人民代表大会选举法》第 7 条的规定,全国人民代表会和各级地方人民代表大会的选举费用可以经由国库开支,列入国家的财政预算之中。国家对选举活动的物质保障除了上述条款中提到的选举经费,还包括合理提供必要的物质设施(如电视演讲、电台播放)以支持选举活动。《全国人民代表大会和地方各级人民代表大会选举法》涵盖了众多国家保障公民选举权利的具体内容,在整体上确保选举活动能够顺利、平稳地进行。是故,我国选民能够根据自己的真实意愿进行投票,而被选举人也能够在选举过程中不因为经济条件上的差别而受到影响。

此外,我国是人民民主专政的社会主义国家,人民代表大会制度是我国社会主义制度的重要构成部分,也是实现国家治理体系和治理能力现代化的根本政治制度。人民代表大会制度能够从根本上保证国家的一切权力属于人民,根据《宪法》第 2 条的规定,我国人民通过全国人民代表大会以及地方人民代表大会行使国家权力。人大代表是全国人民代表大会与地方各级人民代表大会组成人员,人大代表本身即是普通公民的一员,其作为被选举人通过人民行使选举权进入国家权力机关,必须对人民负责并接受人民的监督。

人民当家做主是社会主义民主政治的核心价值体现。从革命时期的“三三制原则”到建国后人民代表大会制度的确立，再到改革开放后相继实现的村民自治和居民自治，我国社会主义民主政治之所以能够取得生机勃勃的持续性发展，人民选举权和被选举权的有效行使以及合理保障是其根本力量泉源。新形势下，我们应当高举人民民主的旗帜，毫不动摇坚持人民代表大会制度，也要与时俱进完善人民代表大会制度，坚定不移走中国特色社会主义政治发展道路，继续推进社会主义民主政治建设、发展社会主义政治文明。[1]

三、公民的政治自由

（一）政治自由概述

公民的政治自由指公民自由发表个人观点、进行正当政治活动以及相关社会活动的必不可少的一项政治权利。公民的政治自由主要包括言论、出版、集会、结社、游行、示威等方面的自由，在学界，也有学者将该类自由划归为“见解自由”或“表达自由”。[2] 从政治自由的实质来看，政治自由不仅意味着多数公民群体能够自由地表达自己的“正确”意见，也强调少数公民同样享有表达自己“错误”意见的自由。“错误”意见一般代表社会中的批评性言论、反对性言论乃至偏离社会主流价值观的言论。可以说，检验社会表达自由可靠程度的衡量标准，并非基于社会中的“正确”意见得到多大程度的保护，而是应该考量社会中的“错误”意见得到多大程度上的保护。以至于美国大法官霍姆斯发表如斯言论：“宪法第1条修正案不是为了保护与我们一致的言论，而是为了保护我们所痛恨的言论。虽然这一点并不总是令人舒坦，但人们承认它千真万确。”[3]

英国政治思想家密尔被誉为自由主义的集大成者，于1859年发表《论自由》一书，该书对于作为独立个体的人所应享有的自由作出了全面而深刻的分析。他认为：个人利益最好由个人自己进行权衡，个人自由原则上不应受到国家权力的限制影响。只有当个人行使自由对他人造成重

---

〔1〕 习近平：《在庆祝全国人民代表大会成立60周年大会上的讲话》，载《中国人大》2014年第18期。

〔2〕 张千帆主编：《宪法学导论：原理与应用》（第2版），法律出版社2008年版，第528页。

〔3〕 《马克思恩格斯全集》（第1卷），人民出版社1956年版，第94页。

大影响,才需受到社会的限制。政治自由是一项普遍性的公民基本权利,公民政治自由入宪也是国家、社会民主制度不断健全的标志,几乎所有现代民主国家的宪法文本中都规定公民应当享有言论、出版、结社等自由。

总体来说,政治自由无论是对于个人自我发展还是国家社会进步,都具有不可磨灭的理论价值和实践意义:其一,政治自由能够促进真理产生,实现自我发展。人作为独立个体,并非全知全能、十全十美,在追求真理的过程中每个人存在犯错的可能性。因此,每个人都需要尊重、容忍乃至借鉴他人所发表的不同观点。只有在自由表达的过程中,不同的思想、观点和意见才能相互碰撞,才有可能促进真理的产生,从而实现个人的自我发展。其二,政治自由能够保障国家的经济发展、政治稳定。如果剥夺社会公众行使政治自由的基本权利,虽然在表面上能够达到稳定社会秩序的效果,但是不免会给社会转型、政治转轨带来隐忧,因而引发公民反抗、社会动荡的危机。因为"政府控制言论自由会掩盖社会所面临的真实问题,使公众无法注意问题,其结果往往是用以后更大的社会动荡换的现在暂时的社会稳定"。[1] 其三,政治自由有利于夯实国家的民主政治根基。表达自由虽然不一定能够从根本上触动一国的政治制度,但是它们却可能对国家政治所依托的文化基础与社会环境产生重要影响。是故,没有政治自由,就不可能产生民主政治。人民只有通过行使政治自由,才能有效地表达自身政治诉求。此外,在国家治理中,也需要通过广开言路,才能集思广益。在各个领域、各个层次吸引公民有序参与国家公共事务的管理,是助推国家治理体系和治理能力现代化的有效途径。

(二)我国宪法中的政治自由

根据我国《宪法》第35条的规定:我国公民具有言论、出版、集会、结社、游行、示威等方面的广泛政治自由。言论、出版、集会、结社、游行、示威自由是公民所享有的重要政治权利。宪法对上述六项自由权利的确认,表明我国公民能够充分表达政治意愿、参与国家政治生活,且上述政治自由权利还应受到宪法以及相关法律的保障。我国公民享有的言论自由、出版自由、结社自由以及集会、游行、示威自由的具体内容如下。

言论自由:言论自由是指我国公民享有的根据自身意愿、自主选择方

---

[1] [美]达尔:《论民主》,李柏光译,商务印书馆1999年版,第106页。

式表达自己思想、观点以及意见的自由权利。言论自由可分为广义意义上的言论自由和狭义意义上的言论，狭义意义上的言论自由是指我国宪法文本中所指代的言论自由，而广义意义上的言论自由还包括出版自由。言论是公民参与社会生活、传递社会信息以及表达自己思想的基本工具，因此，言论自由处于各项自由权利的首要地位。我国公民享有广泛的言论自由。比如，公民有权以各种语言形式表达自己的个人思想，并与他人交流个人对国内外各种问题的观点；公民可以在学术研究中形成自己独立的学术见解，并与他人进行学术交流及学术探讨；后文中将提到的监督权其实也是公民言论自由的一种表现形式，即公民能够以言论方式向国家机关及其工作人员提出批评、建议或者意见。

我国涉及言论自由的法律法规主要还包括：《民法通则》《侵权责任法》《广播电视管理条例》《音像制品管理条例》《电影管理条例》《电影审查规定》《有线电视管理规定》《音像资料管理规定》《内部报刊管理原则》等。从立法实践上来看，言论自由必须在法律范围内行使。那些危害国家安全、影响社会稳定以及对他人进行侮辱的言论不受法律保护，造成严重后果的还需承担一定的法律责任。

出版自由：从广义上来看，出版自由是言论自由内容的自然延伸。但出版自由涉及关于出版单位、出版程序以及出版运作方式等更为复杂的具体内容，同时由于出版成果一般面向社会公众，其社会影响力并非一般言论所能攀比，因此，宪法将出版自由予以单独列出。出版自由通常是指公民享有的以出版方式表达自己思想、观点、见解的自由权利。作为一种特殊的言论自由，出版自由不仅能促进人们不同思想、观点、见解的交流，还能推动科学文化、思想教育事业的发展。

我国涉及出版自由的法律法规主要还包括：《民法通则》《著作权法》《出版管理行政处罚办法》《电子出版物管理规定》《报纸管理暂行规定》《期刊管理暂行规定》《音像制品出版管理办法》以及《报社记者站管理暂行办法》等。出版自由同言论自由一样，必须在法律许可的范围内行使。那些危害国家安全、影响社会稳定以及对他人进行侮辱的出版物不受法律保护，上述出版物主要是指载有煽动性言语、淫秽内容的出版物。

结社自由：结社自由是指公民享有的依照法律规定建立、组织参加的社会团体的自由权利。因目的不同结社自由分为两类：一类是以非营利为目的的结社。如组织政治性团体或组织宗教、文化、慈善团体等非政治性团体。另一类是以营利为目的的技术,如成立公司法人等。由于政治性团体通常对国家决策、公民政治参与产生重大影响,各国法律基本对政治性结社规定较为严格的法律许可程序。

我国涉及结社自由的法律法规包括:国务院公布的《社会团体登记管理条例》《民办非企业单位登记管理暂行条例》以及《事业单位登记管理暂行条例》;全国人大制定的《中华人民共和国慈善法》;全国人大常委会公布的《中华人民共和国公益事业捐赠法》(用以管理其他特定的慈善组织)。但下列团体不在上述法律法规的调控范围内:(1)企业单位内部成立的且在该单位内部活动的团体;(2)经国务院批准免于登记,且由国务院编制管理的团体,如中国科学技术协会、中国法学会、中华全国妇女联合会、中华全国总工会等;(3)人民政协会议中的政治性团体,主要是指中国共产党之外的八个民主党派。

根据《社会团体登记管理条例》《取缔非法民间组织暂行办法》的相关规定,在我国,公民行使结社自由权利应当满足以下几个方面的程序和内容:其一,社会团体不得违反宪法、法律、法规以及相关国家政策。不得危害国家安全、社会稳定以及其他公民、团体的合法权益。其二,我国实行核准登记制。即公民成立社会团体应当向民政部和县级以上的各级地方人民政府民政部门递交申请登记。其中,有关社团名称、目的、章程、地址、活动范围及社团成员人数等情况应当如实申报,由民政部门核实批准。其三,登记管理机关监督管理社会团体的有关活动。如有发现违法情况,可依法给予行政处罚、取缔并没收非法财产。

集会、游行、示威自由:集会自由是指公民享有的聚集在公共场所、表达诉求以及发表意见的自由权利;游行自由是指公民享有的在公共场所列队行进、集体表达共同诉求的自由权利;示威自由是指公民享有的在公共场所以集会、静坐、游行等方式表达强烈支持、抗议以及诉求的自由权利。虽然在上述概念中,集会、游行、示威可能具有强烈的政治意义,但现实中,非政治意义的集会、游行、示威也是存在的。

集会、游行、示威具有较大程度上的相似性,均是多数公民聚集在公共场所,强烈表达共同意愿的方式。由于参加人数多、活动性质具有公共性以及社会影响重大,集会、游行、示威可能比言论、出版具有更多法律上的限制。我国涉及集会、游行、示威自由的法律法规包括:《集会游行示威法》《中华人民共和国集会游行示威法实施条例》以及《刑法》。

根据上述法律法规,在我国,公民行使集会、游行、示威等自由权利,应当满足以下几个方面的程序和内容:其一,我国公民行使集会、游行、示威自由权利应当事先向主管部门递交申请书,由主管部门予以批准。主管部门是指集会、游行、示威所在地县级市、县以及地级市辖区的公安机关;如果所在地经跨两个以上的地区,主管部门则为所经过县级市、县、地级市辖区的共同上级公安机关。申请书应当记载集会、游行、示威的方式、目的、标语、人数、设备、口号、地址、时间、路线以及相关负责人具体信息的事项。其二,集会、游行、示威不得妨碍公共秩序,如使用暴力、管制刀具、爆炸物。主管部门可视具体情况,设置临时警戒线以保障集会、游行、示威的和平进行。其三,集会、游行、示威应当依据许可的申请事项(诸如方式、目的、标语、人数等)进行。如有发现违法情况,主管部门可依据相关法律法规采取行政强制措施。发现犯罪行为的,可依据刑法有关规定追究刑事责任。

四、监督权

(一)监督权概述

监督权是指公民对国家机关及其工作人员是否依法行使公共权力进行监督的政治权利。“人民主权”这一宪法原则表明,国家权力来源于人民,那么人民自然有权监督由自身权利所派生的公共权力。而国家权力应当受到监督,是已经获得世界上绝大多数民主国家一致认同的普遍真理。

公民行使监督权对于预防打击权力腐败、健全国家监督制度体系以及推动民主政治发展[1]都具有现实的促进意义:其一,从预防打击腐败的角度来说。所谓“阳光是最好的防腐剂”,只有使国家机关及其工作人员的公务活动尽量透明化并置于公民的普遍监督下,才能最大限度地避免“暗箱操作”、防止权力腐败。而公民行使监督权,不但能肃清国家机关内的腐败人员,也能在一定程度上为国家机关工作人员敲响警钟,威慑

[1] 宁立成:《公民监督权的社会价值》,载《理论月刊》2007年第3期。

存在腐败可能性的公务人员。其二,从健全国家监督制度体系的角度来说。公民监督具有广泛性、便利性、主动性、灵活性等特征,相较于国家权力监督(此处主要是指人大监督、司法监督)而言,公民监督具有监督成本低、监督效率高以及监督质量好的天然优势。大量反腐案件的实例证明,国家权力腐败要案、重案的线索往往源自于公民举报。其三,从推动民主政治发展的角度来说。公民行使监督权的过程,实质上也是培养自身主人翁意识、提高自己政治参与能力的过程。监督权是否得到有效行使,一方面是检验一国民主实现程度的重要标准;另一方面也将有力推动一国民主政治的持续性发展。

(二)我国宪法中的监督权

根据我国《宪法》第41条的规定:中华人民共和国公民对于任何国家机关和国家工作人员,有提出批评和建议的权利;对于任何国家机关和国家工作人员的违法失职行为,有向有关国家机关提出申诉、控告或者检举的权利,但是不得捏造或者歪曲事实进行诬告陷害。对于公民的申诉、控告或者检举,有关国家机关必须查清事实,负责处理。任何人不得压制和打击报复。由于国家机关和国家工作人员侵犯公民权利而受到损失的人,有依照法律规定取得赔偿的权利。监督权是我国公民所享有的重要政治权利,《宪法》第41条即是我国宪法对公民监督权的确认。依据《宪法》第41条,我国公民监督权可细分为批评权、建议权、申诉权、控告权、检举权。具体内容如下:

批评权、建议权:所谓批评权,是指公民对国家机关及其国家工作人员在公务活动中的缺点、错误乃至违法犯罪行为,享有的提出批评意见的权利。

建议权则是指公民对国家机关及其国家工作人员的公务活动,享有的提出建设性意见的权利。批评主要侧重于针对国家机关及其工作人员的不当公务行为;而建议所针对的范围则更为广泛,此外,建议也有可能是正面的意见。

申诉权、控告权、检举权:所谓申诉权,是指公民的合法权益因国家机关及其工作人员的违法失职行为遭到侵害,公民有向国家机关提出申诉并有权要求有关国家机关作出相应处理的决定。申诉的范围十分广泛,包括向国家机关(包括权力机关)提出请求、向司法机关提起诉讼以及向行政机关提起行政复议、信访等。

所谓控告权，是指公民对国家机关及其国家工作人员的违法失职行为，享有的向有关国家机关进行揭发和指控的权利。所谓检举权，则指公民对国家机关及其国家工作人员的违法失职行为，享有的向有关国家机关揭发违法、犯罪事实，并要求追究法律责任的权利。控告和检举的区别较小，控告是公民因为自身合法权益受到侵害而提出的；而检举中的当事人则不限于处于维护自己权益，其也有可能因为公共利益或者他人利益而作出检举、揭发行为。

为了保障公民的申诉权、控告权以及检举权，《宪法》第41条第2款规定：针对公民的控告、申诉、者检举，国家机关应当查清相关事实，负责处理。禁止任何人压制、打击以及报复。这一宪法条款不仅明确了国家机关对公民监督的处理要求，也是宪法对国家机关规定的积极义务，即国家机关在接到公民申诉、控告以及检举时，必须积极主动地查明事实、妥善处理。而对于"任何人不得压制和打击报复"的宪法条文，《刑法》第254条进一步规定了国家机关工作人员因公民行使监督权，实施打击、报复行为而应承担的刑事法律责任，该条款规定：国家机关工作人员滥用职权、假公济私，对控告人、申诉人、批评人、举报人实施陷害、报复的，判处二年以下有期徒刑或者拘役；情节严重的，判处二年以上七年以下有期徒刑。

取得国家赔偿权：所谓取得国家赔偿权，是指因国家机关及其工作人员因职权行为致使公民合法权利遭受损害，公民享有要求国家负责赔偿的权利。根据《宪法》第41条第3款的规定：国家机关和国家工作人员若侵犯公民权利致使公民受到损失，公民有权依照法律规定获取赔偿。

严格来说，取得国家赔偿权并不是公民监督权的构成内容，从两者的联系上来看，取得国家赔偿权与监督权存在着功能上互助互补的关系：[1]一方面，行使取得国家赔偿权应当以监督权为存在前提。从权利属性上来看，监督权属于实体性权利，而取得国家赔偿权则属于救济性权利。取得国家赔偿权一旦离开监督权这类实体性权利，就将缺失其原有的存在价值；另一方面，监督权也需要通过行使国家赔偿权予以保障。公

---

〔1〕 参见韩大元著：《宪法学基础理论》，中国政法大学出版社2008年版，第310~311页。

民在行使监督权的同时，实质上也走向了寻求权利救济的法律程序，这不仅有助于规范对国家机关及其工作人员失职行为的责任追究，也有利于进一步加强对国家机关及其工作人员公职行为的日常监督。

此外，《宪法》第 41 条第 3 款对取得国家赔偿权进行确认，为我国国家赔偿制度提供了相关宪法依据。我国《民法通则》《国家赔偿法》《治安管理处罚法》《行政诉讼法》等法律法规对公民取得国家赔偿的程序性、实体性权利作出相关具体规定。例如，根据《民法通则》第 121 条规定：国家机关及其工作人员在执行公务中，侵犯公民、法人合法权益造成损害的，国家机关及其工作人员应承担相应民事责任。根据《国家赔偿法》第 2 条的规定：国家机关和及其工作人员行使职权，有本法所规定的侵犯公民、法人和其他组织合法权益的情形，造成损害的，受害人有权依照本法取得相关的国家赔偿。本法规定的赔偿义务机关，应当依照本法及时履行赔偿义务。上述法律法规的通过、确立、修改以及完善不仅标志着我国国家赔偿制度的建立健全，也为我国公民维护自身权利、取得国家赔偿提供了切实的法律保障。

第五章　经济社会文化权利

【本章导读】

1954 年,联合国人权委员会提出《公民权利和政治权利国际公约》和《经济、社会及文化权利国际公约》草案,交由联合国大会审议。历经十余载,1966 年 12 月 16 日,第 21 届联合国大会最终审议通过两项公约,供各国签署、批准和加入。《公民权利和政治权利国际公约》于 1976 年 3 月 23 日生效,《经济、社会及文化权利国际公约》于 1976 年 1 月 3 日生效。《公民权利和政治权利国际公约》和《经济、社会及文化权利国际公约》与《世界人权宣言》一起合称"国际人权宪章",是国际人权领域最重要的文书。

通过本章的学习,领导干部应当掌握以下几个基本问题:一是明确公民经济、社会和文化权利的具体内涵;二是熟知财产权、劳动权、休息权、生存权、受教育权、环境权、从事科学研究、文艺创作和其他文化活动的自由这七类公民经济、社会和文化权利的理论来源;三是明确我国现行宪法中关于公民经济、社会和文化权利的规定;四是能够将理论知识与法律规范相结合,在保障公民经济、社会和文化权利的工作开展过程中,能够真正遵循相关法律规定,做到有法可依、依法办事,真正做到为人民服务。

通过本章的学习,还应该认识到公民的经济、社会和文化权利,从物质方面给予公民生存帮助和必要的保障。同时,公民的经济、社会和文化权利也是公民从事政治活动、参与国家管理的前提条件,为公民从事政治活动、参与国家管理提供物质基础。

公民的经济、社会和文化权利的实现,依靠国家和社会提供一定的物质条件,要求国家和政府采取一定的措施。上述权利的实现程度,取决于社会制度、国家制度和国家的经济文化发展水平。

第一节 研究价值与意义

一、问题的提出

随着经济社会的健康发展,近年来,公民的法治意识呈现出上升趋势,公民的维权意识也不断加强。众所周知的齐玉苓诉陈晓琪等侵犯受宪法保护的公民受教育权案,几乎成为每一位法学教师在讲授公民经济、社会和文化权利时必讲的经典案例。诸如此类关于公民经济、社会和文化权利的案件,近两年不断有新闻陆续报道。

从上述社会现象可以窥探出,目前关于公民经济、社会和文化权利保障的社会现状如下:一是国家保障力度不够。虽然国家已经针对公民经济、社会和文化权利的保障出台了一系列的法律、政策措施,但是这些法律规范和政策,并不能涵盖公民经济、社会和文化权利的全部内容,而且其中有些规定,如我国现行宪法对公民生存权、受教育权的规定,还停留在较为原则性的规定层面,实施起来相对困难,所以,从国家层面出发,对公民经济、社会和文化权利的保障力度还需提升。二是公民个人的维权意识增强。关于公民经济、社会和文化权利的争讼案件数量的增加,可知公民个人对自身的经济、社会和文化权利的重视程度不断提升,随着法律意识的加强,公民个人不仅懂法、守法,还懂得用法维权,通过合法渠道来保障自身的合法权益,这一现象是值得肯定的,也是近年来法治国家和法治社会建设所努力的成果。公民维护自身经济、社会和文化权利的意识增强,但国家的保障力度还需提升,这是目前国内关于公民经济、社会和文化权利保障最为真实的写照。

基于上述公民经济、社会和文化权利的保障现状,需要解决研究的价值及这些基本问题:一是财产权、劳动权、休息权、生存权、受教育权、环境权、从事科学研究、文艺创作和其他文化活动的自由这七类公民经济、社会和文化权利的理论来源。二是我国现行宪法中关于公民经济、社会和文化权利的规定有哪些?三是如何将理论知识与法律规范相结合,真正做到保障公民经济、社会和文化权利?

二、研究价值与意义

自2001年批准《经济、社会及文化权利国际公约》以来,中国政府始终结合中国国情,有计划、有步骤地实现《经济、社会及文化权利国际公约》中规定的各项公民经济、社会和文化权利。具体来说,我国公民的经济、社会和文化权利包含有:财产权、劳动权、休息权、生存权、受教育权、环境权、从事科学研究、文艺创作和其他文化活动的自由。研究公民经济、社会和文化权利的主要价值和意义在于:

一是从国际角度出发,促进国内研究公民经济、社会和文化权利的工作开展与国际接轨。目前,国际社会对公民经济、社会和文化权利的研究还是相对完善的,无论是公约、法规的规定,还是实践中对这些规定的落实,都比较完善,为我们的研究工作开展提供了理论和实践经验,我们的研究与国际接轨,会促使公民经济、社会和文化权利的保障更上一层楼。

二是从国家角度出发,对公民经济、社会和文化权利展开研究,能够真正落实保障民生。公民经济、社会和文化权利,包括财产权、劳动权、休息权、生存权、受教育权、环境权、从事科学研究、文艺创作和其他文化活动的自由这七类,这些权利都和人民群众的生活息息相关,是民生关注的重点所在,开展此类研究,能够真正促进民生问题的改善,从理论、制度设计和法律规范角度落实民生问题。

三是从政府部门及其工作人员角度出发,开展此类研究有助于加强政府部门及其工作人员的理论知识,从而做出更好的服务。理论的研究都是服务于实践,在实践一线工作的政府部门及其工作人员,在充实理论的前提下,能够发挥出更好地服务于人民的工作。

四是从公民个人角度出发,开展此类研究有利于理论知识和法律规定更好地结合,为公民行使权利保驾护航。当前社会,公民的法治意识正在逐步提升,但是法治意识提升的同时,缺少理论的支撑和奠基,从理论着手研究公民的经济、社会和文化权利，有助于普及理论知识，让更多的人民群众了解权利的理论根源，在此基础上，结合法律知识和掌握的法律规范，公民个人能够更好地行使权利，当权利受到侵犯时，也能更好地运用法律武器来保障自身的合法权益。

第二节　公民经济、社会和文化权利具体内容

我国公民的经济、社会和文化权利包含有：财产权、劳动权、休息权、生存权、受教育权、环境权、从事科学研究、文艺创作和其他文化活动的自由。

一、财产权

（一）财产权概述

财产权，是指一切具有财产价值的权利的统称。财产权包括物权、债权、知识产权、继承权、公物使用权等。财产权不仅是宪法上的概念，民法领域也使用财产权这一法律术语，如何区分宪法上的财产权和民法上的财产权，成为掌握宪法上的财产权概念的关键。宪法上的财产权与民法上的财产权，在主体以及基本性质上并没有太大的差异，两者的主要区别在于两者的外延和对抗主体的不同。换言之，宪法上的财产权外延大于民法上的财产权外延，宪法上的财产权外延包括私法上的各项财产权利和公物使用权等财产权利，而民法上的财产权仅指私法领域内的各项财产权利。在对抗主体上，宪法上的财产权是相对于国家和政府这一主体而言的，宪法上的公民财产权，是公民相对于国家和政府所享有的一种基本权利，这种权利是公民依法享有，不受国家权力剥夺和侵害，对自己享有的财产等事物进行使用、收益及处分的权能，宪法上的公民财产权直接反映了公民与国家权力之间在宪法秩序中的关系；而民法上的公民财产权，是属于公民对抗公民或者私人对抗私人的一种权利，反映的是平等主体的私人之间的财产关系。宪法上的财产权和民法上的财产权两者之间

的主要区别就在于此，即在于反映在同一客体上的不同主体之间的关系上。[1]

公民财产权的宪法保护，有其特殊意义。首先，由于财产权对人身有着特殊的依附关系，宪法对财产权的保护，也就是对人格尊严和自由的保护，在一定程度上对形成独立的人格权创造了契机，在理论意义上，宪法对财产权的保障是宪法对人权保障的重要一环。其次，宪法对公民财产权的保护，就是对公民的合法私有财产的保护，这对市场经济秩序来说是至关重要的，在市场经济中，市场的运转、价格机制的形成，甚至是市场经济的调节作用，都是围绕着财产权的核心内容展开的，私有财产权是市场经济秩序的一个重要支柱。[2] 最后，宪法对合法的私有财产的保护也有利于加强对公共财产的保护，对于维护社会秩序的稳定、社会生活的安定来说，起到了潜移默化的作用；反之，社会秩序、社会生活的安定，也为宪法的运行创造了良好的外部环境，这也有利于宪法自身的安定性。

（二）我国宪法中的财产权

我国现行《宪法》第 13 条明确规定："公民的合法的私有财产不受侵犯。国家依照法律规定保护公民的私有财产权和继承权。国家为了公共利益的需要，可以依照法律规定对公民的私有财产实行征收或者征用并给予补偿。"宪法条文的这一规定，体现了国家和政府对公民财产权和继承权的保护。现行《宪法》第 13 条是经过 2004 年的修正之后，才形成的对财产权的典型保护规范，针对 1982 年宪法中对财产权保护的缺陷进行大幅度增修，克服了诸多局限，形成了财产权宪法保护的强有力依据。根据现行《宪法》第 13 条第 3 款的规定，如果国家出于公共利益的需要对公民的私有财产进行征收或者征用，应当依照法律规定进行。2011 年 1 月 19 日国务院第 141 次常务会议通过的《国有土地上房屋征收与补偿条例》，其目的就在于规范国有土地上房屋征收与补偿活动，维护公共利益，保障被征收房屋所有权人的合法权益。这一条例的颁行，是对现行《宪法》第 13 条第 3 款规定的良好实践。将宪法条文中的规定付诸实

---

〔1〕 参见韩大元、林来梵、郑贤君：《宪法学专题研究》（第二版），中国人民大学出版社 2008 年版，第 404 ~ 405 页。

〔2〕 参见许崇德主编：《宪法》（第五版），中国人民大学出版社 2014 年版，第 166 页。

践,体现了国家保护公民财产权的决心和行动力。

公民财产权的客体,不仅包括生活资料,还包括生产资料。现行《宪法》第8条第1款规定:"农村集体经济组织实行家庭承包经营为基础、统分结合的双层经营体制。农村中的生产、供销、信用、消费等各种形式的合作经济,是社会主义劳动群众集体所有制经济。参加农村集体经济组织的劳动者,有权在法律规定的范围内经营自留地、自留山、家庭副业和饲养自留畜。"对于国有或者集体享有的财产,公民个人也有依法进行使用或者承包经营的权利。公民依法取得的对国有土地、森林、山岭、草原、荒地、滩涂等自然资源的使用和承包经营权受到宪法及法律的保护。在农村集体所有制经济中,公民有权依照法律规定在合法的范围内经营自留地、自留山、家庭副业和饲养自留畜。这些规定都从生产资料方面对公民财产权给予宪法层面的高度保护。我国现行宪法中的这些规定,足以体现国家对公民财产权的保护力度。

二、劳动权

(一)劳动权概述

劳动权是指具有劳动能力的公民,都有获得工作就业和适当劳动条件,并取得劳动报酬的权利。劳动权是公民获得物质资料、维持生存的基本手段。劳动权的概念,随着时代的发展而不断更新变化。在十七八世纪的自然法思想影响之下,劳动权是指劳动自由,即个人不被强迫劳动;到了19世纪后半叶,随着资本主义的发展,失业、贫困的现象日益显现而成为重要的社会问题,劳动权开始具有积极的性质,也就是国家应使每个有工作能力的人能够获得工作的机会以及为实现此目的而提供各种保护,因此,劳动权兼有自由权和收益权的双重属性。[1]

劳动既是公民享有的权利,也是公民应尽的义务。从公民角度来说,公民依法享有劳动权,就有了得到劳动报酬的资格和权利,也就有了公民赖以生存的手段和方式。重视和保障每个公民的生存权就必须要重视和保障每个公民的劳动权。从国家角度来说,每个公民都要为国家的社会主义现代化建设贡献自己的一份力量,所以,劳动也是每个公民应尽的义

〔1〕 参见朱福惠主编:《宪法学》(第三版),厦门大学大学出版社2013年版,第308页。

务。《经济、社会及文化权利国际公约》第 6 条第 1 款规定："本公约缔约各国承认工作权，包括人人应有机会凭其自由选择和接受的工作来谋生的权利，并将采取适当步骤来保障这一权利。"这里的工作权也就是我们谈的劳动权。《经济、社会及文化权利国际公约》明确规定保障劳动权的实现需要采取适当的步骤。确如此言，保障劳动权的实现需要得到多方面的支持和准备。例如，对劳动者个人而言，在劳动者获得工作就业和适当劳动条件前，就要求劳动者自身享有相应的就业条件，如学历条件、专业能力、工作经验、身体健康等；对提供劳动就业方而言，就需要对国家或地区的社会经济水平、人口状况、劳动者条件等因素进行综合考量，以提供适当的劳动就业机会；对国家和社会而言，就需要营造稳定的经济环境，保障劳动自由，提供劳动就业的机会，同时充分发挥法律手段的强制性作用，保障劳动权在法治环境下有序地运转。

（二）我国宪法中的劳动权

我国现行《宪法》第 42 条第 1 款规定："中华人民共和国公民有劳动的权利和义务。"明确了劳动既是公民享有的权利，也是公民应尽的义务，每个公民都依法享有劳动的权利，也应当履行劳动的义务。

现行《宪法》第 42 条第 2 款规定："国家通过各种途径，创造劳动就业条件，加强劳动保护，改善劳动条件，并在发展生产的基础上，提高劳动报酬和福利待遇。"现行《宪法》第 42 条第 2 款的这一规定相对完整而确切地概括了劳动权保障的主要内容，同时也明显地体现出宪法上有关劳动权保障的规定作为一种社会权利保障的规定所具有的纲领性规定的特质。[1] 结合中国国情和域外经验，关于劳动权保障的实现，除了前文列举的三方面准备工作，作为保障劳动权实现的主体，国家还应该从两个方面具体开展工作，一是国家应该在促进经济大力发展的同时，积极采取措施保障劳动自由，并提供充足的劳动就业机会，给予劳动者足够的自由选择权和选择的空间与机会；二是制定、实施和完善相关保护劳动权的法律机制，包含对劳动报酬、劳动时间、劳动者休息权等方面的规定，确立各项基本标准，让劳动者以及提供劳动就业方，都能按照法律办事。这也是法

〔1〕 参见韩大元、林来梵、郑贤君著：《宪法学专题研究》（第二版），中国人民大学出版社 2008 年版，第 438 页。

治社会的必然要求。

现行《宪法》第42条第3款还规定:“劳动是一切有劳动能力的公民的光荣职责。国有企业和城乡集体经济组织的劳动者都应当以国家主人翁的态度对待自己的劳动。国家提倡社会主义劳动竞赛,奖励劳动模范和先进工作者。国家提倡公民从事义务劳动。”第4款规定:“国家对就业前的公民进行必要的劳动就业训练。”这些规定,都在宪法层面对劳动权的实现提供指引性方向。作为劳动者,在享有劳动权的同时,也应该充分认识到劳动也是自己应尽的义务和公民的光荣职责。作为国家和政府,应该对劳动前的公民提供培训和必要的就业训练,在劳动过程中,还可以倡导劳动竞赛,对劳动模范和先进工作者进行表彰和奖励。这样一来,作为受益方的劳动者才会充分尊重劳动权、行使劳动权并履行劳动的义务。

除此之外,现行宪法还对公民丧失劳动能力的情况作了安排,现行《宪法》第45条第1款规定:“中华人民共和国公民在年老、疾病或者丧失劳动能力的情况下,有从国家和社会获得物质帮助的权利。”第3款规定:“国家和社会帮助安排盲、聋、哑和其他有残疾的公民的劳动、生活和教育。”宪法条文的这些规定颇具人性化,针对不同的劳动主体出台相应的规定,这也彰显了我国人权事业取得的进步和成就。

三、休息权

(一)休息权概述

休息权是指劳动者在享有劳动权的同时,有提高劳动效率、保护身体健康、根据国家相关法律和制度的有关规定而享有休息的权利。休息权与劳动权存在相关性,休息权既是劳动权存在的一个前提条件,也是劳动权的一个派生形态。宪法理论中所谓的休息权,主要指的是劳动者所享有的特定权利,是劳动者在进行一定的劳动之后为消除疲劳、恢复正常的劳动能力所必须的条件,从而也是持续实现具体主体之劳动权的一个必不可少的契机。[1] 在劳动权的内容中已经含有对休息权的相关规定,前

---

〔1〕 参见韩大元、林来梵、郑贤君:《宪法学专题研究》(第二版),中国人民大学出版社2008年版,第439页。

文在提及劳动权保障的实现时，已明确指出，保障劳动者的休息是实现劳动权保障的一个不可缺失的重要举措。休息权不仅与劳动权有着内在的关联性，还与劳动者的生存权以及精神、文化活动的自由有着密切的联系。一般而言，休息权是劳动者实现生存权的一个重要条件，而劳动者对休息权的行使也可结合对精神、文化活动自由的行使方式（如享受文化、娱乐生活）来实现。〔1〕

经济的全球化过程，促使国家劳动力市场的需求不断扩大化。越来越多的国家和地区对劳动者的劳动权和休息权予以关注，劳动者的休息权保护已经成为国际趋势。休息权的国际保护主要体现在有关人权公约和国际劳动者组织制定的供各国立法参考之用的劳动标准上。如1948年的《世界人权宣言》中"人人有权工作……工作时间有合理限制和定期给薪休假的权利"。再如，1966年通过的《经济、社会及文化权利国际公约》中纲领性的规定。而旨在促进劳动者权利的国际劳动者组织，则制定了更为具体可行的规定，直接或间接规定了各种劳动者的工作时间与休息时间。如《工业工时公约》《农业带薪休假公约》《公路运输工时与间休公约》等。这些公约几乎涉及了所有形式的劳动者的休息权保护，成为各国保护劳动者休息权的参考范本，这为休息权的国际保护做出了卓越的贡献。

在中国，自改革开放以来，人权事业不断向前迈进，在劳动者权利保障方面，国家陆续出台了《劳动法》和《劳动合同法》等相关法律法规对劳动者的休息权等相关权利进行保护，并取得一定成效。

（二）我国宪法中的休息权

我国现行《宪法》第43条第1款规定："中华人民共和国劳动者有休息的权利。"如前所述，劳动者的休息权和劳动权密切联系，必要的休息是维持正常劳动的基本条件，必要的休息也使得劳动者有一定的时间参加文化活动和社会活动。

现行《宪法》第43条第2款规定："国家发展劳动者休息和休养的设施，规定职工的工作时间和休假制度。"宪法条文的这一规定，从两个角度规范了劳动者休息权的保障措施，一是国家颁行法律明确规定劳动者

〔1〕 参见许崇德主编：《宪法》（第五版），中国人民大学出版社2014年版，第169页。

的工作时间和休假制度,二是国家要发展和建设提供劳动者休息和修养的基础设施。关于宪法条文规定的第一个举措,《劳动法》和《劳动合同法》则是用单行法律法规的形式对休息权作出详细的规定。《劳动合同法》第31条规定:“用人单位应当严格执行劳动定额标准,不得强迫或者变相强迫劳动者加班。用人单位安排加班的,应当按照国家有关规定向劳动者支付加班费。”《劳动法》第3条规定:“劳动者享有平等就业和选择职业的权利、取得劳动报酬的权利、休息休假的权利……”《国务院关于职工工作时间的规定》关于延长工时的限制性规定,规定出台的目的就在于根据宪法有关规定合理安排职工的工作和休息时间,维护职工的休息权利,调动职工的积极性,促进社会主义现代化建设事业的发展。此外,还有一些单行法律规定了公民的休息权,如《刑法》中规定的强迫职工劳动罪,《妇女权益保障法》中对女性劳动者的特殊保护等。一些地方性法规和条例也针对劳动者休息权的保护作出了规定。以福建省为例,《福建省劳动和社会保障厅关于企业实行不定时工作制和综合计算工时工作制问题的通知》中的相关规定、《福建省劳动合同管理规定》中的第6条以及《厦门市劳动管理规定》中的规定等,都充分体现了国家为保障劳动者休息权而采取的法律手段。关于宪法条文规定的第二个举措,国家根据社会经济情况,结合具体国情,努力建设基础设施,提供劳动者休息修养的场所,这在近年来中央及地方政府所倡导的基础设施建设是一致的,这不仅给劳动者提供了休息的机会,还提升了劳动者休息的质量,也是我国人权建设的一大进步。

四、生存权

(一)生存权概述

关于生存权,第一次正式提出是在1991年10月中国政府公布的《中国的人权状况》,这是新中国成立以来中国政府公布的第一份中国人权白皮书。在这份白皮书中,首次正式使用生存权的概念,指出:“生存权是中国人民长期争取的首要人权。对于一个国家和民族来说,人权首先是人民的生存权,没有生存权,其他一切人权均无从谈起,这是最简单的道理。”[1]然而,白皮书并没有对生存权的概念做出明确的界定,但这份白皮书中关于生存权的相关论述对后来学界认定生存权概念产生了深远的影响。《中国的人权状况》白皮书中指出:“争取生存权首先要争取国家独立权。”[2]白皮书中梳理了中国近代史上遭受外国侵略的历史事实,讲述了中国人民为了生存权而争取国家独立的斗争过程,这里所指的生存权在理论上属于第三代人权,生存权的高度是在国家和民族和整体利益上。《中国的人权状况》白皮书中还指出:“国家的独立虽然使中国人民的生命不再遭受外国侵略者的蹂躏,但是,还必须在此基础上使人民享有基本的生活保障,才能真正解决生存权问题。”“人民的温饱问题基本解决了,人民的生存权问题也就基本解决了。”这里所指的生存权不同于第三代人权中的生存权,在理论上应是属于第二代人权,是指公民个人相对于国家和社会的一种基本权利。第二代人权中的生存权,正是我们现代宪法中所讨论的生存权。

关于生存权的概念,学界的观点众多,目前还未形成统一的结论。生存权的宪法规范最早见于 1919 年德国的《魏玛宪法》,其第 115 条第 1 款中规定:“经济生活的秩序,必须符合具有保障任何人之值得成为人的生活之目的的正义原则”,其中“任何人之值得成为人的生活”,即可视为生存权概念中所谓的“生存”的一种定义。此外,日本现行《宪法》第 25 条第 1 款中规定:“任何国民均享有营构健康和文化意义上之最低限度的生活的权利。”日本学者亦多据此界说生存权的概念。目前,我国一些宪法学者则认为,所谓生存权即公民享有维持其身体所必需的健康和生活保障权。[3]

(二)我国宪法中的生存权

我国现行《宪法》第 44 条规定:“国家依照法律规定实行企业事业组织的职工和国家机关工作人员的退休制度。退休人员的生活受到国家和社会的保障。”宪法条文的这一规定,为退休人员的生存权提供了社会保障,国家制定、颁行相关的退休制度法律,规范公民的退休制度。

---

[1] 中华人民共和国国务院新闻办公室:《中国的人权状况》,中央文献出版社 1991 年版,第 1~7 页。

[2] 中华人民共和国国务院新闻办公室:《中国的人权状况》,中央文献出版社 1991 年版,第 1~7 页。

[3] 参见许崇德主编:《宪法》(第五版),中国人民大学出版社 2014 年版,第 170 页。

现行《宪法》第45条规定:“中华人民共和国公民在年老、疾病或者丧失劳动能力的情况下,有从国家和社会获得物质帮助的权利。国家发展为公民享受这些权利所需要的社会保险、社会救济和医疗卫生事业。国家和社会保障残废军人的生活,抚恤烈士家属,优待军人家属。国家和社会帮助安排盲、聋、哑和其他有残疾的公民的劳动、生活和教育。”现行《宪法》第45条的规定是针对特殊主体而言的,这类群体包括年老、疾病或者丧失劳动能力的公民、残废军人及其家属、盲、聋、哑和其他有残疾的公民,这类群体有获得社会保障的权利,以实现他们的生存权。

我国现行《宪法》对生存权的规定主要体现在现行《宪法》第44条和第45条的规定中。尽管我国现行宪法中所规定的生存权的规范内容具有一定的具体性,但作为一种社会权利,生存权基本上仍属于抽象的权利,即权利的享有主体不能直接依据《宪法》第44条、第45条的规定而向国家或社会直接请求实现这种权利。换言之,生存权的保障,首先只能有赖于国家通过立法来具体规定和实施。[1] 由此可知,在我国公民生存权的实现仍然需要依据现行宪法的相关规定来探索实现路径。首先,从国家层面,必须建立好相对完善的社会保障体系和法律保障制度。其次,从社会层面,社会生活帮扶制度、社会保险制度、社会福利制度等制度必须得到完善,相关的立法及规定也需跟进。最后,从公民个人角度,每个公民都享有生存权,但不能因享有这项权利,而滥用权利,不通过自己的努力和劳动,坐享其成,这样的行为是不可取的,生存权是对于真正需要的公民而设置的。公民生存权的实现也具有一定的条件,一是公民行使这项权利必须以无法劳动或者已经尽了劳动义务为先决条件;二是公民生存权的实现依赖于国家或社会的生产力水平、经济发展程度以及人口状况等社会经济因素。只有在这两者都实现的情况下,公民的生存权才能得以实现和保障。

五、受教育权

(一)受教育权概述

公民的受教育权是指公民有要求国家举办各级各类学校和教育机

---

〔1〕 参见许崇德主编:《宪法》(第五版),中国人民大学出版社2014年版,第170页。

构,接受系统教育和培训的权利。其中在法律规定的义务教育适龄阶段,接受初等和初级中等教育,既是公民的权利也是公民的义务。公民的受教育权从本质上说,既是提高公民生活质量的需要,也是公民适应现代社会生活,使自己在迅速发展的社会生活中获得生存技能的必要条件。因此,公民的受教育权也是公民基本权利必不可少的组成部分。

《经济、社会及文化权利国际公约》第 13 条第 2 款对受教育权的充分实现做出了明确的界定:一是初等教育应属义务性质并一律免费;二是各种形式的中等教育,包括中等技术和职业教育,应以一切适当方法,普遍设立,并对一切人开放,特别要逐渐做到免费;三是高等教育应根据成绩,以一切适当方法,对一切人平等开放,特别要逐渐做到免费;四是对那些未受到或未完成初等教育的人的基础教育,应尽可能加以鼓励或推进;五是各级学校的制度,应积极加以发展,适当的奖学金制度,应予设置,教员的物质条件,应不断加以改善。《经济、社会及文化权利国际公约》对充分实现受教育权的这一界定,为各缔约国采取措施实现公民的受教育权指明了方向。公民受教育权的实现,应当同时具备的条件包括:免费的义务教育、平等的教育机会、国家积极采取保障措施等要素。从我国目前的实践来看,这些要素均已具备,具体来说,一是义务教育已经实现无偿化,我国实行九年义务教育,2006 年 9 月修订《义务教育法》之后,义务教育无偿化这一举措得到落实,义务教育有公共财政予以充分保障,使得每个公民都可以接受义务教育;二是平等的教育机会,我国《教育法》第 9 条明确规定:“中华人民共和国公民有受教育的权利和义务。公民不分民族、种族、性别、职业、财产状况、宗教信仰等,依法享有平等的受教育机会。”第 10 条规定:“国家根据各少数民族的特点和需要,帮助各少数民族地区发展教育事业。国家扶持边远贫困地区发展教育事业。国家扶持和发展残疾人教育事业。”这些法律条文的制定和出台,为每个公民带来了均等的受教育机会。

（二）我国宪法中的受教育权

我国现行《宪法》第 46 条规定:“中华人民共和国公民有受教育的权利和义务。国家培养青年、少年、儿童在品德、智力、体质等方面全面发展。”宪法条文的这一规定,明确指出受教育既是公民的权利也是公民的义务。对于受教育权而言,除国家承担直接的义务之外,家长、教师等也承担一定的义务,我们不能将义务理解成直接的宪法义务,教师、家长的义务是通过诸如《教育法》《义务教育法》《未成年人保护法》等予以规定。[1] 确如此言,我国《教育法》第 32 条规定教师享有法定权利,也应履行法定义务,忠诚于人民的教育事业。《教育法》第 49 条规定父母或者监护人应当为其未成年子女或者其他被监护人受教育提供必要条件,配合学校及其他教育机构,对其未成年子女或者其他被监护人进行教育。《义务教育法》第 11 条规定父母或者其他法定监护人应当送年满六周岁的儿童入学接受并完成义务教育。《未成年人保护法》中一些条款的规定,也充分规范了家长、教师承担义务的行为和社会责任。上述这些条款规定的内容都是以宪法第 46 条第 1 款为立法依据的,以现行《宪法》第 46 条第 1 款的规定为基础衍生出单行法规定。

除此之外,我国现行《宪法》第 19 条规定了国家发展社会主义的教育事业,通过举办各种学校、发展各种教育设施、鼓励各种社会力量依法举办各种教育事业、推广普通话等举措,以提高全国人民的科学文化水平。《宪法》第 23 条规定了国家培养为社会主义服务的各种专业人才,充分发挥专业人才和知识分子在社会主义现代化建设中的作用。《宪法》第 24 条规定了国家通过普及各类教育、制定和执行各种守则、公约等措施以加强社会主义精神文明建设。《宪法》第 19 条、第 23 条、第 24 条的规定在宪法总纲部分,具有基本国策的性质,对公民受教育权的具体内容和实现路径更具指导意义。宪法条文的这三款规定与受教育权作为基本权利因而义务主体是国家的理论并不相悖。[2] 事实上,公民受教育权的充分实现,离不开国家的扶持和保障。在国家层面的宏观指导下,我国的教育事业必将稳步向前发展。

六、环境权

(一)环境权概述

环境权是指公民享受和支配良好的环境,要求减少和排除各种环境污染,恢复和保全健康,以保证其生存所必需的良好环境的权利。随着现

---

〔1〕 参见朱福惠主编:《宪法学》(第三版),厦门大学出版社 2013 年版,第 318 页。
〔2〕 参见朱福惠主编:《宪法学》(第三版),厦门大学出版社 2013 年版,第 318 页。

代社会经济的快速发展,科学技术的突飞猛进以及人口资源的不断增长,人类赖以生存的大气、土壤、水源等各种自然环境资源受到不同程度的污染,并且污染还在继续,生态平衡的破坏,对公民的生存造成严重的威胁。为实现公民的生存权,国家有承担治理环境污染,为公民提供良好生存环境的义务。因此,环境权作为环境保护运动中产生的新型权利,被现代宪法学所关注,环境权逐渐成为公民的一项基本权利。

1972 年 6 月联合国人类环境会议通过的《联合国人类环境会议宣言》中明确指出:"人类有权在一种能够过着尊严和福利的生活的环境中,享有自由、平等和充足的生活条件的基本权利,并且负有保护和改善这一代和将来的世世代代的环境的庄严责任。"1987 年 2 月通过《关于环境和开发的东京宣言》,1992 年 6 月通过《关于环境及开发的里约宣言》。这些文书的通过都表明环境保护问题受到国际社会的关注,环境问题的严重性和紧迫性不容忽视。尽管如此,环境权在国际社会还停留在理念的层面,《联合国人类环境会议宣言》中提出的环境权的概念并没有明确纳入国际人权保障的体系中,只是在《经济、社会及文化权利国际公约》中诸如健康权中涉及环境保护的因素。[1] 关于环境权的概念属性,亦是存在第二代人权和第三代人权的属性区别,国际社会对环境权的保护,其倡导的环境权的保障规范应是属于国际人权保障的范畴,隶属于第三代人权。而现代宪法学关注的环境权,是国内法意义上的环境权保障规范,相对于国际社会倡导的环境权规范而言,隶属于第二代人权。第二代人权中的环境权才是我们当下探讨的重心所在。但是,环境权作为现代社会的产物,由于其时代性和新颖性,在许多国家的宪法法律中并没有得到明确的规范,甚至在部分国家中,环境权的保护还只是停留在概念界定的起步阶段。关于环境权的研究将会被提上各个国家人权事业发展的议程,环境权作为现代社会公民的必要基本权利之一,其研究空间和研究价值不容小觑。

(二)我国宪法中的环境权

我国现行宪法没有正面规定作为公民基本权利的环境权,但已经在一定程度上具备了环境保护的宪法规范内容,并为一些外国宪法学家所

---

〔1〕 参见朱福惠主编:《宪法学》(第三版),厦门大学出版社 2013 年版,第 321 页。

关注。[1] 虽然我国现行宪法没有关于环境权的直接规定,但是关于自然资源保护、合理利用土地资源、防止污染等环保问题上,还是有着宪法明文规范,这些关于环保问题的宪法规范,理论上可以视为关于环境权内容的相关规范。现行《宪法》第 9 条第 2 款规定:“国家保障自然资源的合理利用,保护珍贵的动物和植物。禁止任何组织或者个人用任何手段侵占或者破坏自然资源。”第 10 条第 5 款规定:“一切使用土地的组织和个人必须合理地利用土地。”第 26 条规定:“国家保护和改善生活环境和生态环境,防治污染和其他公害。国家组织和鼓励植树造林,保护林木。”

我国现行宪法关于环境权内容的规定位于宪法总纲部分,说明环境保护具有基本国策的性质。其实,早在 1983 年,时任国务院副总理李鹏同志就在全国环境保护大会上宣布:“环境保护是中国现代化建设中的一项战略任务,是一项基本国策。”1996 年,时任国家主席江泽民同志也在第四次全国环境保护会议上的讲话中指出:“控制人口增长,保护生态环境,是全党全国人民必须长期坚持的基本国策。”环境保护作为一项基本国策,最早的书面文件规定,是在 1990 年《国务院关于进一步加强环境保护工作的决定》中,其指出:“保护和改善生产环境与生态环境、防治污染和其他公害,是中国的一项基本国策。”环境保护作为一项基本国策,贯彻至今,仍然具有非常重要的地位和作用,国家的长治久安和经济社会的可持续发展都离不开环境保护。因此,环境权作为公民的一项基本权利,理应得到越来越广泛的关注,在未来经济社会的发展中将会是一项不可或缺的重要权利。

七、从事科学研究、文艺创作和其他文化活动的自由

(一)从事科学研究、文艺创作和其他文化活动的自由概述

从事科学研究、文艺创作和其他文化活动的自由是指,公民在科学研究活动中享有科学研究的自由和学术自由,在文学艺术活动中享有创作的自由和发表的自由,还享有从事其他文化活动的自由。公民从事科学研究、文艺创作和其他文化活动的自由反映了智力活动的客观规律和要

---

[1] 参见韩大元、林来梵、郑贤君:《宪法学专题研究》(第二版),中国人民大学出版社 2008 年版,第 447 页。

求，对于推进科学进步、文化发展和文学艺术的繁荣，对于社会主义精神文明的建设，是不可缺少的条件。

从事科学研究、文艺创作和其他文化活动的自由在性质上是属于公民的文化权利。文化权利首次被归入人权体系是在1948年的《世界人权宣言》，《世界人权宣言》第27条规定："（一）人人有权自由参加社会的文化生活，享受艺术，并分享科学进步及其产生的福利。（二）人人以由于他所创作的任何科学、文学或艺术作品而产生的精神的和物质的利益，有享受保护的权利。"《经济、社会及文化权利国际公约》则进一步发展了文化权利的内涵，其第15条第1款规定："本公约缔约各国承认人人有权：（甲）参加文化生活；（乙）享受科学进步及其应用所产生的利益；（丙）对其本人的任何科学、文学或艺术作品所产生的精神上和物质上的利益，享受被保护之利。"第3款规定："本公约缔约各国承担尊重进行科学研究和创造性活动所不可缺少的自由。"《经济、社会及文化权利国际公约》完善了公民文化权利的内容，并规定公约缔约国必须承担的责任，由此可见，公民的文化权利不断提升、被国际社会所不断重视。《公民权利和政治权利国际公约》第27条规定："在那些存在着人种的、宗教的或语言的少数人的国家中，不得否认这种少数人同他们的集团中的其他成员共同享有自己的文化、信奉和实行自己的宗教或使用自己的语言的权利。"《公民权利和政治权利国际公约》从保护少数人文化权利的视角出发做出原则性的规定，对于公约缔约国在保障公民文化权利方面更具平衡性和指导性，也体现了世界人权事业的发展日臻完善。

（二）我国宪法中的从事科学研究、文艺创作和其他文化活动的自由

我国现行《宪法》第47条规定："中华人民共和国公民有进行科学研究、文学艺术创作和其他文化活动的自由。国家对于从事教育、科学、技术、文学、艺术和其他文化事业的公民的有益于人民的创造性工作，给予鼓励和帮助。"宪法条文的这一规定明确了我国公民享有的具体文化权利，即从事科学研究、文艺创作和其他文化活动的自由。我国现行宪法没有明文规定"学术自由"，但上述第47条中从事科学研究的自由以及从事教育事业的权利，实际上相当于其他国家宪法中的"学术自由"。[1] 诚

---

〔1〕 参见许崇德主编：《宪法》（第五版），中国人民大学出版社2014年版，第161页。

如此言，我国现行宪法也倡导学术自由，公民充分运用宪法赋予的权利，探索真知，实现自我价值。现行《宪法》第 47 条的相关规定对公民文化权利的保护无疑是浓墨重彩的一笔。

除了上述规定，现行宪法在总纲部分也对公民的文化权利做出原则性的规定。现行《宪法》第 22 条第 1 款规定："国家发展为人民服务、为社会主义服务的文学艺术事业、新闻广播电视事业、出版发行事业、图书馆博物馆文化馆和其他文化事业，开展群众性的文化活动。"第 23 条规定："国家培养为社会主义服务的各种专业人才，扩大知识分子的队伍，创造条件，充分发挥他们在社会主义现代化建设中的作用。"这两个宪法条文的规定实际上是给国家设置了义务，一是通过各种渠道开展群众性的文化活动，以保障公民文化权利的充分实现；二是培养各种专业人才、扩大知识分子的队伍，创造条件，让他们在国家社会主义现代化建设过程中发挥应有的作用。

另一方面，公民要实现从事科学研究、文艺创作和其他文化活动的自由，还需要得到文化活动的自由保障。对文化活动的自由保障，要从两个方面着手实施，一是国家或公共权力不得对科学研究、文艺创作和其他文化活动进行肆意的、不当的甚至是非法的干涉。二是国家或公共权力还需要为公民自由进行文化活动创设条件，提供必要的物质条件和具体设施，积极倡导和鼓励公民从事科学研究、文艺创作和其他文化活动，采取法律等手段保障公民从事科学研究、文艺创作和其他文化活动的自由。相信，在国家或公共权力的带领下，公民从事科学研究、文艺创作和其他文化活动的自由这一基本权利，将会得到充分实现。

综上所述，财产权、劳动权、休息权、生存权、受教育权、环境权、从事科学研究、文艺创作和其他文化活动的自由，总共七类基本权利就是我国公民享有的经济、社会和文化权利，在我国现行宪法文本中都有相应的规范和确认。

第六章　本篇典型事例

案例一：重庆高考状元因作假民族身份未被大学录取[1]

【事件回顾】

2009年，重庆市高考文科状元何××因少数民族身份作假，虽然考出了659的高分（此系没有任何加分的成绩），依然被北京大学拒绝录取。据悉，当年重庆市纪委、民宗委、公安局、教委、招办组成的联合调查组共查出31名虚假少数民族考生，纠正了包括何××等人的少数民族身份，同时取消了他们20分的高考加分。重庆招生自考办公室随后公布了对这一事件的进一步处理情况，31名违规更改民族成分的考生被取消录取资格，纪检监察部门也对当地15名涉事官员进行了查处。[2]

【事件相关的本编宪法理论】

本起事件中涉及的少数民族高考加分，是对少数民族考生的一种优待政策，宪法学上称之为“优惠性差别待遇”。优惠性差别待遇是指对于个人身份地位（如女性或某一种族的成员）予以有利考虑的措施，其目的在于消灭现存的歧视女性与少数民族的现象、补救过去的歧视并预防未

---

〔1〕 参见王凯：《重庆高考状元因民族加分未被大学录取事件——优惠性差别待遇措施与宪法上平等原则》，载胡锦光主编：《2009年中国十大宪法事例评析》，法律出版社2010年版，第37～61页。

〔2〕 参见王凯：《重庆高考状元因民族加分未被大学录取事件——优惠性差别待遇措施与宪法上平等原则》，载胡锦光主编：《2009年中国十大宪法事例评析》，法律出版社2010年版，第37页。

来的歧视。[1] 从实质意义上看,优惠性差别待遇其实与宪法上平等原则相勾连。

我国宪法对于平等的规定可以分为两大类,一是一般平等,即《宪法》第33条第2款规定的"中华人民共和国公民在法律面前一律平等"。二是特别平等,包括《宪法》第4条第1款[2]规定的民族平等、第34条[3]规定的选举平等、第36条第2款[4]规定的宗教平等以及第48条[5]规定的男女平等。宪法文本中存在诸多关于平等的规定,而学界通说倾向于将平等看作原则。

宪法是用以拘束公权力的,如果宪法上的平等原则仅仅是指法律适用上的平等,这无异于允许立法者可以随意制定不平等的法律。如果一个法律本身就不公正,如采取种族歧视政策、采取男女不平等政策,那么通过毫不打折的法适用平等原则,就只能加重恶法造成的侵害。[6] 故而,宪法上关于平等原则的规定既强调了法律制定上的平等,也包括了法律适用上的平等,这才符合宪法尊重保障人权的应有之义。

平等原则要求"相同的事物相同对待,不同的事物不同对待"。换言之,平等是以承认人的差别性为前提的,当然这种差别有来自于人本身的先天性差别,如人的体格、面貌、智力方面的差异,也有来自于后天的、人为形成的类别。这种差别表现在立法上,就是立法者根据人们之间的特征、性质或者关系来决定他是否属于或者排除于某个群体,也就是分类。但分类必须与立法目的之间有一个合理的关联。例如,我国《宪法》第34

---

〔1〕 参见廖元豪:《美国种族优惠性差别待遇合宪性之研究》,载《东吴大学法律学报》第9卷第2期。

〔2〕 《宪法》第4条第1款规定:"中华人民共和国各民族一律平等。国家保障各少数民族的合法的权利和利益,维护和发展各民族的平等、团结、互助关系。禁止对任何民族的歧视和压迫,禁止破坏民族团结和制造民族分裂的行为。"

〔3〕 《宪法》第34条规定:"中华人民共和国年满十八周岁的公民,不分民族、种族、性别、职业、家庭出身、宗教信仰、教育程度、财产状况、居住期限,都有选举权和被选举权;但是依照法律被剥夺政治权利的人除外。"

〔4〕 《宪法》第36条第2款规定:"任何国家机关、社会团体和个人不得强制公民信仰宗教或者不信仰宗教,不得歧视信仰宗教的公民和不信仰宗教的公民。"

〔5〕 《宪法》第48条规定:" 中华人民共和国妇女在政治的、经济的、文化的、社会的和家庭的生活等各方面享有同男子平等的权利。国家保护妇女的权利和利益,实行男女同工同酬,培养和选拔妇女干部。"

〔6〕 陈新民著:《德国公法学基础理论》(下),山东人民出版社2002年版,第673页。

条规定："中华人民共和国年满十八周岁的公民，不分民族、种族、性别、职业、家庭出身、宗教信仰、教育程度、财产状况、居住期限，都有选举权和被选举权；但是依照法律被剥夺政治权利的人除外。"这就是说，在确定是否享有选举权和被选举权的时候，禁止考虑民族、种族、性别、职业、家庭出身、宗教信仰、教育程度、财产状况、居住期限等因素。简言之，这样的分类不与立法的公共目的合理相关，是被禁止的。

在审查立法者有没有违反平等原则的时候，审查机关必须在一定程度上尊重立法者的形成自由，这就带来了平等原则的审查基准问题。也就是说，在哪些问题上，审查机关应当从宽，从而尊重立法裁量权，倾向于认定合理；在哪些问题上，审查机关应当从严，从而限制立法裁量空间，倾向于认定不合理。美国自20世纪30年代逐步发展出了三阶段审查基准，即合理性审查基准、中度审查基准和严格审查基准。

合理性审查标准的要件为：(1)立法目的必须具备正当性；(2)对待方式与达成上述目的在形式上有合理的关联；(3)立法机关对于所采手段与目的的达成之间的适合性有充分的裁量主导权；(4)主张违宪者应承担举证责任。

中度审查基准的构成要件为：(1)区别是基于重要的政府目的；(2)区别目的与达成手段之间有事实上的实质关联性；(3)举证责任由立法者承担。

严格审查基准的构成要件包括：(1)立法目的是基于重大迫切的公共利益；(2)选择的对待手段与达成立法目的有绝对必要的关联性；(3)举证责任由立法者承担。

上述三种审查基准，合理性审查基准太过宽松，而严格审查基准又很容易判定违宪，中度审查基准是处于两个极端之间的中间标准。Black大法官在"Korematsu"一案中说，如果一个法律限制将剥夺一个特定种族的人权将立即被怀疑，这不是说所有这样的限制都是违宪的，而是说法院必须对这样的分类进行最严格的审查。必须采用严格审查基准的可疑分类包括了：(1)此种分类系基于个人无法控制的特征；(2)其立法乃基于偏见，而非追求合理公益；(3)其是将被分类者置于长久不幸的歧视历史的分类；(4)此种分类与正当的政府利益完全无关。

【事件评析】

我国的高等教育因民族而加分的政策是有相应的法律依据的,包括《高等教育法》第9条第2款[1]和《民族区域自治法》第71条第1款、[2]第2款[3]的规定。实践中,各地也依据国家法律制定了相应的加分政策。我国为何要对少数民族进行优惠性差别待遇呢?主流的说法是因为少数民族地区经济和科学发展落后,而这种经济和科学发展的落后主要有历史的、自然条件的、文化和观念等方面的原因。[4] 从这种观点来看,国家似乎是为了补偿少数民族在经济、科学上的落后,才对少数民族在高等教育上进行优惠。

实际上,对于优惠性差别待遇,学者们一直有所争论。

支持的声音主张:

(1)补偿理论。历史上的民族政策曾经对某些民族造成过伤害,使得有些少数民族在传统的工作中缺乏代表性,因此,在就业等问题上应该对少数民族实行优惠性差别待遇以作补偿。(2)示范理论。在优惠性差别待遇方案中,少数民族学生能够进入高等教育,少数民族能够提升到高级职位,这些成功的个人为他们的同胞提供了示范作用,有助于打破类型化的思维定式,为社会上处于不利地位的人群提供向上流动的榜样,从而减轻社会的不满和动荡。换句话说,它有利于社会的稳定和国家的凝聚力。(3)多元化理论。出于各种因素,少数民族通常拥有自己的独特观点,将他们的不同声音带入教室、单位、军队,可以产生一种比较完整的讨

---

〔1〕《高等教育法》第9条第2款规定:"国家采取措施,帮助少数民族学生和经济困难的学生接受高等教育。"

〔2〕《民族区域自治法》第71条第1款规定:"国家加大对民族自治地方的教育投入,并采取特殊措施,帮助民族自治地方加速普及九年义务教育和发展其他教育事业,提高各民族人民的科学文化水平。"

〔3〕《民族区域自治法》第71条第2款规定:"国家举办民族高等学校,在高等学校举办民族班、民族预科,专门或者主要招收少数民族学生,并且可以采取定向招生、定向分配的办法。高等学校和中等专业学校招收新生的时候,对少数民族考生适当放宽录取标准和条件,对人口特少的少数民族考生给予特殊照顾。各级人民政府和学校应当采取多种措施帮助家庭经济困难的少数民族学生完成学业。"

〔4〕参见王军:《文化传承与教育选择——中国少数民族高等教育的人类学透视》,民族出版社2002年版,第84页。

论环境,也可以赋予各族群对抗夸大不实的敌意言论的机会。

反对的理由则包括:

(1)优惠性差别待遇措施与功绩主义完全违背。功绩主义认为,社会强调靠一个人的努力来争取成功,一个人是否可以得到录用、升迁、学位及财富,都应该取决于个人的能力和美德,而非一个人的种族,这样才能鼓励人们力争上游,创造自己的成功。而且,优惠性差别待遇可能被滥用,民族优惠性差别待遇本意是要消解民族歧视,但长远来看,实际上对于所追求的民族和谐反而有害。(2)优惠性差别待遇无法照顾真正需要保护的人,却过分侵害了无辜者的权益。首先,因为优惠性差别待遇而承受不利的人,都是无辜的人。其次,民族优惠性差别待遇的实施结果,受惠者往往是少数民族的中上阶层,对于真正需要帮助的弱势成员并无好处。(3)优惠性差别待遇会对少数民族造成伤害。优惠性差别待遇会被认为是在提倡受害者文化,这并非一种积极进取的想法,反而给大众一种依赖消极的印象。即使本身能力卓越的少数民族人士,也会被社会刻板印象湮没,以偏概全地被视为靠着加分待遇才获得成功的幸运儿,似乎少数民族必须靠着这样的政策才能与人竞争。这对于本就属于弱势的少数民族而言,是一种更具羞辱性的否定,也是以种族为分类基础的优惠性差别待遇制度所造成的扭曲。

从前面的分析来看,民族是一种个人无法控制的特征,属于可疑分类的行列,应该适用严格审查基准。但是,补偿理论的运用必须要证明国家之前确实对少数民族有歧视的事实,或者说要证明是国家过去的歧视导致了少数民族的经济、科学落后,否则就无法证明这样的优惠性差别待遇立法是为了重大迫切的公共利益。

就算承认补偿理论是我国对少数民族高考进行优惠性差别待遇的正当化理由,即将其视为一项重大迫切的公共利益,那么,这样的加分政策对于该立法目的的实现又是否具有必要的关联性呢?或者说,是否存在比这样的加分政策更好的手段呢?

首先,民族因素固然可以作为高考录取的一个考量因素,但在考虑这一因素时,必须针对个案进行,而不能在没有对其他条件进行比较的情况下,对所有少数民族考生实行平均加分。否则就等于鼓励少数民族用他的民族身份来“掩盖”其别的条件的不足,这样一方面会增加那些其他条件不够的考生寻求民族身份“保护”的诱因，另一方面也增加了那些其他条件都优于少数民族考生却落榜的考生对少数民族身份的“不公平感”。其次，对于少数民族高考进行优惠性差别待遇并非只有加分这一路径可以选择，对符合条件的民族生按规定进行降低分数线的方法，相较于加分政策，不会与其他符合正常条件的考生构成竞争，只是将少数民族考生纳入考量范围，然后由高校进行个案审查以决定是否录取，从而既符合“补偿少数民族”和“保证高校中一定的少数民族学生”的公共利益，同时也更符合平等原则。[1]

由此可见，加分政策并非对少数民族高考进行优惠性差别待遇的最佳手段。

【结论】

对于平等的呼唤从来没有停止过，对于我国高考政策各种诟病的讨论也从未间断过。其实，少数民族在经济、科技方面的弱势地位本质上并非历史、自然环境等导致（并非所有的少数民族都居住在自然环境恶劣的地方，同时，住在自然环境恶劣地方的也并非都是少数民族），最重要的原因，应该是语言。虽然按照宪法的规定，各民族都有使用和发展自己民族语言文字的自由，但汉语（普通话）是我国的官方语言，国家的考试多采用汉语进行，因此，少数民族学生在参加非母语的高等学校的考试时，比汉族学生处于劣势地位。与其说国家对少数民族考试进行优惠性差别待遇是在补偿历史上对少数民族的歧视，不如说是在补偿少数民族在语言上的弱势地位。[2] 要想改变这样的状况，其实最好的方式是继续大力推进普通话的普及。

要想多民族和谐发展，就要正视民族之间的差异。相同事物不同对待，或者不同事物相同对待，都是违反平等原则的。但是，对于这种差异，

---

〔1〕 参见王凯：《重庆高考状元因民族加分未被大学录取事件——优惠性差别待遇措施与宪法上平等原则》，载胡锦光主编：《2009 年中国十大宪法事例评析》，法律出版社 2010 年版，第 59 页。

〔2〕 参见王凯：《重庆高考状元因民族加分未被大学录取事件——优惠性差别待遇措施与宪法上平等原则》，载胡锦光主编：《2009 年中国十大宪法事例评析》，法律出版社 2010 年版，第 59 页。

我们根据平等原则在制定相应的优惠性差别待遇政策时，一定要多方考量，尽量采用最为合理最为公平的制度。只有这样，才能真正杜绝和减少高考移民、伪造民族身份等事件的发生。

案例二：四川农民与国家争夺乌木归属权[1]

【事件回顾】

2012年春节期间，四川省彭州市通济镇麻柳村村民吴高亮在自家承包地的河道边偶然发现一些乌木，随即雇佣挖掘机开挖。通济镇政府获悉后，认为乌木为埋藏物，依法应归国家所有。镇政府要求吴高亮立即停止挖掘，由镇政府主持继续挖掘，共挖出7根乌木，其中一根金丝楠木的市场价格约为1000多万元。通济镇政府将这些乌木运到镇客运中心封存，并贴上《国有资产管理登记表》。2012年7月3日，彭州市财政局召集文管局、林业局、司法局、水务局、国土局等部门开会讨论，正式答复吴高亮：乌木归国家所有，依法奖励吴高亮7万元。

2012年7月26日，吴高亮和姐姐吴高惠起诉通济镇政府，请求法院确认7件乌木为自己所有。2012年11月28日，成都市中院审理此案，双方就乌木是谁发掘、是否在吴高亮的承包地下和通济镇政府是否有非法行政行为三大焦点问题进行了举证。鉴于诉讼双方在焦点问题上存在重大分歧，此案择日开庭审理。2013年1月16日下午，持续近一年的"彭州天价乌木案"在成都中院第二次开庭审理，下午4点40分，法院对案件作出了裁定，驳回了吴高亮的第二项关于确认于二原告承包地并由原告发现发掘的7件乌木为原告所有的起诉和吴高惠的全部起诉。法院认为，吴高亮请求确认7件乌木由他所有的诉讼请求，是确认权属纠纷，不属于行政审判的权限范围。对吴高亮提请的其他三项诉讼请求，成都市中级人民法院于2013年2月7日裁定中止诉讼，原因是涉及法律适用

---

〔1〕 参见曾娜：《四川农民与国家争夺乌木归属权案——财产的"私使用性"与国家所有》，载胡锦光主编：《2012年中国十大宪法事例评析》，法律出版社2013年版，第77～94页。

问题,需要送请有权机关作出解释或者确认,然后再继续审理。[1]

【事件相关的本编宪法理论】

本起事件引发众人关注和热议,其焦点在于"天价乌木"到底属于国家还是属于个人,换言之,国家所有权和私有财产权之间的关系和界限是什么,在所有人不明或无主物的情况下,基于宪法的私有财产权保障与社会主义经济制度之间的关系,应作出怎样的权属安排?而要厘清这些问题,需要我们从财产权入手进行分析。

近代宪法对财产权保障的确认,最典型的表述是法国《人权宣言》第17条规定的"所有权神圣不可侵犯"。这一观念反映为民法上所有权绝对性原则的确立。2004年,我国正式将私有财产权写入宪法,[2]标志着整个社会对私有财产权认识的重大转变。宪法上的财产权不同于民法上的财产权,是公民针对国家而享有的一项权利,并对民法上的财产权制度起着制约作用。

宪法对私有财产权的保障,在内容上包括保障个人现有具体之财产上的权利与保障个人享有财产权的法律制度即保障私有财产制这两个方面。[3] 私有财产权制度的保障,是将财产权作为制度加以保障,意味着国家应对财产权的内容予以"形成",而非其他自由权,国家原则上不予干涉即可实现。这是因为制度性保障的权利,如果没有法律制度,根本无从形成权利的具体内涵。据此,立法机关对财产权,具有较大的形成空间,不仅可以限制财产权,甚至可以通过立法形成私有财产权的标的。例如,《物权法》中规定矿藏、水流、海域、城市的土地等属于国家所有,这就当然排除了这些资源成为私有的可能性。当然,制度性保障的权利并非立法机关可以任意处置,在形成其权利内容时,仍不可侵犯到制度的核心部分,立法机关仅能对制度的非核心部分或非本质部分加以改变。

---

〔1〕 参见徐佳:《四川彭州乌木案尘埃落定》,载四川新闻网:http://scnews.newssc.org/system/20141217/000520414.html。

〔2〕 《宪法》第13条规定:"公民的合法的私有财产不受侵犯。国家依照法律规定保护公民的私有财产权和继承权。国家为了公共利益的需要,可以依照法律规定对公民的私有财产实行征收或者征用并给予补偿。"

〔3〕 [日]芦部信喜:《宪法》,林来梵等译,北京大学出版社2006年版,第203页。

历史证明,国家对所有权的绝对保护,以及所有权完全由个人任意支配,会导致财富集中、贫富悬殊以及物不能尽其利等不公平现象,所有权社会化观念应运而生。财产权的社会义务性是指财产权原则上应属于个人,由其为个人利益而使用(私使用性),不过个人行使财产权时,也须同时有助于公共利益。也就是说,财产权的社会义务性是以调和个人利益与公共利益的冲突为出发点,对财产权的归属与财产权的行使予以区分。基于个人主义的思想,财产权虽属于个人,但其行使则与公共利益有关,在符合公共利益的前提时,财产权归属于个人才具有正当性。当然,财产权的社会义务性并未否定财产的"私使用性"原则,立法机关在确定社会义务时,仍应受到该原则的拘束,这是财产权制度性保障的基础。

财产权的制度性保障主要是针对立法机关,用以限制立法机关的权限。立法机关在形成财产权内容时,必须注意财产权存在的本意,即财产的私使用性原则,在实体上和程序上为私有财产权提供必要的保护规定,使权利人能够行使对其财产的经济上的使用、收益等权限。换言之,立法机关对财产权内容的形成,必须在宪法范围内为之,是一种"受宪法制约的立法裁量"。裁量空间并非一成不变,根据前述宪法所保障的财产的区分,可以推导出,财产越具有强烈的社会关联性,立法裁量空间就越大;反之,若财产仅与个人自由相关,不具有突出的社会职能,立法裁量空间就越小,意味着该项财产受限制的程度更低,也更无理由收归国有。

【事件评析】

本起事件中"天价乌木"的归属争议,涉及民事法律对所有人不明的财产或无主物所作的权属界定是否正当的问题,不但应以立法机关制定的法律作为审查的基准,还需要将法律与宪法联系起来进行理解,即除了民法层面的思考之外,还应该在民法之上展开合宪性分析。

按照《民法通则》第 79 条[1]的规定,属埋藏物的乌木应为国家所有。从主权先占理论出发,当一物穷尽主体仍无法确定所有权人时,只能由国

---

〔1〕《民法通则》第 79 条规定:"所有人不明的埋藏物、隐藏物,归国家所有。接收单位应当对上缴的单位或者个人,给予表扬或者物质奖励。拾得遗失物、漂流物或者失散的饲养动物,应当归还失主,因此而支出的费用由失主偿还。"

家予以承受。将无主物归为国有,似乎具有一定的合理性。问题是,这样的所有权归属方式,会使公民的财产权处于不稳定状态,并导致如下情形:凡是法律未明确规定属于私人所有的,一律归国家所有。但财产权宪法保障的核心在于财产的“私使用性”原则,不仅是为了更有效率地利用财产,使物尽其用,更重要的是,私有财产对于个人自由和自我统治意义非凡。从有限政府理念出发,凡是国家所有的财产,应以法律明确规定;否则,一般情况下应归私人所有。我国《宪法》第 9 条第 1 款规定,“矿藏、水流、森林、山岭、草原、荒地、滩涂等自然资源,都属于国家所有,即全民所有……”这里的“等”如果理解为“等外等”,将无限扩大国家所有的财产范围,私有财产权将得不到真正的保障。然而,若理解为“等内等”,则相当于确定了一个一成不变的国有财产范围,不利于立法机关随着时代、国情的变化而明确其不同范围。因此,国有财产的范围,应由立法机关以法律的形式来具体形成。依《物权法》第 45 条第 1 款的规定:“法律规定属于国家所有的财产,属于国家所有即全民所有”,这样既防止国有财产的无限延伸,又赋予立法机关对私有财产权必要的形成空间。

在理解《民法通则》第 79 条的含义时,存在两种观点:一是从字面出发,将一切所有人不明的埋藏物都归入国有财产;二是将其与《物权法》第 45 条相联系,认为埋藏物仅在法律明确规定为国有时,才属于国有财产。在 2004 年私有财产权入宪后,基于国家所有与私人所有之间关系的变化,以及法治国家下有限政府的要求,采取第二种意见似乎更符合宪法上私有财产权保障的意旨。因此,对于所有人不明的埋藏物,必须在法律规定属于国有财产的范围内,才应收归国有。既然本起事件中的乌木不属于法律规定的应归国家所有的文物、矿产资源或古生物化石之列,私人当然可以拥有乌木的所有权。由于宪法的财产权保障并不以最高经济效用为宗旨,且国有财产的范围也可适时调整,如果国家觉得乌木这类不可再生资源应进入国有财产的范围,立法机关应该通过法律的形式将其明确规定为国有。

还应看到,本起事件中,国家若要通过立法将乌木规定为国有,所要具备的前提条件是:将乌木国有所能达到的公益必须远远超过将其作为私有所保障的私益。这种“利益衡量”是立法机关的责任,在制定何种埋藏物或无主物应由国家所有的法律规范时,应当将此种“利益衡量”予以阐明。立法机关在此过程中,必须留意财产的“私使用性”原则,尽量使私有财产权利人的私益与公益得到协调。据此,立法机关在界定国有财产的范围和界限时,基本原则是不能随意扩大国家财产的边界,尤其是仅具有经济价值的物品,一般而言不必归国家所有,这样更能发挥物的价值,使物尽其用。[1]

实际上,普通乌木价格不高,本起事件中,7 根乌木里面只有一根“金丝楠木”市场价格较高,但都含有太多炒作的成分。而且,根据专家意见,乌木对地质研究的意义也不大,且若是用于研究,一小段就足够。另外,从生物学或植物学的角度看,形成乌木的树种现在都还在,并未灭绝,因此,乌木所具有的主要还是经济价值。从经济学上的效率出发,乌木并非公共产品,由私人所有更有利于发挥其价值。当然,乌木并非个人实现自我发展所必需的物质条件,将其收归为国有,并不侵犯财产权制度的核心本质。问题是,乌木也并非具备强烈的社会关联性或社会功能的财产,个人对乌木的使用并不会对社会共同体产生非常大的外部性。因此,在这个问题上,立法机关虽然具有相当的形成自由,但应从宪法保障财产权的目的出发,作出最符合宪法意旨的权属界定。原则上,应将乌木界定为私有财产权的保障范围,然而,在必要的限度内,仔细斟酌乌木这一不可再生资源对社会的“关联性”和“功能性”,经由法律规定,对乌木权利人的权限可加以适当的限制;而对于某些科学价值极高的乌木,可由法律规定为国家所有。

对此,要运用比例原则进行思考。比例原则要求公权力必须在限制基本权利的目的和限制基本权利的手段之间进行衡量,不能不择手段地追求目的的实现。[2] 本起事件中,通济镇政府提出乌木国有的一个理由是可以防止私人滥采造成地质灾害。对此,首先要看现实中是否存在这种情况,如果确实存在,就需要考虑收归国有是否足以避免环境风险,有无对私人财产权损害更小的规制措施可以有效避免此类损害的出现,通济镇政府对此显然没有给出充分的理由说明。实际上,被称为“中国乌

---

〔1〕 参见曾娜:《四川农民与国家争夺乌木归属权案——财产的“私使用性”与国家所有》,载胡锦光主编:《2012 年中国十大宪法事例评析》,法律出版社 2013 年版,第 92 页。

〔2〕 参见张翔:《财产权的社会义务》,载《中国社会科学》2012 年第 9 期。

木根雕艺术之都”的四川省芦山县，经营乌木的商户、加工厂有一千多家，乌木基本都由当地农民自己挖掘，销售所得一部分归田地承包权人所有，另一部分归发现者所有。为规范乌木市场，芦山县禁止在国有河道、山林等地挖掘乌木，并将乌木经营纳入林业部门管理，经销乌木必须办理许可证和工商执照。通过这些措施，不仅促进了乌木市场的发展，增加了政府的收入，还带动了旅游业的发展。[1] 芦山县的实践充分说明，通过政府的有效规范管理，乌木的私有并未带来严重的环境问题，因此，全部收归国有作为实现公共利益的唯一手段，在本起事件中并未达到适用的必要性，与比例原则相悖。[2]

当然，私有财产权并非绝对的权利，其有一定的界限，行使也应该受到一定的限制。根据《宪法》第 13 条的规定，对私有财产权的限制必须是法律保留，即只能由立法机关的法律作出，而且所作出的限制必须内容明确，能够对公民的行为做确定性的指引。就乌木而言，如果国家经过各种利益衡量，认为应该排除个人对乌木的所有，那就应当由立法机关制定明确的法律，规定在什么情况下，或具有哪些特征的乌木应该收归国有，给公众明确的法律指引。

【结论】

我国在 2004 年修宪时明确了私有财产权的宪法地位。私有财产权入宪，有助于促进个人人格发展自由，使个人得以形成自我负责的生活。立法机关在依据宪法具体化财产权规范时，必须注意财产权存在的本意，即财产的私使用性原则，同时，也必须平衡公共利益与私益，任何一种倒向一方的偏向或歧视，都不符合财产权保障的要求。对于国有和私有的界限，立法机关虽然有权依据社会情势作出安排，但仍应顾及财产权的功能，通过法律合理界定国家所有的范畴。对于那些仅仅具有经济价值且无强烈的社会关联性的自然资源，若无其他的合理性考虑，并无收归为国有的必要性。据此，在理解《民法通则》第 79 条规定时，应采取合宪性限

---

[1] 参见张敏：《芦山乌木市场良性发展受肯定》，载四川新闻网雅安频道：http://ya.newssc.org/system/20130408/000997116.html。

[2] 参见曾娜：《四川农民与国家争夺乌木归属权案——财产的“私使用性”与国家所有》，载胡锦光主编：《2012 年中国十大宪法事例评析》，法律出版社 2013 年版，第 93 页。

定解释，将属于国有的所有人不明的财产局限在法律明确规定的范围内，防止将国家置于与民争利的尴尬位置。

案例三：四川省巴中市白庙乡“财政公开”事件[1]

【事件回顾】

2010年1月24日，白庙乡召开“乡财政预算公开暨民主议事会”，乡党委书籍张映上决心公开每一笔公费开支去向。2月5日，“白庙乡政府机关1月公业务费开支公示栏”正式上线；从1.5元的“购信纸一本”到1269元的招待“财政预算公开民主议事会观摩来客”，公示表统统记录在案。3月4日，白庙乡政府如期在网站上继续公布2月开支，从中依然可见数额小到4元的“购信纸两本”。自白庙乡公开公务费用开支之后，许多招待对象纷纷退还了“招待费”，在财政公开初期，白庙乡政府在获取上级政府职能部门的资金支持上陷入困境。白庙乡的财政公开被媒体形象地称为“全裸财政”，引发了社会热议。尽管有人对此提出了质疑，但从整体上看，这一举措获得了很多网民的支持。据张映上书记介绍，2010年白庙乡全年的年公用经费支出比上一年节约3.3万元，老百姓更亲近更信任政府，干部更自律，外出务工返乡人员的赞成度更高。这说明，白庙乡的财政公开实践取得了不错的“财政效益”和“社会效益”。[2]

【事件相关的本编宪法理论】

从宪法释义学的视角来看，“财政公开”的实质是“预算公开”，即政府及其职能部门不仅向人大及其常委会，而且向人民公开财政预算的内容及执行情况，以便接受人民的监督。这属于政府信息公开的一个重要

---

〔1〕 参见周刚志：《四川巴中市白庙乡“财政公开”事件——“财政公开”的规范基础、宪政价值与制度保障》，载胡锦光主编：《2010年中国十大宪法事例评析》，法律出版社2011年版，第106~123页。

〔2〕 参见贾玥：《白庙乡书记回应质疑：“招待费”占全年支出比不超1%》，载人民网：http://politics.people.com.cn/GB/14562/11279455.html。

内容,不但涉及人民的表达自由、监督权等政治权利的基本权利事项,更是关乎政府(财政)权力的合法、理性行使,因此,其作为现代民主法治国家之制度基石,具有非同一般的价值。

我国《宪法》第41条第1款规定:"中华人民共和国公民对于任何国家机关和国家工作人员,有提出批评和建议的权利;对于任何国家机关和国家工作人员的违法失职行为,有向有关国家机关提出申诉、控告或者检举的权利,但是不得捏造或者歪曲事实进行诬告陷害。"宪法学者多将这一条款解释为"监督权"条款,其保障性条款就是第41条第2款,即"对于公民的申诉、控告或者检举,有关国家机关必须查清事实,负责处理。任何人不得压制和打击报复"。从白庙乡财政公开实践来看,人民对于国家机关及其工作人员的监督权,既可以由人民主动行使,也可以由政府主动作为再接受人民监督,此乃"监督权"作为基本权利的"主观权利"与"客观法"双重功能之体现。[1] 与此相关,《宪法》第35条规定了"表达自由",即"中华人民共和国公民有言论、出版、集会、结社、游行、示威的自由"。显而易见,不管是监督权,还是表达自由,这两项基本权利的行使都以了解政府相关信息为前提,换言之,这两项基本权利的实现需要法律法规进行"知情权"等具体权利之续造或者具体的制度化,这正是财政公开制度的宪法价值之所在。当然,政府在财政公开之后需要接受人民的监督,此时,人民可以根据《宪法》第41条行使监督权,并根据《宪法》第35条对于监督的结果进行自由表达。由此可见,"财政公开"乃至政府信息公开是实现宪法所规定的监督权和表达自由的客观要求,或者说,政府信息公开(财政公开)是监督权和表达自由的"客观法秩序"功能的直接体现。

作为现代行政的一项基本制度,政务公开有着特殊的时代意义和重要作用:[2]

---

[1] 基本权利的"客观法"功能,也称基本权的"客观秩序功能",它要求国家除了承担针对防御权功能的"不侵犯义务"和针对受益权功能的"给付义务"以外,还应当运用一切可能和必要的手段来促成基本权利的实现,其义务范围非常广泛。参见张翔主编:《基本权利的规范建构》,高等教育出版社2008年版,第45页。

[2] 参见禹竹蕊、李宗侯:《公安机关全面推进政务公开的路径分析》,载《政法学刊》2015年第3期。

（1）政务公开是对人民主权的积极回应，有利于公众理智选择行为，有利于公众对公共政策形成共识，通过信息的交流与反馈真正达致哈贝马斯提倡的“交往互动”，将民主政治落到实处。换言之，政务公开在提供信息服务、规制市场的同时，更为重要的是将政府职能部门的各项管理举措等主动置于公众监督之下。

（2）全面推进政务公开是公众参与的保障。监督权是我国公民的一项基本权利。公众对行政行为进行监督和评述，可以有效防止专断和腐败，可以预防恣意。正如宪法学者所言：“倘若期待这种监督权能切实发挥超越传统请愿权的实效性，则要求对知情权这一作为行使监督权之前提条件的宪法权利予以有效的保障……”〔1〕全面推进政务公开，使公民通过事前了解、事中参与、事后监督等多种手段来监督和制约行政权力的运行，促进行政机关依法行政、依法履职，可以真正从源头上预防和惩治腐败。

（3）全面推进政务公开是人权保障的诉求。2004 年 3 月 14 日，第十届全国人大二次会议审议通过宪法修正案，直接将“国家尊重和保障人权”写入《宪法》第 33 条第 3 款。全面推进政务公开，不但可以确保公众知情权、监督权等基本权利的实现，而且也可以保障公众的人身权、财产权不受侵犯，进而促进责任政府、民主决策等价值的实现。

（4）全面推进政务公开是提升政府履职能力的需要。信息社会，信息工具已经成为了各国政府治理的首选措施。政务公开其实是政府在信息社会提供公共服务的一种方式和手段。政务公开与行政监管可以形成一种强大的合力，有效缓解行政管理机构的执法压力，在宣传法律规范的同时，确保市场管理任务的实现，促使行政管理效率大大提升，并真正让公众了解政府采取相应管理措施的原因和依据，杜绝和预防矛盾的产生和冲突。全面推进政务公开，是政府主动适应信息化挑战、创新管理方式的自我变革，对于始终奉行执政为民、提升政府履职能力、提供高质量的公共服务有着重要意义。

（5）全面推进政务公开是深化经济体制改革的要求。政务公开是一

〔1〕 韩大元、林来梵、郑贤君：《宪法学专题研究》（第二版），中国人民大学出版社 2008 年版，第 473 页。

种有效和积极的行政规制手段。作为市场监管的重要手段,信息规则在一定程度上促进了市场淘汰机制的形成,有利于市场的良性竞争,有利于创建公平、开放和透明的市场规则,弥补了市场失灵。政务公开通过及时向公众提供相应的信息,实现公众的自我判断和自我选择,实现市场主体的自我规制和自我约束,可以有效预防产生民事纠纷,实现政府对市场的间接调整。全面推进政务公开,将为我国参与国际高标准的贸易投资规则谈判、进一步构建开放型经济新体制,开创高水平对外开放新局面奠定良好的基础。

【事件评析】

提升治理能力,实现国家治理现代化,就需要加强人权保障和加快民主法治建设,要将提升人民的幸福感,尊重和保障人权作为治国理政的重要目标,要在日常行政管理活动中保障公民的知情权、监督权、参与权,维护公民的言论自由。本起事件中,白庙乡的"财政公开"实践,深合现代民主法治国家之保护基本权利、提升政府绩效的宪法原则与精神,当为宪法学理论所肯认。但是,此种制度实践中所衍生出的若干问题,如"基层政府在财政公开之后如何寻求上级政府的财政支持"等,则又需要我们进一步思考,此外"财政公开"制度的正常实施,需要何种宪法制度与之配合或支持?

《宪法》第 99 条第 2 款规定:"县级以上的地方各级人民代表大会审查和批准本行政区域内的国民经济和社会发展计划、预算以及它们的执行情况的报告;有权改变或者撤销本级人民代表大会常务委员会不适当的决定。"从制度层面上讲,财政预算的审批及监督权归属于人大及其常委会。但是,财政公开制度的确立,在赋予人民知情权的同时也强化对人民表达自由和监督权等基本权利的保障。如果人民行使这两项基本权利并非旨在监督财政预算的执行,而是直接质疑法定预算本身的合法效力,对财政预算中所列"支出事项"或者"支出金额"提出强烈质疑,依据我国《预算法》和《监督法》的规定,政府可向人大常委会提出预算调整方案,人大常委会也可以接受人民意见主动作出调整法定预算的决定。概言之,如果人民直接质疑与反对法定预算的合法效力,且提出的监督意见合理合法,政府不能因此而擅自变更法定预算方案以损害其法定效力,只能通过人大常委会以决预算调整方案对法定预算加以改变；如果人大常委会拒绝接受人民意见，人民进而质疑人大及其常委会的合法性或正当性，则人民只能诉诸民主选举等政治机制。如此，法定预算的法律效力与人民的监督权、表达自由等基本权利方可得以兼顾。

此外，中国自1994年实行分税制以来，中央政府等高层政府的财政能力迅速提升，但是随着农业税和教育费附加等税费改革措施的推行，县、乡政府等基层政府的财政能力被严重削弱，在财政上严重依赖于上级政府的财政转移支付。中央政府各部门在“专项拨款”之“给付对象”、“给付金额”等问题上极具裁量空间。省级政府对于省以下各级政府的财政转移支付的主要形式、模式与财政部规定的制度基本相同，但是各省市区根据本地的实际情况，在客观因素的选取、人员经费和公用经费标准的设定、税收返还比例系数等方面，与中央政府的做法略有差异。[1] 白庙乡政府于财政公开初期即在获取上级政府职能部门之资金支持上陷入困境，此即其制度根源之所在。为促进财政转移支付制度的规范化和法治化，营造基层政府“财政公开”实践的生存空间，须尽量减少“专项拨款”的比重并增加“一般性财政转移支付资金”的总量，并促进其规范化、法治化发展。只有这样，地方政府对财政转移支付资金的争取，才会避免诸如“招待费”等潜规则的适用。为此，国家可以专设“中央政府统筹税”与“省区政府统筹税”、“县市政府统筹税”等税种，以增加中央与地方高层政府的财政平衡能力，逐步实现基本权利保护的均等化。[2]

【结论】

从长远的历史视角看，白庙乡的财政公开改革折射出中国财政转型的阵痛与艰难，可以被视为中国财政立宪主义运动的一个小小花絮，它也暗合了中国民主法治发展的进程，其倡导的财政公开、政务公开与几年后中央出台的《决定》和《纲要》的精神是一致的。财政公开制度及其续造

---

〔1〕 刘英：《中国财政转移支付的运行情况、问题及建议》，载全国人民代表大会常务委员会预算工作委员会调研室编：《中外专家论财政转移支付》，中国财政经济出版社2003年版，第29页。

〔2〕 参见周刚志：《四川巴中市白庙乡“财政公开”事件——“财政公开”的规范基础、宪政价值与制度保障》，载胡锦光主编：《2010年中国十大宪法事例评析》，法律出版社2011年版，第120页。

的公民知情权、监督权、表达自由及其保障机制，正是当今中国宪法体制所规定的、能够增进政府与人民互信关系的一种重要的政治参与途径。全面推进政务公开（财政公开）是民主参与思潮下实现公民参与的保障，其实施有利于将公权机构的管理举措置于公众监督之下，便于公众了解行政执法部门的执法行为，切实保障公民行使监督权和表达自由的基本权利，实施评价和监督，有效防止行政执法的恣意，防止行政权滥用，杜绝暗箱操作和权力寻租。[1] 尽管此举可能会对政府、政府官员的财政支出行为构成极大的限制并危及其灰色利益，但在整体上它却有助于社会稳定与政治安宁，提升政府的公信力与合法性。

---

〔1〕 参见禹竹蕊、李宗侯：《公安机关全面推进政务公开的路径分析》，载《政法学刊》2015 年第 3 期。

第三篇 国家权力篇

【本篇导读】

国家权力是特殊的政治权力，是通过国家政权的运行从而发生的政治权力关系。国家各机构所行使的权利共同形成了国家权力，因此，也可以称为治权或政府权力。国家权力表现的最高统治形式是国家主权，它是国家权力的“终极形式”，是一切国家权力的渊源。政府权力通过法律的形式由国家主权合法授予。现代政府权力根据职能不同，通常分为立法权、行政权和司法权。全国人民代表大会是我国最高国家权力机关，地方各级人民代表大会是地方各级国家权力机关，这是我国宪法明确规定的。本编紧紧围绕国家权力这一核心范畴，就国家权力的概念、性质，国家权力的行使方式以及国家政权的组织形式，中央与地方的关系以及国家权力机构分别进行分析和讨论，并通过一些典型的宪法事例来深化学习。

作为党员领导干部，其职权来自于宪法与法律的直接授予，行使法定职权是国家权力的具体实现方式，因此，全面认识和理解国家权力的性质以及实现方式、中央与地方的法律上的关系以及国家权力机构的产生等相关理论和实践极为必要。其中国家权力的性质、我国的政权组织形式、中央与地方的关系、国家权力机构的产生和职权的行使等尤其需要党员领导干部结合自己的工作深入思考、认真总结，确保能够按照宪法和法律规定的方式和内容行使国家权力。

第一章　国家权力概述

【本章导读】

马克思主义认为,人类社会从来都是以一定的“形态”存在的,无“形态”的“社会”只属于思想范畴而非客观存在。社会形态是社会立体结构发展到某个具体阶段的具体表现形式和存在状态。社会立体结构一般认为包括政治结构、经济结构、文化结构等。政治结构的核心是权力结构,权力结构在国家制度中是最具实质的内容、最核心的标志,不同的权力结构体现着不同的国家政体。人类的社会文明史,既是社会形态的发展史,也是社会制度的更替史,更是权力结构的演变史。生产力的发展程度决定社会形态的成熟度,权力结构的合理性直接影响着国家制度运行是否有效,公民权利的法律保障程度和参与公共治理的程度决定着国家权力的公信力。国家权力及其结构是任何宪法都必须首要关注的核心问题。

作为党员领导干部,直接掌握和行使着国家权力,其职权源自于宪法与法律的授权,正确认识国家权力的性质以及实现方式等相关宪法理论和实践,对于准确理解和把握国家权力源于人民主权,正确行使国家权力极为必要。其中国家权力的特征、国家权力的实现方式以及尊重和保护公民及社会组织行使公共权力等尤其需要党员领导干部结合自己的工作深入思考、认真总结,确保能够按照宪法和法律规定的方式和内容行使国家权力。

第一节 权力的含义与特征

权力是人类社会系统中的子系统,作为上层建筑的核心组成部分,最终由生产力和经济基础所决定,既融入到社会形态的发展和更替之中,又反作用于生产力和经济基础,并影响甚至决定一个民族,一个国家的兴衰和转换,代表和反映国家制度的类别和方向。对权力的理解,有各种不同的解释和阐述,同时权力还伴随着社会的变迁和发展呈现出新的时代特征。

一、权力的语义学分析

在英语中,"权力"一词的对应词是"power",从语义学上看,"power"首要含义是指一种力量,即"能够做出某种行为的能力"。其次,它也是一种通过影响他人行为而取得一致行动,达成预期结果的能力。

在现代社会,英文中的"power"一词可以被运用于许多不同的领域。在不同的领域中,"power"的归属主体与表现方式都有所不同。这一词语本身也逐渐具有多种含义。比如,在自然科学中,"power"被用来指一种物理动能或动力、功率等。在社会与人文科学领域,"power"一词至少具有如下三个方面的含义:首先,它指人类所具有的一种特性,与能力、技巧、禀赋等词同义。在这个语义中包含从事某种行为的能力,即"行动权";其次,它具有一种掌控、主导、控制的意义,其同义词为主宰、统治。在这个意义上,权力常用来指一种"限制性力量",它往往与具有一定压制性、强制性的操纵、限制等词语联系在一起。此时,权力表现为一种"控制权"。最后,它还可以指"有说服力""有效"的效果,在这一层含义上,"power"与"right"混用,指国家、政治组织或其他社会组织所具有的权威或者指个人所拥有的一种道德权利或法律权利。

二、权力的概念

权力作为法学和政治学的一个核心范畴,具有与西方法学、政治学发展大致相当的两千多年历史的沉淀和演绎。对权力的含义,近现代西方学界也众说纷纭,并没有形成完全一致的共识。大致可以归纳为以下几种:

第一,以德国社会学家、政治经济学家马克斯·韦伯为代表的“能力说”。

韦伯对权力作出了最有影响的定义。他指出,权力是一个行动者能够任凭反抗而贯彻其个人意志的可能性,而不论这一可能性是建立在怎样的基础之上。[1] 这个定义强调了两点:第一,权力是一种能力,包括实际能力和潜在的能力;第二,强调了权力拥有者的主观意图。马克斯·韦伯将权力划分为强制和支配两种类型,其中,支配又分为合法支配(权威)和凭借利益垄断而取得的支配。合法支配有三种,这就是众所周知的传统型、克里斯玛型、个人魅力型。

罗伯特·比尔施太特也认为:“权力是使用武力的能力,但不是它的实际使用,是应用制裁的能力,但不是它的实际应用。”[2] 他们把权力视为一种惩罚或强制的能力。

第二,以英国思想家伯特兰·罗素为代表的“预期说”。

罗素认为,权力是“预期效果的产生”[3] 英国的另一位政治哲学家托马斯·霍布斯也认为,权力是“获得未来任何明显利益的当前手段”。[4] 美国纽约大学社会学教授丹尼斯·朗则认为,权力是“对他人产生预期和预见效果的能力”。[5]

第三,以马克思、恩格斯为代表的“力量说”。

马克思对权力并没有直接进行单独的、系统的论述,但在探讨国家问题、社会管理和统治时会论及权力、权威等概念。在马克思看来,人类历史就是一种围绕物质资料的控制和支配的斗争,特别是生产资料。权力附属于生产资料所有制,谁拥有生产资料谁就拥有权力。在阶级社会里,社会划分为两大阶级,占有生产资料的是统治阶级,因此,运用权力、行使

---

〔1〕《马克斯·韦伯文选》,牛津大学出版社 1964 年版,第 180 页。

〔2〕转引自丁一凡编:《权力二十讲》,天津人民出版社 2008 年版,第 311 页。

〔3〕转引自李剑宏:《王权论》,社会科学文献出版社 2009 年版,第 108 页。

〔4〕转引自李剑宏:《王权论》,社会科学文献出版社 2009 年版,第 108 页。

〔5〕转引自丁一凡编:《权力二十讲》,天津人民出版社 2008 年版,第 311 页。

权力的不是特定的个人,而是统治阶级及其利益群体。

恩格斯指出,国家是阶级矛盾不可调和的产物,是经济上占统治地位的阶级进行统治,是凌驾于社会之上而且日益与社会脱离的特殊力量。国家权力则是统治阶级利用的工具。[1]

纵然"权力"一词并无法达成完全一致的定义,但上述大师们的不同观点从不同观察维度为权力进行了界定,也为我们准确把握权力含义提供了思维的工具。

本书所指的权力界定为法学上的国家权力或称为公共权力,是一种依法授予、行使、运行的法定职责内相应公共职能(决策职能、执行职能、监督职能)的权位和势力,同时这种权位和势力是在法律规定的全过程的监督和制约中运行和调试的。

三、权力的特征

作为宪法学重要范畴的权力,是指法律上的强制力和职责范围内的支配力,直接反映权力的所有者特别是代理者(或行使者)对于权力资源的使用方向、使用规模、授受循环情况及其内部的相互分工、制约、平衡的程度。权力主要具有三大本质特征:

(一)权力的独占性

权力作为稀缺资源,直接决定利益分配的格局,能够给权力享有者带来地位、荣誉、利益等。因此,权力的主体无论是集体还是个人,无论是杰出人物还是普通官员,对于权力的占有都具有自发的冲动和内在的独占性。权力主体为了实现其意志和利益,直接通过法律赋予其不容许侵犯、挑战和分享的占有、支配地位和强制力量,形成权力主体与客体之间的命令与服从关系;同时,"经济人理性"和公共需求的膨胀,促使权力主体的"经济人"冲动和利益扩张,将进一步强化了权力的独占性,权力与权利之间的授受、制衡与回归关系受到直接挑战,出现权力与权利良性循环无法回复的状况,形成非理性、非制度化的独占、支配地位,甚至导致权力盗用、滥用、专制等消极腐败现象。正如恩格斯在《家庭、私有制和国家的起源》中指出的,国家及其公共权力是"从社会中产生但又自居于社会之

[1] 转引自丁一凡编:《权力二十讲》,天津人民出版社2008年版,第192页。

上并且日益同社会相异化的力量”。[1]

权力的独占性在专制社会中，按照一种自身惯性和内在逻辑发展，掌控权力的时间越长，权力越高度集中。如秦始皇虽然开创了皇帝亲掌决策权、宰相行使执行权、御史握有监督权的三权分立雏形，但中国几千年的封建社会始终是皇权独大的权力结构，即“普天之下，莫非王土；率土之滨，莫非王臣”。又如，我们从“苏东剧变”中应该汲取的教训是苏东共产党在“议行监合一”权力结构和等级授职制用人机制的强控制下，权力呈现过分且加速集中于党委的趋势，不搞权力分工，不搞监督制衡，高度集中一切权力，强力整合一切资源，“不适当地、不加分析地把一切权力集中于党委”，形成“权力过分集中”的“党的一元化领导”体制[2]越是远离基层实际和第一线的上级和中央，越是管了很多管不好也管不了的事，其权力支配的高度、独占的宽度和垄断的长度就越大，“一元化领导”体制的弊端就越严重。

（二）权力的扩张性

“三权分立”理论的杰出代表孟德斯鸠，在《论法的精神》中明确指出：“一切有权力的人都容易滥用权力，这是万古不易的一条经验。有权力的人们使用权力一直到遇有界限的地方才休止。”[3]英国思想家罗素指出，权力从它产生的那一天起，就掺杂着私欲的成分；“动物只要能够生存和生殖就感到满足，而人类还希望扩展”。[4] 德国历史学家费里德里希的话更为经典：“腐败是附着在权力上的咒语，哪里有权力，哪里就有腐败的存在。”可见，基于权力主体的主观欲望使然，权力还表现出天然的扩张性特征，权力的行使者为实现其集团利益甚至私人利益最大化，必然积极扩张权力，突破权力边界，绕过监督盲区，甚至异化、虚化监督权能，致使人民“委托之权”“授受之权”在不断扩张中变异、增值，甚至被乱用和滥用。从这个角度来讲，一部权力演进变化的历史，同时也是一部权力扩张与构筑权力监督与制约的历史。

孟德斯鸠指出：“如果同一个人或是由重要人物、贵族或平民组成的

[1] 《马克思恩格斯选集》（第4卷），人民出版社1995年版，第171页。

[2] 参见《邓小平文选》（第2卷），人民出版社1994年版，第329页。

[3] ［法］孟德斯鸠：《论法的精神》（上），张雁深译，商务印书馆1959年版，第184页。

[4] ［英］伯特兰·罗素：《权力论》，吴友三译，商务印书馆2011年版，第3页。

同一个机关行使这三种权力,即制定法律权、执行公共决议权和裁判私人犯罪或争讼权,则一切便都完了。”[1]于是,他以洛克分权学说为基础,大力主张权力分工和制约,将国家权力分解成立法权、行政权、司法权,并注重行政权对立法权的制约,防止立法权扩张和垄断,保持权力子系统之间的协调和平衡。为此,防止权力扩张,遏制权力滥用,必须从道德、制度以及权力、权利等层面,加强权力的“他律”建设。权力运行到哪里,“他律”必须跟进到哪里,遏制权力的扩张性,防治权力变异腐败,保障权力的公共性和廉洁性。这些论述对于我们今天思考如何有效监督权力是有益的。

(三)权力的排他性

权力的排他性首先是指权力作为一种公共资源和支配力量所具有法律赋予的不可转让或放弃的正向排他性,其次是指权利主体防止或阻止他人觊觎的非制度化的负向排他性特征。

权力的正向排他性,核心是权力主权的排他性和权力边界问题。“主权在民”,全体公民是权力的所有者,是权力的最终主人。这种主权是排他性的,是不可转让、不可分割的,是至高无上的、神圣不可侵犯的。人民通过代议制的制度安排将权力的使用权委托给代议机构和官员,代议机构和官员是主权者的代理人、执行人。但是在代议制条件下,代议机构和代理人通过获得相对多数(1/2 或 2/3)的权力授予,就获得了对所有人的管理和控制权,就获得了排他性的权力,这为权力发生滥用埋下了祸端。同时,权力作为一种可配置的公共资源,应该通过立法和制度安排划清其在个人、组织乃至阶级、政党、国家、社会等方面的职责边界、时间边界和空间边界;应当在权力系统内部划清决策权、执行权和监督权的职责边界、时间边界和空间问题;应当划清权力在中央与地方、上级与下级的职责边界、时间边界和空间问题。若非如此,将不能保障权力系统运行的稳定性和有效性。

权力的负向排他性,是指权力的使用者在独占性和扩张性的惯性驱使下,具有“卧榻之旁岂容他人觊觎”的强烈排他性,以个人意志或利益取向将权力变为自己的占有物或交换品,既不允许他人侵犯、挑战和分

---

[1] [法]孟德斯鸠:《论法的精神》(上),张雁深译,商务印书馆 1959 年版,第 186 页。

享，还排除外在监督、制衡，致使权力系统内部子系统之间的平衡被打破，权力不分工制衡，运行不能循环闭合，形成垄断一切权力、凌驾于一切人之上的超级权力。所以，我们必须要防微杜渐，通过相关立法举措和制度安排防止权力的负向排他性产生和强化。

第二节　国家权力

一般情况下，国家权力和公共权力的含义大致一致，可以混用。但是在没有特别说明的情况下，国家权力一般指国家权力机构依法享有的法定权力，不包括公民自治组织享有的社会公共权力。国家权力来源于全体公民依法让渡的权利，全体公民是国家权力的最终拥有者，公民举荐及选举少数优秀公民代表组成代议制机构制定法律确立国家权力运行的规则，公民通过相应制度推举良官执掌国家权力，以实现和维护自身权利。如何保持国家权力的公正行使，监督官员不腐败堕落，保证国家权力和利益不被出卖，使国家权力机关具备高度的公信力和高效廉洁的行政效能，始终是宪法学努力探寻的重要课题。

一、国家权力的界定

国家权力也称为公共权力，主要通过国家机关包括政府和司法机构以及公民自治组织实施，是实现国家统治和公共管理职能的前提和手段。国家权力或公共权力在其产生的逻辑、实际运用和结果评价等方面，其权力边界问题始终是最为核心的问题，也是古往今来无数思想家、理论家关注和思索的难题。由于国家权力对于人类社会政治状况具有共通性，那么国家权力边界问题也就具有一定的普遍性。

（一）国家权力在现代语境中必须以"公共性"为构成要件

现代社会中，国家权力或公共权力除了具备权力的上述的三种属性外，还集中表现出"公共性"，这是由国家权力产生的逻辑直接决定的。"公共性"集中体现了国家权力的核心价值和现代意蕴，也是界定国家权力边界问题的关键标准。美国当代著名的公共行政学家、西方新公共行政学派的领军人物弗雷德里克森认为,现代语境中的“公共性”是建立在宪法、公民精神、回应性、乐善好施与爱心的基础之上。[1] 鉴于我国学者对于国家权力的公共性研究并不充分,所以借用弗雷德里克森的观点进行具体阐释:

1. 宪法

国家权力“公共性”的第一个要件是,国家权力必须建立在宪法基础之上。人民主权原则、代议制政府原则、权利法案中的公民权利、程序正义的法律程序、分权制衡,以及联邦宪法和州宪法中的关于国家权力产生、行使以及回复的相关规定,都是这种理论的基础,这种基础是稳固的、不可动摇的。

美国当代政治哲学家约翰·罗尔斯指出,公共权力的适用不仅要与宪法相一致,而且还要实现宪法的愿景。在罗尔斯看来,公共管理者必须对宪法承担道德上的责任,而这种道德的责任必须是超越行政绩效的技术要求的。因此罗尔斯进一步指出,美国政府的根本目的就是为所有公民确保美国的立国价值,使民主制度成为达成这一目的的手段,而不使民主成为目的本身。

根据罗尔斯的观点,政府存在的合法性基础是因为政府接受并服从于宪法,而不是因为民主选举把政府选出来了,政府就算合法了。所以,政府的合法性主要体现在政府的行为、意图及可接受性上,因为宪法仅仅是一张纸,宪法的至高性和正当性均来源于拥有最终主权的人民为其注入生命的行为。所有的国家权力行使者的合法性基础都是人民主权原则,他们是人民的代表,他们应该受制于比民主决定原则更高的原则,那就是基于人民主权的宪法秩序。公共管理者的基本的道德责任就是成为立国价值的保护者和保证人。[2] 对我国的执政党和国家权力机关而言,尊重并服从宪法是确保社会主义性质和共产党执政宗旨保持不变的关键要素。

2. 公民精神

国家权力“公共性”的第二个要件是,它必须建立在得到强化了的公

---

〔1〕 参见[美]弗雷德里克森:《公共行政的精神》,张成福译,中国人民大学出版社 2003 年版,第 89～95 页。

〔2〕 参见[美]约翰·罗尔斯:《万民法》,陈肖生译,吉林出版集团有限责任公司 2013 年版。

民精神的理念基础上。公共权力的施用过程本身就包含着培育品德崇高的公民的责任，而品德高尚的公民则应当尊重、关心和爱护公共服务。

弗雷德里克森指出，品德崇高的公民有四个方面的特征。

首先，公民要能够理解立国的重要文件，能够“实现道德的哲学”，即能够对那些促进公民一般利益和特殊利益的公共政策进行判断。

其次，信念是品德崇高的公民的第二个特征。公民必须坚信本国政体的价值是真实和正确的，这些价值并非仅仅是一些能够在心理上令人满意的或者是被大多数人所接受了的观念。正如弗雷德里克森所指出的那样：“如果我们不相信美国政体的价值，那我们为什么要接受这些价值并付出必要的牺牲？我们如何才能确定优先考虑的重点？如果所有的事情都要得到大多数人的批准，如果大多数人都同意某种邪恶的事情（例如种族歧视和性别歧视），难道我们也要对此表示同意吗？人们不仅要理解美国政体的价值，而且还要相信这些价值，没有商量余地地接受这些价值。”对于我国而言就是普遍认同宪法所确立的社会主义价值体系。

再次，品德崇高的公民的第三个特征是公民能够承担起个人的道德责任。无论何时何地，当政体的价值遭到损害时，品德崇高的公民都必须行动起来，捍卫政体的价值。因此，在碰到种族主义、性别歧视、侵犯隐私权、违背正当法律程序的情况时，公民应当奋起反对。这可以激励公民，使他们不仅仅关注政府的渎职与腐败问题，而且要使我们所有的人都要对其他人的基本权利承担个人的道德责任。

最后，弗雷德里克森认为操守是品德崇高的公民的又一重要特征。公民操守的第一个方面是容忍，这就是说，公民要能够理解：公共的规则无法强迫人们拥有美德，这些规则和要求应该维持在最低限度，这样不至于损害人们的自由，人们不能对人类的制度抱有过高的期望。宽容是操守的第二个方面。在宽容中，我们理解到，人们是不可能通过道德的对话来压制观念的表达的。但是，行动则是另一回事了。人们必须禁止任何损害政体价值的行为。[1]

弗雷德里克森关于公民精神的论述对于我们正确把握基于宪法秩序

---

〔1〕 参见[美]弗雷德里克森：《公共行政的精神》，张成福译，中国人民大学出版社2003年版，第40～41页。

下的法治社会建设以及准确理解现代法治与传统德治的关系是非常有借鉴意义的。

3. 回应集体的和非集体的公共利益诉求

国家权力“公共性”的第三个要件是发展和维持这样一种制度和程序，它能够听到集体和非集体的公共利益诉求，并能够对这些诉求做出回应。通常来说，集体性的公共利益诉求能够找到表达和追求自己观点的机制，如听证、论证、监督专员、救济程序、“阳光法案”以及诸如此类的立法或制度安排。

如何保障代表处于社会弱势地位的群体的公共利益诉求则是一项困难的工作。依据宪法所要求的，每一位公民毕竟都有资格享有法律平等对待的权利。毫无疑问，这就意味着，在施用公共权力的过程中，必须平等对待所有公民，确保公共物品分配中遵循行机会公平和结果公平两项原则要求。

4. 乐善好施与爱心

国家权力“公共性”的第四个要件是必须建立在乐善好施与爱心的基础之上。乐善好施，或者对他人的爱心，是关键。“在一般情况下，对国家的爱包括两个不同的原则，首先是对宪法或已经建立的政府的敬畏；其次是一种要尽我们所能竭力争取使自己的同胞过上安全的、体面的和幸福的生活的强烈愿望。不尊重法律、拒绝遵从政府管理的人不是一个好公民；不愿意竭尽全力促进全社会的共同福利的人，不是一个好公民。”[1]这样的思想与我国儒家传统上的“仁者爱人”具有异曲同工之妙。

国家权力的根本指向就是通过政府把宪法确立的政体价值的保护范围扩大到全体公民，建立在乐善好施基础上的公共行政所要体现的是一种服务意识，这种意识长期以来一直与国家权力的施用密切相关。

(二) 国家权力的边界

通过对国家权力的公共性进行一番界定和分析，基本确立了国家权力的边界或范围，那么如何透过国家权力的具体运行来界定国家权力的

---

[1] 参见[美]弗雷德里克森：《公共行政的精神》，张成福译，中国人民大学出版社2003年版，第40~41页。

边界就成为必须予以明确回答的具有普遍性的理论问题。回答这个问题需要从三个方面进行阐释：第一，从个人利益与公共利益的区分到公域与私域的划分；第二，从权力的本性到对人性的不信任；第三，从人类的自由本性到现代社会条件下的实际需求。

1. 从个人利益与社会利益的区分到公域与私域的划分

讨论国家权力的边界问题，根本原因就在于它有着危及或侵犯个人利益的可能性。而之所以说它危及或侵害个人利益，是因为个人利益与国家权力代表或声称的公共利益之间并不是总能达成一致；相反，在更多的情况下，它们之间存在着一定程度上的矛盾，这是公民权利保护与国家权力行使发生矛盾和冲突的根本原因。

个人利益是指能满足个人各种需要的物质的和精神的标的的总和。从这个意义上讲，利益首先是个人性的；而且个人性是利益最为核心和根本的部分。按照韦伯"理想模型"的立论方式，可以从个人利益的角度对利益概念建立模型。由于人的个体性，其需求和需求的满足均具有个体性，从这个意义上讲，任何利益都是个体性的。[1]

但基于个体之间需求上的相似性或共通性，他们可以以协作的方式共同满足每个人的需求；或者因为在社会交往中，个体之间的需求可能重合，社会利益或公共利益在这样的语境中得以产生。社会利益就是指涉及社会中大部分或全体成员需求实现的对象和满足途径。绝对意义上的社会利益，是指能够满足社会中每一个成员的需求，而且每一个成员的享用丝毫不影响其他个体享用的利益，即那些非排他性和非竞争性的物品或社会方式，如安全、法律、惯例、道德等社会规则，这是最高层级的社会利益。例如，对国防提供的安全和法律提供的秩序，社会中的每一个成员都需要。为实现这一层次的社会利益，即真正意义上的公共利益，社会成员都愿意支持，即使牺牲部分成员的利益，其中的矛盾也不会很大。最高层次上的社会利益涉及的范围最广，因其内容有限，在现代社会条件下，这一层次的社会利益，最大范围内的社会利益的代表者和实施者就是以政府为核心和代表的国家权力体系。但是，除了最高层级的社会利益以外，还存在着次一层级的社会利益，如资产者的利益诉求以及劳动者的权

---

〔1〕 参见王浦钫：《政治学基础》，北京大学出版社1995年版，第55页。

利保护等,相对于最高层次的社会利益即全社会的共同利益而言,次级社会利益便具有了相对个体性,它相对于最高层次的全社会利益而言,可以与纯粹的个人利益处于同一层次。因此,国家权力的边界也就涉及国家权力如何处理它与次级社会利益和个人利益间的关系;个人与社会群体在面临国家权力的情势下,其利益的实现和扩展势必会涉及如何界定国家权力的边界,以更好地满足其利益需要的问题。具体到国家权力为代表的共同体内,就是通过界定公域与私域的划分来确定国家权力的边界,即国家权力着眼于公域领域以实现社会公共利益,公民权利则实行意思自治,责任自负来追求个人利益。

公域与私域,同个人利益与社会利益的区别紧密相关,也是随人类社会的发展而逐步得到确立。在非民主社会时期,公域与私域二者之间难有规范的区分,普遍存在的情况是,国家权力在社会生活中处于绝对优势地位,对私人生活领域可以进行任意干涉和侵犯;社会中不存在稳定而受到宪法保障的个人生活领域和社会自主空间。直到近代的西方,随着商品经济的发展,资产阶级在取得国家权力以后,为自由竞争的经济发展需要,才比较系统地提出了国家权力的边界问题并从理论上给予了回答。从洛克的自由主义主张到黑格尔最早提出"市民社会"的概念,西方思想家们就特别关注国家权力的边界问题。他们心存对国家权力特别是其执掌者的不信任,认为国家权力的活动范围应当是有限的,它不应无限地干预本属于完全私人性的生活领域,发展到密尔的古典自由主义思想顶峰时期,就是公域与私域的明确划分。[1] 市场经济亦即自由交易的领域、宗教信仰的领域、思想观念的领域和个人嗜好的领域等,都是私人的领域,属于个人选择的问题,国家权力在此领域一般保持中立,只有公共设施建设、法律、国防等领域才是国家权力的活动范围。由此,个人利益与社会利益的区分就转化为公域与私域的划分问题。在当代的大多数国家,虽然国体和政体各自有别,就宪法秩序下划分公域与私域的必要性却已经成为了各国政治家和社会公众的基本共识,各国都在宪法上规定了保障公民的基本权利;同时在宪法上也明确规定了国家权力的活动范围和活动方式,以此防止国家权力的任意扩张。从而使个人利益与社会利

---

〔1〕 参见[英]密尔:《论自由》,程崇华译,商务印书馆1996年版,第81页。

益的矛盾在法治框架范围内得到理性处理。

2. 从权力的本性到对人性的不信任

之所以通过宪法、法律和法规上的明确规定来限定国家权力的活动范围和活动方式，其理论假定主要有两个方面：一是对权力的扩张本性的警惕；二是对人性的不信任，即所谓的“幽暗意识”。[1]

基于权力拥有者的欲望，权力本身表现出扩张性，也就是说，权力的运行过程中必将致力于自身的增长和扩展。因而，如果它不能得到有效的制约的话，它必然会超出应有的边界，危害到个人的自由权利和社会生活的自主性。任何人无论其道德修养多么高尚，一旦处于公共权力执掌者的位置，仅靠自身的道德修养并不能完全防止权力或权力欲使其腐化堕落，导致公共权力在社会生活中扮演着霸道的角色直至与个人的贪欲相结合而成为牟利的手段和工具，进而出现彻底的权力异化及其执掌者的蜕变。权力导致腐败，绝对的权力导致绝对腐败，从阿克顿伯爵到孟德斯鸠，都对权力的扩张本性和腐化倾向保持着清醒的认识，同时也发出令世人关注的警示。我国反腐倡廉斗争中查处的无数案例中显现的“好干部”蜕变为“贪腐分子”的过程也是最好的证据。

对西方民主制度来说，其实质和核心理念就在于对国家权力及其执掌者的有效制约和引导，也就是宪政制度。而在宪政制度中，公民权利是放在第一位的，实际上就是说私人生活的自由和保障是第一位的，在本原上是优先于国家权力的。国家权力的活动不应侵犯到私人生活和社会生活自主性的这些领域。因而在制度设计上，宪政各国都注意了法治机制（宪法和法律的权力高于一切国家机关、政党和利益集团的权力）、竞争机制（防止某一机构和集团的利益侵犯其他机构和集团的利益）、权力分立制衡机制（在监督中实现制约）和选举机制（使公务人员及政府成为向选民即社会负责的责任政府）等各项原则，从而系统地促使国家权力能够按照既定的轨道运行，这也就是西方民主制中的普遍性原则。[2] 对于西方宪政思想我们应该批判地加以认识，对于符合马克思主义的人民利

〔1〕 参见张灏：《幽黯意识与民主传统》，载刘军宁等编：《市场逻辑与国家观念》，上海三联书店1995年版，第80页。

〔2〕 参见应克复等：《西方民主史》，中国社会科学出版社1997年版，第418页。

益原则以及如何防止权力异化和权力拥有者蜕变的制度性安排进行有甄别的吸收和借鉴。

第二个理论假定就是人性是自私的、脆弱的,因而容易受诱惑,而且人性中诸多非理性的因素存在着危害他人和社会的可能性。对人性的不信任,主要表现在"经济人"假定和"人性恶"的理论假定。"经济人"的假定(或个人主义的假定),[1]认为每个人都会主动地实现自身利益的最大化,以最小的成本换取最大的收益,也就是每个人在个人利益最大化的问题上都是坚持理性计算的原则;"人性恶"的假定是指人性中一直都存在着向善和向恶的两种力量,它们一直处于斗争的状态。但假如有可能,在周围约束排除的条件下,恶的倾向将战胜善的倾向,特别表现在人性中诸多的非理性因素使每个人都有着危害他人的可能性。基于"人性恶"的假设,在逻辑上可以认为任何掌握国家权力的公务人员,只要有可能就会最大限度地扩展自身的利益以及他们所在组织和集团的利益,也就是所谓的"官僚自利性"问题,而且将危害他人和社会的利益,对他人的自由造成直接的危害。

由于国家权力自身的巨大能量和它涉及的广泛领域,如果运行脱离了设立的初衷,其危害性将是难以想象和难以弥补的。因此,如何严格而科学的对国家权力进行预防性限定就显得尤为必要了。现代西方政治制度的设计就充分体现了高超的政治智慧。政治制度设计的首要目标不是向善,而是防恶,通过防恶又达到了向善,既通过制度底线来建立权力运行的基本规则,并且通过立法不断提高底线的标准,从而实现了向善的目标。如此,国家权力在不危害个人权利和社会自由的前提下,在法定的公共领域内有规则的运行。从而有效地保障了私人领域的自由。这与中国传统的向善的道德主义治国理念迥然不同:向善的理念假定了某些人或某个集团直至某个人通过道德上的自律来实现国家权力的常规运行,但对这些人和集团的约束和警惕却是缺位的,所以,当这些道德人或道德组织滥用权力时,民众只有束手无策了,结果是向善的期待导致更为糟糕的治理效果。这反映了东方治国智慧中非理性的一面。这是我们在关注宪

---

[1] 参见[美]詹姆斯·A.布坎南:《同意的计算——立宪民主的逻辑基础》,陈光金译,中国社会科学出版社2000年版,第11页。

法秩序下的法治与德治关系时应当认真反思的问题,既发挥中国传统文化的修身哲学的优势,同时也借鉴西方法治思想关于规则治理的精华,使两者相得益彰,共生效应。

3. 从人类的自由本性到现代社会条件下的实际需求

对国家权力予以限定,其根本原因还在于人的自由本性,同时这也是现代社会生活的客观需要。对此可分三个方面来解释:一是人的自由本性;二是现代社会生活的特性;三是国家权力(以政府为代表)体系自身的局限性,即所谓的"政府失灵"问题。

马克思主义认为人最为本质的特性在于对自由的追求,人类社会的发展史也即是人的自由本性得到日益张扬的历史,共产主义社会就是人实现终极自由的社会。但在存在国家权力的社会生活和社会关系中,国家权力不仅是社会秩序和公共品的提供者,也可能成为个人自由和权利实现的妨碍者。如果国家权力(权威)的过分强大或对私人领域的过分干预,作为公民个体的创造力就会被扼杀。而且,国家权力作为统治共同体的代表,其决策往往因为某一社会集团或某些个人的利益或意愿而作出,然后以全体的名义向全社会实施,这将会对其他持不同意见者的社会群体和个人的自由和权利造成限制。所以,如何在各种社会力量之间取得平衡和共识,便是对国家权力的活动边界予以合理确定的问题。

现代社会生活的最大特征在于社会事务的复杂性、多元化和自主性空前提高。如此情形下,国家权力如何准确地定位便是最为迫切的问题。社会事务复杂性和利益主体的多元性,常使国家权力采取简单划一的作为方式收效甚微,如关于电动自行车的规范治理问题;而社会自主性和自治能力的提高,又使国家权力对社会矛盾解决的成本高于社会自身解决的成本,如涉讼信访,尤其是民事案件的涉讼信访。社会的日趋多元化,生活于其中的个体当下最为关注的是不被随意干预或打断的生活自由度而不完全是整齐划一的生活状态;价值观日益多元分化,利益分化整合的速度加快,促使政府角色应该从单纯的管理者向中立的协调人转变。这也是达尔在多元民主理论中表达的思想。[1]

最后,国家权力不能超越法定边界任意作为,还有一个重要原因,那

---

〔1〕 参见[美]罗伯特·达尔:《民主理论的前言》,顾昕、朱丹译,上海三联书店1999年版,第21页。

就是存在“政府失灵”的可能。按照公共选择学派的分析,政治家和政府的行为不仅可能与公共利益相悖,而且更可能导致资源配置的低效率、无效率甚至是巨大的资源浪费。换句话讲,在他们看来,政府本身也存在着无法克服的缺陷,这一方面是由于政府的垄断特性,另一方面是由于政府官员的“经济人”本性,同时也是政府更多时候是采取“命令—服从”的特定的作为方式导致的。这种情况下,如果政府的活动边界无限扩大或任意作为,其自身的缺陷将会进一步放大,此时采取任何弥补方式都将是代价高昂的。因此,从保证市场竞争和社会的自发有序的角度出发必须对国家权力的活动范围要予以明确的界定。

第三节　公民自治组织行使的公共权力

自20世纪中期以来,伴随着科学技术的日新月异,社会公共事务的范围不断拓展,政府的公共治理能力不断面临着严峻挑战,而公民自治组织恰在这样的背景下悄然兴起。从概念上讲,公民自治组织属于“第三部门”的范畴,就是除政府和企业以外的不以盈利为目的,由公民自愿组成的向社会提供公益服务的志愿性组织。从全球范围来看,公民自治组织在公共事务治理方面正发挥越来越重要的作用,同时公民自治组织若要更为广泛介入地公共生活领域并发挥其公益服务功能,首先需要解决的问题即政府给予其合法性和公共权力空间的问题。公民自治组织对于现代社会治理而言将构造政府—公民自治组织—公民这样的多层级的治理结构,缓和政府与公民之间的矛盾冲突,化解公共治理中的困境,因而越来越成为社会治理现代化的重要环节。在我国,依据宪法、法律规定,公民自治组织包括农村村民自治组织、城市居民自治组织和物业业主自治组织以及依法成立的社会公益组织。

一、公民自治组织对公共权力的获得

(一)公共权力的类型

公共权力是一种特殊的权力形式,它与一般权力相比,最主要的特点

是公共性,即它是适应社会公共需要,调动集合社会公共资源,处理公共事务,追求社会公共利益而产生的。公共权力按其产生的方式分为两种类型,即国家公共权力和社会公共权力。国家公共权力即国家权力;社会公共权力即社会自治权。国家所拥有的带有强制性的国家权力伴随历史产生并最终将伴随国家的消失而消失。而社会公共权力即人类社会自治权则先于国家及国家权力产生,并将作为实现并维护公共利益的方式而长期存在。国家权力一经产生就具有强制性,凌驾于社会之上,并通过其全权代表——公职人员来接触公民,管理社会。而社会公共权力产生并存在于社会之中,为社会成员共同拥有,是社会成员对共同利益的自觉认识与自发管理的手段和方式,直接体现着自愿的原则。国家权力作用于政治社会,而社会公共权力则存在于公民社会,由于国家权力具有"天然"的扩张倾向,国家对社会存在过度干预的可能性和现实性,此时社会公共权力作为国家权力的监督者和私权领域的维护者,将显现出重要的作用。

(二)公民自治组织获得公共权力的途径

公共权力分为国家权力和社会公共权力两种,并分别在政治社会和公民社会领域发挥作用,公民自治组织获得公共权力并行使的途径有两种:一种是通过人民让渡;另一种是通过国家权力的授予获得。

首先,人民是一切公共权力最终所有者。托马斯·杰弗逊曾宣称"构成一个社会或国家的人民是那个国家中一切权力的源泉","首要的权力不管来自何处,只能归于人民"。[1] 国家从人民处获得国家权力,而公民自治组织则从人民处获得社会公共权力,或者说是人民保留了社会自治权,而公民自治组织则是他们运用公共权力、维护公共利益的途径。

公民自治组织作为一种社会中介机制建构于公私领域二元划分基础之上,不以盈利为目的,不属于一般商业经营范围,同时又发挥着不同于政府的社会事务管理功能,逐渐成为建立公民秩序和维护社会公正的一般重要来源。过去一百多年来,西方社会中的公民自治组织对社会福利事业、公益事业的推进,体现了社会追求维护公共利益的共同价值取向,

---

〔1〕 法学教材编辑部《西方法律思想史编写组》编:《西方法律思想史资料选编》,北京大学出版社1983年版,第51页。

是一种私人性的行动与对公共物品的关怀的有效结合。正如托克维尔在《论美国的民主》中所论述的场景,17 世纪第一批欧洲移民来到北美新大陆时:“他们来到此行的目的地……移民们上岸后第一件关心的事就是建立自己的社会。”〔1〕“在民主国家中,他们几乎不能单凭自己的力量去做一番事业,其中任何人也不能强迫他人帮助自己,因此,他们如不学会自动地互助,就会全体陷入无能为力的状态。”〔2〕公民正是通过结社或参与社会活动来行使社会自治权,而公民自治组织作为载体和集合体以及共同利益的代表者,在社会公共领域行使社会公共权力。

这种由人民让渡部分权利,自发结成社团,追求共同利益的方式,可以称之为“自下而上的自主化道路”,包括一些常见的公民自治组织,如绿色和平组织、城市社区的公民志愿者组织、面向残疾人等特殊人群的福利组织、以大学为背景而面向社会的大学生组织、由市场经济孕育的自发性行业组织等。

作为第二种途径,即公民自治组织从国家处获得国家权力,则是一些发展中国家的一种独具特色的方式,这类组织具有“半自治”的特征,是一种混合形式,如我国的农村村民自治组织、城市居民自治组织。在西方社会,公民自治组织作为政治社会与公民社会之间的桥梁,把社会公共服务或公益事业视为其职能领域,是一种“非政治化”的有组织的公民集体行动。我国作为发展中国家,在其转型期,市场经济模式初步确立,以市场为导向的经济改革已引起了国家—社会关系的转型,但由于制度建设的滞后,国家—社会关系依然是停留在国家权力与公民社会二元化结构分离和建构中,国家权力对公民社会存在过度干预的可能,因而导致许多公民自治组织从国家处通过授权形式获得公共权力,公私混合,行政化倾向严重,无法真正承担起政治社会—公民社会二元结构桥梁或纽带的作用。这种从国家处转移公共权力,行使部分政府职能的公民自治组织,具体而言,主要有两种情况:

第一种是政府机构改革和政府职能社会化的产物。随着政府力图从由包揽一切社会事务的全能政府向社会公共事务的宏观调控者与服务提

〔1〕[法]托克维尔:《论美国的民主》,董果良译,商务印书馆 1991 年版,第 38 页。
〔2〕[法]托克维尔:《论美国的民主》,董果良译,商务印书馆 1991 年版,第 637 页。

供者转变,政府精简了大量机构,但许多机构从政府分离出来所形成的“形形色色”的协会、团体等依然具有国家编制、拥有行政级别、享受国家预算、行使政府职能,如中国钢铁工业协会、中国煤炭工业协会等。

第二种情况则是政府为了适应社会发展需要,解决相关社会问题,因此主动出让权力建立的公民自治组织,如农村村民自治组织和城市居民自治组织。这种通过立法形式,由政府直接组建的公民自治组织,开展村、社区建设的目标是政府社会管理职能的延伸,附属于基层政府,其行政化色彩浓郁,这些组织同政府间是一种依附关系,并不能充分体现公众参与,基层的民众参与自治组织的积极性不高,政府的公共权力依然是这两类自治组织发展的“首要推动力”。

从国家处转移获得公共权力的公民“半自治”组织是“自上而下”推动建立的。这类公民组织天然具有政府的权力符号资源,它们与政府一开始就是一种不可分离的关系,较上一类自下而上形成的组织更具有合法性与权威性。同时随着公民社会的不断发育成长,这类脱胎于政府权力体系的公民自治组织,其自我意识、自我利益的维护,自我主张、自主决策的冲动将越加增强。

二、公民自治组织对公共权力的行使

(一)公民自治组织以维护公共利益为己任

萨拉蒙曾提出了一个他称之为“委托政府”的理论,即政府为实现自己的目标而将提供公益服务的任务委托给非政府组织来执行,他认为第三部门“通常以较小的规模、与公民的联系性、灵活性、激发私人主动支持公共目标的能力,及其新近被重新发现的对建立‘社会资本’的贡献,公民自治组织在寻求介于仅对市场信任和仅对国家信任之间的‘中间道路’中的战略重要性已经呈现出来”。[1] 由于公民自身社会层次和文化背景不同,他们对公共物品在质和量方面的偏好也是不同的,而政府对公共物品的提供只能倾向于反映中位民众的偏好,因此会导致一部分公众对公共物品的需求得不到满足。在这种政府无法兼顾的情况下,公民自

---

[1] [美]莱斯特·M. 萨拉蒙等:《全球公民社会——非营利部门视界》,贾西津、魏玉等译,社会科学文献出版社2002年版,第5页。

治组织便可以发挥辅助功能,发动民间力量,组织物质资源与人力资源,为部分公众提供公共物品,解决社会问题,缓和社会矛盾,促使社会良性发展。

西方社会过去一百多年来公民自治组织对社会福利事业、公益事业的推进,都反映了其追求维护公共利益的价值取向。公民自治组织往往是由有强烈使命感或责任感的个体发起的,其成员和支持者通常对该事业具有奉献精神。在英美等市场经济发达国家,从经营地铁和公交线路,创办学校、医院等,都活跃着公民自治组织的身影。美国前总统克林顿曾主张政府应充分利用社区资源来实现公共利益目标,因为社区在解决一些公共问题时具有独到的优势,如通过警察与居民的合作形成防范犯罪的网络,既节省了政府警力的投入,更能增加居民的安全感。

(二)公民自治组织以自愿、互利的方式来组织和运作

公民自治组织不是建立在血缘或地缘联系的基础上,公民自治组织之所以又被称作志愿组织,就是因为它的组织和运作方式是自愿且互利的,具有参与性。几乎所有的公民自治组织都依赖于人们的志愿参与行为。美国学者萨拉蒙在考察全球 13 个国家的营利组织的基础上提出了甄别非营利组织的六条标准,其中最为核心的一条就是志愿性:无论是在实际活动开展中,还是在管理组织的事务中,均有显著程度的志愿参与,特别是形成有志愿者组成的董事会和广泛使用志愿者人员。比如,社区成员以共同需要为基础,以自我管理、自我发展、自我服务为特征,依靠社区内的社会团体、中介组织、志愿者组织对社区事务进行管理,就体现着共治、共享、共有的特征。

但是公民自治组织的自愿和互利的运作方式又是建立在其自身的自治基础上的,如若没有完全的自治权,则公民自治组织就不能做到完全的独立,就将影响到它的组织和运作方式。自主权是一个相对的概念,在上文所提到的公民组织获得公共权力的两条途径中,第一条途径的自治性较强,因此,其自愿、互利的方式体现得较为充分;而第二种途径是通过国家权力授权,具有更大的合法性和社会公信度,但其内部行政化明显,根本不能排斥政府的干预,自身在管理体制、行为方式等许多方面也延续着政府行政体系的一套,成员参与度不高,所以,自愿、互利的组织运作方式体现不明显。但随着这类组织的成长,将会越来越感受到来自政府的干

预及其严重地束缚,它们必然要求摆脱对政府部门依附,谋求较高的自治性与独立性。

(三)公民自治组织吸纳社会资金开展活动

公民自治组织不以营利为目的,但其开展活动、行使权力的物质基础是资金,因此,它必须在社会上谋求多元化的筹资渠道。公民自治组织的筹资渠道主要有政府拨款、缴纳会费和社会捐赠收入。需要注意的是,两类不同的公民自治组织,由于它们获得公共权力的途径不同,因此在筹资方式上也截然不同。从下而上建立起的公民自治组织属于真正意义上的"草根组织",它们一般没有政府拨款,主要由公众捐赠或向一些公益基金会申请,甚至由参加的志愿者自己支付。而另一部分通过政府转移公共权力而建立起的公民组织则主要依靠政府拨款,因此,这类组织由于和政府有千丝万缕的联系,直接获得国家的财政支持,同时也失去了更多的独立性。

三、公民自治组织对公共权力的影响

(一)公民自治组织的存在与发展可以扩大公共权力的合法性

民主和发展已经成为当代世界的两大潮流,公民自治组织在推动这两大世界潮流中发挥着重要作用。一个政权若要拥有充分的合法性,就必须尊重和保护公民基本的自由、平等的权利,充分发扬民主,进而获得人民认可,社会认同。一个足够活跃、参与式的公民社会将会使国家更加负责、更加审慎地进行决策和付诸行动,并对公民的需求和反馈更快地做出回应,因此,公民自治组织的成长已成为社会治理体系现代化的一个重要动力。公民自治组织将会从民主理念和社会实践两方面提升公共权力的合法性。

潘恩在《人的权利》一书中指出国家的合法性源于社会为了公共利益而进行的权力委托,但是,国家权力的限度却应给予最大的关注。正如托克维尔在《论美国的民主》中,对普通国家类型中潜在的政治危险发出的最早的警告,在托氏看来,那种以普遍利益为借口而统治社会的国家有一种潜在的危险,即转变为由大众选举产生的新型的国家专制主义,社会容易受到声称代表和保护社会整体利益的政治机构的强大压制,因此,为了防止国家专制主义成为现实,则应将权力分配给不同的部门。托氏特别强调公民行动在国家机构内会产生极富民主意义的结果。[1] 而民主本应就是社会主义的题中之义，社会主义的本质是社会决定国家。若要改变国家对社会的单向决定作用为二者的良性互动，则必须把国家和社会都同时变成自在与自为相结合的领域，而公民通过参与各种志愿性社团组织所形成的互惠、信任、合作等规范，正是维系民主和促进发展不可或缺的社会源泉。

另一方面，任何国家权力只有有效地处理公共事务，履行其公共职能，才能维系其统治地位。而公民自治组织的发展能够有效提高政府的效能，提高政府维护社会公平、促进经济发展、改善人民生活水平的能力。20 世纪后期，随着政府干预事务的范围越来越大，人们开始关注政府提供服务的质量和政府干预社会的有效性。但政府满足民众需求的能力和民众对政府的要求和期望间的差距并没有缩小，即政府效能正在不断下降。而公民自治组织由于其具有非营利性、服务性、组织性和自愿性等特征，一举成为政府理想的合作伙伴，极大地弥补了政府公共服务能力的不足，促进了以官民合作为特征的治理和善治。公民自治组织的这一功效在维护现存的资本主义制度中也发挥了重要作用，成为资本主义生存和发展的一种不可或缺的保护层。

（二）公民自治组织的发展会确保公共权力的渠道畅通，防止公共权力腐败

公民自治组织的发展会带动公民社会的成长。在民主体制下，比较理想的国家权力配置模式就是强国家和强公民社会的共存。在这种格局中，国家具有强大的社会动员和组织能力，确保有能力高效工作，公民社会的发育也足够成熟，可以有效地防止国家过分自主而忽视回应社会的正当要求。两者之中任何一方力量过弱或过强，都会产生严重问题。公民社会所蕴涵的民主、自由、平等、正义等健康、进取的价值理念是制约、约束公共权力、防止公共权力异化的一道重要防线。塞利格曼在《市民社会的理念》一书中就分析过市民社会在抗衡公共权力的强制和侵犯方

---

〔1〕 参见［法］托克维尔：《论美国的民主》，董果良译，商务印书馆 1991 年版，第 238 页。

面的作用。[1] 伴随着公民自治组织的发展壮大,民主意识、法治意识、参与开放的意识等也将更加深入人心。公民自治组织的发展会培养公民的监督意识,扩大公民的监督渠道,有效防止公共权力的腐败,使社会更加理性与成熟。公民自治组织是介于政府和个人之间的桥梁,它为公民提供了参与公共事务、行使公共权力的机会。公民自治组织也是政府实行民主管理,与社会建立沟通的渠道。公民可以通过公民自治组织来表达自我诉求,明确相互利益,通过协商来协调利益,建立归属感,通过公民自治组织与政府协商对话,为政府决策提供背景资料和建议并影响政府决策过程。公民自治组织是公民社会化的主要渠道,培养公民积极参与社会公共事务,建立责任精神,同时这将促使政府的决策和执行更加透明和公开。另一方面,由于公民自治组织对社会事务的积极参与和分担,政府则可以从纷繁琐碎的事务中解脱出来,集中力量解决社会发展的重大问题和承担宏观调控、市场秩序维护、社会稳定等重要职能,这将会简化复杂的管理机构和管理程序,克服权力间相互扯皮和推诿,提高政府效能,国家公共机构也会节省开支,减少权力拥有者以权谋私、滋生腐败的机会。

(三)公民自治组织可能会给公共权力带来的负面影响

公民自治组织有其积极的作用,但也有其消极的一面。随着全球化进程的加快,独立国家主权的行使将不可避免地受到影响,公民自治组织也常会被某些别有用心的大国所操纵,以"代表"团体利益或全人类利益为由,利用其非政府决策的性质来干涉他国内政,妨碍他国公共权力的正常行使。

公民自治组织所带来的这种负面影响主要透过两条途径发生:一是通过舆论传导压力,二是与国家权力间发生直接冲突,两者都会影响国家主权的权威性和公信力。一些西方学者寄望于公民自治组织来传播西方式民主、保护人权等所谓普世价值。现实中,相当部分的国际公民自治组织是被大国所主导的,在促进交流的同时,也将主导国特有的意识形态和思维方式灌输到受予国,如果受予国缺乏有效识别和规范管理的能力,就

---

[1] 参见亚当·塞利格曼(Adam N. Seligman):《市民社会的理念》,纽约自由出版社 1992 年版,第 201 页。

容易引发社会混乱,影响国家和政府的公信权威。如西方某些人权组织曾积极支持前苏联国内的所谓不同政见者,结果给政府造成极大压力,破坏了社会安定、民族团结、国家统一。另一方面,由于许多公民自治组织的资金来源于国际捐助,因此那些掌握着公民志愿组织经济命脉的人对如何使用资源有很大的发言权甚至决定权,导致这些公民自治组织的决定和行为有可能不具备公共性甚至有悖于国家利益。因此,我们绝不能忽略国际公民自治组织发展会带来的负面影响,需要国家采取相应措施对其进行有益且有效的引导。

第二章　国家政权组织形式

【本章导读】

国家形式是相对于国家性质的概念，主要研究国家的外部结构和特征。国家形式是联邦制还是单一制，是议会制还是君主制通常都规定在一国的宪法当中。通常认为，国家的性质决定了国家的形式，国家形式在一定程度上反映国家的性质，如社会主义国家通常都是共和制形式。国家形式有广义和狭义两种：广义的国家形式包括国家的政权组织形式和国家的结构形式，狭义的国家形式仅指政权组织形式，政权组织形式就是指一国的“政体”，即一种实现统治权益的政权体制或表现国家权力的政治制度。我国的政权组织形式是人民代表大会制。

作为党员领导干部，应当正确认识和把握政权的组织形式以及在不同国家实现方式的共性和差异性，尤其要充分认识我国人大制度的制度优势，深入思考如何进一步充分发挥人大制度的职能和制度优势，为我国的政治体制改革建言献策。

第一节　国家政权组织形式

国家形式是相对于国家性质的概念，主要研究国家的外部结构和特征。通过一国宪法的具体条文，可以较为轻松地把握一国的国家形式，比如是联邦制国家还是单一制国家，通常都已写在了国家的宪法中了。一般认为，国家的性质决定了国家的形式，国家形式在一定程度上反映国家的性质，如社会主义国家通常都是共和制形式。但是，这也不是绝对的，国家形式与国家的性质没有必然的联系，奴隶制国家和封建制国家都可以是君主制的，也可以是共和制的。国家形式有广义和狭义两种：广义的国家形式包括国家的政权组织形式和国家的结构形式，狭义的国家形式仅指政权组织形式。

一、政权组织形式概述

（一）政权组织形式的概念

政权组织形式，是指特定的国家采取何种原则和方式去组织旨在治理社会、维护社会秩序的政权机关。组织政权机关，特别是组织中央政权机关的原则和方式，显示着特定国家的国家形式。作为政权组织形式的国家形式，是与国家本质即国体直接相对应的概念，间接地体现着国家统治集团的意志和利益要求。

政权组织形式一般是指一国的“政体”，即一种实现统治权益的政权体制或表现国家权力的政治制度。所以政权组织形式有时也被称为一国的“政治制度”。当然，诸如地方自治制度、中央与地方的分权、政党制度、选举制度等，也可以归于政治制度范畴中。我国《宪法》规定，我国的人民代表大会制是我国的“根本”政治制度。政权组织形式在过去的教科书中也被表述为“国家的治理形式”或“国家的管理形式”。改革开放以后，我国学术界已将政治体制与政治制度相区别，用政治体制来表示个别的、可以进行改革的具体政府工作制度，也就是国家具体的治理形式或管理形式，如正在进行的司法体制改革，政治制度指基本的、具有本质意义的国家权力的组织结构和权力结构。

（二）政权组织形式的分类

国家政权组织形式对一个国家而言是非常重要的，这是因为任何性质的国家都必须要建立一整套国家权力组织、运行和行使的体系和机构来确保国家权力的运转以维护社会公共秩序。但是，在历史上各个国家的政权组织形式或政体却并不一样，而且处于不同历史时代的同一国家的政体形式也可能有变化。究其原因，当首推社会生产力和社会生产方式的要求不同。近代资本主义工商业比起以土地为主要生产资料的农业生产来说,生产组织形式更为复杂,需要透过规则治理的方式予以保障,所以一旦受到国家权力的过度干涉就会遭遇毁灭性的破坏,因此就产生了建立民主制度和实行法治的必然要求,需要建立反映多数人意志和利益的民主制来代替个人专制的独裁制,用议会制来代替君主个人主权的君主制。所以,并不是国家形式对国家权力结构的实际运作有着关键的作用,而主要决定于一个国家历史传统和当时社会生产力和社会生产方式的客观需要。

最早研究和阐述国家政体问题的,是古希腊的柏拉图和亚里士多德。后者把当时希腊城邦国家的政体分为君主制、贵族制、共和制,以及它们的变态形式暴君制、寡头制和暴民制。[1] 亚里士多德对国家政体的分类对后世影响很大,至今仍有君主制与共和制的区分,而民主制和独裁制的区别实际上也包含在他的政体理论之中。当代较为现代的政体分类还有内阁制与总统制等。

1. 君主制与共和制

一般意义上的君主制是指国家最高权力即主权在法律上和事实上均属于一个人即君主的政治制度。

君主制是奴隶制社会和封建制社会的典型政体,是在财富相对较为贫乏的社会条件下各个古代国家所采用的主要政权组织形式。传统君主制的统治方式和原则是以较少的自由来换取较稳定的社会秩序,这就与资本主义自由竞争和独立人格的要求发生了冲突,从而导致了君主制政体的变化。在反对封建统治的社会革命中,有些君主制国家灭亡了,变成了共和制国家,如法国和中国;有些君主制国家则在国家体制不变的情况下进行了政体改革,变成了君主立宪制国家,即君主权力受宪法约束和限制的国家,如英国和瑞典等;当然,也有一些国家由于独特的历史传统,并没有受到商品经济的强烈冲击,仍然保持着原有的君主专制形式,如沙特阿拉伯、斯威士兰、莱索托。

共和制是与君主制相对立的政体形式,通常都通过宪法的形式宣布主权在民,由民选的议员代表人民行使国家权力(主要是立法权),国家元首和国家机关均由选举产生,并有一定的任期。

---

〔1〕 参见亚里士多德:《政治学》,颜一、秦典华译,中国人民大学出版社2003年版。

共和制国家的产生晚于君主制国家,它来源于古代选举君主制,后演变为共和国,如古希腊的雅典和古罗马。在中世纪欧洲也有实行共和制的国家,如威尼斯、佛罗伦萨等。近代资产阶级革命后,共和国成为近现代国家的典型政体。共和国形式适合于近代工商业社会,因为在这种政体下,没有任何一个人具有绝对的权威或权力,社会的生产和生活按照不会轻易变化的“公意”或法律进行,因而财产权和人身自由都有着可靠的保障。马克思和列宁都认为民主共和制对大多数资产阶级政权来说,是资本和财产的统治所能够采用的最好的政治外壳。目前,世界上大多数国家是共和制国家。

2. 民主制与独裁制

按照一国公民是否真正享有宪法上和法律上的参政议政权以及参政的程度可以把政府制度分类为民主制与独裁制。按照这一标准,有些君主立宪制国家就属于“民主国家”,如英国、瑞典,而有些共和制国家却与仍处于封建时代的君主国家一样,公民并不充分享有参政、议政的权利,本质上仍然属于“专制国家”,如20世纪70年代以前的多数拉丁美洲国家和多数非洲国家。

民主制是实行人民主权原则的国家,在国家的政治生活中,政府的权力来自于人民的授予;国家实行法治,政府分权且权力有限。

民主制是与作为国家体制的共和制同时出现的,通常合称为“民主共和制”。民主制还可以分为直接民主制和间接民主制。直接民主制国家在现代国家中几乎是不存在的,其原因在直接民主制的治理成本实在太高,根本无法实现。现代民主制国家都是采用间接民主的形式,即由人民选举代表和公职人员来组成代议机关和政府来分别承担决策和国家管理的责任,而人民享有最终的监督权。另外,民主制还有资本主义民主制和社会主义民主制的区分,其标准是掌握国家政权的统治阶级的性质。民主化是现代国家政治制度发展的潮流,其前提是社会的民主化,只有当人民真正当家做主后,国家制度才能实现民主,才能实行民主的政治制度。

独裁制也叫专制制度,是与民主制相对立的一种政权组织形式。它公开地或事实上反对人民参政、议政,或者限制人民参政的权利,公开或实际上抛弃选举制、议会制等民主的形式,实行个人独裁或小集团专政,由个人或小集团垄断国家权力,限制人民的政治自由和人身自由。

独裁制几乎伴随着奴隶制和封建制社会始终，在那些时代，它与君主制可以说是同义词，也即君主专制制度。尽管在亚里士多德的著作中，暴君政体就被他列入最坏政体的行列，但专制独裁在古代是正常的。现代的专制独裁通常用于指权力篡夺者的政权，表示它的统治方式的非法性和不正当性，现代语境下，“法西斯”(fascism)一词已经成了专制独裁的代名词。

3. 内阁制与总统制

按照国家元首、立法机关和行政机关的相互关系，可以把各国政权的组织形式分为内阁制与总统制。这是最能够确切表示政权组织形式的分类之一。这种分类基本上属于一种对国家形式的中性的、技术性的分类，表明一国的社会政治传统和对一国来说属于方便的政府形式。近代代议制政体是典型的政权组织形式。世界上绝大多数国家，不管是实行内阁制的还是实行总统制的，是资本主义国家还是社会主义国家，是君主制国家还是共和制国家，在国家机构体系中建立一个议会作为反映民意、监督政府的机关这一点上，则是共同的。

内阁制也叫议会制或议会内阁制。在这种制度下，议会是国家的最高立法机关和权力机关，政府(内阁)由议会选举产生并向议会负责，政府成员多数也是议会议员，在一定条件下政府也可以解散议会；国家元首一般没有实权，只是作为国家统一的象征并只享有形式上的权力。英国是内阁制的典型代表，英国选民选举议会议员，内阁首相通常由在议会中占多数席位的政党或政党联盟的领袖担任。首相从政见基本相同的议员中挑选阁员人选，提请国家元首任命，组织内阁。国家元首对内对外名义上代表国家，但并无实际行政权力，由内阁代表国家元首对议会全权负责。元首颁布法律、法令和发布文告时，都必须由首相或有关阁员副署。

总统制是指立法权与行政权分别由人民选举产生、行政权不依赖于立法权的政权组织形式。美国是总统制的典型代表，美国公民通过选举制度来选举总统和参、众两院的议员，由美国总统来任命政府部门的负责人从而完成政府的组建。

在总统制下，总统一般都是国家元首，多数也是政府首脑；行政机关不由议会产生，政府成员不是议员，也不向议会负责，同时总统无权解散议会；但议会在一定条件下有权弹劾总统。世界大多数国家的政权组织形式非内阁制便是总统制,但只有瑞士例外,它实行委员会制。在这种制度下,联邦议会选出7名委员,组织联邦行政委员会即联邦政府;政府向议会负责,无权解散议会,议会却有权解散行政委员会;瑞士的国家元首是联邦主席(还有副主席),由议会从行政委员会的7名成员中选出,任职1年且不得连任;国家主席的权力与其他行政委员会成员平等,只是对外代表瑞士;政府的一切决定必须由7人决定,没有政府首脑。这是一种民主更为彻底的政权组织形式,迄今只有瑞士实行,而无一仿效者。

第二节　我国的政权组织形式

我国是人民当家作主的国家,因而就必须有一个人民行使国家权力的机构,作为国家一切权力实际行使的基础,这就是全国人民代表大会和地方各级人民代表大会。依据我国宪法规定,我国的政权组织形式为人民代表大会制,其原则是民主集中制,形式是一种民主的代表制。就政权组织的原则而言,它是社会主义国家普遍实行的制度,但在形式上各个社会主义国家都有一定的区别。

一、人民代表大会制度产生的渊源

无产阶级在取得政权后,究竟应该采取怎么样的政权形式呢?对于这个问题,马克思主义者是在实践中逐步获得认识的。列宁在《国家与革命》一书中记叙了这个认识过程。他指出,马克思、恩格斯先在1848年的《共产党宣言》中提出无产阶级应争得民主,上升为统治阶级。后来,在1852年《路易·波拿巴的雾月十八日》这本著作中,马克思根据法国革命的实际进程作出比较具体的结论:"过去一切革命使国家机器更加完备,但是这个机器是必须打碎、必须摧毁的。"但这时还没有具体回答究竟用什么国家形式去代替必须被打碎的旧国家机器的问题。直到1871年巴黎公社革命爆发,马克思才指出公社的"议行合一"形式是未来无产阶级国家应采取的国家机器的政权形式。

马克思、恩格斯对国家形式的论述还只停留在纸面上,社会主义国家政权组织形式是在实践中形成的。正因为如此,各个社会主义国家的国家形式才会各不相同。俄国在1905年革命中产生了苏维埃,它起初只是为了罢工而建立起来的群众组织,后来随着革命的发展成为工人起义的领导机关。到1917年"十月革命"时,列宁才进一步指出苏维埃应该成为国家权力的组织形式。在中国,人民代表大会制度的产生也是个实践过程。1928年,毛泽东在《井冈山的斗争》一文中对湘赣边区涌现出的县、区、乡工农兵代表大会给予了很大关注。随着革命根据地政权建设经验的积累,毛泽东在1940年著述的《新民主主义论》中明确提出:"中国现在可以采取全国人民代表大会、省人民代表大会、县人民代表大会、区人民代表大会直到乡人民代表大会的系统,并由各级代表大会选举政府"。他还提出一个公式:"政体——民主集中制。"当时,由于全国范围内的人民政权尚未建立,所以《新民主主义论》中所表述的内容还只是尚待争取实现的纲领。1948年,随着革命形势的发展和根据地的迅速扩大,毛泽东在《在晋绥干部会议上的讲话》中针对当时在贫农团和农会基础上已经大量建立起区、村(乡)两级人民代表会议的事实,指出:"这样的会议一经建立,就应成为当地的人民的权力机关,一切应有的权力必须归于代表会议及其选出的政府委员会。"至1949年新中国成立,人民代表大会制度作为国家的政权组织形式,终于为《共同纲领》所确认,后来又载入了宪法。

从20世纪50年代后期到1978年底这一段相当长的岁月里,在我国的政治实践中,人民代表大会制度没有受到应有的重视。当时呈现了一种将形式与内容完全隔裂的思想倾向。理论界的许多人认为诸如无产阶级专政那样的实质问题是至关重要的,应予认真研究和阐明,至于政权组织形式,不过是可有可无的形式问题,无足轻重。这折射出我国几千年的政治传统及中华法系传统中重实体轻程序、重本质轻形式的观念,同时也是当时的中央领导忽视法制建设的现实反映。

随着1982年宪法的制定和实施,人民代表大会制作为我国的根本政治制度得以重新确立,随着改革开放的深入进行和发展,人民代表大会制的制度优势和重要作用逐步显现和发挥出来。

二、我国的人民代表大会制度

人民代表大会制度是我国的政权组织形式或政体，在《宪法》条文中次于人民民主专政的国体而规定在第 2 条中。对于这种政权组织形式，对其涵义应从以下四个方面来进行完整的阐释。

（一）人大制度是一种民主制

《宪法》第 2 条第 1 款规定："中华人民共和国的一切权力属于人民。"国家的一切权力属于人民，这是人民代表大会制度的实质，表明我国的人民代表大会制度本质上是一种民主制。也就是说，在人民主权原则的基础上，选举全国人民代表制定宪法，由人民通过定期选举代表组成各级人民代表大会，授权各级人民代表大会建立我国的全部国家权力的制度体系。因此，我国的国家权力是人民授权的结果。进一步说，首先，权力属于人民是指国家权力属于人民全体。根据卢梭的人民主权学说，国家权力的形成是基于社会公意，它是整体性的，社会整体地把权利让予国家形成国家权力，所以，国家权力应当是统一不可分割的，不能把某一个公民单独地看做是部分权力的所有者，而只能说人民作为整体是国家权力的所有者。人民代表大会制度就是人民作为整个国家权力主体的具体表现。

在实际生活中，每一届人民代表大会和政府所代表的人民意志只能是多数人民的意志，而不可能是全体人民的意志。那么，国家权力作为人民整体意志在我国是通过民主集中制来体现的，当然就是"个人服从组织，少数服从多数，下级服从上级，全党服从中央"的原则，即民主集中制的原则。不过，少数服从多数并不意味着国家权力排斥或排除少数人民的意志而只反映多数人的意志，多数必须保护少数，在立法中必须反映少数人与多数人并行不悖的意志和利益。人民多数与少数意志的结合才是"人民全体意志"的真实含义。在这种意义上，国家权力仍然是人民整体的权力。

在国家权力的所有者问题上，我国宪法区分"人民"与"公民"。与西方国家宪法不同，我国宪法规定一切权力属于人民，而不是公民，说明人民的敌人不能分享国家权力，具体说就是那些被剥夺了政治权利的犯罪分子和境外的反华中国公民，他们不属于人民的范畴，不能享有选举权、被选举权和其他政治权利与自由。

我国宪法没有一般地规定“国家主权”的字样，而是规定为具体的“一切权力”——当然是指具体的国家立法权、行政权、司法权以及中央和地方的权力，从而说明国家权力的人民性。

（二）人大制度是代表制民主

《宪法》第 2 条第 2 款规定：“人民行使国家权力的机关是全国人民代表大会和地方各级人民代表大会。”人民在合乎规定的民主选举基础上选派代表，组成全国人民代表大会和地方各级人民代表大会作为人民行使权力的机关。

这一规定表明：（1）我国实行间接民主制。目前世界各国几乎没有实行直接由人民自己立法并管理国家事务的直接民主制政治制度。尽管国家权力属于人民，但人民作为权力的集体所有者并不都去直接行使权力，而是委托他们的代表在各级代表机关中代为表达意志、管理国家，也就是实行代议制。我国人大选举制度的显著特点是，选民只选举基层人大代表，向上直至全国人大代表的选举并不是由选民来选举，而是由下级人大代表在其自身范围中逐级选举产生。代议机关在我国就是全国人民代表大会和地方各级人民代表大会，它们行使由宪法和法律明文规定的有关职权。（2）人民的代表集体行使权力，即代表个人不是独自行使权力的，必须与其他代表共同依照法律规定的程序和方式，集体地行使国家权力。至少从立法权角度看，在共和制国家中，法律是合意的表现，所以立法权整体上不可能由代表独自行使。所以，代表们集体行为的结果才是代议，代表无个人权力行为。（3）人民代表享有一般代理权或代表权，而不是特别代理。两者是以议员在议会投票表决时是否需要选民事先授权而区分的，不需要授权的为前者，反之为后者。目前世界多数国家的议会议员与选民的关系都是一般代理的关系，也就是说，一定的选民选出代表后，代表在进行工作时就依据他个人的判断来作出投票与否的决定，而不必事事征求本选区选民的意见，也不为他们的指示或命令左右；代表应从全国或全民的利益出发来考虑他的态度取向，不应局限于部分选民的私利。（4）从代表的责任来看，由地域选民产生的代表要反映本选区或者本地域群众的意志和利益，按职业或按阶层选举产生的代表应反映本行业或本阶层群众的意志和利益。迄今为止，我国的人民代表大会除军队选举的代表以外，基本上采用地域选举制，由此产生的代表分别代表着本区域的群众讨论和决定全国性大事。

(三)其他国家机关从属于人大

这里的“从属”是指其他国家机关都由人民代表大会产生，受它监督，向它负责，而不是指其他国家机关是人民代表大会的工作部门。卢梭认为，国家权力本质上是统一不可分的，他所说的国家权力主要是指立法权（最典型的主权权利），权力的统一性主要是指主权者意志即法律意志的不可分割。[1] 但作为法律主权的国家权力或人民通过立法授予国家机关的权力而言，是可以而且应当分开的。人民通过宪法将国家权力分解为立法权、行政权、司法权、军事权等，分别授予人大和其他国家机关，而将组织国家机关的权力只授予了人大及其常委会。宪法赋予人大直接行使的职权乃是在国家政治生活中具有决定性意义的、足以表现国家的一切权力属于人民这个最基本的那些权力。以全国人大为例，它行使国家立法权、对重大国家事务的决定权，以及任免权和最高监督权，其中国家立法权和最高决定权是人民意志的统一和直接的表现。

全国人大将人民的意志集中、升华为法律和决议之后，还需要且按宪法的要求组织行政机关去执行，组织审判机关、检察机关去适用法律。宪法按国家职能把国家权力分派给了各个相应的机关，所以人大组织其他国家机关不仅仅是人大的权力，而且构成了人大的宪法责任。具体说，全国人大的任免权就是组织行政机关、审判机关、检察机关和其他国家机关之权；监督权就是保证法律的贯彻、使其他国家机关遵照法律办事之权。由此可见，人大直接行使的职权虽然并不是无所不包的，但却是决定性的。至于它通过宪法授权给其他国家机关去行使的职权，由于行政机关、审判机关、检察机关等都由人大产生，向人大负责，受人大监督，因此，按照宪法的规定，人大对于这些国家机关的活动具有持续性的影响力或者予以调节的能力。

(四)人大的责任

人大行使国家权力是通过人民代表大会方式进行的。我国各级人大通常每年只举行一次会议，而且会期不长，所以县以上各级人大均设常务

---

〔1〕 参见[法]卢梭：《社会契约论》，李平沤译，商务印书馆2011年版。

委员会，作为经常行使国家权力的机关。常委会是本级人大的一部分，由人民代表中的一部分常务代表组成。《宪法》第69条规定："全国人民代表大会常务委员会对全国人民代表大会负责并报告工作。"第103条规定：县以上地方各级人大常委会对本级人大负责并报告工作。常委会向本级人大负责就是间接地向人民负责，因为人大是由人民选派的代表所组成的。在我国，原则上行政机关必须按照人大及其常委会的决议工作，人大特别是人大常委会与政府间不可能也不允许存在政策上的争议，所以我国人大没有西方有些国家那样的倒阁权，同时也不存在政府解散人大的情况，在宪法规定的层面上，作为派生体的政府不能否定或置疑人大决定的合法性。

人大既要向人民负责，也要受人民的监督，否则就可能发生代表违反人民意志而进行活动的情况，危害人民的利益。西方学者把这种关系描述为政治主权与法律主权的关系，表现为人民的创制权、复决权、选举权和罢免权。我国《宪法》第3条第2款明确规定："全国人民代表大会和地方各级人民代表大会都由选民选举产生，对人民负责，受人民监督。"至于人大怎样向人民负责，怎样接受人民的监督，宪法和法律没有进行更进一步的规定，根据《选举法》的相关规定，有两点比较明确：(1)人民代表受选民或者原选举单位的监督，选民或者原选举单位可以随时罢免自己选出的代表。由于人大由代表组成，故而对代表的监督也可以视为是对人大的监督。(2)《宪法》第41条第1款规定："中华人民共和国公民对于任何国家机关有提出批评和建议的权利。"既然公民对任何国家机关提出批评和建议，那么当然也应包括人大在内。

此外还有一点必须说明：人民代表大会制度和人民代表大会的概念并非同一概念。虽然人民代表大会制度必然同人民代表大会联系在一起，但后者仅仅是一种具体的国家机关，而人民代表大会制度则是我国政权的组织形式和运行方式，是对我国全部国家权力的组成和运行制度一种描述。

综上所述，人民代表大会制度是指我国的一切权力属于人民，人民在民主普选的基础上选派代表，组成全国人民代表大会和地方各级人民代表大会作为行使国家权力的机关；其他国家机关由人民代表大会产生，受人民代表大会监督，对人民代表大会负责；人大常委会向本级人大负责，人大向人民负责。

三、人民代表大会制度的适宜性

任何制度都是人创造的，是为满足人和社会的需要而建立的，既然存在，就必有其存在的理由和逻辑。对于我国来说，人民代表大会制度是极其优越的政体形式，是适应中国国情的政权组织形式，我们应该进一步充实和发挥人民代表大会制度的优越性。

(一)人大制度适合中国国情

人大制度是在中国的具体历史条件下，由人民群众自己创立的，因而适合中国国情。

一百多年来，中国人民希望有民主的政治制度。从 19 世纪下半叶起，一些中国启蒙思想家如薛福成、王韬、郑观音等，就介绍过西方的议会制；后来改良思想家康有为、梁启超等进一步宣传议会民主。1904 年至 1909 年，严复翻译了孟德斯鸠的《法意》一书，在中国传播了“三权分立”的思想，即他们理想中的政治制度是“立宪法以同受其治，有国会以会合其议，有司法以保护其民，有责任政府以推行其政”。改良主义者力图在不改变清王朝帝制的基础上实行西方的君主立宪制和议会制，但他们的理想由于遭到了封建阶级的压制而未能变为现实。孙中山继而领导人民进行资产阶级革命，将中国几千年的封建君主制政体改变为共和政体；他还著书立说，在三民主义的基础上创“权能分开”和“五权宪法”的学说。孙中山设计的政治制度方案在后来国民党执政的年代里实践过，并在台湾实行。但历史证明这一方案并不适用于当时的中国大陆。

中国革命进入新民主主义阶段之后，1925 年爆发省港大罢工，出现了罢工工人代表大会。1927 年上海工人起义，成立了市民大会，并由市民大会选举市民政府。同时，在农民运动中产生了农民协会，农民提出“一切权力归农会”的政治要求。这些在人民革命运动中出现的组织形式，为时短暂，却为后来的政权建设提供了新的经验。

1931 年 11 月，第一次全国工农兵代表大会在江西瑞金召开。当时革命根据地政权的最高机关是全国工农兵代表大会；在其闭会期间，中华苏维埃中央执行委员会是最高政权机关，人民委员会则是行政机关。抗日战争时期，根据地民主政权的组织形式是边区、县、乡参议会和人民政府。抗日民主政权实行“三三制”原则，即在人员的分配上，共产党员、非党的左派进步分子、中间分子及其他分子各占政府人员的三分之一的制度；参议会由人民以普遍、平等、直接、秘密的原则选举产生。在第三次国内革命战争时期，随着解放区的扩大和土地制度的改革，在贫农团和农会的基础上建立了区、乡两级人民代表会议和人民政府。人民代表会议是真正基于广大群众意志产生的，它一经建立，就成为当地人民的权力机关。人民代表会议制度后来逐步扩大适用于县、市及至省。它一直延续到 1954 年，后来发展到人民代表大会制度的政权形式。

历史证明，国家权力归属于人民具有决定意义，如果中国人民不取得政权，根据地所创立的各种代表制度就不可能演变成今天的人大制度。可是，这决不意味着一旦人民有了自己的政权，政权组织形式问题也随之解决了。人大制度就是这样：它不是对任何一个外国制度的简单抄袭，也不是一开始就十分成熟，而是经过根据地政权建设的长期实践，经历了二十年代的萌芽形态、三十年代的苏维埃制度、四十年代的参议会制度以及后来的人民代表会议制度，逐步总结经验发展起来的。它是中国人民革命的创造性的产物，是马克思主义政治制度学说理论在中国的具体实践和应用。历史和现实的经验表明，人大制度是适合中国国情的政权组织形式，具有强大的生命力。

（二）人大制度较为全面地表现了人民民主专政的国家性质

我国是工人阶级领导的、以工农联盟为基础的人民民主专政国家。工人、农民、知识分子这三支基本的社会力量，以及在爱国统一战线中的其他劳动者和爱国者，构成了我国政权的基础；另外，我国是统一的多民族国家，除汉族外还有众多少数民族。人大制度正是这样一种适宜的政权组织形式：它足以体现各社会成员在国家生活中的地位，便于实现最广泛的民主，吸收广大人民群众参加国家管理和社会主义建设事业，充分发挥最大多数人的智慧和创造能力，保护最大多数人的最大利益。具体表现为：

第一，从各届全国人大和地方各级人大的代表构成来看，我国的各级国家权力机关确实是充分地吸收了社会各方面的代表人物，使他们广泛地代表全体人民参政、议政和管理国家。在各届全国人大中，工人、农民、知识分子代表的总数大体上占最高国家权力机关代表总额的半数或接近半数,体现了他们是我国社会主义建设的主要力量的政治地位,也构成了人民的大多数。其他社会各阶层的代表、民主党派和无党派爱国人士的代表、少数民族代表、华侨代表等占有适当名额,反映了统一战线中各联盟人士的政治地位。另外,非共产党员人士在代表总额中占一定比重,既表现了工人阶级在社会生活中的领导地位,又反映了人民之间的团结。

第二,我国的选举制度保证了国家权力机关组成人员的结构能够比较鲜明地表现国家性质,保证这样的政权组织能够比较完善地实现人民民主专政的职能。按照选举法的规定,人民代表的候选人除选民联合提名外,中国共产党、各民主党派、各人民团体,可以联合或者单独推荐代表候选人。我们的选举制度以保证人民代表大会代表的广泛性为原则,使社会各方面具有参政、议政能力的代表性人物进入国家权力机关。民主党派尽管人数很少,但代表人数却占到了人大代表总数的1/6到1/5,这不是从人数上考虑的,而是从民主党派在统一战线中的地位、对现代化建设与和平统一祖国事务中的作用考虑的。同时,在根本利益和意志上,人大主要是反映执政党——共产党的意图和意志。

第三,我国一切国家机关的活动都以符合人民的利益为根本准则,国家的一切法律、政策都应当表达全体人民的共同意志。我国的国家政权是由共产党领导的,首先要由共产党提出国家发展的路线、方针和政治主张,然后再交给人民讨论,广泛听取并吸收群众的意见,最后经过宪法规定的程序,形成法律或者国家机关的决定而付诸实施。这一过程中人大特别是全国人大是形成共同意志的最主要的机关和场所。

第四,人大是人民的代表机关,其他国家机关包括行政机关、审判机关、检察机关等都由人大产生,向人大负责,受人大监督。因此,这些国家机关总体上都是间接受人民托付,向人民负责,受人民监督。特别是宪法还规定了公民对国家机关及其工作人员有控告、检举、建议等权利,国家机关要直接就它们的具体工作接受人民的监督。宪法还规定了法治原则,国家机关都要服从法律,而法律是全国人大制定的,所以国家机关遵守法律也就是服从人民的意志。由此可见,人大制度体现了我国人民当家做主的国家性质。

(三)人大制度表现了国家意志和责任的统一

人大制度体现国家的统一与人民权力的统一,同时又保证各级政府能够在民主的基础上集中处理国事，使之成为有效的自上而下的行政工作系统。

我国的一切权力属于人民，由人大行使国家权力意味着人民意志的统一，也意味着国内各民族的团结。在人大制度下，我国虽然存在着立法、行政、审判、检察等不同性质的国家机关，并各自行使自己的职权，但我们国家机关活动的根本原则是民主集中制。根据宪法的规定，国务院对全国人大负责并报告工作，在全国人大闭会期间对全国人大常务委员会负责并报告工作；中央军委主席、最高人民法院、最高人民检察院都对全国人大及其常委会负责。宪法还规定，全国人大有权罢免下列人员：国家主席、副主席，国务院总理、副总理及其他组成人员，中央军委主席及其他组成人员，最高人民法院院长和最高人民检察院检察长。由此可见，全国人大和它的常务委员会体现了人民的统一权力，是最高国家权力机关，而其他国家机关相对于最高国家权力机关来说，则处于从属的地位。这个格局与西方国家的分权体制有着相当大的区别。

按照我国的政治制度，国家立法权由全国人大和它的常委会行使。法律既然是全国人民意志的表现，而且又是全国一切组织都必须遵守的，所以行使立法权就是人民行使主权，即国家权力机关通过立法将人民的统一意志法律化。由此可见，我国更为具体地实践了人民主权学说创始者卢梭的观点。根据卢梭的观点，如果同诸如行政权、司法权相比较，立法权应当具有最高的性质，因此，其他国家机关的职权，如司法方面的职权，既是来自于宪法，又因其组成和设立而来自于立法，且它只是适用法律的机关，相对来说处于从属的地位。我国的行政机关行使行政权，只是执行那些已经法律化了的人民意志，也是从属于全国人大的，这是民主集中制原则在我国政权组织形式上的表现。

由于全国人民代表大会和它的常务委员会是人民的代表机关，代表着全国人民的意志和利益，所以，权力统一于最高国家权力机关，在我们看来就是最大的民主。而且，我国的各级政府在民主集中制的基础上，能够集中处理国家事务。正如毛泽东在 1937 年指出的："行政权力的集中化是必要的；当人民要求的政策一经通过民意机关而交付与自己选举的政府的时候，即由政府去执行，只要执行时不违背曾经民意通过的方针，其执行必能顺利无阻。这就是集中制的意义。只有采取民主集中制，政府的力量才特别强大。”我国人民代表大会制度的设计就是遵循民主集中制的原则，使之既能表现广泛的民主，又确保各级人大真正代表人民，支持和监督它所选出的各级政府，从而使政府植根于民主的基础之上；同时又使各级政府形成自上而下有效的工作体系，按照宪法和法律行使职权，领导和管理国家行政事务，执行本级人大的决议，并保障人民的一切法律权利。

综合以上三个方面，可以得出结论，人民代表大会制度是我国适宜的政权组织形式。

第三章　中央与地方的关系

【本章导读】

中国是个幅员辽阔的大国，中央和地方的关系是事关政局稳定、社会发展和民生幸福的重要政治关系。1949 年之后，我国经历了中央“放权—收权—再放权—再收权”的循环，特别是改革开放以来，更是以中央放权为主线展开。中央和地方关系经过多次调整，但并未从体制上理清中央与地方的权力配置关系，一直存在着“一放就乱、一收就死”的问题。如何实现对地方的有效控制和监管，并充分调动地方的积极性，一直是中央政府面临的难题。地方的自主权，或来源于中央授权，或来源于法律规定。中央不可能，也没有必要对地方的事务具体过问，重要的是中央政府在重大问题和关键事务上应当具有最后的控制权和决定权。一般而言，中央政府需要宏观控制，把握大局，在立法、行政和财政等方面占据主动地位，而不必将所有权力都集中在手中。这要求合理配置中央与地方的权限，在立法上合理分配中央与地方的关系，建立明确的中央与地方的财政体制，从而在中央和地方的博弈过程中形成动态的平衡关系。我国的民族区域自治和特别行政区制度给国家结构形式带来了新的变化，同时产生了诸多法律问题，这些都是党员干部需要准确把握的重大问题。

一、国家结构形式

（一）国家结构形式概述

“国家结构制度关于国家的整体和部分之间关系的法律制度，是国家制度的重要内容。任何一个国家都是在一定面积的领土范围内对一定数量的居民行使国家权力，为了使国家权力能够有效地延伸至国家所涉及的所有地区和居民，统治者总是把国家划分为若干层次和类型的行政区域，并分别在这些行政区域内设置相应的国家机构和工作人员，根据法定原则赋予其相应的职权，国家机构便由此产生。”[1] 国家结构形式主要涉及国家权力的纵向分配和运用，其中，中央与地方之间的关系是国家结构形式的核心内容。

中央与地方之间的关系涉及权力分立的问题。权力分立，可分为横向分权和纵向分权。中央国家机关之间的分权，是横向的分权，西方国家分权的不同形态包括两权分立、三权分立、五权分立等。纵向分权主要是中央与地方的分权。在单一制国家，主要是指中央政府和地方政府之间的分权；在联邦制国家，主要是指联邦政府和各州政府之间的分权。

从历史上看，除了极小的国家之外，绝大多数国家都实行一定程度的纵向分权制度。一般而言，中央是一级，通常表现为中央一级国家机关；地方是另一级，而地方国家机关可能表现为不同级别的多个层级，如中国现阶段的地方国家机关就分为省（自治区、直辖市）、（地级）市、县、乡（镇）四级。对于国土面积大，人口和民族众多的国家，如果一切决策都归中央，在事实上是不可能的。因此，实行纵向分权就成为重要而现实的治理方式。纵向分权可以减轻中央政府负担，使中央始终高瞻远瞩地站在全国的立场考虑问题，处理具有全局性质的事务，制定全国性的决策，避免陷入纷繁复杂的事务堆之中不能自拔。同时，领土面积广大的国家，人口数量多，各地区社会发展程度差异较大，在很多地方都难以由中央制定统一的具体标准与要求，而应当由各地方充分结合本地区的实际来制定符合本地区的方针政策。

---

[1] 胡锦光主编：《宪法学原理与案例教程》（第二版），中国人民大学出版社 2006 年版，第 133 页。

(二)国家结构形式的分类

国家结构形式的形成会受到很多因素影响,其中起决定作用的因素是统治阶级的统治需要,历史因素和民族因素也会发挥作用。国家结构形式主要有单一制和复合制两大类,而复合制又包括邦联制与联邦制两类。

1.单一制及其特点

"单一制是一个在理论上比较狭隘的概念。一般地,它表明中央政府代表了国家的所有主权,且除了宪法规定的公民基本权利的限制之外具有无限权力;地方政府只是中央政府的分支,有义务服从中央命令,且不具备宪法保障的自治权力。"[1]地方政权从属于中央政府的领导、授权或委托。地方行政单位或者自治单位是国家不可分割的一部分。单一制国家结构形式的特点为:(1)从法律体系上看,单一制国家只有一部宪法,只有一个统一的法律体系。(2)从政权组织形式上看,除有个别特别地方外,中央和地方均采用相同的政府体制,即一般只有一套政府体制。(3)从权力配置上看,地方政府权力来源于中央政府授予,地方接受中央的统一领导,国家权力的重心在中央,地方行政区域单位或自治单位没有脱离中央而独立的权力。(4)从对外关系看,国家是一个独立的主体,各地方没有独立的外交权力,没有从国家分离出去的权力,一般不能作为国际法的主体参与国际关系。

在单一制国家结构形式中,地方政府的权力来源于中央政府的授权,其权力合法性源于中央政府的认定。地方政府在很大程度上是中央政府在地方的代理人,或者被认为是中央政府的附属机构,因而缺少独立的法律地位,根本不可能获得与中央政府平等的法律地位(而在联邦制国家,州与联邦的法律地位在很多方面都是平等的)。地方政府与中央政府的权力没有明确的法律界定,宪法中一般没有关于中央与地方分权的规定,也没有专门的中央与地方关系法来调整两者的关系。地方政府在立法、行政、司法、人事、财政等多方面都依赖于中央政府。地方政府不可能享有立宪权,立法权也完全受制于中央政府。地方的自治权也很有限,在立法、行政、司法等方面都接受中央政府的直接领导或监督。

---

〔1〕 张千帆:《宪法学导论——原理与运用》(第二版),法律出版社2008年版,第259页。

2. 联邦制及其特点

联邦制是指由两个以上的成员国联合组成的统一国家。联邦制国家有下列特点:(1)除中央有统一的政权机关外,各成员国同时有自己独立的政权机关体系。(2)除全国有统一的宪法外,各成员国有自己独立的宪法。(3)在联邦制国家,联邦权力来源于成员国的让与,一般由联邦宪法以列举的方式规定,剩余权力属成员国或加盟国。成员国或加盟国在法律上拥有脱离联邦的权力。(4)公民有双重国籍,即公民既是联邦的公民,又是成员国的公民。(5)在国际关系中,有些联邦国家在法律上允许成员国作为完全的国际法主体参与国际关系。

在联邦制国家中,联邦政府和州政府都遵循和服从统一的联邦宪法,在统一的法律体系中活动,州政府认同中央政府对外代表联邦并承认其外交行为的合法性。联邦政府虽然处于政治权力的顶端,但不是控制所有垂直部分的资源与决策的中央政府。州政府并不是中央政府的附庸或者下属机关,更不是中央在各州(共和国)的代理人,其权力来源于州而不是中央。州政府由本州选举产生而不是由中央任命,因而州政府首先要对州人民负责而不是对中央负责。联邦和各州政府彼此不能干涉内政。在很大程度上,州与联邦的法律地位是平等的。各州都有自己的立法机关,甚至一些联邦制国家的州有自己的宪法、法律和国籍,还有自己的司法系统,独立负责管理本州内的财政、税收、文化、教育等公共行政事务。联邦和州政府的权限由联邦宪法统一规定,联邦宪法与州的法律发生冲突时,一般以联邦宪法为准。如果州认为联邦超越了宪法规定的权限或者侵犯了自己的利益,可以起诉联邦政府。

3. 邦联制及其特点

邦联与联邦,表面上只是文字顺序的颠倒,其实两个概念有着本质的差异。邦联制并不是一种真正意义上的国家结构形式,邦联在本质上不是一个独立的国家,而是两个或两个以上的主权国家为了某种特定的目的而建立起来的一种国家联合体或松散的联盟。邦联不具有主权国家的基本要素,邦联成员国可以随时退出邦联。

邦联与联邦的主要区别表现为:第一,两者主权地位不同。邦联不具备国际法主体资格,邦联的主权被各个成员国分别拥有,邦联只是主权国家的联合。联邦能体现出主权的唯一性,是一个完整的国家,联邦政府是国际法上能够代表该国的唯一合法组织。第二，两者成立的合法性不同。联邦的主权属于联邦的全体国民，联邦政府只是一个执行民意的机构。因此，联邦中央政府和成员政府的权力来源于人民的选举与授予。而邦联则不是由选举产生的，而是出于军事、政治、经济等目的，经由各成员国政府委托而产生。第三，两者的职权不同。联邦拥有自己的宪法和法律，一切重大事项与决策权力均属于联邦政府。“参加联邦的各州，可以根据联邦宪法制定本州宪法和法律，可以建立本州的立法、行政和司法机关，并在自己的管辖区内行使权力，领导下属各级政府。邦联的活动只限于特定方面，其首脑会议的决议必须经过成员国认可才能生效。各成员国仍是有主权的独立国家，各自拥有立法、行政、外交、军事、财政等方面的权力。”[1]第四，公民的法律地位不同。在邦联制下，邦联并不赋予某国公民新的权利，公民也不必向邦联承担义务，公民只有所在国的公民身份而没有统一的邦联国籍。在联邦制下的公民可以具有双重身份，既是联邦的公民，也是所在成员单位的公民，受到联邦法律和所在成员单位法律的共同保护，享有各项法定权利并承担相应的义务。

（三）世界各国国家结构的发展趋向[2]

自20世纪90年代以来，在国家权力与国家结构的互动博弈过程中，西方各国的国家结构形式呈现出集权化和分权化并存及共同发展的趋向。

1. 各国中央集权化和地方分权化并存

中央集权化和地方分权化是现代国家中央与地方关系发展的基本轨迹。各国现代化进程的推进、科技成果的广泛运用以及自然资源的深入开发都需要一个社会职能全面、强有力的中央政府合理配置和利用社会资源。总体而言，更高程度的现代化对应的是更高水平的国家能力。因此，传统地方分权国家表现出集权化的倾向。例如，美国最初建立的是相对松散的邦联，后过渡到相对紧凑的联邦制。随着自由竞争资本主义转向垄断资本主义以及福利国家的出现，其政府体制又从二元联邦制过渡

---

〔1〕 张千帆：《宪法》（第二版），北京大学出版社2008年版，第518页。

〔2〕 参见童之伟：《国家结构形式与国家权力实质之关系探讨》，载《江苏社会科学》1995年第3期，第37~40页。

到合作联邦制。英国国家权力体系中尽管存在着较大范围的地方自治，但地方政府自治一直是中央政府监控下的有限自治，20世纪80年代以来集权更成为英国中央与地方关系调整的主要趋向。

与此同时，20世纪信息时代的到来使社会结构非群体化、高度差异化和复杂化。面对这种多样化、分散化和复杂化的社会，高度集中的政府已无能为力，需要进行决策分工。在这种情况下，传统中央集权国家表现出分权化趋势。例如，法国大革命后建立的是高度集权制国家。随着经济的发展，法国逐步下放权力，到20世纪80年代逐渐具备地方自治的集权制国家结构特征。各国下放权力的三种趋势：一是下放行政管理权，或把国家职能从政府的上级转移到下级，同时保留中央对预算和决策的控制。二是下放财权，或把预算和金融决策的影响力从上级下放到下级。三是权力移交，或把资源和政治权力移交给对上级政府保持很高独立性的下级政府。

2. 集权与分权共同增长

现代化进程中的中央与地方关系并非此消彼长。随着西方国家由自由竞争资本主义发展到垄断资本主义，有限政府向福利政府过渡，西方国家政府职能整体性膨胀。总体上看，中央与地方关系的调整呈现出中央政府权能扩张与地方政府职能扩张的双重倾向。一方面，单一制国家"二战"后经济的发展促使中央政府将大部分管理公共事务的职能下放给地方政府，使地方政府成为为社会提供服务和管理的主要机构。联邦制国家由于集权包袱和效率低下，倾向于将部分中央权限和事务还权于地方政府。但另一方面，地方政府职能的扩张并未削弱中央集权，相反，联邦集权在一定范围得到强化。在美国，从尼克松的新联邦主义到里根的新保守主义，再到老布什、克林顿的政府企业化改革，都倾向于发挥州和地方政府的作用，但联邦制不是减弱而是加强了。同时，联邦权力的扩张并未影响州和地方的发展。美国州和地方在管理本地区的经济文化等社会性事务中的作用不是削弱了，而是加强了，各州现在比历史上其他时期从事更多的活动，提供更多的服务，筹措和使用更多的资金。因此，集权与分权共同增长以及更高程度的融合成为资本主义社会结构变迁的必然要求。

3. 以建立相互依赖的政府均权结构为目标

西方国家中央与地方关系建立在明确而广泛的宪法和法律基础之

上，宪法规定了中央与地方各自的权力范畴，但这种界限并非绝对，中央与地方亦存在一定范围的权能共享。在共享的权力范围内，中央与地方需要在大多数领域进行合作，进而建立起相互依赖的政治关系。随着经济与社会的发展，中央与地方政府的共同利益越来越多，双方的依赖性也会越来越强。在这种相互依赖、相互需要的关系中，双方为了各自利益，在处理与对方的关系时，都在制度许可的范围内运用各种策略，以达到目的。中央和地方只有进一步扩大合作，才能既缓和中央与地方的冲突，又使地方更多地分担中央的困难。为此，各国政府都建立了一套财政制约和推动机制来调控地方财政和行政，并引导地方政府的决策。中央政府通过分税制控制一部分收入，然后通过财政拨款、财政补贴来推动地方政府执行国家政策和协调社会发展。同时，由于中央和地方矛盾将始终存在，中央政府仍面临来自于地方政府的对抗性压力。中央政府在加强控制的同时，也会更多地通过各种手段和措施来减轻这些压力，平衡各种矛盾。

二、我国单一制的国家结构形式

（一）我国采取单一制国家结构形式的原因

我国《宪法》序言规定："中华人民共和国是全国各族人民共同缔造的统一的多民族国家。"我国的国家结构形式是单一制。具体体现为，我国只有一部宪法，只有一套中央国家机关体系，中华人民共和国是一个统一的国际法主体，公民只有统一的中华人民共和国国籍，各省、市、县、乡行政区域不得脱离中央而独立。

我国实行单一制的国家结构形式，有其产生与发展的客观必然性。第一，"从理论上说，马克思、恩格斯原则上反对联邦制，主张建立单一制国家，因它有利于促进生产力的发展，推动无产阶级的团结和联合，有利于提高公民的政治觉悟"。[1] 第二，从历史上看，我国自秦统一六国以来，除短期处于分裂状态外，各民族团结、繁荣和共同发展，一直实行统一的中央集权制，没有出现过复合制国家结构形式的特征。第三，从民族关

〔1〕 胡锦光主编：《宪法学原理与案例教程》（第二版），中国人民大学出版社 2006 年版，第 139 页。

系上看，我国各民族大分散、小集中，大杂居、小聚居的分布状况决定了我国应该采取单一制的国家结构形式，而不是采取联邦制。第四，从国际环境上看，风云变幻的国际形势决定了建立单一制有利于国家的团结统一和持续健康的发展。采用单一制国家结构形式，是促进我国社会主义建设与发展的重要条件。

（二）我国单一制国家结构形式的主要特点

我国采取单一制国家结构形式，符合我国的实际情况，总体上实现了国家整体利益和局部利益的平衡与协调发展。其中，民族区域制度和特别行政区制度的不断完善与发展，促使我国单一制国家结构形式不断得以丰富。具体体现为：

第一，在中央和地方关系上，坚持中央的集中统一领导与地方积极性的充分发挥相结合。全国性事务归属中央，地方性事务归属地方，中央对地方进行有效监管。在市场经济条件下，中央不断推进简政放权，实行"放、管、服"相结合，改变了对以往地方管得太多太死的局面，地方政府的活力得以竞相迸发。我国单一制注重民主与集中的结合，体现了发扬民主、善于集中、敢于担责的特点。

第二，在一般的行政区域，在保障国家整体利益的基础上，可以在不同地方实行不同的差别政策。譬如，为了改变经济发展不平衡的状况，可以设定一定区域为经济特区，或设置自由贸易区，给予较大的经济管理权限，以利于吸引外资与技术，增强社会活力。

第三，在一些特别的地方，如在民族聚居的地方，为了灵活处理中央与地方权力配置，充分考虑到了民族特殊性的问题，实行民族区域自治，授权民族自治地方的自治机关可以行使宪法和法律规定范围内的自治权。而在特别行政区，在坚持全国统一立法、行政、司法系统的基础上，我国采取了更具有包容性的单一制国家结构形式。特别行政区在特别行政区基本法框架内，拥有独立的立法、行政管理和终审权。确立民族区域自治与特别行政区制度后，我国单一制的国家结构形式并未改变，而是得到了丰富与完善。

三、我国单一制结构形式下中央与地方分权

（一）我国中央与地方分权的基本范畴

在单一制下，中央与地方的分权是以中央为主导的，当前全面依法治

国对中央与地方的分权法治化、规范化与科学化提出了基本要求。在几十年的建设与改革实践中，我国已经基本建立了具有中国特色的中央与地方分权制度，主要体现在立法、行政与财政三个方面。

1. 立法方面的分权

(1) 中央统一行使国家立法权

一般来说，中央控制地方的主要手段是立法。首先，最高立法权由中央掌握，最高立法机构制定的法律在全国有效。根据我国现行宪法规定，全国人大有权修改宪法，制定和修改基本法律。全国人大常委会有权解释宪法，并监督宪法的实施，有权制定和修改应由全国人大制定的法律以外的其他法律。中华人民共和国成立以来，立法控制的地位和作用不断加强。

(2) 地方可以制定地方性法规

依据立法法的规定，省、自治区、直辖市的人民代表大会及其常务委员会可以根据本行政区域的具体情况和实际需要，在不同宪法、法律、行政法规相抵触的情况下，制定地方性法规。较大的市的人民代表大会及其常务委员会根据本市的具体情况和实际需要，在不同宪法、法律、行政法规和本省、自治区地方性法规相抵触的情况下，可以制定地方性法规。

2. 行政方面的分权

(1) 中央与地方事权划分的基本原则

中央与地方行政机关事权划分时，需要考虑如下因素：第一，影响范围。根据事权的影响范围来决定事权归属是事权划分的主要原则。如果影响范围涉及全国或数省，则归中央，如果仅仅涉及某一行政区划，则权属地方。第二，重要程度。凡在国家生活中有重大影响的事务应当归属中央，其余的则划归地方。第三，权能统一。中央负责需要投入大量人、财、物的事务，其余的则归属地方。

(2) 中央政府对行政工作统一领导

我国宪法规定，国务院是最高国家权力机关的执行机关，是最高国家行政机关。国务院统一领导所属部委和地方各级国家行政机关的工作，规定中央和省、自治区、直辖市行政机关职权的具体划分。国务院有权对地方各级行政机关发布指示，规定任务，地方各级行政机关在对本级人大和常委会负责并报告工作的同时，还要向上级国家行政机关负责并报告工作。

(3)地方事权不断扩大

根据地方组织法的规定,县级以上地方政府管理本行政区域内的行政工作。随着行政体制改革与简政放权的不断深入,地方事权不断扩大,中央将许多事权下放或部分下放到地方,进一步强化了地方的经济管理职能。

3. 财政方面的分权

(1)财政分权的历程与问题

随着中央与地方的政治权力变迁,我国的财政分权经历了三次大规模的变化:1958~1961年的"大跃进"、1970~1976年的"文革"混乱以及改革开放以来的"放权让利"。"1994年,中国实行分税制,建立了中央税收和地方税收体系,将维护国家利益和宏观调控的税种列入中央税,合理划分中央财政收入和地方财政收入的比例,实行中央财政对地方的转移支付制度。"[1]但同时也存在着各地财政收入严重不均衡的问题。

(2)财政分权的发展

要解决上述问题,必须实现财税领域的中央与地方关系的法治化。在税收征管体制方面加强立法,科学立法。中央和地方的税收立法权必须获得合理分配。在地方获得一定的税收立法权的基础上,中央和地方的税收分界应当更加清楚明晰,从而防止征管扯皮与收入混库。

(二)单一制下分权关系的丰富和发展:民族区域自治制度

民族问题是设计国家结构形式的重要因素。我国是一个多民族国家,历史传统和民族状况决定我国必须采取单一制的国家结构形式。各民族自治地方是中华人民共和国不可分离的部分,在各少数民族聚居的地方实行区域自治,设立自治机关,行使自治权。

1. 民族区域自治制度的概念

民族区域自治制度是指在国家的统一领导下,以少数民族聚居区为基础,建立相应的自治地方,设立自治机关,行使自治权,使实行区域自治的民族的人民自主地管理本民族地方性事务的制度。根据宪法和民族区域自治法等有关法律的规定,民族区域自治制度包括以下主要内容:"第

---

[1] 任进:《中央与地方监控关系与合作关系比较》,载《广东行政学院学报》1996年第2期。

一，各民族自治地方都是中华人民共和国不可分离的部分，各民族自治地方的自治机关都是中央统一领导下的地方政权机关。第二，民族区域自治必须以少数民族聚居区为基础，是民族自治与区域自治的结合。第三，在民族自治地方设立自治机关，民族自治机关除行使宪法规定的地方国家政权机关的职权外，还可以依法行使广泛的自治权。由此可见，我国行使的民族区域自治是在单一制条件下的自治，自治地方与国家的关系是自治与统一的关系。只有把国家的统一领导与自治机关的自治权统一起来，才能正确理解民族区域自治的概念。"[1]

2. 民族自治地方的自治机关

民族区域自治地方是指在我国少数民族聚居的地方，依法建立的实行区域自治的行政单位。我国的民族自治地方分为自治区、自治州、自治县三级，各民族区域自治地方都是中华人民共和国不可分离的部分。民族乡不属于民族自治地方，其人民代表大会和人民政府不属于自治机关，也不享有宪法和有关法律规定的自治权。但民族乡可以结合本民族的具体情况和民族特点，依据法律的规定，因地制宜发展本地区的经济、文化、教育和卫生等事业。

民族自治机关包括自治区、自治州、自治县的人民代表大会和人民政府。而自治地方的审判机关和检察机关则不是自治机关，不行使民族自治权。

民族区域自治地方的人大及其常委会、人民政府在组成方面有民族特点和要求：第一，民族自治地方的人大中，除实行区域自治的民族外，其他少数民族代表也应当有适当的名额和比例。第二，民族自治地方的人大常委会中应当由实行区域自治的民族公民担任主任或副主任。第三，自治区主席、自治州州长、自治县县长由实行区域自治的民族的公民担任。第四，民族自治地方的人民政府的其他组成人员和自治机关所属工作部门的干部中，要尽量配备实行区域自治的民族和其他少数民族的人员。

3. 民族自治地方的自治权

"民族自治地方行使各项自治权利是民族区域制度的中心问题。民

---

〔1〕 司法部国家司法考试中心：《国家司法考试辅导用书》（第一卷），法律出版社 2003 年版，第 177 页。

族自治权利集中体现在自治机关的自治权上。"[1]我国民族区域自治的自治权主要表现在以下几个方面:(1)有权制定自治条例和单行条例。自治地方的人民代表大会有权制定自治条例和单行条例。自治条例是民族自治地方的立法机关制定的关于本地方实行区域自治的基本原则、机构设置、自治机关的自治权等事项的综合性的规范性文件。单行条例是调整民族自治地方某一方面的社会关系的规范性文件。自治区制定的自治条例和单行条例,报全国人大常委会批准后生效;自治州、自治县制定的自治条例和单行条例,报省或者自治区的人大常委会批准后生效,并报全国人大常委会备案。(2)变通执行国家的法律、政策。民族自治地方应当贯彻执行国家的法律、政策,如果国家的法律、政策不适合民族自治地方实际情况的,自治机关可以报经该上级国家机关批准变通执行或者停止执行。(3)在经济建设与管理方面享有自治权。自治机关可以结合本地区的特点和需要,制定经济建设的方针、政策和计划,自主安排和管理地方性的经济建设事业,行使对外贸易自主权;对本地方的各项开支标准、定员、定额,根据国家规定的原则,结合本地方的实际情况,可以制定补充规定和具体办法;可以根据本地方的财力、物力等情况自主安排地方基本建设项目,合理调整经济结构,开发和保护本地区的自然资源。(4)享有管理地方财政税收的自治权。民族自治地方依照国家财政体制的规定,财政收入多于财政支出的,定额上缴上级财政,收入不敷支出的,由上级财政补助。在执行国家税法的时候,除应由国家统一审批的减税项目以外,对属于地方财政收入的某些需要从税收方面加以照顾和鼓励的,可以实行减税或免税。(5)享有教育科学文化卫生自治权。根据我国宪法规定,民族自治地方的自治机关有权自主地管理本地方的教育、科学、文化、卫生、体育事业,保护和整理民族的文化遗产,发展和繁荣民族文化。自治机关在执行职务的时候,依照本民族自治地方自治条例的规定,适用当地通用的一种或几种语言文字。(6)组织公安部队自治权。民族自治地方依照国家军事制度和当地的实际需要,经国务院批准,可以组织本地方维护社会治安的公安部队。

---

[1] 肖蔚云等编著:《宪法学概论》,北京大学出版社1985年版,第184页。

4. 国家的民族政策

为了巩固和健全我国的民族区域自治制度，国家采取了一系列有利于发展民族区域自治制度的政策。"第一，维护和发展各民族的平等、团结、互助的关系，保障少数民族的合法权益。第二，大力帮助少数民族地区发展经济和文化，培养少数民族干部。第三，禁止对任何民族歧视和压迫，禁止破坏民族团结和制造民族分裂、反对大民族主义，也要反对地方民族主义。"〔1〕

（三）单一制下分权关系的例外：特别行政区制度

1. 特别行政区的概念与特点

我国《宪法》第 31 条规定："国家在必要时得设立特别行政区。在特别行政区内实行的制度按照具体情况由全国人民代表大会以法律规定。"特别行政区是在我国的领土范围内，根据宪法和法律设立的具有特殊的法律地位，实行特别的社会制度、经济制度的行政区域。我国政府已于 1997 年 7 月 1 日、1999 年 12 月 20 日分别对香港、澳门恢复行使主权，并设立了香港特别行政区和澳门特别行政区。

特别行政区的特殊性主要表现在：第一，特别行政区享有高度的自治权。自治权包括行政管理权、立法权、独立的司法权和终审权、自行处理有关对外事务的权力。第二，特别行政区保持原有资本主义制度和生活方式 50 年不变。第三，特别行政区的行政机关和立法机关由该区永久性居民依照基本法的有关规定组成。第四，特别行政区原有法律基本不变。

2. 设立特别行政区的理论依据

"一国两制"是设立特别行政区的理论依据。"一国两制"是"一个国家，两种制度"的简称，它是指在中华人民共和国这个统一的社会主义国家里，在相当长的时期内，祖国大陆实行社会主义制度，允许台湾、香港、澳门这三个地区实行资本主义制度。对"一国两制"的理解要把握以下要点：第一，"一国两制"首先是"一国"，这是解决国家的主权和统一问题的前提。在国际上代表中国的只能是中华人民共和国政府，国家的领土和主权不能分割。第二，"一国两制"的"两制"是指在中国国内可以两种制度长期并存、共同发展，在特别行政区内，原有的社会制度、生活方

〔1〕 焦洪昌：《宪法学》（第四版），北京大学出版社 2010 年版，第 266 ~ 267 页。

式、文化经济制度不变。“一国两制”不仅允许社会主义与资本主义在一国内并存,而且允许不同模式、不同特点的资本主义并存。第三,“一国两制”制度长期不变,具有充分的法律保障。

“一国两制”的理论,既体现了实现祖国统一、维护国家主权的原则性,又充分考虑到台湾、香港、澳门的历史和现实,成为设立特别行政区的理论依据。

3. 中央与特别行政区的关系

中央与特别行政区的关系,是一个主权国家内中央与地方的关系,是中央对特别行政区进行管辖和特别行政区在中央监督下实行高度自治而产生的相互关系。这种关系的核心在于中央与特别行政区的权力设置与划分。

(1)中央对特别行政区的监督与管辖

根据基本法的规定,凡是主权范围内的事务均应由中央行使权力、负责管理。中央对特别行政区的监督与管辖体现为国家主权,主要包括以下几个方面:[1]第一,特别行政区的创制权。创制权是指建立政府,选择政权组织形式,组织政府,制定宪法性根本法的权力,这是国家权力中的原始权。宪法规定,国家在必要时设立特别行政区,特别行政区实行的法律制度由全国人大以法律形式规定。第二,特区政府组织权。此项权力实际包含在创制权中。组织权体现在:香港、澳门两个特别行政区筹委会都是由中央成立,特别行政区的主要官员由中央任命。第三,紧急状态宣布权。全国人民代表大会常务委员会决定宣布战争状态或因特别行政区内发生特别行政区政府不能控制的危及国家统一或安全的动乱而决定特别行政区进入紧急状态,中央人民政府可发布命令将有关全国性法律在特别行政区实施。第四,外交权。外交事务是一个国家以主权国家身份和其他国家、地区或国际组织展开正式的官方的经济、政治、文化等方面的联络交往事务。第五,防卫权。这既是中央政府的权力,也是中央政府的责任。第六,对基本法的制定、修改、解释权。基本法是国内法,由全国人大通过施行,基本法的修改权属于全国人大,基本法的解释权属于全国人民代表大会常务委员会。全国人民代表大会常务委员会授权特别行政区法

---

[1] 参见焦洪昌:《宪法学》(第四版),北京大学出版社2010年版,第270~271页。

院在审理案件时对基本法关于特别行政区自治范围内的条款自行解释。

(2)特别行政区享有的高度自治权

特别行政区的自治权远远超过中国的其他地方行政区域,主要有:①独立的法律体系和立法权。特区的原有的法律体系得以保留,特区实施原有法律和特区立法机关制定的法律。特区除极少数有关国防、外交和其他不属于特别行政区自治范围的法律之外,中国中央政府的全国性法律均不适用于特区。特别行政区立法会是特别行政区的立法机关,行使立法权、监督权和其他职权。议员一般是由永久性的居民担任。②独立的行政管理权。特区依照基本法的有关规定自行处理特区的行政事务。中央人民政府所属各部门、各省、自治区、直辖市均不得干预特区依据基本法自行管理的事务。③独立的司法权和终审权。特区法院除继续保持特区原有的法律制度和原则对法院审判权所作的限制外,对特区所有案件均有审判权。香港特别行政区的司法机关是终审法院、高等法院、区域法院、裁判署法庭和其他专门法庭。法官是根据当地法官和法律界及其他方面知名人士组成的独立委员会推荐,由行政长官任命,一般终身任职。澳门特别行政区的司法机关为澳门终审法院、中级法院、初级法院和行政法院。澳门还设有检察院。各级法院的法官,根据当地法官、律师和知名人士组成的独立委员会的推荐,由行政长官任命。检察官经检察长提名,由行政长官任命,检察长由行政长官提名,报中央人民政府任命。④独立的财政权。特区的财政收入全部用于自身需要,不上缴中央人民政府;中央人民政府不在特区征税;特别行政区实行独立的税收制度;特区拥有自己的货币,自行制定货币金融政策,不实行外汇管制政策;特区是单独的关税地区。⑤一定范围内的独立处理对外事务的权能。特别行政区可在经济、贸易、金融、航运、通讯、旅游、文化、体育等领域以"中国香港""中国澳门"的名义,单独同世界各国、各地区以及有关国家组织保持和发展关系,签订和履行有关协议。特别行政区可以"中国香港""中国澳门"的名义参加不以主权国家为单位参加的国际组织和国际会议。

(3)中央与特别行政区的关系变化:单一制还是联邦制?

长期以来,我国一直采取的是单一制的国家结构形式。根据"一国两制"设立香港和澳门特别行政区以后,我国单一制国家结构形式的纯粹性发生了变化。体现在:①从主权和国家结构来说,我国单一制国家的主权先于特别行政区而存在,并不是特区和其他地方行政区域的让予。特别行政区的设立和权力范围不是固有的,而是中央政府的赋予。②已经具备了联邦制的一些特征。例如,特区独立的法律体系、立法权、司法管辖权和终审权等都符合联邦制的特点。③特区享有的自治权在某些方面已经超过了联邦制国家。例如,财政独立、一定程度的外事权、货币政策、关税政策等方面,特区享有广泛的权力。这些权力带有"准主权"的性质,联邦制国家的成员单位一般不可能享有。在这个意义上,特区的自主权已经超过了联邦制的范围。

中国的国家结构形式变成联邦制了吗?没有。主要原因是:第一,在国际法上代表中国政府的只能是中国中央政府,特区并不是一级主权主体。第二,中央享有监督特区立法、解释和修改基本法的权力。第三,特区归中央直辖,特区行政长官和主要官员由中央任免。可以说,特别行政区的出现,给我国单一制的国家结构形式增添了一些新的变化与内涵。可以说,"一国两制"既是单一制,又与单一制有着区别,既有联邦制的许多特点,又不是联邦制。

第四章　国家机构

【本章导读】

现代各国机构设置，因其不同的政治制度和基本国情的差异而不尽相同。从组织原则上，西方国家多采用三权分立，将整个国家机构分为相互独立、相互制衡的立法、行政、司法三部门权力。社会主义国家多为议行合一，即马克思在考察巴黎公社革命经验中提出的，列宁在苏维埃政权实践中总结的把立法的职能和执行法律的职能在选出的人民代表身上结合起来。根据我国现行宪法和法律的规定，目前我国国家机构的组织形式既不是三权分立，也不是纯粹的巴黎公社及苏维埃政权意义上的议行合一，而是具有中国特色的国家机构制度。中国共产党是我国的执政党，党的意志决定国家机构组织及活动的根本方向。国家权力集中于人民代表大会，行政、司法、军事等国家机关相对独立、相互分工、相互配合，在人民代表大会的监督下，对人民代表大会负责。按照管辖区域划分，我国的国家机构包括中央国家机关和地方国家机关两大部分。香港、澳门特别行政区作为地方性行政区域，实行不同于大陆的社会制度。

第一节 国家机构概述

一、国家机构的概念和分类

国家机构是国家权力为实现其管理社会、维护社会秩序职能而建立起来的一整套有机联系的国家机关的总和。由于各国政治制度、法治精神及基本国情有别，现代各国国家机构设置和国家机关的组织皆不相同。从管辖区域范围来看，国家机构基本分为中央国家机关和地方国家机关两大部分。“组织原则上西方国家普遍为三权分立，即以形成确保自由作为政治制度设计的出发点，将整个国家机构分成相互独立、相互制衡的立法、行政、司法三部分权力。”[1]社会主义国家多为议行合一，即马克思在考察巴黎公社革命经验中提出的，列宁在苏维埃政权实践中总结的“把立法的职能和执行法律的职能在选出的人民代表身上结合起来”。[2]

新中国成立之初，我国选择议行合一的国家机构原则，主要是受到了前苏联国家机构模式的影响。“欧美资产阶级故意把他们专政的政府分为立法、行政与司法三个机体，使之互相矛盾，互相制约，以便于他们操纵政权——我们的制度是议行合一的。”[3]改革开放以来，我国的国家机构的组织原则在思想层面发生了一定的变化，加强权力制约与监督理念逐步形成。国家机关特别是行政部门相互制衡和约束，人民群众加强对国家机关的监督越来越成为时代的要求。目前，我国国家机构的组织既不是三权分立，也不是纯粹的巴黎公社及苏维埃政权意义上的议行合一，而是具有中国特色的国家机构制度。其中，中国共产党是我国长期执政的执政党，党的意志决定国家机构组织及活动的根本方向。国家权力集中于人民代表大会，各级国家行政、司法、军事国家机关相对独立、相互分工、相互配合，对人民代表大会负责，共同组成统一的国家机构体系。

---

[1] 焦洪昌：《宪法学》（第四版），北京大学出版社 2010 年版，第 419 页。

[2] 《列宁选集》（第 3 卷），人民出版社 1972 年版，第 309 页。

[3] 《董必武文集》，人民出版社 1985 年版，第 246 ~ 247 页。

我国现行的国家机构分为中央国家机关和地方国家机关两大部分。我国的国家机关从行使权力的属性来看,可分为国家权力机关、国家元首、国家行政机关、国家军事机关、国家审判机关和检察机关。中央国家机构包括全国人民代表大会及其常务委员会、国家主席、国务院、中央军事委员会、最高人民法院和最高人民检察院。地方国家机关则包括地方各级人民代表大会及其常务委员会、地方各级人民政府、地方各级人民法院和地方各级人民检察院,以及特别行政区的各种地方国家机关。

二、我国国家机构的组织和活动原则

国家机构的组织和活动原则是指设计国家机构体系,组织国家机关活动中应遵循的最基本原则。与西方三权分立、权力制衡原则不同,根据我国的实际及现行宪法精神,我国国家机构具有符合我国国情的组织活动原则。

(一)坚持中国共产党的领导

"党的领导是中国特色社会主义最本质的特征,是社会主义法治最根本的保证。"[1]宪法确立了中国共产党的执政党地位,我国其他政党、各团体和社会组织都公开承认和拥护中国共产党的执政党地位。宪法在序言中确立了中国共产党的领导地位。我国是以工人阶级领导、工农联盟为基础的人民民主专政国家。中华人民共和国的一切权力属于人民。中国共产党是中国工人阶级的先锋队,是中国人民和中华民族的先锋队,代表最广大人民的根本利益。

(二)民主集中制原则

"人民是依法治国的主体和力量源泉,人民代表大会制度是保证人民当家做主的根本政治至制度。"[2]民主集中制是依照马克思主义政治民主模式的理论,在社会主义国家机构组织中普遍适用的基本原则,也是中华人民共和国成立以来国家机构组织活动中始终坚持的基本原则。我国《宪法》第3条规定:"中华人民共和国的国家机构实行民主集中制的原

---

〔1〕《〈中共中央关于全面推进依法治国若干重大问题的决定〉辅导读本》,人民出版社2014年版,第5页。

〔2〕《〈中共中央关于全面推进依法治国若干重大问题的决定〉辅导读本》,人民出版社2014年版,第6页。

则。”民主集中制是一种民主和集中相结合的制度，是在民主的基础上的集中和在集中指导下的民主的结合，是发扬民主由多数人决定问题的过程与实行集中汇集多数人意见的过程的结合。全国人大在全部国家机关中是最高国家权力机关，享有最高立法权、国家重大事项的决定权。这种国家权力的统一性体现了社会主义政治民主基础上的高度集中，能够保证人民依法享有广泛的权利和自由。

（三）社会主义法治原则

科学立法、严格执法、公正司法、全民守法是社会主义法治原则的基本要求。我国宪法规定，中华人民共和国实行依法治国，建设社会主义法治国家。要加强立法工作，完善立法体制，深入推进科学立法、民主立法。要严格执法，深入推进依法行政，加快建设法治政府。要保证公正司法，提高司法公信力。要增强全民法治观念，推进法治社会建设。所有国家机关都必须在宪法和法律的范围内活动。各级国家机关要彻底摒弃人治，任何人都不得以个人意志凌驾于宪法和法律之上。

（四）责任制原则

责任制是国家机关依法对其行使职权、履行职责的后果承担责任的原则。我国宪法规定了国家机关实行工作责任制的原则，要求国家机关及其工作人员无论是行使职权，还是履行职务，都必须对其产生的后果负责。根据宪法和有关国家机关组织法的规定，责任制有集体负责制和个人负责制两种。集体负责制是合议制机关在决定问题时，全体组成人员和领导成员地位和权利平等，在重大问题的决定上由全体组成人员集体讨论，按照少数服从多数的原则作出决定。各级人民代表大会及其常委会、各级人民法院、各级人民检察院都适用集体负责制。个人负责制，是指由首长个人决定问题并承担相应责任的领导体制。在我国，国务院及其各部委、中央军委以及地方各级人民政府都实行个人负责制。

（五）联系群众、为人民服务原则

我国现行宪法规定，一切国家机关和国家工作人员必须依靠人民的支持，经常保持同人民的密切联系，倾听人民的意见和建议，接受人民的监督，努力为人民服务。人民群众是国家的主人，“必须坚持法治建设为了人民、依靠人民、造福人民、保护人民，以保障人民根本利益为出发点和落脚点，保证人民依法享有广泛的权利和自由、承担应尽的义务，维护社会公平正义,促进共同富裕”。[1] 一切国家机关和国家工作人员必须依靠人民的支持,一切都要从人民群众的利益出发,经常保持同人民的密切联系。在思想上要认识自己手中的权力来自于人民的赋予;在行动上密切联系群众,全心全意为人民服务;在工作中要坚持“从群众中来,到群众中去”的工作方法。

(六)精简和效率原则

精简,是指依法设置国家机关和制定人员编制定额,国家机关相互之间职责明确、层次清楚;效率,是指国家机关及其工作人员处理国家事务时能够正确、妥善、及时和具有活力。我国一切国家机关都应实行精简和效率原则。然而,由于历史的原因,我国国家机构形成了党政机构重叠、机构臃肿、职责不明、效率低下、吃大锅饭等弊端。尽管多次进行机构改革,但都未能逃离“精简——膨胀——再精简——再膨胀”的恶性循环。在全面深化改革的背景下,应当不断提高工作质量和工作效率,反对官僚主义与形式主义,以法律形式明确规定各个国家机关的职责权限。同时,不断健全完善干部管理制度,真正建立一支德才兼备、忠诚、干净、有担当的干部队伍。

第二节 全国人民代表大会及其常委会[2]

一、全国人民代表大会

(一)全国人大的性质和地位

我国现行《宪法》第 2 条规定:“中华人民共和国的一切权力属于人民”,“人民行使权力的机关是全国人民代表大会和地方各级人民代表大会”。第 57 条规定:“中华人民共和国全国人民代表大会是最高国家权力机关。它的常设机关是全国人民代表大会常务委员会。”第 58 条规定:

[1] 《〈中共中央关于全面推进依法治国若干重大问题的决定〉辅导读本》,人民出版社 2014 年版,第 6 页。

[2] 本篇第二章从政权组织形式的角度已经介绍了人民大会制度,本章为逻辑完整性,对人民代表大会制度从不同的角度仍做简单介绍。

“全国人民代表大会和全国人民代表大会常务委员会行使国家立法权。”由此可见,全国人大不仅是民意代表机关和立法机关,而且还是权力机关,行政机关和司法机关都由它产生,对它负责,受它监督。全国人大的特殊地位主要体现在三个方面:第一,全国人大是全国人民的民意代表机关,具有广泛的代表性。第二,全国人大是行使国家立法权的机关。第三,全国人大是最高权力机关,在国家权力体系中地位最高,任何机关都不能超越于全国人大之上,也不能和它相并列。

(二)全国人大的组成和任期

全国人大由省、自治区、直辖市、行政区和军队选出的代表组成。我国目前采取的是地域代表制与职业代表制(军队)相结合,而以地域代表制为主的代表制。代表以间接方式选出,农村每一代表所代表的人口数应4倍于城市每一代表所代表的人口数。全国人大行使职权的法定期限为5年。任期届满前2个月,全国人大常委会必须完成下届人大的选举工作。如果遇到不能选举的非常情况,由全国人大常委会以全体组成人员的2/3以上的多数通过,可以推迟选举。

(三)全国人大的职权

全国人大的职权是宪法确认的全国人大对其所辖职责范围的支配权限。根据宪法规定,它的主要职权包括:(1)修改宪法,监督宪法的实施。宪法的修改由全国人大常委会或者1/5以上的全国人大代表提议,并由全国人大以全体代表的2/3以上的多数通过。(2)制定和修改基本法律。基本法律是以宪法为根据的全国人大制定的最重要的法律。基本法律以外的其他法律由全国人大常委会制定和修改,但常委会要受全国人大的监督,全国人大有权改变或撤销常委会不适当的决定。因此,全国人大实际上掌握了国家的全部立法权。(3)最高国家机关领导人的任免权。全国人大选举并有权罢免全国人大常委会的组成人员;选举中华人民共和国主席、副主席;根据国家主席的提名,决定国务院总理的人选;根据国务院总理的提名,决定国务院副总理、国务委员、各部部长、各委员会主任、审计长、秘书长的人选;选举中央军事委员会主席;根据中央军事委员会主席的提名,决定中央军事委员会其他组成人员的人选;选举最高人民法院院长、最高人民检察院检察长。(4)国家重大问题的决定权。全国人大有权审查和批准国民经济和社会发展计划以及计划执行情况的报告。(5)最高监督权。全国人大有权监督由其产生的其他国家机关的工作。(6)其他职权。现行宪法规定,全国人大有权行使“应当由最高国家权力机关行使的其他职权”。

二、全国人民代表大会常委会

(一)全国人大常委会的性质和地位

全国人大常委会是全国人大的常设机关,也是行使国家立法权的机关。其地位表现在两个方面:一方面,它与全国人大是隶属关系,由全国人大选举产生,对其负责,受其监督。在全国人大每次召开会议时,要向全国人大作工作报告。另一方面,全国人大常委会在全国人大闭会期间行使全国人大的部分职责,对最高国家行政机关、审判机关、检察机关进行监督,而这些机关要对它负责并报告工作。

全国人大每年一般只召开一次会议,而国家的许多重大事项都需要最高国家权力机关及时作出决定,于是,最高国家权力机关必须设立常设机关,保证国家立法与议事的现实需要。国外的议会常设委员会仅是一种工作机构,而我国的人大常委会拥有广泛的权力。

(二)全国人大常委会的组成和任期

全国人大常委会,由全国人大选举委员长、副委员长若干人、秘书长和委员若干人组成。这些组成人员必须是全国人大代表,并由每届全国人大第一次会议选举产生。全国人大常委会的组成人员不得担任行政机关、检察机关和审判机关的职务。在全国人大常委会的组成人员中,应当有适当名额的少数民族代表。全国人大常委会的任期也为 5 年。委员长、副委员长有连任限制,连续任职不得超过两届。

(三)全国人大常委会的职权

宪法对全国人大常委会的职权的规定,较以往有所扩大,使常委会的地位进一步加强。根据现行宪法规定,全国人大常委会的职权主要有:(1)解释宪法、监督宪法的实施;(2)根据宪法规定的范围行使立法权;(3)解释法律;(4)审查和监督行政法规、地方性法规的合宪性和合法性;(5)对国民经济和发展计划以及国家预算部分调整方案的审批权;(6)监督国家机关的工作;(7)决定、任免国家机关领导人员;(8)国家生活中其他重要事项的决定权。

三、全国人民代表大会的专门委员会

全国人大各专门委员会是全国人大的常设性内部工作机构，是全国人大的组成部门。在全国人大闭会期间，受全国人大常委会的领导。它是从全国人大代表中选举产生，并按照专业分工组成的工作机构，不是独立的国家机关，不能对外发号施令。其主要职责是帮助全国人大及常委会审议和拟订议案，完成全国人大及常委会所交给的任务，其决议只是向全国人大及常委会提出意见、建议或议案。

根据现行宪法规定，目前全国人大设有民族委员会、法律委员会、财政经济委员会、教育科学文化卫生委员会、外事委员会、华侨委员会、内务司法委员会、环境与资源保护委员会和农业与农村委员会共 9 个专门委员会。

根据宪法规定，全国人大及其常委会认为必要时，可以组织特定问题的调查委员会。调查委员会无一定任期，对特定问题的调查任务一经完成，该委员会即予撤销。迄今为止，全国人大及其常委会尚未组织过特定问题调查委员会。

四、全国人民代表大会代表

全国人大代表是依照法律规定选举产生的最高国家权力机关的组成人员，是人民委派到最高国家权力机关的使者，代表着全国人民的利益和意志，依照宪法和法律参与行使国家权力，管理国家事务。他们来自人民，受人民监督，为人民服务。全国人大代表每届任期 5 年。

参加全国人大会议是全国人大代表行使职权的主要方式。根据宪法和有关法律的规定，全国人大代表享有以下权利：出席全国人大会议，参与讨论和决定国家重大问题的权利；有根据法律规定的程序提出议案、建议和意见的权利；有依照法律规定的程序提出质询案或者提出询问的权利；有依法提出罢免案的权利；有非经法律规定的程序，不受逮捕或者刑事审判的权利；有在全国人大各种会议上发言和表决不受法律追究的“言论免责”权；有在履行职务时，根据实际需要享受适当补贴和物质上的便利等权利。

全国人大代表也必须履行模范地遵守宪法和法律，同原选举单位和

群众保持密切联系,保守国家秘密,在自己参加的生产、工作和社会活动中,协助宪法和法律的实施,接受原选举单位和群众监督等义务。

第三节 中华人民共和国主席、国务院、中央军事委员会

一、中华人民共和国主席

(一)国家主席的性质和地位

国家主席制度属于国家元首制度的范畴。国家元首作为国家机构的组成部分,是一国对内、对外的最高代表,是国家主权的代表和国家统一的象征。

中华人民共和国主席是我国国家机构的重要组成部分,是一个独立的国家机关。国家主席对内、对外代表国家,依法行使国家元首的职权。国家主席是我国国家统一的象征和国家主权的代表,其行为被视为国家行为。

(二)国家主席的产生和任期

国家主席、副主席由全国人大选举产生。《宪法》第 79 条第 2 款规定:“有选举权和被选举权的年满 45 周岁的中华人民共和国公民可以被选为中华人民共和国主席、副主席。”国家主席以最高国家代表的身份,在国家内外事务中以国家名义进行活动。这样重要的职务,不仅要求政治上、经验上、阅历上的丰富和成熟,而且还必须在国内外享有较高的声誉和威望,只有到一定年龄的人,才可能具备这些条件。国家主席、副主席的任期同全国人大每届任期相同,即 5 年,连续任职不得超过两届。

(三)国家主席的职权

根据宪法的规定,国家主席的具体职权主要有以下四个方面:(1)公布法律、发布命令权。全国人大或全国人大常委会制定的法律,由国家主席以主席令的形式颁布施行。(2)人事任免权。国家主席根据全国人大或全国人大常委会的决定,任免国务院组成人员。(3)外交权。国家主席代表国家进行国事活动,接受外国使节。(4)荣典权。国家主席根据

全国人大及常委会的决定，授予对国家有功勋的人员勋章和荣誉称号。

二、国务院

（一）性质和地位

国务院是中央人民政府，是最高国家权力机关的执行机关，是最高国家行政机关。具体表现在：第一，国务院对外是中华人民共和国政府，对内是中央人民政府。第二，国务院从属于全国人大，由全国人大产生，受它监督，对它负责。全国人大闭会期间，受全国人大常委会监督并对其负责。第三，国务院在全国行政机关系统中居最高地位。它统一领导地方各级政府的工作，统一领导管理国务院各部、各委员会以及全国各级人民政府的行政工作，一切国家行政机关都必须服从它的决定和命令。

（二）国务院的组成和任期

国务院由总理、副总理若干人、国务委员若干人、各部部长、各委员会主任、审计长、秘书长组成。国务院总理根据国家主席的提名，由全国人大决定；副总理、国务委员、各部部长、各委员会主任、审计长和秘书长根据总理的提名，由全国人大决定。国务院的任期与全国人大任期相同，即5年。总理、副总理、国务委员连续任职不得超过两届。

（三）国务院的领导体制

1. 总理负责制

我国《宪法》规定："国务院实行总理负责制。"总理负责制即行政首长负责制，是指国务院总理对他主持的国务院工作有完全的决定权并承担全部责任。具体内容为：(1)由总理提名组成国务院。(2)总理领导国务院工作，副总理、国务委员协助总理工作。(3)总理主持召开常务会议和全体会议，总理拥有最后决定权，并对决定的后果承担全部责任。(4)国务院发布的决定、命令和行政法规，向全国人大及其常委会提出的议案，任免国务院有关人员的决定，都得由总理签署。

国务院实行总理负责制是由国务院的性质和任务决定的。国务院的性质是行政机关，任务是执行国家权力机关的决定。权力机关采取合议制的形式，实行少数服从多数的原则，可以保证民主，而行政机关在执行权力机关的决定时，则需要高度的权力集中，才能高效、及时和果断地处理各种繁杂的事务和突发事件。如果行政机关也采取少数服从多数的原则,势必因开会、讨论、表决而延误时日,影响国务,所以国务院实行总理负责制符合现代社会对中央政府高效率的要求。

2. 会议制度

国务院的会议分为国务院全体会议和国务院常务会议。国务院全体会议由国务院全体成员组成,国务院常务会议由总理、副总理、国务委员、秘书长组成。根据国务院组织法的规定,国务院工作中的重大问题,须经国务院常务会议或者国务院全体会议讨论决定。

3. 国务院的职权

根据现行宪法规定,国务院包括如下几方面的职权:第一,执行宪法和法律,执行全国人大及其常委会的决定。第二,根据宪法和法律制定行政法规和行政措施,发布行政决定和命令;依照法律规定决定省、自治区、直辖市的范围内部分地区进入紧急状态。第三,提出议案权,即向全国人大及其常委会提出议案。第四,对所属部、委和地方各级行政机关的领导权及管理权。第五,组织、领导和管理全国各项行政工作。第六,全国人大及其常委会授予的其他职权。

三、中央军事委员会

(一)中央军事委员会的性质和地位

我国《宪法》第93条第1款规定:“中华人民共和国中央军事委员会领导全国武装力量。”中央军事委员会的性质是全国武装力量的领导机关,是中央国家机关体系中的一个独立机构。同时,它从属于全国人民代表大会,对全国人大及常委会负责。

中央军事委员会实行主席负责制。中央军事委员会组成人员接受军事委员会主席领导,向军事委员会主席负责。

(二)中央军事委员会的组成和任期

中央军事委员会由主席、副主席若干人、委员若干人组成。主席由全国人大选举产生。全国人大根据中央军事委员会主席的提名,决定中央军事委员会其他组成人员的人选。在全国人大闭会期间,全国人大常委会根据中央军事委员会主席的提名,决定中央军事委员会其他组成人员的人选。全国人大有权罢免中央军事委员会主席和其他组成人员。中央军事委员会每届任期同全国人民代表大会每届任期相同,即为5年。现行宪法没有对包括中央军事委员会主席在内的中央军事委员会组成人员的任届作出限制。从法理上说,包括中央军事委员会主席在内的中央军事委员会组成人员可以无限期连选连任。

(三)中央军事委员会的职责

现行宪法没有规定中央军事委员会的职责,但宪法对中央军事委员会性质、地位及对我国武装力量的任务的规定精神是:中央军事委员会的主要职责应为领导和指挥全国武装力量,享有对国家武装力量的决策权和指挥权,完成巩固国防、抵抗侵略、保卫祖国、保卫人民、参加国家建设事业和努力为人民服务的神圣使命。

第四节 地方国家机构

一、地方国家机关概述

(一)我国地方国家机关的含义、设置及特征

国家机关的设立是为了更好地实现国家的职能。国家为了管理需要,除设置中央一级国家机关外,还要根据地域的结构和划分,设置相应的地方国家机关。地方国家机关是指设立于国家地方层级并行使国家权能的各类国家机关。根据宪法规定,在我国,省、自治区、直辖市、市、县、市辖区、乡、民族乡、镇分别设立地方各级人民代表大会和人民政府。在香港和澳门,依据特别行政区基本法的规定设置相应的国家机关。同时,按照宪法确认的国家行政区域,还分别设立了我国的各级人民法院和人民检察院。

上述设立的各级地方国家机关既是我国国家政权体系的重要组成部分,也是国家权能得以充分实现的根本所在。我国地方国家机关的设置具有如下的特点:“第一,地方国家机关在设置上是多层次的。第二,地方国家机关的关系是从属性的。在我国,县级以上的每一层级地方国家机关都由国家权力机构、行政机关、审判机关和检察机关组成。而国家权力机构在其中居于核心地位,是国家权力的直接掌控者,其他国家机关由权力机关选举产生,向它负责,并接受它的监督。第三,地方国家机关在

职权的划分上是有区别的。现阶段考虑到我国民族和历史的具体原因，在我国统一的领土和主权之下，形成了三种不同类型的行政区划，即一般行政区、民族自治区和特别行政区。在这三种不同类型的行政区域内所设立的不同地方国家机关，其职权的大小、职权行使的范围都是不同的。”[1]

（二）地方国家机关与中央国家机关的关系

地方国家机关与中央国家机关的关系主要表现为两者在权力配置上的划分。我国《宪法》第3条第4款规定，“中央和地方的国家机构职权的划分，遵循在中央的统一领导下，充分发挥地方的主动性、积极性的原则”。这表明我国地方国家机关与中央国家机关之间是一种隶属关系，具体表现为：“第一，关涉全国性的重要国家事务的决定权和管理权由中央行使，保证中央的统一领导。第二，关涉地方性的国家事务由地方国家机关决定，充分发挥地方的主动性和积极性。第三，遵循法制原则调整中央和地方的关系。无论中央或地方，国家机关的设置、组成、职权划分及行使，应当由宪法和法律予以确认，保证中央和地方在职权行使上的常态化、法制化。”[2]

二、地方各级人民代表大会和地方各级人民政府

（一）地方各级人民代表大会

地方各级人大是指省、自治区、直辖市、市、县、市辖区、乡、民族乡、镇的人民代表大会。它们同全国人大一起构成我国国家权力机关体系。地方人大是地方国家权力机关，地方各级人大在本级国家机构中处于首要的地位。本级的地方国家行政机关、审判机关和检察机关都由人民代表大会选举产生，在本行政区域内要对它负责，受它监督。地方各级人民代表大会由人民代表组成。省、自治区、直辖市、设区的市和自治州的人民代表大会代表由下一级的人民代表大会选举；县、自治县、不设区的市、市辖区、乡、民族乡、镇的人民代表大会由选民直接选举产生。地方各级人大的职权主要包括地方性法规制定权，重大事务决定权，监督权，选举权

[1] 焦洪昌主编：《宪法学》（第4版），北京大学出版社2010年版，第464～465页。
[2] 焦洪昌主编：《宪法学》（第4版），北京大学出版社2010年版，第465～466页。

和罢免权,及其他职权。

(二)县以上地方各级人大常委会

县以上地方各级人大常委会是本级人大的常设机关,是同级国家权力机关的组成部门,地方各级人大常委会对本级人大负责并报告工作。省、自治区、直辖市、自治州、设区的市的人大常委会由本级人大在代表中选举主任、副主任若干人、秘书长、委员若干人组成;县、自治县、不设区的市、市辖区的人大常委会由本级人大在代表中选举主任、副主任若干人和委员若干人组成。县以上地方各级人大常委会的职权主要包括地方性法规制定权,重大事务决定权,监督权,任免权及其他职权几方面。

(三)地方各级人民政府

现行宪法规定,地方各级人民政府是地方各级国家权力机关的执行机关,是地方各级国家行政机关。这是对我国地方各级人民政府在性质上的确认。地方各级人民政府作为执行机关,由本级人大选举产生,并对人大负责并报告工作,人大闭会期间,对本级人大常委会负责并报告工作。作为地方各级行政机关,地方各级人民政府还要服从上级人民政府的领导,向上一级人民政府负责和报告工作,执行上级行政机关的决定和命令。地方各级行政机关都要接受和服从国务院的统一领导。

地方各级人民政府实行首长负责制。地方各级人民政府的职权包括:(1)省、自治区、直辖市的人民政府,省、自治区、直辖市的人民政府所在地的市和经国务院批准的较大的市的人民政府,可以制定规章。(2)执行本级人民代表大会及其常委会决议,执行上级国家行政机关的决定和命令,执行国民经济和社会发展计划和预算。(3)规定行政措施,发布决定和命令。(4)管理本行政区域内的行政事务。(5)领导所属各工作部门和下级人民政府的工作。(6)保障宪法和法律赋予公民的权利获得实现。(7)办理上级国家行政机关交办的其他事项。

三、基层群众性自治组织

(一)基层群众自治的概念

基层群众自治制度是我国宪法规定和保障的政治制度之一。我国宪法规定,城市和农村按居民居住地区设立的居民委员会或者村民委员会是基层群众性自治组织。“基层群众性自治,就是处于基层的城市和农村居民群众通过居民委员会和村民委员会进行的、管理自己事务的制度。其中,城市居民自治是指城市居民通过居民委员会进行的、管理自己事务的制度,而村民自治是指农村村民通过村民委员会进行的、管理自己事务的制度。"〔1〕

（二）基层群众性自治组织的特征

基层群众自治性组织是依照有关法律规定,以城乡居民(村民)一定的居住地为纽带和范围设立,并由居民(村民)选举产生的成员组成的,实行自我管理、自我教育、自我服务的社会组织。村民委员会是村民自我管理、自我教育、自我服务的基础群众自治性组织,实行民主选举、民主决策、民主管理、民主监督。居民委员会是居民自我管理、自我教育、自我服务的基层群众自治性组织。

基层群众性自治组织的特点为:"第一,基层性。从层级上来看,基层群众性自治的主体为处于最基层的城市居民和农村村民,而自治组织的职责,也立足于基层,办理社区内群众的公共事务。第二,群众性。基层群众性自治组织是群众性组织。在人事上,这表现为居民委员会的组成人员由本居住区域内的所有有选举权的居民或者各户推选的代表选举产生,而村民委员会的成员则由有选举权的村民选举产生,即自治组织的成员来自群众、由群众选举产生,而不是由政府产生。第三,自治性。在基层群众性自治制度下,同一居住区域的居民和村民通过居民委员会和村民委员会作为组织手段,自行决定有关公共事务和公益事业的处理。"〔2〕

第五节 国家审判机关和国家检察机关

一、人民法院

（一）人民法院的性质

我国现行《宪法》第123条规定,中华人民共和国人民法院是国家的

---

〔1〕 焦洪昌主编:《宪法学》(第4版),北京大学出版社2010年版,第499页。

〔2〕 焦洪昌主编:《宪法学》(第4版),北京大学出版社2010年版,第499~500页。

审判机关,是专门行使国家审判权的机关。这一规定明确了人民法院的性质,人民法院是国家的法定审判机关,其他任何机关、团体和个人都无权进行审判活动。人民法院的任务是通过审判刑事案件、民事案件和行政案件,维护社会主义法治和社会秩序,保护公民的合法权益与权利,促进社会主义建设事业的顺利进行。

(二)人民法院的组织系统和领导体制

我国人民法院大体上是以行政区划为基础而设置的。根据现行宪法和有关法律的规定,我国人民法院的组织系统是最高人民法院、地方各级人民法院和专门人民法院。地方各级人民法院包括高级人民法院、中级人民法院和基层人民法院。专门人民法院包括军事法院、海事法院、铁路运输法院。

我国宪法规定,最高人民法院监督地方各级人民法院和专门人民法院的审判工作,上级人民法院监督下级人民法院的审判工作。这表明上下级人民法院之间的关系不是领导关系,而是监督关系。这种监督主要体现在上级人民法院按照上诉程序、审判监督程序及死刑复核程序对下级人民法院具体案件的监督,纠正错误的判决和裁定。

二、人民检察院

(一)人民检察院的性质

根据我国《宪法》第129条规定,中华人民共和国人民检察院是国家的法律监督机关。法律监督是国家为维护宪法和法律统一实施而实行的一种专门监督,这种专门的监督权力,通称监察权。在我国,检察院是专门执行法律监督的国家机关,它通过行使检察权对各级国家机关、国家机关工作人员和公民是否遵守宪法和法律实施监督,以保障宪法和法律正确统一的实施。人民检察院的任务是通过行使检察权,打击犯罪分子,维护人民民主专政制度和社会主义秩序,保护公民权利,促进社会主义建设事业顺利进行。

(二)人民检察院的组织系统和领导体制

根据宪法和人民检察院组织法的规定,我国设立最高人民检察院、地方各级人民检察院和专门人民检察院。地方各级人民检察院分为省、自治区、直辖市人民检察院;省、自治区、直辖市人民检察院分院,自治州和设区的市人民检察院；县、不设区的市、自治县和市辖区人民检察院。专门人民检察院包括军事检察院、铁路运输检察院等专门人民检察院。

我国人民检察院的领导体制为双重领导原则：其一，从人民检察院与同级人民代表大会的关系看，最高人民检察院对全国人民代表大会和全国人民代表大会常务委员会负责并报告工作。地方各级人民检察院对本级人民代表大会和人民代表大会常务委员会负责并报告工作。其二，从人民检察院上下级关系来看，最高人民检察院领导地方各级人民检察院和专门人民检察院的工作，上级人民检察院领导下级人民检察院工作。这种领导体制符合检察工作的性质和要求，有利于检察机关依法独立行使检察权。

三、人民法院、人民检察院和公安机关的相互关系

在我国国家机构体系中，按照国家机关的职能分工，人民法院依法行使国家审判权，人民检察院依法行使国家检察权，公安机关负责国家和社会的治安管理工作。虽然它们分属不同性质的国家机关，承担不同的国家职能，但在保护人民利益、惩治犯罪行为方面却是共同的。宪法规定，人民法院、人民检察院和公安机关办理刑事案件，应当分工负责，互相配合，互相制约，以保证准确有效地执行法律。具体而言，三者的相互关系表现在：

第一，分工负责。对于刑事案件的侦查、拘留、预审由公安机关负责；批准逮捕、检察和提起公诉由人民检察院负责；审判由人民法院负责。

第二，互相配合。即在分工负责的基础上，公、检、法三机关应通力合作，协调一致，共同完成打击犯罪、保护人民，维护国家法制统一的任务。

第三，互相制约。即三机关要互相监督，防止错案的发生，保证准确有效地执行法律。以公安机关和人民检察院之间的关系为例，公安机关负责案件侦查，但无权决定逮捕，检察机关批准逮捕，由公安机关执行。对公安机关移送检察院的案件，检察院若认为事实不清、证据不足，可退回公安机关补充侦查。人民检察院对公安机关的侦查活动的合法性行使法律监督权。公安机关对人民检察院的决定有不同意见，可以要求同级人民检察院复议，还可以要求上级人民检察院复核。

第五章　本篇典型事例

典型事例一：美国为什么要采取联邦制？

【事例回顾】

美国是一个联邦制国家，由50个州组成。除了联邦宪法，这50个州还有各自的宪法，与联邦宪法相比，这50部州宪法所规定的内容要翔实得多：它们不仅对各州政府的权力和各州公民的权利做出了更加详细的规定，而且涉及诸多具体的政策领域，如选举、婚姻、教育、税收、财产、财政、环保、公共住房、地方政府的组成和权力等。因此，美国作为联邦制国家一共有51部宪法。

美国是世界上第一个施行联邦制的国家。根据一项统计，当今世界200多个国家，只有20多个是联邦制。如果仅看这个数据，那么美国首创的联邦制作为一种政体似乎并不怎么受欢迎。然而，这20多个国家的人口总数超过22亿，并且它们的国土总面积约占世界土地的1/2。我们所熟知的一些国家，包括国土面积很大的国家（如俄罗斯、加拿大、巴西、阿根廷、澳大利亚、印度）以及一些国土面积很小的国家（如比利时、奥地利、瑞士），还有德国、尼日利亚、南非、墨西哥、委内瑞拉等国，都实行联邦制。

那么为什么美国建国时要采取联邦制？美国的联邦制和其他国家的联邦制有什么异同？

【事例分析】

1. 事例相关的本编宪法理论

本事例相关的宪法理论包括国家权力的分配，中央政府与地方政府的关系，国家权力与公民权利之间的相互关联等。

2. 历史和法理的分析

(1)美国建国的历史存在从“邦联”到“联邦”的转化过程

要知道美国为什么采取联邦制，必须了解一个最为根本的历史事实，那就是美利坚合众国成立在后，其最初的13个州成立在先。这13个州就是英国于1607年到1733年在北美建立的13个殖民地。虽然这13个殖民地都是经过英国国王授权，并且受英国法律的管辖，但是由于远隔大西洋，“天高皇帝远”，欧洲来的定居者从一开始就享有高度的自治权，如通过选举产生各级官员，自主制定税收、教育、财产等政策。也就是说，尽管这13个殖民地是英国的属地，并且需要向英国缴纳各种税费，但是它们各自有非常独立和完整的政府机构，犹如13个独立的小王国。

由于当时英国连年战争，国内财政吃紧，于是向海外殖民地大肆增加赋税，包括北美的13个殖民地，最终导致1775年美国独立战争的爆发。在1774年，来自12个殖民地的代表聚集费城，这就是第一届大陆国会，但是这届国会的中心议题不是从英国独立，而是如何让英国以更公平的方式对待北美殖民地。第二届大陆国会于1775年召开，次年通过了著名的《独立宣言》，并于1777年颁布了美国第一部宪法《邦联条约》，美利坚合众国的名称也因此诞生。该条约于1781年正式生效，于是大陆国会结束，代之的是邦联国会。

长期的高度自治，使各个殖民地特别警惕一个强有力的中央政府会剥夺它们现有的权力，因此《邦联条约》下的中央政府几乎没有任何实质性的权力。该条约设立了具有立法权力的国会，却没有设立执行法律的行政机构，结果是法律由各州执行。虽然国会有权宣战、缔结条约、印制货币、任命邦联政府高级官员，但是它没有税收权，没有常备军(军队由各州管辖的民兵组成)，也不能管理各州之间的贸易或者各州与其他国家之间的贸易。国会议员不是普选产生，而是由各州议会选举产生，并且他们的薪水由各州政府支付。总之，《邦联条约》下的中央政府，既没有钱，也没有枪，就是一个“光杆司令”。国会议员犹如各州派驻邦联政府的“大使”，而不是代表各州和全国利益的人民代表。

这样的中央政府，根本无法处理独立战争结束后美国所面临的国内外严峻局势。由于独立战争耗费很大，大陆国会和邦联政府不得不四处举债,而战争结束后这些债务必须偿还,否则刚刚独立的美国不仅会在国际上失去信用,而且会导致国内金融动荡。虽然英国承认美国独立,但是它在与美国接壤的加拿大边境上还驻扎着大量军队,对这个新生国家构成了严重的军事威胁。此外,印第安人部落(有些是在英国的怂恿下)还时常攻击南部各州的边界地区,造成不小的人员伤亡和财产损失。

就在内忧外患的时候,由退伍军人丹尼尔·谢斯领导的农民武装起义于 1786 年在马萨诸塞州爆发了。导致此次起义的主要因素包括独立战争后国内经济萧条、硬通货短缺引发的银根紧缩以及州政府为了偿还战时债务而大幅度提高税赋。由于没有自己的军队,邦联国会面对农民起义手足无措。马萨诸塞州只好依靠民兵来镇压起义,然而,很多民兵同情参加起义的农民,不愿同命相煎。结果州政府花了一年多的时间才把起义镇压下去。

谢斯起义让当时的很多有识之士深刻意识到,没有一个强有力的中央政府,美利坚合众国将无法维护国内稳定或者抵御外来威胁,更不可能在国际事务中有所作为。于是,修改《邦联条约》的呼声越来越高,并最终促成了 1787 年费城制宪会议的召开。一部崭新的美国宪法从此诞生了,而邦联也由此变成了联邦。

(2)联邦制下的权力分配

新宪法赋予联邦政府诸多重要的权力。《宪法》第 1 条规定了国会作为立法机构的各项权力,包括征税、征兵、宣战,制定国内外贸易政策和移民政策等。第 1 条第 8 款还规定:国会有权"制定为执行以上各项权力和依据本宪法授予合众国政府或政府中任何机构或官员的其他一切权力所必要的和恰当的法律"。这个条款也因此被称为"必要和恰当"条款,它相当于一张权力的空白支票,任由国会去填写,并为联邦法院通过司法解释来扩大联邦政府的权力埋下了伏笔。

除了国会,联邦政府还有自己的行政机构,其最高领导同时兼任武装部队最高统帅,从而保证了联邦法律能够得到有效执行。新宪法还设立了联邦最高法院,并且该法院也是美国国内的最高上诉法院,其判决对各州具有约束力。

此外,新《宪法》第 6 条还规定:"本宪法及依本宪法所制定之合众国法律;以及合众国已经缔结及将要缔结的一切条约,皆为全国之最高法律;每个州的法官都应受其约束,任何一州宪法或法律中的任何内容与之抵触时,均不得有违这一规定。”不仅如此,新《宪法》第 1 条第 10 款还对各州的权力有着明确限制,如不得与外国缔结条约或结盟,不得铸造货币;未经国会同意,不得对进出口货物征收进口税或间接税,不得在和平时期保持军队或战舰,不得与另一州或外国缔结协定或条约。

如此一来,州政府还有什么权力呢?的确,仅从字面上来看,各州从原来《邦联条约》下中央政府的主人变成了新宪法下联邦政府的傀儡。正因为如此,是否批准新宪法在各州引发了一场大辩论,因为新宪法只有得到 9 个州的制宪会议的批准才能正式生效。支持新宪法的一方被称为联邦党人,其代表人物是詹姆斯·麦迪逊,而反对新宪法的一方被称为反联邦党人,其代表人物是托马斯·杰斐逊。前者发起了一场声势浩大的政治宣传运动,并出版了一本文集,从各个角度阐述新宪法的种种好处,这就是著名的《联邦党人文集》。

反联邦党人的核心诉求是,新宪法必须包括一个权利法案,以保障个人权利不受联邦政府的侵犯。而联邦党人也逐渐意识到,如果没有权利法案,新宪法被各州批准的概率极低。于是就有了新宪法的前十条修正案,它们被统称为《权利法案》,于 1791 年底正式生效。

《权利法案》的前九条修正案涉及个人权利,而最后一条修正案则是美国联邦制的宪法基础之一。它原文如此:“本宪法未授予合众国也未禁止各州行使的权力,分别由各州或由人民保留。”前面已经提到宪法明确列举的联邦政府的权力,也提到宪法明确禁止各州行使的权力,那么州政府到底还有哪些权力呢?

事实上,一个普通美国人的日常生活,基本上都受自己所在州的法律管辖,很少涉及联邦法律:从出生证明到结婚离婚到死亡证明,从学前教育到义务教育到高等教育,从财产法到保险法到刑法,从公司法到银行法到矿产资源法,从行业管理到城市管理到交通安全,从公共卫生到土地征用到公共住房,从选举到治安到环保。此外,各州还决定自己的消费税、个人所得税、财产税、汽油税、香烟税等。“生是州的人,死是州的鬼。”这或许是对联邦制下一个普通美国人的一生最好的写照。

由于每个州的法律各不相同,这必然会造成很多问题,尤其是考虑到美国人的流动性很高,从一个州移居到另外一个州是再为平常不过的了。

那么,加州颁发的驾照,在纽约能开车吗?德克萨斯州的公民,如果是单身汉不用交税,那么在德克萨斯工作的外州单身汉也不用交税吗?在1787年的制宪会议上,建国先驱已经预料到了这些问题,因此才有了宪法第4条的两款规定。第1款:"各州对其他州的公共法令、记录、和司法诉讼程序应给予完全的信任和尊重。"第2款:"每州公民应享受其他各州公民所有之一切特权及豁免权。"美国宪法不仅明确规定了联邦政府和州政府各自享有的权力,同时还对各个州之间的关系进行了约束,这两者缺一不可,共同组成了联邦制。

既然是联邦制,联邦的各个成员在联邦政府(尤其是立法机构)就应该有自己的代表。根据《宪法》第1条,联邦国会由参众两院组成,众议员代表各州的选民,议员人数由各州人口决定,而参议员代表各州,并且不论人数多少,每个州均为两名参议员。加州有两千多万人,而阿拉斯加只有50多万人,但是它们的参议员人数相同。之所以有这样明显不公平的规定,是因为在当初的制宪会议上,人口少的州(如罗德岛)担心人口多的州(如纽约)会把持国会,结果双方达成了现在的折中。不仅如此,代表各州的参议院还大权在握:所有联邦政府高级官员的任命(包括联邦法官和驻外大使)和所有国际条约都必须经过参议院的批准。另外,由于参议院有"无限制辩论"的传统,因此任何议员都可以利用"冗长辩论"来阻挠立法程序,而要停止"冗长辩论"需要五分之三的多数。于是参议院就成了少数派名正言顺要挟多数派的天堂。20世纪60年代的民权运动高涨时,来自南方的少数参议员正是利用"冗长辩论"这一有力的武器,成功地延迟了一系列民权法案的通过。

这就是美国特色的联邦制。在联邦制下,各级各类官员有自己的选区和选民:总统由全国人民选出,国会众议员来自各个国会选区,参议员来自各州;州长由全州人民选出,州议会的议员来自各州的选区,而市长、镇长、县政府、学区董事会、州和地方政府的法官和检察官,也有各自的选民。简言之,联邦制就是各级政府官员独立产生、享有不同的权力、对不同的选民负责。联邦制其实就是通过选举把国家权力下放做出制度化安排,但这并不表示联邦政府权力的减弱。相反,权力下放有利于减轻联邦政府的财政负担,鼓励各州自主创新以及各州之间的良性竞争,加强选民对各级官员的监督。没有联邦制,就没有今天的美国。

（3）从美国到世界

美国是世界上第一个品尝"联邦制"这个禁果的国家。美国之后，已经有二十多个国家也采取了联邦制。但是，还没有一个国家完全效仿美国的联邦制。受历史、地理、宗教、文化、民族等因素影响，每个国家的联邦制都自成一体。然而在"各放光彩"的背后，还是有很多重要规律可循。

有学者把联邦制分为三类。美国属于第一类，被称为自下而上的联邦制（coming-together），即面对内忧外患，联邦的各个成员意识到"团结就是力量"，由此自觉地组成一个联邦政府。第二类是自上而下（holding-together）的联邦制，如印度、比利时和西班牙。这些国家在变成联邦制前都是单一制，中央政府处于绝对主导地位，并且它们都是多民族国家，国内民族矛盾错综复杂。这些国家的领导人都清楚地意识到，如果不采取联邦制，让各个成员在教育、文化、宗教等领域享有高度的自主权，那么整个国家将陷入内乱，最终分崩离析，国将不国。同时，各个成员也意识到，如果各自成为独立国家，它们生存的可能性很小。第三类则是"整合性"（putting-together）的联邦制，其代表就是前苏联。众所周知，前苏联是一个多民族的联邦国家，共有 15 个加盟共和国。然而，这 15 个成员大多是在被军事占领之后，才加入前苏联成为加盟共和国。俗话说，"强扭的瓜不甜。"随着前苏联解体，其联邦制也寿终正寝，各加盟共和国纷纷独立建国。

【结论】

综观当今世界的联邦制，有一个非常显著的特点，那就是国土广袤、人口众多、民族宗教多样化的国家基本上都采取了联邦制。这其中的道理很容易理解，国家越大，中央集权的成本越高。

第一，国家越大，权力分层越多，而越到底层，中央政府的权力（无论是税收还是监督）越薄弱，结果是个人专权、滥用职权和钱权交易在基层政府最为盛行。中央政府可以定期或不定期派出各种监察团队，以确保中央政策得到执行，但这样做不仅成本高，而且难保这些中央代表不被地方政府的"糖衣炮弹"所收买。

第二，中央集权往往意味着财政和税收大权集中在中央政府，而地方政府往往入不敷出。在不下放财政和税收大权的前提下，中央政府只有通过财政转移支付等方式补贴地方政府。国家越大，财政转移要经过的各级政府就越多，这样一来不仅政府官员增多、工作效率降低，并且给各级政府官员创造了诱人的权力寻租机会。

第三，受地理位置、自然资源和人口分布等因素影响，一个国家的经济发展往往具有明显的区域性。而中央集权国家在制定政策时往往“一刀切”，忽略了区域之间或者区域内部的差异。结果是有的地方政府对中央的政策打折执行，或者干脆“阳奉阴违”，从而大大增加了执法的难度和成本。

无论是自下而上，还是自上而下，真正的联邦制离不开民主政治。联邦制的权力下放，实际是通过选举把对政府官员的监督权下放。与此同时，权力的下放减少了权力寻租，提高了权力的效率，促进了权力的改革创新。

中国属于单一民族(汉族)占绝对多数的多民族国家，中国的历史和国情决定了中国不可能实行联邦制，而只能采取单一制加少数民族区域自治的国家体制，这样既能维护国家的稳定，同时也能体现民族的多样性，事实证明这是符合中国的制度安排。

同样，他山之玉可以攻石。在合理分配中央与地方事权、提高中央和地方政府的工作效率以及加强对地方政府的民主监督方面我们可以从当代联邦制国家借鉴有益的经验。

典型事例二：袁世凯称帝与君主立宪制在中国的终结

【事例回顾】

袁世凯称帝是中国近代史上的重大政治事件，袁世凯是近代中国政治的风云人物，手握北洋军阀重兵，应对孙中山领导的辛亥革命，袁世凯逼清帝溥仪退位，以和平的方式推翻清王朝，成为中华民国临时大总统。1915 年 12 月 12 日，袁世凯建立了中华帝国，遭到全国人民反对，多方势力讨伐。

1916 年 3 月 22 日，称帝 83 天的袁世凯被迫宣告退位，6 月 6 日病逝。无情的历史击碎了袁世凯的美梦，袁世凯称帝的历史闹剧标志着君主立宪制在中国的终结。

为什么袁世凯敢罔顾世人反对要恢复帝制呢？其所建立的帝制是否就是与“百代皆行秦政制”那种帝制模式一样，普天之下莫非王臣，率土之滨莫非王土。实际上袁世凯妄图在中国借君主立宪体制来恢复帝制。就制度本身而言，君主专制与君主立宪是两种完全不同的国家制度，传统帝制是皇权极权，所有权力集于一身，君主立宪则由皇室内阁、议会、司法三极组成，属于近现代宪政民主制度之一，如当代的英国、瑞典、日本等国就是典型的君主立宪制。

与本编有关的宪法理论：(1)国家的政权组织形式；(2)民主制与独裁制，君主制与共和制的差别。

【法理分析】

所谓君主立宪制，维基百科的解释是：在保留君主制的前提下，通过立宪，树立人民主权、限制君主权力、实现事务上的共和主义理想但不采共和政体。概言之，君主立宪制的重点是“立宪”，而不是“君主”，君主立宪如果没有限制王权的现代意义上的宪法，那就与君主专制没有什么两样了。

世界上实行君主立宪制的国家不少，屈指数一下，就有英国、日本、荷兰、西班牙、瑞典、丹麦等二十多个国家，分布于欧洲、亚洲、非洲和大洋洲。这些国家在经济、文化等方面的发展固然相差甚远，其政治制度——君主立宪制——的具体构架也有所不同，如君主(国王)的权力就大小不一。不过，无论他们怎么变化，都有一个共同点：宪法。

当时中国倡导君主立宪的许多都是知识精英、民主斗士，如杨度、严复、刘师培、孙毓筠、李燮和、胡瑛等，严复还是第一任北京大学校长，也是《天演论》的翻译者。同盟会和国民党一些骨干也拥护君主立宪。他们认为君主立宪更适合中国的国情，相比而言君主制优于共和制，而君主立宪与民主共和并不矛盾，没有皇帝的国家未必就能实行民主。英日等国皆属君宪政体，是事实上的民主政体，君主立宪是完全值得选择的一种政体。

当时的海归派以及一些了解君主立宪的人、甚至部分政府高官对君主立宪很有信心，他们认为，可以用立宪来削弱袁世凯的个人势力，以进一步加强宪法的实践和行政管理的效率,政府将掌握在国务总理和内阁手中,他们将按照宪法继续掌管政府,并使之与立法部门协调一致,使袁世凯成为庙宇中的菩萨,就是其子孙想专权,国际和国内的政治环境,也容不下一个国家重返极权专政了。他们以为君主立宪只要在法制轨道内运行一段时间,集权的君主立宪一定会逐渐过渡到分权的君主立宪。但无情的历史证明这只是旧知识分子和旧官僚们的幼稚想法。

因为自始至终,袁世凯都不曾想通过一部现代意义上的宪法,来为君主立宪制奠定坚实的法理基础。之所以说是"现代意义",是因为袁世凯任内的确公布了一部准宪法性质的《中华民国约法》。但这部宪法与前一部《中华民国临时约法》相比,不但极大地增大了总统的权力,且架空了立法院的权力,使之近于虚设。因此,人们讽刺地称之为"袁记约法"。

但是,哪怕这部为袁世凯量身定做的约法,袁世凯都没有真正遵守之。约法颁布仅隔数日,袁世凯就公布总统令,以参政院取代立法院职权,所以立法院始终未能成立。参政院后又公布《大总统选举法》,规定总统任期10年,可以无限期连任;总统继任人由前总统推荐。这两点就将总统选举变成了几乎等同于皇帝的世袭制。

更严重的是,1916年,袁世凯不顾天下人的反对称帝后,干脆就把《中华民国约法》废除了。袁世凯裸奔到最后,连遮羞布都不要了,没有了现代意义的宪法,袁世凯推行的帝制必然是复辟封建专制的帝制,必然遭到人民和历史的唾弃。

被几千年皇权政治害苦了的人民毕竟已经觉悟,一提到皇帝就深恶痛绝,根本不管君主立宪与君主专制有着什么区别,只要是与皇帝、君主有关的东西,全都是封建社会的坏东西。袁世凯称帝就是违背了这一世人皆知的民意,违背民意注定了失败是必然的。

另外,袁世凯也忽略了一个大趋势:中国相当一部分人的政治信仰已经变成了进化论,在进化论里是不容许倒退的,我不管你君主立不立宪,君就是皇帝,只要是当皇帝就是倒退,就是复辟,就要推翻。

袁世凯称帝的失败意味着无论是封建君主专制还是君主立宪制在中国的彻底终结,人民和历史选择了民主共和制作为中国政治体制的基本方向。

【结论】

被历史和人民唾弃的袁世凯称帝事件最终以闹剧收场,这标志着君主立宪的保守主义的彻底失败,中国要建立民主共和的政体,只有颁行现代意义的宪法,体现人民主权和民主平等精神,才能顺民心、顺潮流,才能昂首屹立于世界强国之林。中国共产党带领全国人民建立了新中国,颁行了现代意义的宪法,建立了人民民主专政的现代民主政体,正是这一历史潮流的集中表现,现在我们党中央强调加强宪法的实施和监督,正是符合民心和历史潮流的重大决定。

典型事例三:黑龙江恢复强制婚检例

【事件回顾】

2005 年 6 月,黑龙江省第十届人大常委会第十五次会议通过了修改的《黑龙江省母婴保健条例》,其中明确规定:"黑龙江省实行婚前医学检查制度","准备结婚的男女双方,应当接受婚前医学检查和婚前健康教育,凭婚前医学检查证明,到婚姻登记机关办理结婚登记","婚姻登记机关在办理结婚登记时,应当查验并留存男女双方婚前医学检查证明。没有婚前医学检查证明的不予办理结婚登记"。它的公布施行意味着黑龙江省成为自 2003 年 10 月 1 日实行自愿婚检以来,我国第一个恢复强制婚检制度的省份。同时它也引起人们对于我国的法律、法规之间冲突的关注。2003 年 10 月 1 日,国务院颁布的《婚姻登记条例》废除了强制婚检,实行自愿婚检制度,而全国人大常委会制定的《母婴保健法》则明确规定:准备结婚的男女双方,应当接受婚前医学检查和婚前健康教育,凭婚前医学检查证明,到婚姻登记机关办理结婚登记。《黑龙江省母婴保健条例》违背了国务院的行政法规,但却具有法律的依据。黑龙江成为国内唯一恢复强制婚检制度省份。

与本编有关的宪法理论:(1)依照我国宪法和立法法的有关规定,省、直辖市的人民代表大会及常委会的立法权限。(2)各级人民代表大会及其常委会的立法权限怎么划分。(3)行政法规与地方性法规之间的效力关系。

【法理分析】

1. 婚检为何再次“强制”?

黑龙江省卫生厅提出,2003 年新的《婚姻登记条例》将强制婚检变为自愿后,婚检率大幅下降,新生儿出生缺陷率大幅攀升。这种现象如果持续下去,势必会造成人口素质总体下降,将给社会带来沉重负担。其实在《中华人民共和国母婴保健法》和《黑龙江省母婴保健条例》中早就规定:“准备结婚的男女双方,应当接受婚前医学检查和婚前健康教育,凭婚前医学检查证明,到婚姻登记机关办理结婚登记”,“婚姻登记机关在办理结婚登记时,应当查验并留存男女双方婚前医学检查证明。没有婚前医学检查证明的不予办理结婚登记”。新《婚姻登记条例》出台后,黑龙江省卫生厅也曾就此与民政等部门进行商讨,得出的结论是:我国始终实行“后法优于先法”的原则,因此是否婚检应该按照新《婚姻登记条例》施行。

在 2005 年 6 月黑龙江省召开的第十届人民代表大会常务委员会第十五次会议上,人大常委会对 2000 年 10 月 20 日黑龙江省第九届人民代表大会常务委员会第十九次会议通过的《黑龙江省母婴保健条例》进行了修改。对其中第二章“婚前保健”中的相关内容重新进行了审议。代表们认为,原《黑龙江省母婴保健条例》中规定的“准备结婚的男女双方应当接受婚前医学检查和婚前健康教育,凭婚前医学检查证明,到婚姻登记机关办理结婚登记”等内容并无不妥,因此未进行修改。这也就意味着今后黑龙江省将按照新修订《黑龙江省母婴保健条例》的相关规定执行。

大家均认为强制婚检是十分必要的,因为“强制”的最终目的在于提高人口素质,造福社会。

黑龙江省今后进行婚检时,除艾滋病、梅毒、淋病、麻风四项必须检验外,其他各项仍然按照自愿原则,由新人自行进行选择。《黑龙江省母婴保健条例》中同时规定:“婚姻登记机关的工作人员,在办理结婚登记时,未查验当事人的婚前医学检查证明而给予登记的,由其所在单位或者有关主管部门给予行政处分。”

2. 恢复强制婚检违法了吗?

黑龙江省以地方立法的形式恢复强制婚检,引发社会各界对是否应该实施强制婚检、强制婚检是否合法、恢复强制婚检是否为公共权力地方化和部门化的表现等层面的广泛争议和讨论。

赞同恢复强制婚检者认为,婚检自愿损害下一代的健康,改为强制体现了社会对婚检重要性的反省和认识上的深化。反对者则认为,结婚是公民的一项私权利,婚检自愿体现了民主、自由和以人为本。法学界则更多地从法律冲突角度进行分析,建议修改《母婴保健法》,取消强制婚检。

反对者认为在办理结婚登记时,公民是否需要提交婚前医学检查证明或者医学鉴定证明,《母婴保健法》、《婚姻登记条例》与《黑龙江省母婴保健条例》的规定不一致,下位法与上位法的规定相抵触,使公民无所适从,这必将影响我国法制的严肃、统一和权威。为此,根据《立法法》的规定,应当由全国人大常委会对《黑龙江省母婴保健条例》、《婚姻登记条例》与《母婴保健法》是否存在抵触的情况进行审查。

按照立法法的规定,任何公民和组织都可以向全国人大常委会提出违宪和违法的审查请求,由常委会工作机构进行研究。全国人大常委会加强违宪违法审查,将强化人大权威,维护国家法律统一的尊严。

最终由国务院法制办、民政部牵头,卫生部、人口计生委、财政部联合组成的国务院联合调查组,就这一争论给出答复:婚前医学检查应当鼓励,但必须坚持婚检自愿,不必要也不宜实施强制婚检。

【结论】

《黑龙江省母婴保健条例》是地方性法规,而《婚姻登记条例》是行政法规,《母婴保健法》又是更高位阶的法律。《黑龙江省母婴保健条例》规定强制婚检与《婚姻登记条例》规定实行自愿婚检相抵触。《婚姻登记条例》的规定又与《母婴保健法》的有关规定相抵触。

按照立法法的规定,下位法与上位法冲突的无效。如果各个立法主体为了实现自己认为的法律、法规内容实质的合理性,不顾及是否与上位法相冲突,会有损法律的权威。这一事件集中暴露了我国存在已久的"立法违法"现象。

按照立法法的规定,全国人大常委会有权撤销同宪法和法律相抵触的行政法规,有权撤销同宪法、法律和行政法规相抵触的地方性法规。解决立法违法,还是要靠最高立法机关。根据《立法法》第 99 条第 2 款的规定,公民认为行政法规、地方性法规、自治条例和单行条例同宪法或者法律相抵触的,可以向全国人民代表大会常务委员会书面提出进行审查的建议。

依法治国的要义,不仅在于公民要遵守法律,执法者要严格执行法律,也包括立法者要按照法治的精神来制定法律。我们应当加强宪法的实施,减少法规与法律相抵触的现象,促使我国法规审查机制更加完善。

典型事例四:沈阳市人大否决沈阳市中级人民法院工作报告

【事件回顾】

2001 年 2 月 14 日上午,沈阳市辽宁人民会堂,沈阳市第十二届人民代表大会第四次会议按预定程序进行大会表决。一项项议程顺利通过。当进行到对关于市中级人民法院工作报告决议表决时,电子屏幕上的投票结果却让人大吃一惊:人大代表应到会 509 人,实到 474 人,赞成 218 人,反对 162 人,弃权 82 人,未按表决器 9 人。赞成票没有过半,市中级人民法院报告未获得人大代表通过,这成为中国人大历史上的首例:法院报告未获通过。

沈阳市人代会召开前夕,沈阳市中级人民法院的两位副院长焦玫瑰和梁福权因涉嫌严重违法违纪被立案审查,更具戏剧性的是,沈阳市中级人民法院原院长贾永祥在开幕的当天上午还坐在主席台上,下午就被中纪委带走审查。法院 2000 年工作报告只好由副院长于波代作,沈阳市中级人民法院存在的司法腐败问题如此严重,这种情形下法院的报告岂能过关,"不通过"的投票结果反映了代表们对腐败的痛恨和惩治腐败的决心。

此案引起社会的广泛关注,被学者称为"中国民主政治的标志性事件"。有专家评论:这表明人大正逐渐成为真正的权力机关。我国的宪法体制下,各级人大有监督"一府两院"的权力。有专家指出:沈阳市人大不通过中级人民法院的报告案,凸显了我们立法上的漏洞。谁该为此承担责任?承担什么样的责任?目前我国的法律对此还没有明确规定。也有专家认为:人大听取、审查法院、检察院的工作报告,然后或通过或否决两院工作报告的监督方式,不符合司法权的性质;应改变这种"整批监督"的模式为事后的个案监督模式。

【与本篇有关的宪法理论】

全国人大及地方各级人大是我国宪法规定的国家最高权力机构，是我国的政权组织形式，宪法的实施机制中的最重要环节就是全国人大及地方各级人大如何发挥其法定的监督和制约职能。

【法理分析】

沈阳市中级人民法院报告未获人大表决通过事件引起海内外及社会各界人士的极大关注，是我国宪法史上的重大事件，宪法学专家许崇德教授认为："这是一个进步。"专门从事宪法学研究的韩大元教授认为："这是中国民主政治的标志性事件。"外国媒体也报道，沈阳市人大代表否决了中级人民法院的工作报告，说明中国人大的作用在增强。辽宁社会科学院法学所副所长王策认为，这一事件说明人大能够切实履行职能，人大代表的民主意识正在不断增强，这将有利于促进我国民主和法制的建设。

同时从宪法实施的角度来分析，沈阳市中级人民法院报告"未获通过"事件反映了宪法实施机制尚不完备，宪法立法存在着漏洞，各级人大对"一府两院"的监督，依据的是《宪法》和《地方各级人民代表大会和地方各级人民政府组织法》，对于"一府两院"的报告未获通过如何处理，法律上没有明确的规定，缺乏宪法责任的相关规定和责任的追究机制。

沈阳中级人民法院的报告"未通过"作为法律的裁决已既成事实，是否需要再重新修改报告并审议。为此，沈阳市人大常委会多次召开主任会议。他们认为，根据《地方各级人民代表大会和地方各级人民政府组织法》的有关规定，由市人大常委会审议市中级人民法院工作报告在法理上是可以的，但从沈阳的实际情况出发，由人民代表大会审议更为合适。沈阳市人大在学习法律、请教专家和听取全国人大和辽宁省人大的指导意见后，于 2001 年 4 月初召开市第十二届人大常委会第二十五次会议，作出了召开沈阳市第十二届人民代表大会第五次会议、听取审议中级法院的整改情况和 2001 年的工作安排的决定。依据《地方组织法》，市法院根据第十二届人大四次会议代表提出的意见，认真进行整改，并向五次人民代表大会报告整改情况和 2001 年工作安排，符合"一府两院"年度工作安排须向同级人民代表大会报告，经人民代表大会审议通过的法律要求，这样沈阳市人大在一年的时间里召开两次人民代表会议，后一次会议专门审议了沈阳市中级人民法院整改报告和工作安排，体现了地方人大的国家权力性质和监督职能，在推进我国民主法制建设的进程中，具有现实和历史意义。

【结论】

根据我国宪法规定，全国人大及地方各级人大是国家的权力机构，“一府两院”产生于人民代表大会，同时又必须接受人大的监督。沈阳中级人民法院报告从被代表否决到第二次召开人民代表大会进行二次表决通过，充分体现了人大的国家权力机关性质和法定的监督职能，如何站在加强和完善宪法实施的高度来思考这个问题，人大制度是我国的根本政治制度，在新时期更应该进一步发挥其制度优势，促进法治建设进步和民主政治完善。

第四篇　宪法保障篇

【本篇导读】

宪法保障的根本目的是促进国家宪法切实地贯彻实施，它关系到国家和社会的基本制度能否得到巩固，人民的民主权利和其他合法权益能否得到保障。宪法保障是一个非常复杂的系统工程，它不仅需要宪法文本或相关法律对宪法地位和效力做出明确规定，对修改宪法予以严格限制，对宪法监督体制和机制做出恰当而科学地设置，而且更重要的是，宪法制定或修改后，必须按照宪法的要求，把宪法的精神和原则、宪法规则，认真落实到国家和社会治理的各项活动中，落实到执政党、国家机关和公民的具体行动中。如此，宪法权威才能真正树立，宪法作用方能体现。因此，加强宪法实施，建构、完善和运行宪法解释和宪法监督等制度，是一个国家必须正视的问题。

作为党员领导干部，其职务活动与宪法实施、宪法保障等密切相联，因此，全面认识和理解宪法保障、宪法实施、宪法解释和宪法监督等相关理论和实践极为必要。其中，执政党与宪法保障的关系、我国宪法的政党保障作用现状及其改进、国家机关实施宪法的具体要求、我国宪法解释制度的完善路径、完善我国宪法监督制度的重要性及其对策等更需要党员领导干部结合自己的工作深入思考、认真总结，以便触及思想、见诸行动。

第一章　宪法保障概述

【本章导读】

随着宪法的产生，宪法权威逐渐受到世界各国的高度关注。但宪法权威的树立需要通过建立一整套适合国情的制度，并认真付诸实践，进而推进宪法的全面落实。因此，宪法保障不仅具有重大的理论价值，更具有重要而深远的实践意义。在全面推进依法治国、加快建设社会主义法治国家的背景下，我国更应紧随时代步伐，根据具体国情设立和运用一系列宪法保障制度，以确保我国宪法的权威性和实效性。

站在党员领导干部的角度，需要深刻领会宪法保障制度的地位和作用，全面了解我国宪法保障的现状、存在的主要问题以及加强我国宪法保障的基本路径。但更为重要的是深入理解：为什么说我国执政党的保障对宪法实施具有关键作用？执政党的宪法保障作用还未充分体现有哪些具体表现？如何改进执政党的宪法保障工作？提高领导干部宪法意识有何重要意义？在此基础上，党员领导干部才能提高学宪、知宪、用宪、护宪的自觉性和积极性，为我国宪法的有效实施尽职尽责。

第一节 宪法保障概念

一、什么是宪法保障

关于宪法保障的涵义，理论界较有代表性的观点有："宪法保障是国家所确立的维护宪法权威和保证宪法实施的制度和原则的总称。其主要内容是，明确宪法在整个国家法律体系中的最高法律地位，以确立宪法的最高法律效力，明确规定修改宪法的特别程序，以保证宪法的稳定实施，确立宪法的组织保障，即宪法实施的监督体制，也就是确定监督宪法实施的特定机关，并赋予解释宪法、审查和处理违宪案件的职权，以保证宪法的全面实施，这方面的内容构成一个国家的宪法保障制度。此外，各个国家还要规定其他一些方面的措施来保障宪法的实施。"[1]"宪法保障是所有能够使宪法实施过程顺利进行，各类主体严守宪法，并使宪法规范得以落实、实现的各项制度总称。作为一种理论体系，宪法保障应当包括违宪审查制度，宪法监督制度，宪法诉讼制度和宪法意识。"[2]可见，学界普遍从非常宽泛的意义上理解宪法保障。

宪法保障是国家为维护宪法权威，促进宪法实施而确立的原则、制度及相关实践活动的总称。而宪法保障制度是国家为了维护宪法尊严、保证宪法实施而建立的一系列原则和制度的总和。因此，宪法保障涵盖了宪法保障制度与宪法保障活动两个方面。其中宪法保障制度是宪法保障的基础，而宪法保障活动则是制度的运行及其效果，两者紧密联系，不可分割，共同捍卫宪法的权威和尊严，合力促成宪法作为国家根本大法对国家和社会生活的有效调整。相对于宪法保障制度而言，宪法保障活动更为灵活和复杂，因而宪法保障制度便成为我们考察和分析宪法保障问题的更好切入点。因此，学界不少学者把宪法保障的关注点集中于宪法保障制度，甚至把宪法保障直接等同于宪法保障制度。

---

〔1〕 杨泉明：《宪法保障论》，四川大学出版社 1990 年版，第 23 页。

〔2〕 董和平、韩大元、李树忠主编：《宪法学》，法律出版社 2000 年版，第 153 页。

在理解宪法保障概念时，我们要注意以下几个方面：

第一，宪法保障方式的综合性。

要确保一个国家的宪法得以切实贯彻执行，不仅需要宪法明确其最高法律地位和效力，确立强有力的宪法监督制度，也需要立法机关通过立法活动把宪法的原则规定转化为具体的法律规范，还需要各政党尤其是执政党的模范遵守，以及广大民众、各种社会组织的遵从和维护。另外，还需要大力发展商品经济，加强民主政治建设，提高社会成员的宪法意识，为宪法实施提供深厚的政治经济基础和认知保证。因此，宪法保障是一项复杂的综合性系统工程。

第二，宪法监督是宪法保障的核心要素。

成文宪法首先是见诸纸面的条文形式，宪法生效后，并不意味着所有宪法主体会自觉按宪法的规定办事，也不意味着宪法自然会产生如期的约束作用。有的宪法主体可能会遵守宪法，但也有宪法主体会违反宪法。在法治基础薄弱的国家，违反宪法的事件或行为更可能大量存在。如果不及时发现和惩治违宪事件或行为，会严重威胁宪法权威，长此以往则可能导致宪法形同虚设。因此，发现和惩治违宪事件和行为的宪法监督制度及其有效运作，具有至关重要的作用。

第三，宪法保障主体具有广泛性。

宪法事关国家的稳定和发展，涉及社会成员的基本权益，因此维护宪法的尊严和权威，确保宪法的全面实施，是所有国家机关、政党和社会团体、企事业单位及全体公民义不容辞的责任。其中，执政党、国家宪法监督机关及人民群众在宪法保障的各类主体中尤为重要和突出。

第四，宪法保障的目的是实施宪法。

人类在经过长期的磨难和奋斗之后，终于认识到规范国家权力和保障公民权利是国家和社会长治久安的不二选择，随后承载此功能的宪法才应运而生。制定一部宪法甚至良宪，其目的是希望宪法能有效调整相应的社会关系，为此，才创设了众多的宪法保障制度，以推进宪法规则从纸面走入现实。因此，宪法保障仅是手段，而宪法的全面实施才是目的。由是，宪法保障始终伴随着宪法实施过程，故学界也把宪法保障称之为宪法实施保障。

第五，宪法保障有广义与狭义之分。

狭义的宪法保障，其内容包括宪法三方面的规定，即关于宪法的最高法律效力和最高法律地位的规定；关于宪法严格修改程序的规定；关于宪法监督制度的规定。而广义的宪法保障，其内容除前述三方面外，还包括政治、经济、法律、思想等方面的保障，国家特定机构之外的组织保障以及守法保障等内容。本章我们将从广义的层面来探讨宪法保障的相关问题。

二、宪法保障与相关概念的比较

为了进一步理解宪法保障概念，有必要弄清宪法保障与相关概念的区别和联系。

（一）宪法保障与宪法实施

关于宪法实施，学界的看法不尽相同。如“宪法实施是法律实施的一种具体形式，是指宪法规范在具体现实生活中的贯彻落实，即将宪法文字上的抽象的权利义务关系转化为现实生活中的生动的具体的权利义务关系，并进而将宪法规范所体现的人民意志转化为具体社会关系中人的行为”。[1]此定义严格遵循了关于法的实施的定义方法，认为宪法实施就是立宪目的的实现过程和实现方式。也有学者认为，“宪法实施又称宪法适用，是指国家有关机关依照法定的方式和程序，从宪法规范的特点出发使其得以贯彻实施并发挥作用的专门活动。宪法实施具有两种方式：一是立法实施，二是解释实施。”[2]这种理解，将宪法实施限定在国家机关正面落实宪法规范的层面上，而忽略了社会主体遵守宪法的这个重要方面。因此，相对而言，我们更赞成前述观点，即宪法实施就是宪法原则和规范在现实生活中的贯彻落实。

宪法保障与宪法实施的关系非常密切。(1)侧重点不同。宪法保障侧重于为促进宪法实施而建立相关制度和展开相关活动，其出发点是为实施宪法准备条件、减少障碍，以提高宪法实施效果。而宪法实施侧重于相关宪法主体按照宪法规定享受权利、履行职权职责。(2)范围不同。宪法保障的外延极为广泛，具体内容难以穷尽。凡是能够促进宪法得以实施的各项制度及实践，都属于宪法保障系统的组成部分。而宪法实施的外延相对较小，通常包括宪法的遵守、执行和适用等方面。(3)内容存在重叠。比如，宪法

---

〔1〕 周叶中主编：《宪法》，高等教育出版社2001年版，第349页。

〔2〕 董和平等：《宪法学》，法律出版社2000年版，第43页。

宣誓制度、宪法监督制度,本属于宪法保障制度的范畴,但如果一国宪法对此有明确规定,那么,该国所进行的宪法宣誓和宪法监督活动也同时属于宪法实施活动。(4)根本目的一致。宪法保障和宪法实施都是为了促进宪法原则和规则与现实的结合。因此,虽然宪法保障可理解为促进宪法实施的手段,但在终极目的上两者可谓"殊途同归"。(5)发展呈正相关关系。一般而言,科学、适当、有效的宪法保障制度必然有力促进宪法的各种实施活动。反之,则会减弱宪法实施的力度,甚至客观上阻碍宪法规则的落实。

(二)宪法保障与宪法监督

关于宪法监督,虽然学界存在不同的解释,但其差异并不明显。综合学界的观点,宪法监督就是为保证宪法顺利贯彻实施,宪法监督主体对宪法实施过程进行监察和督促的活动。按照监督主体的差异可把宪法监督分为广义的宪法监督和狭义的宪法监督。广义宪法监督是包括特定宪法监督机关在内的所有监督主体所进行的宪法监督活动,而狭义宪法监督则特指宪法监督机关的监督活动。

宪法保障与宪法监督之间既有相似之处,也有不同之处。(1)主体不同。广义的宪法监督主体与宪法保障主体是一致的,但狭义宪法监督主体远远窄于宪法保障主体。(2)范围不同。宪法保障比宪法监督范围更广。即使是广义的宪法监督也主要是指以发现和处理违宪事件和行为为核心的一系列制度和实践,而宪法保障除宪法监督制度与实践之外还包括普通立法的保障、宪法思想文化的保障以及其他特殊的保障等。(3)启动的前提与方式不同。宪法监督机制的启动以违宪事实的存在为前提,其监督方式大多是事后审查,而宪法保障不以存在违宪事实为前提,其保障方式也没有事前或事后的限制。(4)程序要求不同。宪法监督大多要求有规范的、具体的程序,而宪法保障中一部分保障措施(如修宪程序、司法性保障等)需要程序,而另一部分保障措施(如宪法自身对其法律地位和效力的规定、政治、经济和思想文化方面的保障)不需要程序制度。(5)后果不同。宪法监督行为往往会导致一定的制裁性后果,如撤销违宪的法律性文件等,而宪法保障制度并不一定带来否定性的法律后果。

第二节 宪法保障制度的内容

一、国外宪法保障制度的一般内容

目前,许多国家对宪法保障制度都做了明确的规定,但由于各国的国情不同,因而各国具体的宪法保障制度各具特色。

(一)规定宪法的最高法律地位和法律效力

规定宪法的地位与效力始于美国宪法。1787 年美国《宪法》第 6 条规定:“本宪法和依本宪法所制定的合众国法律,以及根据合众国的权力已缔结或将缔结的一切条约,都是全国的最高法律;每个州的法官都应受其约束,即使州的宪法和法律中有与之相抵触的内容。”此后,借鉴美国宪法的做法,成文宪法国家大都在本国的宪法中做出类似规定。比如,日本《宪法》第 98 条规定:“本宪法为国家的最高法规,与本宪法条款相违反的法律、命令、诏敕以及有关国务的其他行为的全部或一部,一律无效。”俄罗斯《宪法》第 15 条规定:“俄罗斯联邦宪法在俄罗斯全境具有最高法律效力、直接作用并适用。俄罗斯联邦所通过的法律和其他法律文件不得同俄罗斯联邦宪法相抵触。”法国现行《宪法》第 62 条规定:“被宣告为违反宪法的规定,不得予以公布,亦不得施行。”成文宪法之所以做出上述规定,无非希望从宪法层面确立本宪法的地位和效力,以排除宪法实施中来自国家机构的干扰,保障宪法的顺利实施。

(二)规定宪法修改的特别程序

由于宪法是根本法,具有最高法律效力,宪法的稳定关系到国家和社会的稳定,因此,宪法是不会也不能轻易变更的。但社会的发展变化不以人的意志而转移,宪法对现实的适应性是宪法生命力的内在要求。为此,许多成文宪法国家不得不对宪法的修改做出明确而严格的程序限制。此限制主要体现在以下四个方面:

一是规定只有特定主体才能享有宪法修改权。大多数国家宪法明确规定只有议会(国会)享有修宪权。

二是规定特定主体的修宪提议权。如美国《宪法》第 5 条规定:“国会在两院各 2/3 议员认为必要时应提出本宪法的修正案,或根据全国 2/3 州议会的请求召开会议提出修正案。"俄罗斯《宪法》第 134 条规定:"俄罗斯联邦总统、联邦委员会、国家杜马、俄罗斯联邦政府、俄罗斯联邦各主体立法(代表)机关以及人数不少于 1/5 的一批联邦委员会委员或国家杜马议员,能够提出关于修改和重新审议俄罗斯联邦宪法条款的议案。"

三是规定宪法修改议案需要特定多数同意才能通过。比如,《德国基本法》第 79 条规定:"(修正基本法之法律)需要联邦议会议员三分之二及联邦参议院投票权三分之二之同意。"越南《宪法》第 147 条规定:"只有国会才有权修改宪法,宪法的修改至少必须有全体国会代表 2/3 以上赞成通过方为有效。"

四是规定宪法修改案需要经过批准或特别投票才能生效。比如,美国《宪法》第 5 条规定:"(宪法)修正案,经全国 3/4 州的州议会或经 3/4 州的制宪会议的批准,即成为本宪法的一部分而发生实际效力。"日本《宪法》第 96 条规定:"本宪法的修订,必须经各议院全体议员三分之二以上的赞成,由国会创议,向国民提出,并得其承认。此种承认,必须在特别国民投票或国会规定的选举时进行投票,必须获得半数以上的赞成。"

(三)建立宪法监督制度

宪法监督制度(狭义宪法保障)是现代各国维护宪法尊严、监督宪法实施的一项非常重要的法律制度。目前,西方各国已先后建立起各自的宪法监督制度。但因各国的政治、经济、文化、历史等方面的差异,各国的宪法监督也各具特色。以宪法监督的主体为标准,西方各国的监督体制大致可以分为以下三种。

1. 代议机关宪法监督体制

代议机关是国家的民意代表机关,又是国家立法机关。在承认"议会至上"的资本主义国家,大多由作为民意代表机关的议会行使违宪审查权。代议机关行使宪法监督权的制度肇始于英国。英国长期奉行"议会至上"原则,奠定了由议会行使宪法监督权的基础。代议机关宪法监督体制在十八九世纪最为流行,当时的意大利、德国、比利时等都曾实行这种体制。当代,除英国外,荷兰、新西兰、瑞士等国仍采用此体制。

2. 普通法院宪法监督体制

普通法院宪法监督体制以普通法院行使违宪审查权为标志。该体制由美国开创并为其典型代表。在这种体制中，法院对违宪案件的审查是在审理普通民事、刑事案件中附带进行的，即法院不能单纯就法律、法规进行抽象审查，而必须在诉讼案件涉及法律法规合宪性时才能对该法律法规进行审查。同时，法律的违宪审查活动依据普通诉讼程序，进行事后审查、被动审查。普通法院违宪审查体制在美国的诞生，对西方各国的宪政产生了很大的影响，甚至推动了西方国家宪法监督的进程。此后，在许多国家，特别是美洲国家和英联邦国家，都建立了这种宪法监督体制，当然各国的具体制度及运作略有差异，“据统计，在全世界目前 142 部成文宪法中，明文规定实行司法审查的就有 40 个，暗含规定的有 24 个，这就是说，在全世界现有 64 个国家实行这种宪法监督方式”。〔1〕

3. 专门机构宪法监督体制

专门机构宪法监督体制是由国家成立专门机构，专职处理违宪审查等涉宪事项。该体制由奥地利在 1920 年首创，目前以德国的宪法法院和法国的宪法委员会制度为典型。宪法法院体制在欧洲大陆国家较为普遍。宪法法院不审理普通民事、刑事案件，其主要职权是监督宪法的实施。另外，公民的宪法权利受到侵害时有权向宪法法院直接提起宪法诉讼。尽管各国宪法法院的职权范围略有差别，但“违宪审查权”是其共同的职权。宪法法院的违宪审查既可事先审查，也可事后审查。宪法委员会体制以法国为代表。法国的宪法委员会审查各项法律、规章是否违宪，一经宣布违宪的法律即不得公布生效。另外，宪法委员会还对总统和议员选举的合法性进行审查，监督公民投票并宣布结果，充当共和国总统的法律顾问等。宪法委员会的违宪审查主要是事先审查，〔2〕书面审查和抽象审查。虽然专门机构违宪审查模式产生较晚，但由于它兼具了代议机关宪法监督和普通法院宪法监督两种模式的优点，所以，其影响力在西方国家正日益扩大，采用该体制的国家也逐渐增多。

---

〔1〕 参见［荷］亨利·范·马尔赛文等：《成文宪法的比较研究》，陈云生译，华夏出版社 1987 年版，第 103 页。

〔2〕 2008 年 7 月 21 日，法国国会通过《第五共和国国家机构现代化宪法性法律》，该法第 29 条对原《第五共和国宪法》第 61 条增加规定：当法院在审理案件时，一方当事人认为案件涉及的法律条款侵犯了宪法所保障的公民权利和自由，宪法委员会可以受理由最高行政法院或者最高法院在规定的期限内移送的案件。此修宪内容意味着法国违宪审查的方式发生了改变，即在原来事先审查的基础上，注入了事后审查的因素，形成了具有法国特色的混合模式。

（四）建立宪法诉讼制度

宪法诉讼，是指当公民的宪法权利受到侵害，公民有权向司法机关提起诉讼，司法机关依据宪法做出判决或裁定的制度。宪法诉讼是便于公民维护宪法权益而创制的一种具有司法性质的救济制度。宪法诉讼具有严格的诉讼程序保证，能公开、公正、及时、有效地保护公民的宪法权利，可以大大激发公民捍卫宪法权利的热情和行动，进而有力推动了全社会尊重宪法和实施宪法。因此，宪法诉讼已成为世界绝大多数国家采取的宪法保障措施之一。采用普通司法机关宪法监督体制和特设司法机关（宪法法院）宪法监督体制的国家自不待言，而采用代议机关宪法监督体制的英国等，也配合运用了宪法诉讼的手段，以增强宪法监督的效果。

（五）其他宪法保障制度

此外，一些国家还从国情出发，建立了具有本国特色的宪法保障制度。其中比较典型的制度有如下几种：

1. 国家元首的宪法保障权

作为国家元首特别是享有实权的国家元首，对维护宪法秩序承担更多的责任。因此，一些国家对国家元首的宪法保障权作了规定。比如，俄罗斯宪法规定了总统的宪法保障权。俄罗斯《宪法》第 80 条规定："俄罗斯联邦总统是俄罗斯联邦宪法、人和公民的权利与自由的保障。"第 85 条规定："俄罗斯联邦总统可以利用协商程序解决俄罗斯联邦国家权力机关与俄罗斯联邦诸主体国家权力机关之间以及俄罗斯联邦诸主体的国家权力机关之间的分歧。如不能达成一致的解决办法，总统可以请有关法院审议争议并加以解决。在俄罗斯联邦诸主体执行权力机关的规范性法律文件与俄罗斯联邦宪法、联邦法律以及俄罗斯联邦的国际义务相抵触，或者侵犯人和公民的权利与自由的情况下，俄罗斯联邦总统有权中止其效力，直至由有关法院解决这一问题。"法国现行《宪法》第 5 条规定："共和国总统监督遵守宪法。他通过自己的仲裁，保证公共权力机构的正常活动和国家的持续性。"

2. 宪法宣誓制度

宪法宣誓制度在国外由来已久，1919 年德国《魏玛宪法》首创国家公职人员就职宣誓制度。目前，许多国家的宪法规定了宪法宣誓制度。比如，美国《宪法》第 2 条规定："总统在就职前做如下宣誓或郑重声明：我谨庄严宣誓，我一定忠实执行合众国总统职务，竭尽全力，恪守、维护和捍卫合众国宪法。”俄罗斯《宪法》第 82 条规定：“俄罗斯联邦总统就职时向人民宣读如下誓词：我宣誓，在行使俄罗斯联邦总统职权时，尊重和维护人和公民的权利与自由，恪守并捍卫俄罗斯联邦宪法，捍卫国家主权和独立、安全和完整，忠诚地为人民服务。”

3. 设立宪法日

设定国家宪法日，人们围绕宪法开展各种活动，对于增强国民的宪法意识，促进宪法实施具有重要作用。世界上不少国家都设有宪法日。如波兰和日本的宪法日是 5 月 3 日，丹麦的宪法日是 6 月 5 日，美国的宪法日是 9 月 17 日，俄罗斯的宪法日是 12 月 12 日。

4. 国民抵抗权

国民抵抗权是一国公民对侵害其宪法权利的不正当国家权力行为进行抵制和反抗的权利，其根本作用在于维护宪法秩序和公民基本权利。宪法规定国民抵抗权给国家机关遵守宪法形成了外在压力。如德国《基本法》第 20 条规定：对威胁宪政秩序、妨碍公民基本权利的行为，“如别无其他救济方法，任何德国人皆有权反抗之”。

二、我国宪法保障制度的主要内容

我国的宪法保障制度是在总结我国施行宪法的经验教训，结合我国国情，并借鉴别国经验的基础上逐步建立起来的。考察我国现行宪法的规定和宪法保障中的具体实践，可以把我国的宪法保障制度作如下概括：

（一）宣告宪法具有最高法律地位和效力

我国现行《宪法》序言最后一段规定：“本宪法以法律形式确认了中国各族人民奋斗的成果，规定了国家根本制度和任务，是国家根本法，具有最高的法律效力。全国各族人民，一切国家机关和武装力量，各政党和社会团体，各企业事业组织必须以宪法为根本的活动准则，并且负有维护宪法尊严，保证宪法实施的职责。”同时，《宪法》第 5 条规定：“一切法律、行政法规和地方性法律都不得同宪法相抵触。”“一切国家机关和武装力量、各政党和各社会团体、各企业事业组织都必须遵守宪法和法律。一切违反宪法和法律的行为，必须予以追究。”“任何组织或者个人都不得有超越宪法和法律的特权。”前述宪法规定表明，首先，宪法是国家根本法。宪法来之不易，它体现着执政党的意志和人民的希望，规定了国家和社会的根本性制度。其次，宪法具有最高法律地位和效力。宪法不仅要约束包括法律、行政法规、地方性法规等规范，同时，宪法也要一视同仁约束所有的宪法主体，即宪法在规范体系中居于最高效力层次。最后，体现出宪法的效力适用于中国全境，是整个国家最根本的法律规范。

（二）宪法规定了严格的修改程序

为了保证宪法的稳定实施，我国现行宪法对修宪程序做出了明确规定。根据《宪法》第62条的规定，全国人民代表大会具有修改宪法的职权。《宪法》第64条规定："宪法的修改，由全国人民代表大会常务委员会或者五分之一以上的全国人民代表大会代表提议，并由全国人民代表大会以全体代表的三分之二以上的多数通过。"前述规定表明：首先，我国修改宪法的职权专属于全国人民代表大会，其他任何组织或机构均无此权力。其次，我国提出修宪议案的主体仅有两个：一是全国人民代表大会常务委员会；二是1/5以上的全国人民代表大会代表。此外其他任何机关、组织和个人都无权提出修宪议案。最后，修改宪法的议案必须由全国人民代表大会代表的2/3以上多数通过，以区别于其他法律的过半数通过。

（三）建立有中国特色的宪法监督制度

1. 明确了宪法监督和解释机关

《宪法》第62条规定："全国人民代表大会行使下列职权：……（二）监督宪法的实施。"同时，《宪法》第67条规定："全国人民代表大会常务委员会行使下列职权：（一）解释宪法，监督宪法的实施。"可见，我国全国人大及其常委会均有监督宪法实施的权力，全国人大常委会还拥有宪法解释权。为保证全国人大常委会宪法监督的质量，《全国人大组织法》第37条规定："全国人大各专门委员会协助最高国家权力机关，审议被认为同宪法、法律相抵触的国务院的行政法规、决定和命令，国务院各部、各委员会的命令、指示和规章，省、自治区、直辖市的人民代表大会和它的常务委员会的地方性法规和决议，以及省、自治区、直辖市的人民政府的决定、命令和规章，并提出报告。"

2. 明确了宪法监督机关的法律监督措施

为及时有效处理涉嫌违宪的法律、法规或重大决定等，我国现行《宪法》第62条规定："全国人大有权改变或者撤销全国人民代表大会常务委员会不适当的决定。"《宪法》第67条还规定："全国人大常委会有权撤销国务院制定的同宪法、法律相抵触的行政法规、决定和命令；有权撤销省、自治区、直辖市国家权力机关制定的同宪法、法律和行政法规相抵触的地方性法规和决议。”

3. 明确其他国家机关和组织及公民的宪法监督责任

为发挥地方各级权力机关在宪法保障中的作用,《宪法》第 99 条第 1 款规定:“地方各级人民代表大会在本行政区域内,保证宪法、法律、行政法规的遵守和执行。”同时,为动员一切积极因素,形成保障宪法实施的合力,《宪法》序言最后一段特别强调:“全国各族人民、一切国家机关和武装力量、各政党和各社会团体、各企业事业组织,都必须以宪法为根本的活动准则,并且负有维护宪法尊严、保证宪法实施的职责。”

从以上宪法和相关法律的规定可以看出,基于人民代表大会制度这一根本政治制度,我国既把监督保障宪法的职责赋予最高国家权力机关,即全国人大及其常务委员会,又把保证宪法实施的职责交给其他国家机关、组织和全体公民。从而形成了“以全国人大(包括常委会)为其最高权威,以执政的中国共产党为其关键,与其他一切机关和组织共同发挥作用的、宽泛全面的、具有我国特色的宪法实施组织保障系统”。[1]

(四)保障宪法实施的政党制度

政党制度适应民主宪政的发展而产生,对宪法的制定、修改和实施发挥着巨大的支配作用。我国宪法确立了中国共产党的领导地位,并明确规定“中国共产党领导的多党合作和政治协商制度将长期存在和发展”。中国共产党是执政党,是我国社会主义事业的领导核心,也是真实的权力核心,而其他 8 个民主党则是参政党。中国共产党十六大报告指出“党的领导主要是政治、思想和组织领导,通过制定大政方针,提出立法建议,推荐重要干部,进行思想宣传,发挥党组织和党员的作用,坚持依法执政,实施党对国家和社会的领导”,主要采取“按照党总揽全局、协调各方的原则,规范党委与人大、政府、政协以及人民团体的关系,支持人大依法履行国家权力机关的职能,经过法定程序,使党的主张成为国家意志,使党组织推荐的人选成为国家政权机关的领导人员,并对他们进行监督”的方法实现中国共产党对国家的绝对领导。同时,我国宪法是党和人民意志的集中体现,是中国共产党各项重大方针政策法律化的最高形式。作为执政党,中国共产党既领导人民制定宪法又领导人民实施宪法,因此,中国共产党充分尊重宪法权威,努力捍卫宪法

---

〔1〕 杨泉明:《宪法保障论》,四川大学出版社 1990 年版,第 38 页。

尊严，模范遵守和执行宪法，是我国宪法得以贯彻落实的强有力保证。

相比执政党而言，各民主党派主要通过民主监督方式对宪法实施发挥保障作用。民主党派以参政党的身份参加人民政协，通过人民政协这个参政议政的场所，在坚持四项基本原则的基础上，协商和讨论国家的大政方针和重大事务，对国家的各项工作提出意见、批评、建议，实施民主监督。

（五）建立保证宪法实施的完整统一的立法体制

立法体制是关于国家立法机关设置及其立法权限划分的体系和制度。宪法规范一般具有原则性和概括性，需要通过普通立法活动将宪法规定进一步明确化和具体化。而各种立法主体制定的法律文件之间难免产生冲突，这就必然要求在宪法层面，明确各立法主体相应的立法权限和所制定法律文件的效力等级，从而形成以宪法为基础，协调有序的法律体系，并以此实现宪法的全面实施。为此，现行宪法规定："一切法律、行政法规和地方性法规都不得同宪法相抵触。"[1]"全国人民代表大会和全国人民代表大会常务委员会行使国家立法权。"[2]"（全国人大）制定和修改刑事、民事、国家机构的和其他的基本法律。"[3]"（全国人大常委会）制定和修改除应当由全国人民代表大会制定的法律以外的其他法律。"[4]"（国务院）根据宪法和法律，制定行政法规，发布决定和命令。"[5]"省、直辖市的人民代表大会和它们的常务委员会，在不同宪法、法律、行政法规相抵触的前提下，可以制定地方性法规，报全国人民代表大会常务委员会备案。"[6]"民族自治地方的人民代表大会有权依照当地民族的政治、经济和文化的特点，制定自治条例和单行条例。自治区的自治条例和单行条例，报全国人民代表大会常务委员会批准后生效。自治州、自治县的自治条例和单行条例，报省或者自治区的人民代表大会常务委员会批准后生效，并报全国人民代表大会常务委员会备案。"[7]此外，宪法和地方组织法还分别规定了国务院部委以及省级人民政府等立法主体的规章制定权。

---

〔1〕 1982年《中华人民共和国宪法》第5条。

〔2〕 1982年《中华人民共和国宪法》第58条。

〔3〕 1982年《中华人民共和国宪法》第62条。

〔4〕 1982年《中华人民共和国宪法》第67条。

〔5〕 1982年《中华人民共和国宪法》第89条。

〔6〕 1982年《中华人民共和国宪法》第100条。

〔7〕 1982年《中华人民共和国宪法》第116条。

（六）规定了公民的守宪护宪职责和监督权

宪法是人民权利的保障书，宪法的顺利实施更有利于人民权利的实现，因此宪法实施与全体民众息息相关，人民群众是宪法实施最可靠的保证。为动员人民群众监督宪法实施，我国宪法对人民群众的守宪和护宪做出了明确规定。比如，《宪法》序言规定："全国各族人民必须以宪法为根本的活动准则，并且负有维护宪法尊严、保证宪法实施的职责。"《宪法》第5条第5款规定："任何组织或者个人都不得有超越宪法和法律的特权。"《宪法》第27条第2款规定："一切国家机关和国家工作人员必须倾听人民的意见和建议，接受人民的监督。"《宪法》第33条第4款规定："任何公民享有宪法和法律规定的权利，同时必须履行宪法和法律规定的义务。"同时，为调动人民群众的护宪积极性，《宪法》第41条规定，我国公民对于任何国家机关和国家工作人员，有提出批评和建议的权利；对于任何国家机关和国家工作人员的违法失职行为，有向有关国家机关提出申诉、控告或者检举的权利。对于公民的申诉、控告或者检举，有关国家机关必须查清事实，负责处理。任何人不得压制和打击报复。当然，此处的监督范围包括了国家机关及其工作人员的违宪行为。

（七）其他宪法保障制度或措施

在加强宪法实施的过程中，我国也在借鉴别国经验的基础上，运用了其他一些宪法保障方式，其中较为典型的是设立国家"宪法日"和建立宪法宣誓制度。

1. 设立国家"宪法日"

2014年11月1日，第十二届全国人民代表大会常务委员会第十一次会议通过了《全国人大常委会关于设立国家宪法日的决定》，将12月4日设立为国家宪法日。国家以立法形式设立国家宪法日，有利于在全社会加强宪法宣传教育，树立忠于宪法、遵守宪法、维护宪法的意识，进一步弘扬宪法精神、维护宪法权威、捍卫宪法尊严、保证宪法实施，推进法治中国建设。

2. 建立宪法宣誓制度

2015年7月1日，第十二届全国人民代表大会常务委员会第十五次会议通过了《全国人大常委会关于实行宪法宣誓制度的决定》。该决定明确了宪法宣誓人员的范围、宣誓誓词以及宣誓程序等。实行宪法宣誓制度有利于树立宪法权威，有利于增强国家工作人员的宪法观念，教育和激励国家工作人员忠于宪法、遵守宪法和维护宪法。

第三节　加强我国的宪法保障工作

一、我国宪法保障存在的主要问题

我国现行宪法已实施30多年，但宪法权威并未完全树立，宪法的贯彻落实状况不尽如人意，这说明我国的宪法保障还存在不少问题。

（一）执政党的宪法保障作用未能充分发挥

中国共产党是我国的执政党，执政党模范地遵守和执行宪法、监督宪法实施，是我国宪法得以贯彻落实的根本保证。但是，目前执政党在宪法实施中的政治保障作用还没有充分发挥出来。主要表现在：首先，尚未很好处理党的政策与宪法、法律的关系。虽然党的政策与宪法、法律从根本上说是一致的，但这二者之间难免存在矛盾。当政策与宪法、法律的规定不一致时，我们更习惯置宪法、法律于不顾，直接按政策办事，其结果必然大大损伤宪法和法律的权威。其次，个别党组织和党员的行为与宪法的规定不一致。一些地方党组织或基层党组织无视宪法和法律的规定，以党代政、滥用权力，随意决策，造成了极坏的社会影响。同时，个别党员、党员领导干部知法犯法、以言代法、以权压法、徇私枉法现象依然存在。再次，执政党的监督作用还需加强。党的领导不仅体现在通过路线、方针、政策以及重大决策等引领国家和社会的发展，也体现在监督国家机关、党组织和全体党员遵守宪法和法律，及时发现和处理相关机关、组织和人员的违宪违法行为。但对于后者，我们在过去较长的时间内并未引起足够的重视。

（二）宪法监督制度存在缺陷

我国宪法监督体制的核心是全国人大及其常委会行使违宪审查权。这一体制在实践中还存在漏洞。

1.没有专门的宪法监督机构

从宪法的规定看，全国人大及其常委会是我国最高、最主要的宪法监督机构，其中全国人大常委会更是宪法和相关法律（如立法法）明确规定的、最经常的宪法监督机构，但即便是全国人大常委会，其大量的时间和精力已放到立法事务上，并且会期较短，所以由它来承担经常性的宪法监督重任实在难度较大。即使有其他国家机构（如人大专门委员会、人大常委会下设的法规备案审查室等）协助，但其非专职性导致的上述问题同样难以解决。

2. 缺乏具体周密的违宪审查程序

虽然2000年制定的《立法法》对违宪审查程序作了一些规定，2015年《立法法》修改时也作过一些补充，但仍存在不完整、欠科学等问题，如对违宪审查的期限和公开性并未明确规定，这必然影响宪法监督工作的有效开展。

3. 缺乏对行为违宪的监督

我国宪法、法律重点关注规范性法律文件的宪法监督，而对于行为违宪的审查却没有明确、具体的规定，所以对于政党、国家机关、社会组织的职务行为，对重要国家公职人员特别是党和国家高级领导干部的个人行为，均缺乏必要而有效的宪法层面的监督。

4. 缺乏对法律违宪的监督

全国人大及其常委会作为最高国家宪法监督机关和立法机关，如何监督其自己制定的法律便成为一个难题。如果让其自我监督，其结果可能难以让人信服。如果其他机构监督，则违背了宪法的明确规定。

（三）全民的宪法意识淡薄

公民的宪法意识对于宪法权威的树立和宪法的贯彻实施至关重要。从1986年开始，我国已连续开展了30年的全民普法活动，虽然历年的普法活动都把宪法宣传作为重要内容之一，但时至今日，我国公民的宪法观念并未得到实质性提升，其突出体现在公众并未真正认识到宪法及其实施的重要性，国家机关和领导干部遵守宪法和执行宪法的自觉性仍然严重不足。而且，由于受到我国宪法实施现状的影响或受到不当宪法宣传方式的误导（如过分强调公民的宪法义务而忽视宪法权利），还形成了一些错误的宪法观念，如认为“宪法是根本法且仅仅是根本法”[1]“宪法不具有具体惩罚性”“违反宪法不会受到责任追究”“宪法的约束对象主要是普通公民”“宪法没有实际用处”等。这些错误观念的产生和蔓延，进一步降低了人们对宪法的关注，妨碍了宪法的有效实施。

---

〔1〕 此观点认为，宪法仅提供宏观的、抽象的原则性规定，它本身难以直接实施，需要借助于普通法律而间接实施。因此，只需要以宪法为依据，制定和实施好普通法律即可。

（四）宪法保障的实践活动未有效开展

从国外的行宪经验看，在诸多宪法保障手段中最为有效的是宪法监督（或称违宪审查）和宪法诉讼。因为这两种手段的共同之处在于，均以“看得见”的方式，让违宪者承担不利的法律后果，让人们直接体会到宪法带来的好处（保护正当权益）。但迄今为止，我国的宪法监督机关很少公开处理违宪法律、法规以及违宪行为，这对宪法权威的损伤是显而易见的。同时，类似宪法诉讼的公民维权案件，虽然在20世纪末到21世纪初的十多年间出现过不少，但近年来却逐渐减少。而其他宪法保障方式，即使我们比较重视或经常运用，但其作用往往较为间接，效果显现也比较缓慢，甚至可能会因违宪事件得不到及时处理，而大大削弱其作用的发挥。

二、加强我国宪法保障的基本路径

中共十八届四中全会提出“建立健全全社会忠于、遵守、维护、运用宪法法律的制度”，可见，加强我国的宪法保障已成为党和国家重大任务。为此，我们提出如下建议。

（一）强化执政党的宪法保障作用

1. 处理好党的政策与宪法的关系

中国共产党主要是通过路线、方针和政策实现对国家和社会的领导。党的政策与宪法的关系主要体现在：一是党的政策通过制定和修改宪法，体现在宪法的内容之中；二是贯彻宪法的过程实质上也是执行党的政策的过程。因此，在制定和修改宪法时，可以按照法律程序，充分体现党的意志，而在宪法生效以后，党的政策不能违背宪法的明确规定。如果因社会的发展，而需要制定与现行宪法相抵触的政策时，应首先通过宪法解释或宪法修改等方式，解决政策与宪法的冲突之后，再出台和实施相应的政策。

2. 党组织和全体党员应模范遵守宪法

宪法和党章都明确规定党必须在宪法和法律的范围内活动，这说明遵守宪法是党组织和全体党员的责任和义务。而且由于执政党在国家的特殊地位，党组织和党员带头遵守宪法，更具有良好的社会示范作用和教育作用，不仅能大力推动宪法的有效实施，而且能带动、促进国家机关、社会组织和人民群众更积极、自觉地遵守宪法和捍卫宪法尊严。这要求执政党加强党内法规制度建设，以有效的体制、机制，规范党组织和党员的行为，激发其模范遵守宪法的主动性和积极性。

3. 积极发挥党的监督作用

一是发现和查处国家机关、社会组织的违宪行为,或移交并督促国家宪法监督机关进行处理。二是严格监督自己的组织和成员是否遵守宪法。可考虑授予党的纪检部门以相关监督权。

4. 加强党在宪法保障方面的协调作用

执政党在国家政治生活中处于领导地位,具有崇高的政治权威和政治权力,有义务也有能力协调各种宪法监督主体之间的关系,防止在宪法监督工作中相互“踢皮球”现象。

(二)完善宪法监督制度

1. 设立专门宪法监督机构

保障宪法的贯彻落实,有必要设立专门的宪法保障机构,为宪法的实施提供强有力的组织保障。目前,通过设立专门的宪法监督机构从而加强宪法保障工作,已成为学界共识,但社会各界对具体如何设置该机构还有较大争议(学界主流观点是在全国人大或全国人大常委会之下设立宪法监督委员会)。我们认为,国家有必要成立专门小组,组织有关人员展开相关研究,集思广益以设计出既适合国情又较为科学的方案。

2. 完善宪法监督的程序制度

全国人大常委会进行宪法监督,一般包括立案、审查、处理等环节,其中较为关键的问题有立案的条件、方式;审议的方式、环节;处理的措施、送达方法等。另外从立案到处理的时限,需要公开的环节(处理结果有必要公开)或公开的程度也具有重要的意义。国家可以通过制定专门的宪法监督法,或修改立法法,或直接在宪法中增加宪法监督的程序制度使上述程序性问题得以解决,从而提高宪法监督的可操作性和有效性。

(三)切实提高全民的宪法意识

公民的宪法意识的强弱,直接关系到宪法实施的效果。为切实提高公民的宪法意识,需要注意以下几方面:第一,强化针对性。对普通公民而言,应着重帮助其认清宪法与自身权益的关系。重点关注我国宪法对公民的基本权利的规定和如何运用宪法保护自身权益,可更多利用大众传媒方式进行宣传教育。而对公务员特别是领导干部,则在关注宪法规定的同时,还应提高其宪法理论素养,培养其运用宪法思维来观察、分析和解决社会问题的能力。可更多采用系统培训的方式,利用党校、行政学院等干部教育的主阵地,有计划地通过课堂教学的方式进行。第二,讲求实效性。对大多数群众而言,"以案说法"的效果一般会强于理论说教。因此,不论是普及宪法常识还是宪法学理论培训,均可更多运用宪法方面的经典案例或事件。同时,国家公开处理违宪事件或行为、"宪法日"举办丰富多彩的纪念活动、组织公众旁观宪法宣誓仪式等也是提高全民宪法意识的绝佳机会。第三,关注重点人群。由于宪法调控的重点对象是公权力的行使者,因此提高公务员特别是领导干部的宪法意识尤为重要。

(四)有序开展违宪审查活动

宪法是党和国家兴旺发达、社会长治久安的根本保障,具有最高权威。但近年来,涉嫌违宪的事件和行为很少公开及时处理,多起公民违宪审查建议没有得到国家违宪审查机构的正式和公开回应,这势必损伤宪法权威,降低公民护宪的积极性。没有权威的宪法必然"误国",没有公民积极参与的宪法监督难免效果不佳。任何制度建构的价值都在于实施,否则再好的制度也会失去存在的意义。因此,为加强宪法实施,应扎实开展行之有效的宪法保障工作,而公开启动违宪审查机制,便是良好的开端。

第二章 宪法实施

【本章导读】

宪法实施，是宪法规范在现实生活中的贯彻落实。宪法实施不仅能实现制宪目的，而且有利于增强民众宪法意识，树立宪法权威，推动宪法演进，促进宪法不断发展。宪法实施包括宪法的执行、适用和遵守等诸多环节，是一项复杂的系统工程。目前，我国宪法的实施状况难以让人满意，加强宪法实施尤为紧迫。2012年习近平总书记在首都各界纪念现行宪法实施30周年大会上所作的重要讲话中，特别强调"宪法的生命在于实施，宪法的权威也在于实施"。[1] 因此，我们应坚持不懈抓好宪法实施工作，把全面贯彻实施宪法提高到一个新水平。

站在党员领导干部的角度，我们不仅要充分认识宪法实施的重大理论和现实意义、宪法实施的基本路径、宪法实施的内外部条件等，更要重点理解执政党和国家机关遵守宪法对宪法有效实施的关键作用，领会执政党和国家机关遵守宪法的具体要求，从而提高领导干部遵守宪法的自觉性和积极性。同时，对备受争议的我国宪法司法适用问题，党员领导干部也可进行理性地思考。

---

〔1〕 习近平：《在首都各界纪念现行宪法公布施行30周年大会上的讲话》，载新华网：http://news.xinhuanet.com/politics/2012-12/04/c_113907206.htm. 2016年9月10日访问。

第一节 宪法实施概述

一、宪法实施的含义

宪法实施,是指宪法规范在实际生活中的贯彻落实,即将宪法文字的、抽象的权利义务关系转化为现实生活中生动的、具体的权利义务关系,并进而将宪法规范所体现的人民意志转化为社会关系中人的行为。宪法实施反映着宪法制定颁布的实际运行状态,是宪法调整特定社会关系的基本形式。[1]

宪法实施主要包括两方面内容:第一,宪法的执行和宪法的适用。宪法的执行是指国家代议机关和国家行政机关贯彻落实宪法的活动。它既包括这些机构在设置、职权及相互关系上应体现宪法的规定,也包括这些机构在行使职权时必须严格执行宪法的规定。宪法的适用则通常指国家司法机关在司法活动中贯彻落实宪法的活动。宪法自身的法律属性和世界许多国家的宪政实践表明,宪法的司法适用是必要和可能的。第二,宪法的遵守。宪法的遵守是指一切国家机关、社会组织和公民严格按照宪法规定从事各种行为。宪法的遵守是宪法实施最基本的要求和方式,在宪法实施中具有举足轻重的地位。

二、宪法实施的原则[2]

(一)宪法至上原则

宪法是限制国家权力和保障公民权利的根本法,因此,宪法必须具有最高权威和普遍约束力,一切国家机关、政党、社会组织和个人都必须遵守,一切法律、法规等规范性文件都不得与之相抵触。在宪法实施过程中,必须始终维护宪法的至上权威,否则,宪法便不可能被社会主体自觉遵守,违宪行为也不可能受到及时、有效地防范和制止,宪法的作用便不可能得以发挥。

---

〔1〕 参见周叶中主编:《宪法》,高等教育出版社2000年版,第349页。

〔2〕 参见王建华主编:《宪法学新论》,电子科技大学出版社2005年版,第386~388页。

（二）系统原则

宪法实施的主体广泛，包括一切国家机关、社会组织和全体公民。宪法实施的方式多样，既有遵守宪法，也有执行和适用宪法。同时，宪法调整范围涉及国家和社会的诸多方面，宪法实施又受到众多因素的制约。因此，宪法实施是一项非常复杂的综合性系统工程，既需要调动全体社会成员的积极性，又需要各级国家机关、各种社会组织的通力合作。既需要采取政治、法律、经济等手段，又需要培养和加强社会成员的宪法意识。总之，宪法实施需统筹兼顾，持之以恒，才能最终取得实效。

（三）程序原则

程序是实体法律规范的手段，程序设置是否恰当，是否得到遵循是法律实施的必要条件。宪法实施程序既包含宪法中明确规定的程序，如国家机关的产生程序，宪法监督程序等，也包括根据宪法授权，通过宪法性法律和其他普通法律确定的程序。实施宪法应严格按照已经设立的程序进行，否则，宪法中的程序规范就会落空，实施宪法的行为就可能变成违宪行为。

（四）稳定原则

宪法的调整事项是对国家和社会生活中根本性问题，宪法的稳定关系着国家和社会的稳定。因此，宪法实施过程中必须保持宪法的相对稳定，不得轻易修改宪法，即使宪法的规定可能阻碍改革和发展，也应首先尝试通过其他方式，如宪法解释、宪法惯例等，增强宪法对现实的适应性，实在迫不得已才能修改宪法。当然，宪法的稳定性是相对的，随着社会条件的改变，宪法也需要相应修改，但这种修改必须符合宪法的宗旨，必须依照法定程序，必须采取法定和科学的方式。

（五）发展原则

宪法是客观现实的反映，但社会现实又处在不断的变化发展之中。如果不顾现实的要求，一味固守过时的宪法，只会阻碍社会的发展。因此，在宪法实施过程中，应根据社会发展的需要，对宪法的内容、宪法规范的含义等进行相应的调整。但是，这种变化的目的、时机和方式都需要科学论证，应在尽量保持宪法稳定的基础上进行。

此外，宪法实施还必须遵循民主原则、公开原则、效益原则、监督原则等。

三、宪法实施的条件[1]

宪法实施的复杂性决定了宪法实施的条件也复杂多样,但概括说来主要有两方面,即宪法实施的自身条件和外部条件。

(一)宪法实施的自身条件

宪法实施的自身条件是指宪法本身是否科学、完备,它是宪法实施的首要前提。宪法的科学性主要表现在:首先,宪法要具有正当性。只有遵循立宪宗旨和民主、合法程序制定的宪法,才可能赢得民心,宪法权威才可能树立。其次,宪法必须实事求是地反映社会现实,既要高瞻远瞩,又不能好高骛远,脱离实际。这样,宪法才能适应国情,切实发挥作用。最后,宪法规范要科学、合理。虽然宪法规范具有政治性、纲领性、原则性等特点,但宪法规范毕竟是法律规范,制定和修改宪法时,应尽量将宪法规范的政治性和法律性、纲领性和现实性、原则性和具体性结合起来,努力保证宪法规范的结构完整、适用性强。

宪法的完备性主要表现在宪法内容是否完整,即宪法中应该规定的内容是否都做出了规定。宪法是否完备虽无统一的客观标准,但如果一部宪法没有对国家权力的配置和运行做出较为详尽的规定,未对公民权利的保障措施明确规定,那么制宪的宗旨——限制国家权力,保障公民权利是难以实现的。当然,这样的宪法无疑是不完整的。同时,完善宪法实施机制也是宪法不可或缺的内容,其中宪法监督制度尤为重要。

(二)宪法实施的外部条件

宪法实施的外部条件是指宪法实施的社会环境。一部好的宪法,如果没有适当的外部实施条件,也不可能得到很好的实施。因此,创造和利用宪法实施的外部条件是宪法实施过程中至关重要的问题。宪法实施的外部条件主要包括政治、经济和思想意识三个方面。

1. 宪法实施的政治条件

宪法实施的政治条件主要有政治基础条件和政治形势条件两个方面。政治基础条件主要是指民主政治。民主政治不仅对宪法的产生起决定性作用,也对宪法实施有极大的制约作用。民主的宪法需要在民主的基础上实

---

[1] 参见王建华主编:《宪法学新论》,电子科技大学出版社2005年版,第388~390页。

施。因此,社会的民主化程度决定着宪法实施的程度,建设和发展民主政治的过程同时是宪法实施的过程。宪法实施的政治形势条件是指实施宪法需要稳定的社会环境。政治稳定,社会安宁,便为宪法实施提供了良好的社会环境。相反,政治动荡,社会混乱,宪法实施便不能正常进行。

2. 宪法实施的经济条件

宪法实施的经济条件体现为宪法实施赖以存在的物质基础和经济发展状况及宪法实施对社会经济发展提出的内在要求。宪法的产生和实施都离不开商品经济,在一定意义上说,商品经济的发展影响和制约着宪法实施的方式、程度和效果。我国现阶段正大力发展社会主义市场经济,这必然为宪法的实施从经济方面提供动力和保障。

3. 宪法实施的思想意识条件

宪法实施的思想意识条件是指人们关于宪法的认知状况。一切法律活动都是人类有目的的活动,都必须受一定的法律意识所支配。宪法活动当然也不例外。无论宪法的制定、修改与解释,还是宪法的执行、适用与遵守,都离不开人的思想意识的指导作用。同时,由于宪法规范具有纲领性、原则性和概括性等特征,因而,人们对宪法的认识、评价等思想意识对宪法的实施尤为重要。

第二节 宪法实施的主要方式

一、宪法的遵守

(一)遵守宪法的含义和特征

遵守宪法,是指一切国家机关、社会组织和全体公民严格依照宪法的规定,行使权利和权力,履行职责和义务,开展政治、经济、文化、社会等活动。

遵守宪法是宪法实施最基本的方式和要求。宪法是民主的产物,是各种社会利益相互妥协的结果,因此,宪法既反映统治阶级的利益和要求,又体现了广大社会成员的根本意愿,这使宪法获得了广泛的社会支持,为宪法的遵守提供了可能。同时,遵守宪法又是宪法实施的必然要求。因为宪法的实施,最根本的是使宪法的规定扎根于社会深层,转变为各种社会主体的具体行动和实际的社会生活。要实现此“转变”和“扎根”，必须依靠国家机关、社会组织和公民的自觉遵守。而且，从宪法实施的各种方式看，宪法的立法执行和行政执行是为了使宪法的原则规定具体化，并督促宪法在社会现实中贯彻执行，而宪法的适用则是通过审查和追究违宪行为，监督社会主体遵守宪法。因此，从根本意义上，宪法的执行和适用的最终目的，是为了确保宪法得到切实的遵守。

宪法的遵守与普通法律的遵守有相似之处，但并不完全相同。它有如下主要特征：(1)广泛性。由于宪法规范涉及国家政治、经济、文化和社会生活等各个领域。因此，遵守宪法的主体和范围具有广泛性。如我国现行《宪法》序言规定：“全国各族人民、一切国家机关和武装力量、各政党和各社会团体、各企业事业组织，都必须以宪法为根本的活准则，并且负有维护宪法尊严，保证宪法实施的职责。”而普通法律往往只调整国家生活中的一个或者几个方面，相应地，其主体范围不及宪法广泛。(2)基础性。宪法是普通法律的立法依据，普通法律不能与宪法规范、宪法原则或宪法精神抵触。因此，自觉遵守宪法会增强社会成员的法律意识，摆正公民与国家的关系，树立正确的权利、义务观念，这都为自觉遵守普通法律提供必要的前提条件。(3)原则性。宪法遵守的原则性是由宪法规范的原则性决定的。由于宪法调整的社会关系十分广泛，因而宪法规范往往只能确定一般原则，而由其他法律加以具体化。因此，遵守宪法的具体内容往往要结合普通法律才能清晰。(4)直接性和间接性的结合。由于制宪的根本目的是制约国家权力以保障公民权利，因此，各国宪法对国家机关权力和义务的规定都比较详尽、具体，而公民的权利、义务仅作原则性规定，而由普通法律加以完善。对于国家机关来说，遵守宪法更意味着必须严格依宪办事，而对于公民来说，遵守宪法更多意味着直接遵守普通法律的规定。

(二)遵守宪法的构成要素

遵守宪法通常包括守宪主体、守宪范围和守宪内容等要素。

1. 遵守宪法的主体

遵守宪法的主体十分广泛，它包括一切国家机关、所有政党、社会团体、群众组织、企事业组织及全体公民。其中，国家机关、执政党和公民遵守宪法尤为重要。

(1)国家机关遵守宪法。近现代国家是社会成员依照宪法组成的政治实体。公民通过宪法规定的方式赋予国家政治权力,同时又为国家设定各种义务和限制。国家机关既是国家的代表,又是国家权力的载体,因此,国家机关遵守宪法,是宪法的基本要求。同时,由于国家机关的性质及其在国家生活中的重要地位,决定了国家机关有义务保证宪法实施。只有国家机关带头遵守宪法,自觉维护宪法权威,才能带动和促进全社会遵守宪法。

国家机关权力的具体行使者是各级官员和工作人员,因此各级官员特别是高级官员遵守宪法尤为关键。其实,官员守法的重要性人们早有认识。两千多年前,《论语》中就论证过该问题:“政者,正也。子率以正,孰敢不正。”“己身正,不令而行;己身不正,虽令不从。”到了现代,要求官员遵守宪法和法律,已成为各国的普遍做法。如大多数国家在宪法中对官员守法都有明确的规定,不少国家宪法还明确规定高级官员在就职前应宣誓遵守宪法。可见,要求和督促官员模范遵守宪法,更能在全社会树立宪法权威,并促进宪法的贯彻执行。

(2)执政党遵守宪法。执政党是执掌国家政权的政党,其政治地位和法律地位要求它必须模范、严格地遵守宪法和法律。虽然,政党的存在及其对国家政权的影响是现代国家的普遍现象,但多数国家的宪法对政党,特别是执政党的宪法权利、权力和责任并未做出明确具体的规定,这可能导致执政党的权力行使缺少甚至丧失了宪法的制约,致使执政党的一些对国家和社会造成重大损失的行为难以及时制止。因此,现代国家有必要通过宪法或制定单独的《政党法》等方式,对各政党的地位、相互关系,权利和义务等做出明确的规定,以保证执政党和其他政党始终在宪法和法律的范围内活动,并对其违宪或违法行为承担相应的责任。

在我国,中国共产党是社会主义革命和建设事业的领导核心,是执政党,同时也是宪法制定、修改、实施的核心支配力量。从党的性质和宗旨看,共产党是无产阶级政党,其宗旨是全心全意为人民服务。而宪法是党和人民意志的体现,遵守宪法与党的性质是一致的。从发展社会主义民主、建设社会主义法治看,党遵守宪法才谈得上尊重民主,党遵守宪法才能带领人民遵守宪法,党遵守宪法才谈得上消灭特权,建设法治国家。从党与国家和社会生活的关系看,党遵守宪法,才能正确处理好党与国家机关、党的政策与宪法、宪法与改革等重大关系,保证我国各项事业持续健康发展。因此,中国共产党章程和国家宪法都明确规定,党必须在宪法和法律的范围内活动。

目前,中国共产党一方面应切实遵守党章和宪法的规定,努力把党组织和党员的行为纳入宪法的轨道;同时,应努力完善各种监督机制,对党组织和党员的行为进行必要的监督和制约。

(3)公民遵守宪法。在立宪国家出现以前,大多数社会成员不可能成为政治关系的主体。近现代宪法的产生,改造了原有政治关系,宣告了人民是国家主权的所有者,人民才以公民的身份参与政治生活,并通过宪法权利的享有和宪法义务的履行,既保障着国家权力的健康运行,又使自己的利益要求得到最大限度的满足。因此,在现代国家,公民是宪法关系中最为活跃、最为积极的因子,充分发挥公民在宪政建设中的主动性、积极性是全面实施宪法的必然要求。

我国宪法是由代表全国人民意愿和利益的最高国家权力机关制定的,它既代表全体公民的根本利益和长远利益,也保护每个公民合法的个人利益和当前利益。因此,遵守宪法对于公民来说,实际上就是按照他们自己的意志和要求办事,这就决定了公民应当而且能够以主人翁的态度和责任感自觉遵守宪法。同时,由于保障宪法实施的各种机关和组织都由不同职业的公民组成,如果包括干部和群众在内的所有公民都能自觉遵守和维护宪法,就可以在很大程度上保证各种机关和组织遵守和维护宪法。可见,“在我国,宪法实施最根本最可靠的保证是人民的力量,是人民的守法与护法。”[1]

2. 遵守宪法的范围

遵守宪法的范围,是指遵守宪法的主体必须遵守的宪法规范的种类,该范围取决于各国宪法的渊源。由于不同国家的政治、经济、文化和法治传统等不尽相同,宪法渊源也各不相同。一般而言,当代宪法渊源主要包括宪法典、宪法性法律、宪法解释、宪法惯例、宪法判例、国际条约、权威的宪法理论等。遵守宪法的范围包括上述各类宪法渊源,而在不同国家又有差异,如大陆法系国家重视宪法典,而普通法系国家强调宪法性法律、宪法惯例、宪法判例。

我国宪法的渊源大致包括成文宪法典、宪法性法律、宪法惯例、宪法解释、国际条约和国际习惯等。相应地,我们遵守宪法就不仅仅是指遵守宪法

---

〔1〕 杨泉明:《宪法保障论》,四川大学出版社1990年版,第183页。

典及其修正案,还要遵守宪法性法律、宪法惯例、宪法解释等。长期以来,我们一谈到遵守宪法似乎就是指遵守宪法典(含修正案),而对宪法的其他渊源形式有所忽略。这固然是我们对宪法遵守的理解偏颇,却也与宪法其他渊源的特征有关。

3. 遵守宪法的内容

遵守宪法的内容包括履行宪法规定的义务和行使宪法赋予的权利,两者密切联系,不可分割。因此,在遵守宪法上我们必须强调履行宪法义务和行使宪法权利的有机结合。

(1)履行宪法义务

履行宪法义务,是指宪法主体严格按照宪法的要求做出或不得做出一定的行为。履行宪法义务通常包括两种形式:一是履行宪法规定的作为义务。一方面,宪法通过命令性规范,要求国家机关、社会组织和公民必须做出一定的行为。如我国现行《宪法》第 55 条、第 56 条规定公民有纳税、服兵役的义务。日本《宪法》第 25 条规定,国家必须在生活的一切方面努力于提高和增进社会福利、社会保障以及公共卫生事业。另一方面,宪法以授权性规范授予国家机关一定权力,此权力是国家机关必须积极履行的职责。二是履行宪法规定的不作为义务。这要求宪法主体遵守宪法的禁止性规定,只要宪法主体不做出这种行为,便履行了相应的宪法义务。如我国《宪法》规定“禁止用任何方法对公民进行侮辱、诽谤和诬告陷害”“禁止任何组织或个人用任何手段侵占或者破坏自然资源”。这些禁止性规定外化在行为上就是一种不作为义务。

(2)行使宪法权利

行使宪法权利,是指宪法关系主体依照宪法规定,根据自己的意愿做出一定行为,或要求他人做出或不做出一定行为。它既可以是权利主体自己做出的一定行为,如为了行使选举权而积极参与选举活动;也可是权利主体要求国家机关、社会组织或其他公民做出或不做出一定行为,如国家机关非法行使职权造成公民人身或财产损害的,有权要求国家赔偿。一般说来,行使宪法权利有如下要求:①行使的宪法权利应是宪法所规定的权利。否则这种权利的行使便失去了宪法的保障。②行使权利时必须采取合法的方式和手段。③不得滥用宪法权利损害国家、社会、他人的合法权利。

同时,宪法主体还应积极地行使自己的宪法权利。虽然,法律权利既可以行使也可以放弃，但作为宪法权利，它不仅关系到公民和社会组织的切身利益，而且关系到国家权力能否正常运行。如享有选举权的公民如果因为各种原因纷纷放弃选举权，那么国家机关就难以顺利组成，国家机关也就难以履行对公民权利的保障职责。因此，作为宪法主体应以国家和社会利益以及自身的长远利益为重，主动、积极地行使自己的宪法权利。

（三）遵守宪法的条件

遵守宪法是宪法主体有意识、有目的的活动。宪法主体是否遵守宪法，往往会受到多种因素的制约。一般说来，遵守宪法的条件包括主观条件和客观条件。

1. 主观条件

遵守宪法的主观条件，是指宪法主体的主观心理状态。通常人们的宪法意识、道德观念、纪律观念、文化教育程度等都会对遵守宪法的行为产生影响，其中宪法意识居于核心地位，直接制约着宪法遵守的状态。

宪法意识是人们关于宪法的思想、观点、知识和心理的总和，它既包括人们对国家制度、国家机构、公民权利义务的基本看法和要求，也包括人们对各种宪法行为的评价。宪法意识的内容非常丰富，但其核心是权利义务观念。只有当人们正确认识宪法的本质和宗旨、国家与公民的关系、权利与义务的一致性等基本问题时，才可能从内心深处感知和理解宪法，信任和敬重宪法，进而激发起遵守宪法的主动性和积极性。因此，努力增强社会成员的宪法意识，对促进宪法的遵守有重大的现实意义，这在缺乏宪政传统、宪法意识薄弱的国家尤其重要而迫切。

2. 客观条件

遵守宪法的客观条件，是指宪法主体所处的客观社会环境。一般来说，社会的政治、经济状况、科学技术的发展以及宪法完善程度、实施状况等都会对宪法的遵守产生一定的影响。

囿于制宪者的认识能力、制宪和修宪技术以及社会环境等因素，宪法自身的不完善是难以避免的。如果一部宪法存在内容残缺不全、原则性过强、国家制度设计不合理、对公民权利的保障不力等情况，那么宪法对宪法主体的行为便不能进行正确、及时的指引，甚至会影响人们对宪法的信任和尊重。当然，宪法的遵守也必然困难重重。另外，宪法的实施状况也对宪法的遵守有明显的影响。如果国家机关和各级官员的权力能受到宪法的有效控制，一切违宪行为能得到及时处理，公民的基本权利能得到宪法的切实保障，那么，宪法权威就能树立，遵守宪法使能成为宪法主体的自觉行动。

二、宪法的执行

（一）宪法执行的含义和特征

宪法执行是近年来出现于宪法学著述中的一个概念，但学术界对此概念的内涵并未形成共识。借鉴法理学关于执法的界定，结合宪法实施的特殊情况，可以把宪法的执行界定为国家代议机关和国家行政机关，按照宪法规定的职权和职责，贯彻实施宪法的活动。从某种意义上说，宪法执行可以视作宪法遵守的一个方面，但这却是一个具有特殊价值和独立意义的方面，它是特定国家机关依照宪法规定的职权和程序具体运用宪法的活动。

作为宪法实施的重要方式之一，宪法的执行具有不可替代的作用。首先，宪法的原则性规定，需要通过立法机关制定普通法律加以具体化，需要行政机关的精心组织、正确指挥和及时监督等具体活动去落实。其次，在实行代议机关、专门机关行使违宪审查权的国家，普通司法机关更多的任务是适用法律解决刑事、民事和行政争议，而大量的贯彻落实宪法的责任是由代议机关和行政机关来承担的。

宪法执行具有如下特征：

第一，宪法执行的主体是国家代议机关和国家行政机关。贯彻落实宪法的规定，是宪法赋予代议机关和行政机关的职权。而法律执行的主体是行政机关，因为行政机关的主要职能是贯彻实施立法机关制定的法律。宪法的适用是国家司法机关依据宪法解决有关争议的活动，是司法机关实施宪法的具体形式。

第二，宪法执行的依据是宪法典、宪法性法律、宪法解释、宪法惯例等。行政执法的依据主要是立法机关等制定的法律、法规，宪法执行的依据却主要是宪法、宪法性法律、宪法解释和宪法惯例等。虽然，从表面上看，宪法执行和宪法适用的依据相同，但具体分析仍有差别，宪法执行主要依据宪法对国家基本制度和任务、国家机关的职权和职责及相互关系等方面的规定，宪法适用则主要依据宪法中对公民权利的规定和保障等条款。

第三，宪法执行具有主动性。代议机关和行政机关执行宪法都是宪法赋予的职责，它们只根据宪法的规定和实际需要，积极主动地开展工作，仅在个别时候才会应有关方面的请求行使职权。如我国人大常委会应有关机构或人员的请求进行宪法解释。但宪法适用往往具有被动性,遵循“不告不理”的原则。虽然行政执法也具有主动性,但相对宪法的行政执行而言,其灵活性更大,即行政机关具有更大的自由裁量权。

(二)代议机关执行宪法

1. 代议机关执行宪法的含义和特征

代议机关执行宪法是指国家代议机关贯彻落实宪法的活动。国家代议机关是建立在现代民主政治基础上,主要通过选举产生,以行使国家立法权为主要职责的国家机关。代议机关虽然受全体人民委托,代表人民行使国家主权,但它必须受制于反映全体人民根本利益和意志的宪法。因此,代议机关也应遵守宪法,并按照宪法规定行使职权。现代各国在成文宪法中都对代议机关的组成、任期、职权以及它与其他国家机关的关系做出了明确规定,代议机关落实这些规定的活动就是执行宪法。

与行政机关执行宪法相比,代议机关执行宪法有如下特征:第一,范围广泛。代议机关的主要职能是制定法律,那么它有权把任何宪法原则和规范通过立法的方式转化成具体的法律规范。而行政机关的主要职能是行政执法,其范围仅限于行政领域。第二,方式多样。代议机关执行宪法主要采取立法的方式,除此之外,它还可以通过解释和修改宪法、违宪审查、监督财政、重要官员任免等方式执行宪法。而行政机关执行宪法主要是通过各种行政行为。第三,程序严格。代议机关执行宪法首先追求公平,一般有严格、具体的程序要求。而行政机关执行宪法更强调效率,不可能对任何行政行为都规定严格、具体的程序。

2. 我国代议机关对宪法的执行

我国的代议机关是由人民选举产生的代表组成的各级人民代表大会及其常设机构。根据宪法的规定,它们是全国或地方的国家权力机关,它们代表人民,履行宪法规定的职权,承担执行宪法的职责。

根据我国现行宪法的规定,人民代表大会及其常设机构执行宪法的方式主要有:①解释和修改宪法、监督宪法实施。全国人民代表大会有权修改宪法,全国人大及其常委会有权解释宪法,全国人大常委会有权监督宪法的实施。②制定法律、法规。全国人大及其常委会有权制定法律,省、自治区、直辖市和较大市等[1]地方人大及其常设机构有权制定地方性法规。③人事任免。人大及其常设机构有权对有关国家机关组成人员进行任免。④监督其他国家机关的工作。人大及其常设机构有权对其他国家机关履行职责的情况实施监督。⑤决定重大事项。人大及其常设机构有权审批和调整全国或地方的财政预算,有权决定全国或地方的重大事项,等等。从以上规定看,全国和地方各级人民代表大会及其常设机构拥有宪法赋予的广泛的职权,它们有义务切实执行宪法的规定。

(三)行政机关执行宪法

1. 行政机关执行宪法的含义和特征

行政机关执行宪法,是指国家行政机关行使宪法赋予的职权,贯彻落实宪法的活动。一般说来,行政机关主要是法律的执行机关,但它同时是宪法的执行机关。正如法学家凯尔森所说:"……如果我们讲到'行政'我们就一定要问执行什么。除了说要执行的就是一般规范,宪法以及立法权所创制的法律外,就没有别的什么回答。"[2]实际上,我们讲依法行政,实际上已经包含了行政机关执行宪法的职能,此处的"法"不仅指法律,也必然包括宪法。而且,不是所有的宪法原则和规范都有必要或者可能及时转化成普通法律,所以,行政行为不一定都必须有法律(狭义法律)依据,只要它不违宪就应该得到肯定。

行政机关执行宪法具有如下特征:(1)直接性和间接性相结合。当行政执法有法律依据时,它是间接执行宪法;当行政执法没有法律依据而又有宪法依据时,它是直接执行宪法。(2)方式灵活。行政机关可以采用抽象行政行为,也可以采取具体行政行为,而具体行政行为又包含多种类型,每一种具体行政行为的实施方式都丰富多样。(3)效率优先,兼顾公正。行政管理大多具有复杂性和紧迫性,不迅速采取措施很可能给社会造成难以弥补的损失,因此,行政活动一般要求及时、简便、快捷。当然,偏重效率并不意味着放弃公正。只是总体上更注重效率,在行政程序方面更明显而已。

2. 宪法行政执行的必要性

(1)宪法的最高法律效力和行政管理的特点决定了行政机关必须执行

---

[1] 有地方性法规制定权的主体范围请参照2015年3月15日修改后的《立法法》相关规定。

[2] [奥]凯尔森:《法与国家的一般理论》,沈宗灵译,中国大百科出版社1996年版,第284页。

宪法。宪法是一切国家机关、社会团体以及公民的最高行为准则，宪法的效力必然涵盖国家和社会管理的全部领域。因此，在行政管理中，行政主体必须以宪法为最高行为准则，行政活动必须围绕宪法展开并从宪法的规定中寻找合理性基础，而一切违反宪法和法律的行为，必须予以追究。可见，行政机关及其公务人员行为的合宪性使宪法的行政执行成为必然。同时，行政管理的范围广泛、内容复杂、作用重要。而宪法已对国家和社会的根本性问题做出了规定，如果离开了行政管理活动，宪法不可能得以实施，社会也将陷入无序状态。因此，行政权的运作不论是直接依据宪法还是法律都可以理解为对宪法的执行。

（2）宪法规范的特点需要行政机关执行。宪法规范的内容涉及国家生活的各个主要方面，宪法规范只需对大部分内容做出原则性规定即可。而这种原则性和抽象性较强的规范还需要通过立法机关制定法律、行政机关制定行政法规和行政规章等规范性文件，才能具体实施。因此，行政机关依照法定职权和程序，制定行政法规和规章的行为，从实质上说也是在执行宪法。同时，当宪法对国家的任务、制度或公民权利仅有原则规定，而立法机关尚未将其具体化为普通法律时，行政机关也应直接按照宪法的要求，在行政活动中贯彻执行宪法的相关规定。

（3）行政机关执行宪法有利于通过宪法控制行政自由裁量权。由于宪法上的行政权并不能全部和及时地细化为具有可操作性的普通法律，这势必与国家行政管理的日常性、连续性和全面性形成矛盾，而这种矛盾的解决必然允许国家行政机关在宪法规范、宪法原则和精神的制约下行使必要的“自由裁量权”。

3. 我国宪法的行政执行

我国宪法的实施同样离不开行政机关的执行。但长期以来，我国对行政机关执行宪法重视不够，行政管理活动中的违宪现象经常出现，这既损害了宪法的权威性和至上性，又影响到宪法在社会生活中的贯彻落实。要改变这种状况需要加强以下几方面的工作：

（1）增强行政机关工作人员的宪法意识。宪法的基本功能是保障公民权利，限制和规范政府权力，而限制和规范政府权力的根本目的又是保障公民权利。掌握这些宪法理论，对于行政管理工作至关重要。同时，了解我国宪法的主要内容，如国家机关的职权和公民基本权利的保护等，都有利于行政机关工作人员合法、积极行使职权，慎重对待公民权利。总之，要改变行政管理领域的诸多不合理、不合法、不正常现象，增强行政机关公务人员的宪法意识应视为一项基础性工作。

(2)确保行政法规、规章和其他规范性文件符合宪法。行政管理活动需要采取多种方式，其中行政机关的"准立法行为"包括制定行政法规、规章、行政规范性文件等都是行政管理所必需的。但行政机关的一切活动，都不得同宪法、法律相抵触。目前，我们既需要提高行政机关的法制意识，增强其创制行政法规、规章等能力；同时还需要强化政府法制机构的监督职能、完善和运用宪法监督制度等，以及时处理违背宪法的行政法规、规章和其他规范性文件，保障宪法的最高法律权威。

(3)切实行使宪法赋予的职权，积极履行宪法规定的职责。按照我国现行宪法的规定，各级政府是同级国家权力机关的执行机关，是国家的行政机关，依法行使国家的行政权。行政机关的主要职责是依照宪法、法律的规定，领导和管理国家事务、经济事务和社会活动，维护公民权利，全心全意为人民服务。行政权对经济和社会生活的干预应当有必要的限度，这个限度就是宪法和法律的规定。宪法既是行政活动的法律基础，又为行政活动提供了根本法律保障。因此，行政机关必须在宪法、法律的范围内行使权力，履行职责，并接受监督。

三、宪法的适用

(一)宪法适用的含义

宪法的适用也称为宪法的司法适用，是指国家司法机关依据法定职权和程序，依据宪法裁决具体案件的活动。宪法适用通常包括两种情况：一是在普通的刑事、民事和行政诉讼中，法院直接引用宪法规范对当事人的行为做出裁决。二是由具有司法性质的专门国家机关适用特殊程序，根据宪法规范对国家机关或社会组织的行为是否违宪做出裁决。此方面的宪法适用也称为宪法监督或违宪审查。宪法的司法适用主要存在于保障公民基本权利领域，可以是民事案件，也可是行政案件，但一般不是刑事案件，因为刑事案件必须遵循"罪刑法定"原则。世界大多数国家的宪政实践表明，宪法的司法适用不仅是宪法实施的重要方式，而且是加强宪政建设、保护公民权利的重要内容。正如美国学者伯纳德·施瓦茨指出的那样："如果宪法不能由法院实施,它是没有价值的,而且是些空话。"[1]

宪法是否具有司法适用性与宪法的效力密切相关,此处所谓宪法的效力是指宪法的约束力和强制力。宪法具有约束力和强制力已被西方国家所公认。但我国学者在这方面尚有争议,曾提出宪法直接效力说、宪法间接效力说、宪法直接和间接效力结合说等主张。[2]

我们认为宪法也是法,宪法同样具有法的效力,这是不言而喻的。虽然宪法具有原则性,大多数宪法条文一般不能被直接引用来处理刑事和民事案件,但有关国家机关能直接依据宪法条文来处理违宪事件。而且,宪法的直接的法的效力,主要不在于其具体条文能否被直接引用,而在于它规定了处罚一切违反宪法和法律的行为的原则。所以,宪法应该具有直接法律效力,它可以直接作为司法判断的依据,宪法具有司法适用性。

传统的宪法理论认为,宪法在公法领域具有当然的司法适用性,即司法机关完全可以通过司法途径保护公民的宪法权利免受来自国家机关的非法侵害,但认为宪法不能在私法领域内适用。直至 19 世纪末 20 世纪初,随着社会的发展,大量的社团组织出现,此时一些国家开始意识到公民可能受到有关法人和社团组织的不公正待遇,如果此不公正待遇涉及公民的宪法权利,也应受到违宪审查。此表明对公民宪法权利的保护逐渐从公法领域扩展到私法领域,从而大大拓展了宪法司法适用的范围。

(二)宪法司法适用的意义

宪法的司法适用是法适用的一种特殊形式,是宪法规范被法院适用从而保障公民宪法权利的活动。宪法的司法适用对宪法本身以及整个社会都具有重大意义,其主要体现在两个方面。

1. 能有效树立宪法权威

成文宪法的最大特征之一就是它的至上权威性。宪法是国家的根本大法,是一切国家机关、所有政党、社会团体和全体公民的最高行为准则。司法机关适用宪法,可以有效架起联结宪法与普通民众的桥梁,使宪法成为保障公民基本权利的最后一道防线。国民可以鲜活地感受到宪法作用,发自内心地尊重和信奉宪法,进而自觉遵守宪法,捍卫宪法尊严,宪法便因社会

---

〔1〕 转引自翁晓武:《论人民代表大会制度下司法对规范的违宪审查》,载《法律科学》2003 年第 4 期。

〔2〕 参见王磊:《宪法的司法化》,中国政法大学出版社 2000 年版,第 22~26 页。

的广泛信任和支持而获得更强大而持久的权威性。

2. 最大限度地保障公民权利

保护公民权利是宪法的宗旨，是现代国家努力追求的目标。但公民基本权利难免会受到来自各个方面的侵害，而司法机关有保护公民权利的法定责任。如果司法机关不履行此责任，那么，宪法规定的公民权利将难以实现。而且，司法机关的审判活动，具有严格的程序保证，其公开性、公正性、及时性、有效性将为公民权利提供更加切实的保护。况且，如果宪法规定的公民权利尚未转化成普通法律权利，又不能寻求宪法救济，那么，公民的宪法权利必然落空。公民是国家和社会最基本的因子，公民权利获得宪法和法律的充分保护，才能有效促进国家和社会的稳定和发展。

总之，宪法的生命在于实施。宪法如果不为司法机关或者专门机关适用，不给普通大众带来“看得见”的益处，宪法就会疏离现实，更多只是纸面上的东西，从而削弱了其存在的价值和意义。目前，加强宪法实施，落实宪法规范，包括基本权利规范，已成为执政党和社会各界的共识。如何让国家根本法走入寻常百姓的生活，让神圣的宪法焕发生机和活力，这是我国实务界和学术界应继续探讨的重大问题。

第三章　宪法解释

【本章导读】

宪法解释是实现依法治国的重要内容，也是发展宪法的重要方式。宪法作为国家治国安邦的总章程，是国家依法治国的根本大法，是一切法律、法规、规章制定的源泉依据。然而，宪法文本规定的具体内容具有高度的原则性、概括性和抽象性的特征。在国家和社会生活中，为了保证宪法的实施，实现宪法规定的基本原则和宪法精神，就必须通过宪法解释，使宪法规范的原则含义落地生根并具有可操作性。2014 年 10 月 23 日，中国共产党第十八届中央委员会第四次全体会议通过《中共中央关于全面推进依法治国若干重大问题的决定》，特别强调指出“健全宪法解释程序机制”，从而使“全国各族人民、一切国家机关和武装力量、各政党和各社会团体、各企业事业组织，都必须以宪法为根本的活动准则，并且负有维护宪法尊严、保证宪法实施的职责。一切违反宪法的行为都必须予以追究和纠正”。[1]

从党员领导干部的视角，我们应重点关注宪法解释的原则、意义、类型、程序及我国宪法解释的现状（制度及实践），深刻理解中共十八届四中全会决定中要求“健全宪法解释程序机制”的重大现实意义。能结合我国宪法解释制度存在的问题，从我国的实际情况出发，对我国宪法解释制度的完善路径做出理性的思考。

---

〔1〕 中共中央：《中共中央关于全面推进依法治国若干重大问题的决定》，载新华网：http://news.xinhuanet.com/2014－10/28/c_1113015330.htm，2016 年 10 月 19 日访问。

第一节　宪法解释概述

一、宪法解释的概念

宪法解释是指宪法解释主体对有关宪法条文的内容、含义或宪法的原则、精神根据制宪主旨和社会发展实际需要所作的具体理解、分析和说明。1949 年中华人民共和国成立至今,先后制定并颁布实施了 1954 年宪法、1975 年宪法、1978 年宪法和 1982 年宪法。尤其是在中国实行改革开放建立社会主义市场经济制度后,依法治国成为国人的共识,而依法治国首先必须依宪法治国,国家根本性问题不因领导人的变化而变化,不因领导人的注意力和看法的不同而不同。然而,国家宪法在制定并颁布实施后,具有相对的稳定性,不能朝令夕改。但是,国家经济发展形势一定会随着市场经济不断发展变化而发展变化,因此,必须建立和完善保障社会主义市场经济健康发展的法治体制,这就要求人们通过对宪法及时有效的权威解释,来回应社会主义市场经济迅速发展后导致我国政治、经济、文化、社会的深刻变革。

综观世界各国,对于宪法的解释,各国根据自身国家的宪政实践,运用了多种宪法解释方法。在我国,理论界对宪法解释一般划分为正式解释(又称法定解释或有权解释)和非正式解释(又称非法定解释或无权解释)。宪法的正式解释是指有权对宪法作解释的国家专门机关,依照法定程序对宪法所作的正式解释,其结果具有普遍的社会约束效力,一切机关、社会团体、企事业单位和公民都必须遵守和执行;宪法非正式解释是指除有权的国家专门机关的解释之外,社会公众、学者、社会团体对宪法进行非正式的或学理性的解释,这类宪法解释不具有法律约束力,因此,对社会不能直接产生普遍约束力。通常情况下,人们提到的宪法解释就是专指对宪法的正式解释即法定解释。

二、宪法解释的特征

宪法与一般法律存在重大差异,因此,宪法解释和一般法律解释存在许多不同,具有自身独有的特征。

（一）宪法解释主体的特定性

宪法解释主体的特定性，是指宪法解释必须由法定的特定国家专门机关或依法授权的特定国家机关行使。综观世界各国，由于实行不同的宪法解释体制，各国的宪法解释主体也不尽相同，如英国由议会行使宪法解释职能，美国由联邦最高法院行使宪法解释职能，德国和法国则是由国家设立的一个独立的宪法法院或者宪法委员会行使宪法解释职能。但是，几乎所有立宪国家宪法解释主体必须是法定的国家专门机关或依法授权国家专门机关。在我国，现行《宪法》第66条第1项明确规定了全国人民代表大会常务委员会行使“解释宪法，监督宪法的实施”的职权。这表明全国人民代表大会常务委员会是我国法定的宪法解释主体，其他国家机关行使宪法解释职权必须要得到全国人民代表大会常务委员会的预先授权。例如，1981年，全国人民代表大会常务委员会《关于解释法律问题的决议》就明确授权给最高人民法院对人民法院在审判案件中涉及宪法相关规定的具体适用问题行使宪法解释的权力。

（二）宪法解释内容的根本性

宪法解释内容的根本性源于宪法规范内容的根本性。作为国家母法，宪法规范调整的主要内容具有根本性，它涉及一个国家的根本政治制度、基本经济制度、国家机构设置及权力运行以及公民基本权利义务，同时，它本身没有上位法，其内容具有高度原则性和概括性的特点。因此，宪法解释内容主要是对宪法文本规定作必要的解释以明确其含义，使之通俗化、具体化或具可操作性。也就是说，宪法解释内容涉及国家根本政治原则、基本经济制度、国家机构的设置、公共权力的运行以及公民基本权利的享有和基本义务的履行等方面，这体现了宪法解释内容的根本性特征。

（三）宪法解释程序启动的外因性

宪法解释程序启动的外因性，有的学者又称之为宪法解释程序的被动性，是指宪法解释系因涉宪个案或者依法由有关个人或机构诉请而启动的程序。从世界各国宪法解释的具体实践操作上来说，只有在特定的、具体的案件涉及宪法条文如何具体适用时，才会启动、引发宪法解释的程序。例如1988年，最高人民法院做出（1988）民他字第1号《最高人民法院关于雇工合同“工伤”概不负责是否有效的批复》，对劳动权的宪法规定在司法裁判中的效力进行了解释，系根据天津市塘沽区人民法院在裁判张连起、张国莉诉张学珍损害赔偿一案之前,通过层级报告请示的程序,最后由最高人民法院作出的司法解释。1999 年 6 月 26 日,第九届全国人大常委会第十次会议通过的《关于〈中华人民共和国香港特别行政区基本法〉第 22 条第 4 款和第 24 条第 2 款第 3 项的解释》,也是国务院应香港特别行政区行政长官根据《中华人民共和国香港特别行政区基本法》第 43 条和第 48 条第 2 项的有关规定向中央提交的报告,全国人民代表大会常务委员会根据国务院的提出的议案而做出的宪法解释。这两个具有宪法解释性质的案例,都体现了宪法解释程序的被动性特征。

(四)宪法解释内容的强制性

宪法解释效力的规范性是指宪法解释一旦经过宪法解释主体做出便具有了调整社会关系、规范社会行为的法律规则性质,能够对社会产生普遍约束力。宪法解释是宪法解释机关依法定程序针对宪法文本中抽象的、概括的和模糊的宪法条文进行阐明释义,从而使相关宪法条文含义具体化和明晰化,这表明了宪法解释主体进行宪法解释的过程实质上就是创制法律规范的过程,它必然对社会产生普遍约束力,具有法律规范的强制性属性。

三、宪法解释的意义

总体上讲,宪法解释的意义在于以明晰、通俗、易懂、可操作的方式,来解决由于宪法规范的原则性、高度概括性、抽象性所带来的宪法实施存在的一些含义不清、指向不明的问题,从而促进全社会对宪法原则和精神的正确理解和遵从,实现宪法的有效实施。具体来讲,宪法解释的意义有以下几点:

第一,宪法解释有利于保证宪法的全面实施。世界各国宪法实施历程表明,宪法解释是宪法全面实施的桥梁和纽带。作为国家根本大法,宪法不但是所有国家机关和全体国民最高和最根本的行为准则,也是国家立法机关创制普通法律,形成完善国家法律体系的宪法依据和基础。在宪法实施过程中,宪法解释主体对宪法的立法精神和根本原则,高度概括性、抽象性的宪法条文进行阐明释义,能够帮助国家公职人员和普通的社会公众全面、正确地理解宪法条文和宪法精神,促使全社会更准确遵守宪法和执行宪法,同时,保证国家立法机关创制的普通法律不与宪法原则精神相抵触,从而使整个国家的法律体系统一于宪法原则之下。

第二，宪法解释有利于弥补现行宪法规范的不足。与其他普通法律规范一样，宪法规范也具有滞后性的特征，即宪法规范不能根据社会物质生活条件的变化随时加以修改。世界各国的宪政实践表明，在宪法实施过程中，随着时间的推移、经济社会的发展和社会关系出现新的变化，必然会出现一些在宪法制定时制宪者没有考虑到的问题，宪法规范也会出现与现实社会生活的不相适应一面，有些规范应该纳入宪法条文加以规定而没有纳入，有的虽然已经纳入宪法规范但逐渐变得不能适应现实需要。为了弥补这些宪法规范的不足，必须由有权进行宪法解释的国家机关根据制宪意图和社会发展的实际需要，在不违背宪法的基本原则和精神的前提下，对宪法规范进行阐释与说明，使之能够适应社会生活的实际需要。

第三，宪法解释有利于保持宪法稳定性。宪法规范是一种相对稳定的行为规范，但是社会关系却是不断发展和变动的。在宪法实施的过程中，难免发生宪法规范与社会现实不一致的情形，而宪法的稳定性与宪法修改程序的严格性，决定了我们不能轻易地、经常地采用宪法修改的途径来消除宪法规范与社会现实的不相适应性，否则，就会严重影响宪法的权威。为解决这一矛盾，最好的办法就是通过国家的专门机关进行宪法解释，以补充宪法条文内容或者对宪法条文进行符合国家政治、经济、文化等社会发展实际需要的解释，使宪法规范"不断适应新形势、吸纳新经验、确认新成果，才能具有持久生命力"，[1]这也是各国宪法发展的重要方式。例如，美国宪法自1787年制定以来，至今才生效27条宪法修正案，被公认为"超稳定宪法"，实际上主要是通过宪法解释的方式，发展、补充宪法的相关规定，使宪法不断适应社会发展变化的实际需要，从而最大限度地保持宪法的稳定性。

第四，宪法解释有利于追究、纠正违宪行为和依法撤销、纠正违宪的规范性文件

国家宪法的性质和地位决定了它具有最高的法律效力，一切违反宪法的行为和规范性法律文件都要予以违宪责任追究，而宪法解释则是违宪责任追究的前提和基础。在宪法实施过程中，无论是国家机关和武装力量、各

---

〔1〕 习近平：《在首都各界纪念现行宪法公布施行30周年大会上的讲话》，载新华网：http://news.xinhuanet.com/politics/2012-12/04/c_113907206.htm，2016年10月19日访问。

政党和各社会团体、各企业事业组织的行为，还是规范性文件是否违宪都需要行使宪法解释权的国家机关对宪法相关条文含义进行宪法解释，做出最权威的评判，从而确定具体行为和规范性文件是否违宪并追究、纠正违宪行为和依法撤销、纠正违宪违法的规范性文件。2014 年 10 月 23 日，中国共产党第十八届中央委员会第四次全体会议通过的《中共中央关于全面推进依法治国若干重大问题的决定》也对此做出了明确的要求：一是要“加强宪法实施”，即“坚持依法治国首先要坚持依宪治国，坚持依法执政首先要坚持依宪执政。全国各族人民、一切国家机关和武装力量、各政党和各社会团体、各企业事业组织，都必须以宪法为根本的活动准则，并且负有维护宪法尊严、保证宪法实施的职责。一切违反宪法的行为都必须予以追究和纠正”；二是要“健全宪法解释程序机制”，“依法撤销和纠正违宪违法的规范性文件，禁止地方制发带有立法性质的文件”。从中我们也可以看出，宪法解释制度与处理违宪事件或行为之间的内在联系。

四、宪法解释的效力

宪法解释的效力是指宪法解释主体对宪法条文释义后的内容在时间、空间上及对人的约束力。宪法解释是宪法解释主体对宪法文本中的宪法条文的具体含义进行阐明释义，从而使宪法规范在实际适用中变得更加具体化、清晰化和可操作化。因此，宪法解释一经做出并向后具有了普遍拘束力或可具有普遍拘束力。

（一）宪法解释的一般效力

宪法解释的一般效力是指法定的宪法解释主体对宪法条文做出分析说明，不仅对涉宪案件当事人产生直接的拘束力，也会对全社会产生普遍约束的规范效力。在我国，全国人大常委会是法定的宪法解释机关和最高立法机关的常设机关，它除了享有宪法解释的职权外，还拥有制定和修改除应当由全国人民代表大会制定的基本法律以外的其他法律的职权。因此，由我国法定宪法解释主体全国人大常委会针对涉宪具体案件对宪法相关条文作出阐明释义，也是我国立法机关行使立法权的表现，同时也使宪法解释本身具有了法律规范性质，能够对全社会产生普遍的拘束效力。

(二)宪法解释的特殊效力

宪法解释的特殊效力,是指在涉宪的具体案件中由被授权的宪法解释主体对宪法条文作出的宪法解释原则上只对当事人产生直接的拘束效力。在宪法实施过程中,被授权宪法解释机关可以对具体案件中涉宪条文进行宪法解释,只要该宪法解释非经法定程序由拥有最终宪法解释权的机构予以撤销和废止,它就可以对有关主体产生约束效力。

(三)宪法解释无溯及力

宪法解释是具有法律强制性的规范,但对宪法解释的适用,往往只是适用于宪法解释颁布生效后所涉及的人和事。这也就是说,宪法解释不能对被依照法律、法规、规章以及其他规范性文件,已经做出处理的涉宪类似案件产生拘束效力,即宪法解释不具有溯及既往的效力。如 1999 年 6 月 26 日,第九届全国人大常委会第十次会议在通过的《关于〈中华人民共和国香港特别行政区基本法〉第 22 条第 2 款和第 24 条第 2 款第 3 项的解释》明确规定:“本解释公布之后,香港特别行政区法院在引用《中华人民共和国香港特别行政区基本法》有关条款时,应以本解释为准。本解释不影响香港特别行政区终审法院 1999 年 1 月 29 日对有关案件判决的有关诉讼当事人所获得的香港特别行政区居留权。”充分体现了宪法解释不具有溯及既往的效力。

第二节 宪法解释的原则

宪法解释的原则,是指宪法解释专门机关在行使宪法解释权时所依据的法则或标准。当前世界各国采用宪法解释体制不尽相同,但是不论选择何种宪法解释体制,为了维护宪法的尊严,保持宪法的稳定性和连续性,宪法解释主体在解释宪法时都必须遵循一定的原则。

一、遵循制宪目的和宪法精神的原则

宪法以国家根本法的形式,确立了国家社会生活中的中心工作、基本原则、重大方针和重要政策,集中体现了制宪者的制宪目的和宪法精神,它们

是一个国家宪法的灵魂和内核。除非一个国家根本制度和政治生活原则发生了根本性变化,制宪目的和宪法精神都会保持长期性和稳定性的特征,它们不应该随着岁月的流逝而发生变更,也不应该随着宪法的修改而发生根本性改变。因此,宪法解释主体在对宪法条文进行阐明释义时必须严格遵循宪法的制宪目的和宪法基本精神,否则就不能正确地反映被解释的宪法条文真实含义。

二、尊重和保障人权的原则

保护人权原则是宪法的基本原则,因此,尊重和保障人权的原则也是宪法解释的基本原则。人权原则作为宪法原则的实质是使基本人权成为宪法的起点和归宿,成为判断宪法是否为"良宪"的重要标准。[1] 习近平总书记指出:"公民的基本权利和义务是宪法的核心内容,宪法是每个公民享有权利、履行义务的根本保证。宪法的根基在于人民发自内心的拥护,宪法的伟力在于人民出自真诚的信仰。只有保证公民在法律面前一律平等,尊重和保障人权,保证人民依法享有广泛的权利和自由,宪法才能深入人心,走入人民群众,宪法实施才能真正成为全体人民的自觉行动。"[2] 因此,在解释宪法的过程中必须尊重和保障人权。人权原则在宪法解释中具体表现为,解释涉及人权内容的宪法条款时,采取宽松解释的态度。这是因为,人权为一个内涵不断丰富和发展的体系,随着社会的发展和进步,人权的内容不断扩展,而宪法文本条文是僵化的,这就需要宪法解释主体在解释人权内容时采取从宽解释,从而更好地保护公民的个人权利。例如,关于平等权的解释,凡是背离平等保护条款的行为或者法律规范性文件,尽可能向公民个人倾斜,向人权保护倾斜。[3]

三、严格依法解释的原则

严格依法解释是指在宪法解释过程中,宪法解释的主体、宪法解释的内容和形式以及宪法解释的程序都必须严格遵从法律的规定,只有遵循严格

---

〔1〕 参见朱最新、杨桦主编:《宪法学》(第二版),中国人民大学出版社 2014 年版,第 66 页。

〔2〕 习近平:《在首都各界纪念现行宪法公布施行 30 周年大会上的讲话》,载新华网:http://news.xinhuanet.com/politics/2012-12/04/c_113907206.htm,2016 年 10 月 18 日访问。

〔3〕 参见朱最新、杨桦主编:《宪法学》(第二版),中国人民大学出版社 2014 年版,第 66 页。

的程序,才能确保宪法解释的基本精神、基本原则和制宪的目的。具体来说,宪法解释必须符合主体适格的要求,宪法解释必须由法定的国家专门机关行使宪法解释权。在我国,全国人大常委会是法定的宪法解释主体,其他宪法解释国家机关的宪法解释权要经过法定授权才能行使。宪法解释的内容必须符合宪法的制宪目的和宪法精神,宪法解释机关在对宪法规范的法律条文进行解释时不能孤立地、片面地和机械地就宪法条文解释宪法条文,而应全面地结合宪法条文相互之间的内在逻辑联系以及整部宪法的基本原理、宪法精神、时代背景和社会生活的实际需求解释相关的宪法条文;与此同时,宪法解释还应当遵循提案申请、审议表决、形成决议和公告等法定程序,程序是实现实体公正的保障,程序本身也具有独立的价值,不按法定程序进行的解释是无效解释,因此,宪法解释主体在行使解释宪法规范的职权时,必须遵循法定程序原则。

四、适应社会现实需要的原则

适应社会现实需要是宪法解释的根本目的,也是宪法解释的重要原则。它是指宪法解释是为了更好促进和加强宪法的实施,规范国家机关公共权力的运行、保证公民享有基本权利和履行基本义务,必须根据社会现实的实际需要对宪法条文进行阐明释义。法律的生命力在于它的社会适应性,宪法也是如此。为了保持宪法活力,加强宪法实施,宪法解释主体必须在尊重宪法基本原则和宪法精神基础上,对特定历史条件下制定的宪法条文进行宪法解释,使之适应社会现实的需要,也只有这样宪法规范才会起到其应有的作用。

第三节　宪法解释主体、解释方法、解释程序

一、宪法解释的主体

宪法解释主体又称宪法解释机关,是指在宪法实施过程中依法行使宪法解释职权,履行宪法解释义务并承担宪法解释法律责任的组织机构。简言之,即在一个国家中,谁有法定资格对宪法进行阐明释义。由于世界各国

的宪政体制、宪法解释体制和历史传统存在着显著差异,因而关于宪法解释主体的规定也不完全相同。事实上,世界各国的宪法解释主体主要有三种类型:即立法机关、司法机关和专门机关。

(一)立法机关宪法解释主体

立法机关宪法解释的主体是指依据宪法规定,由最高国家立法机关行使最终的宪法解释职权。立法机关作为宪法解释主体制度起源于英国,是英国宪法奉行的"议会主权"原则在宪法解释上的体现。在当今西方的宪政国家中,英国、比利时、瑞士、泰国等国是立法机关宪法解释主体这种类型的代表,如1831年《比利时宪法》第28条规定:"解释宪法权属于立法机关",1946年《厄瓜多尔宪法》第189条规定:"唯有国会有权对宪法做出具有普遍约束力的解释,并对宪法规定发生疑义的任何令状的意义有解决之权",而在社会主义国家中也基本上采用这种宪法解释主体类型。如我国现行《宪法》第67条规定:"全国人民代表大会常务委员会有权解释宪法,监督宪法的实施。"1992年《越南社会主义共和国宪法》规定:国会常务委员会"解释宪法、法律和法令"。社会主义国家的立法机关本身就是国家的最高权力机关(包括其常设机构),也是国家宪法的制定和修改机关,由它对宪法条文进行阐明释义能够保证制宪权、修宪权和解释权的统一性,避免相互之间发生冲突和矛盾。与此同时,立法机关对宪法条文做出的宪法解释有法律规范性质,全社会所有组织和公民个人都必须自觉遵守和执行,其他被授权宪法解释主体所作的宪法解释也不能与之抵触。

(二)司法机关宪法解释主体

司法机关宪法解释主体是指普通法院作为宪法解释机关,行使国家宪法的最终解释权。美国开创了司法机关作为宪法解释主体的制度。1803年,美国联邦最高法院通过审理"马伯里诉麦迪逊"一案,开启了宪法解释权属于司法机关的先例,并确立了美国普通法院行使宪法解释职权的制度,即普通法院在审理具体案件时,应针对适用于该案件的宪法条文以及有关法律是否符合宪法原则和宪法精神进行审查,并做出所涉宪法条文的阐明释义。这一制度后来被世界许多国家所沿用,并用成文宪法的形式加以规定。如《日本宪法》第81条规定:"最高法院为有权决定一切法律、命令、规则以及处分是否符合宪法的终审法院。"司法机关行使国家宪法解释权的制度是依据三权分立原则,把宪法解释权作为司法权交由普通法院行使,通过司法审查形成对立法机关的制衡,从而起到防止议会民主滑向多数人专制的作用。

(三)专门机关宪法解释主体

专门机关宪法解释主体,是指设立专门的宪法法院或者宪法委员会作为国家宪法的解释机关,并行使国家宪法的最终解释权。专门机关宪法解释主体制度起源于奥地利。1920 年,奥地利共和国宪法明确规定设立独立于审理行政、劳动或者其他案件的普通法院体系的宪法法院负责处理宪法争议,承担宪法解释职责,从而开启了专门机关行使宪法解释权制度的先河。随后,许多欧洲大陆国家纷纷仿效,比如,法国《宪法》第 61 条明确规定:"宪法委员会享有审查法律、法令是否合宪的职权。"意大利、联邦德国也在 1947 年、1949 年分别设立宪法法院作为专门机关行使宪法解释职权。专门机关行使解释宪法职权的制度认为宪法适用与普通法律适用处于不同的法律位阶层次,宪法适用在法律效力上应高于其他普通法律的适用,为了确保宪法的权威性,首先应该保证宪法适用的权威性,因此,必须设立专门宪法解释机关来专门负责行使宪法条文的解释职权,从而保障国家宪法的实施,维护国家宪法的尊严。

二、宪法解释的方法

宪法解释方法是宪法解释主体阐释宪法条文具体含义时运用的技术与规则,即释宪机关通过一定的方式、途径、步骤、手段等形式行使宪法解释职权,从而达到宪法解释的目的。宪法解释方法是对宪法解释科学性和规律性的探索和总结。当前,宪法理论界一般认为宪法解释方法有文本解释、体系解释、历史解释和目的解释等类型。

(一)文本解释方法

文本解释方法,是指宪法解释主体以宪法条文的文字和词组为基础,并结合整部宪法条文对所释的具体宪法条文含义进行阐明释义的技术和规则运用。文本解释的方法强调宪法解释主体对宪法条文解释时应首先从整部宪法文本本身去发现制宪机关立法精神和立法目的。这是因为就一个国家的法律规范效力层次而言,在国家的法律体系中,宪法是最高的法律规范,具有国家最高的法律效力,也是其他普通法律规范的立法依据和基础,与此同时,宪法文本承载和体现了国家宪法基本原则和宪法精神。因此,宪法解释主体对宪法条文进行阐明释义时应当首先采用文本解释的方法，从而实现宪法制定者的立法主张和立法初衷。

（二）体系解释方法

体系解释方法，是指宪法解释主体应根据所释的宪法条文在宪法文本中的位置，即它所在的编、章、节、条、项以及该宪法条文与前后条文的关联性进行阐明释义的技术和规则运用。体系解释方法源于宪法文本规定的宪法的基本原则、立法精神以及具体条文内容是一个完整的体系，宪法规范的内容、条文、结构之间互相关联、密不可分，对某一具体宪法条文宪法解释主体不能孤立地进行解释，而应将该宪法条文置于宪法这一大的体系之下，全面综合地考虑宪法的精神、原则以及该规范与其他规范的联系，以整体的、系统的观点来阐明该宪法条文的具体含义，防止宪法解释断章取义，避免与其他的宪法规范相互抵触。体系解释方法主要适用于确定国家机关之间的权力分工，如中央与地方的关系，中央与特别行政区的关系，行政机关与立法机关、司法机关之间的关系等。

（三）历史解释方法

历史解释方法，是指宪法解释主体根据宪法制定机关的立法初衷、宪法修改的历史过程和资料对所释宪法条文具体含义进行阐明释义的技术和规则运用。宪法发展历史表明，一个国家的宪法在颁布实施后，虽然我们要求尽可能保持宪法的稳定性和权威性，但这并不是说宪法制定后就保持一成不变，处于静止状态，相反，一个国家的宪法总是随着一个国家的物质生活条件不断发展变化而处于不断演进、发展变化之中。历史解释方法就是宪法解释主体通过深入分析立法机关制宪和修宪过程中的一切纪录、文件，如预备资料、草案、立法理由书、立法机关大会及审查委员会纪录，寻求宪法条文字义的历史演进、发展变化以及制宪机关与修宪机关的立法原意，对宪法条文做出符合社会发展客观规律的宪法解释，从而促进和加强宪法实施。

（四）目的解释方法

目的解释方法，是指宪法解释主体对于宪法文本上的空白或者漏洞，依照制宪机关立法目的和宪法基本原则，对涉宪具体问题进行类推解释的技术和规则运用。由于受主客观条件限制，任何国家的制宪机关都不可能制定出不受时间和空间限制的完美无缺的宪法，所以世界各国才有宪法修改制度的产生。目的解释方法就是在尽可能不启动宪法修改程序、保持宪法稳定性的前提下，宪法解释主体通过对现有宪法条文背后的实质性立法目的进行探究和发掘，从而做出具有现实应用性和针对性的宪法解释。正如美国最高法院怀特法官曾经指出："我以此作为宪法解释的基本原则：任何宪法条文不得与其余条文相分离而孤立地加以解释。应考虑规定某一特定事项的全部条文，并做出使宪法的实质性目的实现的解释。"[1]

三、宪法解释的程序

宪法解释程序，是指宪法解释主体进行宪法解释所遵循的方式、方法、步骤和顺序的总称。由于各国的宪法解释体制和宪法解释主体不同，因此各国的宪法解释程序也不尽相同。一般来说，立法机关行使宪法解释职权时一般遵循立法程序，体现了宪法解释程序的立法性质；而司法机关和专门机关行使宪法解释职权时大体上遵循司法程序，体现了宪法解释程序的司法性质。

（一）立法机关宪法解释程序

立法机关宪法解释程序是立法机关行使宪法解释权时所遵循的方式、方法、步骤和顺序。立法机关解释宪法一般遵从宪法制定和宪法修改程序，甚至是一般的立法程序，一般包括宪法解释的提起、受理和审查、表决通过以及正式公布四个程序。就国家公权的性质来讲，立法权具有积极性、主动性的特征。因此，立法机关宪法解释程序主要是立法机关单方面的书面程序，即宪法解释由立法机关依法单方地书面进行，排除其他当事人的参与，尽管宪法解释在提起和受理后，正式解释表决通过之前，立法机关有可能会听取社会组织和公众的建议意见，特别是专家学者的建议意见，但"这些方式都无法形成正式的文件，更不能被作为法定方式而援引适用"。[2]

（二）司法机关和专门机关宪法解释程序

司法机关和专门机关宪法解释程序是司法机关和专门机关行使宪法解释权时所遵循的方式、方法、步骤和顺序。由于各国宪法解释主体制度的差异，司法机关宪法解释的程序与专门机关宪法解释的程序在实际运行中也

---

〔1〕［美］詹姆斯·安修：《美国宪法判例与解释》，黎建飞译，中国政法大学出版社1999年版，第27页。

〔2〕韩大元：《〈宪法解释程序法〉的意义、思路与框架》，载《浙江社会科学》2009年第9期。

存在一些不同。如以美国普通法院为代表的司法机关按照普通司法程序行使宪法解释职权;以法国宪法委员会和德国联邦宪法法院为代表的专门机关则要按照专门法律规定行使宪法解释职权,如德国的《联邦宪法法院法》、俄罗斯的《关于俄罗斯联邦宪法法院的联邦宪法性法律》都规定了宪法法院解释宪法应遵循的程序。但是,无论是普通司法机关作为宪法解释主体,还是宪法法院或宪法委员会等专门机关作为宪法解释主体,都有一个共同的特征:它们都是处于具体宪法争议案件或涉宪社会矛盾纠纷案件的第三方地位,行使居中裁判权和宪法解释权,体现了明显的司法机关性质。因此,司法机关和专门机关解释宪法一般遵从司法程序。

第四节　我国的宪法解释制度

总体上说,当前我国的宪法解释制度并不成熟,其制度化和体系化建设落后于我国法治发展的总体进程,不能完全适应我国经济、政治和社会发展需要。但是,随着我国经济社会的不断发展,法治建设的稳步推进,我们有理由相信我国宪法解释制度也将不断完善和健全。

一、我国宪法解释制度的历史沿革

新中国成立以来,我国颁布实施了1954年宪法、1975年宪法、1978年宪法和1982年宪法,这些宪法关于我国宪法解释制度的规定不尽相同,表明了我国宪法解释制度的历史演变和发展进程。

(一)1954年宪法和1975年宪法的规定

1954年宪法、1975年宪法都没有宪法解释职权的相关规定,但在1954年《宪法》第31条第3项和1975年《宪法》第18条中明确规定了全国人民代表大会常务委员会行使"解释法律"职权,这表明了在1954年宪法、1975年宪法适用期间,我国不存在法定的、特别是宪法规定的宪法解释制度,同时,也表明了制宪者制宪时没有明确区分宪法解释和法律解释的概念。因此,在1954年宪法、1978年宪法实施过程中,全国人大常委会或它的工作机构主要依据"解释法律"职权对涉宪个案的宪法条文作出宪法解释。如

1957 年 11 月 6 日,全国人大常委会办公厅在答复天津市中级人民法院《关于全国人民代表大会代表因民事纠纷被诉法院可否传唤问题的请示》时,就在《对其全国人民代表大会代表因民事纠纷被诉法院可否传唤问题的答复》中明确指出:"经全国人民代表大会法案委员会讨论,认为中国宪法第 37 条的规定,在于保护全国人民代表大会代表的人身自由不受侵犯,以便利其执行代表职务。但民事案件并不涉及限制人身自由问题,因而不属于宪法第 37 条规定的范围。毕鸣岐代表因民事纠纷被诉,法院可以依法传唤,无须经过全国人民代表大会常委会许可。"

(二)1978 年宪法的规定

1978 年宪法正式设置了我国宪法解释的职权,确定了我国行使宪法解释的主体,开启了我国宪法解释制度的先河。1978 年《宪法》第 25 条第 3 项规定,全国人民代表大会常务委员会行使"解释宪法和法律、制定法令"职权,该宪法条文明确表明了我国宪法解释职权的行使主体是全国人民代表大会常务委员会。同时,就宪法条文具体内容的表述来看,1978 年宪法也正式区分了宪法解释和法律解释的概念。因此,从历史纵向上讲,1978 年宪法的颁布实施,说明我国已经正式开始创制宪法解释制度,也标志着我国宪法解释的制度化、法治化建设踏上了新的历史征程。

(三)1982 年宪法的规定

1982 年宪法在主要继承 1978 年宪法关于我国宪法解释职权的设置和我国法定宪法解释主体的相关规定精神的基础上,进一步深化了对宪法解释和法律解释概念的区分和认识。1982 年《宪法》第 67 条第 1 项也规定了全国人民代表大会常务委员会行使"解释宪法,监督宪法的实施"职权,同时在该条第 4 项规定了全国人民代表大会常务委员会行使"解释法律"职权。此规定表明,制宪者对于宪法解释和法律解释的不同权力属性的认识进一步深化,有利于促进我国宪法解释制度不断发展和完善。因此,可以说,与 1954 年宪法、1975 年宪法和 1978 年宪法相比较而言,1982 年宪法发展了我国的宪法解释制度。

二、我国宪法解释制度的现状

虽然我国现行宪法明确规定了宪法解释职权,也明确规定宪法解释的法定主体,但是,我们必须清醒地看到,无论是在宪法解释的制度设置上,还是在宪法解释的具体实践操作上,我国宪法解释制度还很不成熟,更不能满足社会现实发展的需要。

(一)宪法解释的专门性法律规范缺失

当前,我国还没有一部规范宪法解释的原则、主体、程序和效力的专门法律性文件,这是我国宪法解释制度不完善的重要原因。尽管在我国宪法解释的具体实践中,全国人民代表大会常务委员会可以暂时依据2000年3月15日第九届全国人民代表大会第三次会议通过的《立法法》第2章第4节关于"法律解释"相关的规定行使宪法解释的职权,但是,从《立法法》具体条文的内容规定来看,其所规定的法律解释显然不包括宪法解释,特别是在1982年宪法已经明确区分法律解释和宪法解释概念的情况下,如果全国人民代表大会常务委员会长久地依据立法法行使宪法解释权,则明显违反了我国的宪法原则和宪法精神,出现我国宪法实施的解释主体和监督主体违反宪法的行为,可能给我国宪法的实施带来消极的、负面的社会影响。

(二)宪法解释的参与主体不明确

参与宪法解释的主体简单地说是指有权提起宪法解释程序或做出宪法解释决定的人和组织,依法规定明确的宪法解释参与主体是现代宪法解释制度的重要内容。但是,我国现行的宪法解释制度要么缺乏相应的法律规定,要么规定得不够明确。宪法解释的实践经验告诉我们,一个国家宪法解释程序的启动往往是基于涉宪具体个案争议的申请而为,这表明了参与宪法解释的主体必然有宪法解释职权的申请主体和宪法解释职权的行使主体。在我国,虽然1982年《宪法》第67条第1项明确规定了全国人民代表大会常务委员会行使解释宪法的职权,但是我国现行的宪法解释制度缺乏关于宪法解释申请人相关的法律规定。同时,由于该宪法条文关于全国人民代表大会常务委员会行使解释宪法职权的规定高度概括和抽象,加之我国没有专门性宪法解释法律对它进行补充性规定,在宪法解释实践中,宪法解释实务界和理论界产生了不同争议:全国人民代表大会常务委员会是唯一排他性的宪法解释主体,还是终局性的宪法解释主体?其他国家机关在履职过程中对涉宪个案的宪法条文阐明释义是否属于宪法解释性质?其解释的效力是否具有普遍的拘束力?等等。这些都表明了我国现有的宪法解释制度的不足。

（三）宪法解释的程序性规范缺失

宪法解释程序是指宪法解释参与主体进行宪法解释活动所遵循的方式、方法、步骤和顺序的总和，它是宪法解释职权依法、规范行使的重要保障，但是，我国现行法律中却没有关于宪法解释职权如何具体行使的程序性规范。而世界其他宪政国家，绝大多数都明确地、具体地规定了宪法解释的程序，如德国《联邦宪法法院法》和俄罗斯《关于俄罗斯联邦宪法法院的联邦宪法性法律》均规定了提请宪法解释申请程序、宪法解释主体解释程序以及宪法解释的具体期限等。我国现行的宪法解释制度对于宪法解释的程序规定则显得非常疏漏和欠缺，无论是对宪法解释申请者的申请程序，还是对宪法解释主体的受理和审查、表决通过以及正式公布程序的规定均是空白。宪法解释程序性规范的立法空缺，必然会导致我国宪法解释具体操作上不统一，甚或引发宪法解释的互相冲突，严重地影响宪法实施。

三、我国宪法解释制度的完善路径

针对上述我国宪法解释制度存在的不足问题，为了实现全面推进依法治国，“建设中国特色社会主义法治体系，建设社会主义法治国家”[1]的总目标，我们必须尽快地建立健全我国的宪法解释制度，从而用宪法解释的法治化、制度化来保证和加强我国宪法的实施。

（一）完善宪法解释的专门立法

完善的立法是建立健全我国宪法解释制度的前提和基础，也是“完善全国人大及其常委会宪法监督制度，健全宪法解释程序机制”[2]的根本要求。同时，就制度的本质内涵而言，它是人们共同遵守的办事规程或行为准则，这表明了制度形成的前提条件是必须制定具有普遍约束力的规范性规则或行为准则。宪法解释制度作为现代国家重要政治制度之一，当然也需要明确的、稳定的和具有普遍约束力的规范性规则或行为准则，基于此，世界各国宪法解释制度都设置了规范宪法解释的专门性法律。因此，当前我国应该尽快地制定一部规范宪法解释的专门性法律文件，用它来依法规定宪法

[1] 中共中央：《中共中央关于全面推进依法治国若干重大问题的决定》，载新华网：http://news.xinhuanet.com/2014-10/28/c_1113015330.htm，2016年10月19日访问。

[2] 中共中央：《中共中央关于全面推进依法治国若干重大问题的决定》，载新华网：http://news.xinhuanet.com/2014-10/28/c_1113015330.htm，2016年10月19日访问。

解释的基本准则、明确宪法解释参与主体的资格和范围、严格规范宪法解释的基本程序和明确规定不同宪法解释的效力层次。只有这样,我们才能不断完善我国的宪法解释制度,保证和加强我国宪法的全面实施,实现全面推进依法治国的战略目标。

(二)明确规定宪法解释的参与主体

明确规定宪法解释参与主体是完善我国宪法解释制度的重要内容。当前,我国应该积极借鉴世界各国的宪法解释制度中用专门法律规定宪法解释参与主体的做法,制定专门法律规定宪法解释的申请主体和宪法解释主体,从而完善我国宪法解释制度。

关于我国宪法解释主体,我国现行《宪法》第 67 条第 1 项明确规定了全国人大常委会有权解释宪法,同时,根据我国现行宪法关于国家机构的设置以及各个国家权力机关的权力的具体宪法条文规定来看,不排除国务院、最高人民法院、最高人民检察院、省级以上地方人民代表大会和它们的常务委员会以及民族自治机关等其他国家机关也是我国的宪法解释主体。例如,《宪法》第 89 条第 1 项和第 13 项规定了国务院行使"根据宪法和法律,规定行政措施,制定行政法规,发布决定和命令"和"改变或者撤销各部、各委员会发布的不适当的命令、指示和规章"的职权;《宪法》第 100 条明确规定"省、直辖市的人民代表大会和它们的常务委员会在不同宪法、法律、行政法规相抵触的前提下,可以制定地方性法规,报全国人民代表大会常务委员会备案"。《宪法》第 115 条明确规定"自治区、自治州、自治县的自治机关行使宪法第三章第五节规定的地方国家机关的职权,同时依照宪法、民族区域自治法和其他法律规定的权限行使自治权,根据本地方实际情况贯彻执行国家的法律、政策"。1981 年 6 月 10 日,第五届全国人民代表大会常务委员会第十九次会议通过的《全国人民代表大会常务委员会关于加强法律解释工作的决议》第 2 条明确规定:"凡属于法院审判工作中具体应用法律、法令的问题,由最高人民法院进行解释。凡属于检察院检察工作中具体应用法律、法令的问题,由最高人民检察院进行解释。最高人民法院和最高人民检察院的解释如果有原则性的分歧,报请全国人民代表大会常务委员会解释或决定。"上述规定表明:我国现行宪法规定全国人大常委会解释宪法,只意味着它具有宪法的最终解释权,而不是排他的解释权,其他国家机关也享有宪法解释的权力,只不过这些国家机关的宪法解释权要么隐含于具体宪法条文之中,或者在实践中被依法授权。因此,当务之急是需要制定专门法律明确规定我国的宪法解释主体,使其他国家机关行使宪法解释权时有明确的法律依据。

此外,世界各国的宪法解释制度通常也规定了宪法解释申请主体,如德国《基本法》规定有权向联邦宪法法院提出解释宪法请求的申请人有联邦总统、联邦议院、联邦参议员、联邦政府、由《基本法》或者是联邦议院和联邦参议院的程序规则授予其享有独立权限的分支机构。俄罗斯《关于俄罗斯联邦宪法法院的联邦宪法性法律》也明确规定有权向俄罗斯联邦宪法法院提出请求解释《俄罗斯联邦宪法》的应当是俄罗斯联邦总统、联邦议会、国家杜马、俄罗斯联邦政府、俄罗斯联邦各成员的立法机构。我国目前尚无宪法具体条文或其他相关的法律对宪法解释申请主体进行明确地、专门地规定。建议我国也应通过立法明确规定宪法解释申请主体,从而完善我国的宪法解释制度。

(三)依法规范宪法解释的程序

依法规范宪法解释的程序是我国宪法解释权力运行的重要保障。法律程序是对法律主体的行为要求,它也是法律实体内容得以实现的重要保障。同时,就法律制度的历史传统来讲,我国是一个特别重实体、轻程序的国家,因此,依法规定我国的宪法解释程序对于完善我国的宪法解释制度尤其具有独特的价值和意义。也正是意识到了这一点,2014 年 10 月 23 日,中国共产党第十八届中央委员会第四次全体会议通过的《中共中央关于全面推进依法治国若干重大问题的决定》才明确要求:“健全宪法解释程序机制。”[1]

当前,我国应依法规范宪法解释的程序,从而健全我国宪法解释机制。当然,就世界各国宪法解释程序而言,由于它们的具体规定内容主要取决于各国不同的政治体制和宪法解释体制,因此它们彼此之间既存在共同性,也存在差异性。为了完善我国宪法解释程序的设置,我国立法机关除了主要依据我国宪法体制外,还应选择性地借鉴世界各国宪法解释制度中带有普遍性、共同性的做法。

---

〔1〕 中共中央:《中共中央关于全面推进依法治国若干重大问题的决定》,载新华网:http://news.xinhuanet.com/2014-10/28/c_1113015330.htm,2016 年 10 月 19 日访问。

第四章　宪法监督

【本章导读】

宪法监督是实施宪法的重要保障，也是构建完善的、统一的国家法治体系的基石。在宪法实施的整个过程中，宪法监督主体通过对一切国家机关和武装力量、各政党和各社会团体、各企业事业组织和社会个人违宪行为的及时处理和纠正，能够大力提升全社会的宪法意识，维护宪法适用的最高权威性和国家法治的统一性。因此，习近平总书记指出："宪法是国家的根本法。法治权威能不能树立起来，首先要看宪法有没有权威。必须把宣传和树立宪法权威作为全面推进依法治国的重大事项抓紧抓好，切实在宪法实施和监督上下工夫。"[1]

站在党员领导干部的角度，应在理解宪法监督的含义、特征、范围、类型及方法的基础上，重点把握宪法监督的重大意义，我国宪法监督制度及运行状况，特别是中共中央及习近平总书记对我国宪法监督工作的分析和阐述。从而加深对完善我国宪法监督制度的迫切性的认识，并能对我国宪法监督制度的完善及相关工作的加强做出初步的对策性思考。

---

〔1〕 习近平：《关于〈中共中央关于全面推进依法治国若干重大问题的决定〉的说明》，载《人民日报》2014年10月29日第2版。

第一节　宪法监督概述

一、宪法监督的概念

宪法监督又称违宪审查制度，它是指宪法监督主体依法定程序对立法机关制定的规范性法律文件及其他一切国家机关和武装力量、各政党和各社会团体、各企业事业组织和社会个人的行为进行合宪性审查并做出其是否违宪的裁决和处理的行为。宪法监督制度起源于美国，1803 年美国联邦最高法院通过对“马伯里诉麦迪逊”一案的判决，赋予了联邦最高法院对国会立法进行合宪性审查的权力，由此开创了美国司法审查的先例，并在后来被世界其他国家所采用和发展。如奥地利 1920 年建立了宪法法院监督制度，德国 1925 年建立了宪法法院监督制度。

宪法监督在国内宪法学界又被一些学者称为“违宪审查”“司法审查”“宪法保障”等，虽然这些称谓各不相同，其外延也存在较大差别，但是它们在具体含义上却有着共同之处，其核心内涵都是宪法监督主体对法律、法规、规章和其他规范性法律文件以及国家、社会和个人行为是否符合宪法进行审查，在此基础上，对违宪规范性法律文件和相关行为依法追究相应的宪法责任，其根本目的是为了保障国家宪法全面的、正确的实施。

二、宪法监督的特征

与一般法律监督相比，宪法监督明显的特征，主要表现在以下几个方面。

（一）宪法监督主体的特定性

宪法监督主体的特定性，是指宪法监督权必须由法定的、专门国家机关行使。宪法作为法律规范的一种，同普通法律一样，都需要通过法律监督追究违法责任，保证法律规范得以实际运行。但宪法与普通法律不同之处在于宪法是国家最高法律规范，具有最高法律效力，其他法律规范必须统一于宪法规范之下，为了保证宪法实施的权威性和国家法律体系的统一性，各个国家都通过宪法、专门性法律或宪法惯例设置了有别于普通法律监督主体的特定的宪法监督主体，这也是现代各个宪政国家通行的做法。比如，1803年，美国的联邦最高法院通过宪法判例获得了最高的宪法监督权；1958年，法国宪法委员会根据法国《宪法》第61条“审查法律、法令是否合宪的职权”的规定享有宪法监督权；1947年，日本最高法院根据《宪法》第81条“最高法院为有权决定一切法律、命令、规则以及处分是否符合宪法的终审法院”的规定享有宪法监督权。同样，在我国，全国人民代表大会和全国人民代表大会常务委员会分别根据现行《宪法》第62条第2项“监督宪法的实施”、第67条第1项“解释宪法，监督宪法的实施”的规定享有最高宪法监督权。因此，虽然各国实行的是不同的宪法监督体制，但是他们宪法监督的主体却具有共同的特征，即宪法监督主体的特定性。

（二）宪法监督对象的政治性

宪法监督对象的政治性，是指宪法监督的范围不仅仅包括法律范畴，同时还涵盖了政治范畴。宪法监督对象的政治性来源于宪法规范内容的政治性，“事实上，宪法是一个政治法律性文件，政治和法律是有密切联系的，但又属于两个不同的范畴。只要我们认真地研究一下宪法文件就会发现，任何一部宪法都不是单纯地由法律规范组成的实体，而是同时包括许多政治规范，如关于国家性质、社会制度、政党、主权、民主等内容，都是显而易见的政治规范”。[1]如日本《宪法》序言中明确规定：“我们相信，任何国家都不得只顾本国而不顾他国，政治道德的法则是普遍的法则，遵守这一法则是维持本国主权并欲同他国建立对等关系的各国的责任。”我国现行《宪法》的序言中也明确规定：“本宪法以法律的形式确认了中国各族人民奋斗的成果，规定了国家的根本制度和根本任务，是国家的根本法，具有最高的法律效力。全国各族人民、一切国家机关和武装力量、各政党和各社会团体、各企业事业组织，都必须以宪法为根本的活动准则，并且负有维护宪法尊严、保证宪法实施的职责。”上述这些规定，表明了宪法规范既具有法律性，又具有政治性。因此，为了保证宪法得以完全、正确的实施，宪法监督的对象不仅包括法律性质的违宪，还应包括政治性质的违宪，这也体现了宪法监督对象的政治性特征。

---

〔1〕 陈云生：《宪法监督司法化》（第1版），北京大学出版社2004年版，第35页。

(三)宪法监督效力的权威性

宪法监督效力的权威性,是指宪法监督主体依法做出的违宪审查裁决具有最高的法律效力。各国的宪政实践表明,在宪法实施的过程中,必然会出现规范性法律文件、国家行为或社会行为与宪法原则、宪法精神或宪法条文相抵触的具体问题。宪法监督制度创设的根本目的是宪法监督主体依据宪法规范通过审查规范性法律文件、国家机关行为、社会组织或社会个人行为合宪性与否,并做出与宪法相抵触无效的裁决结果,以维护国家宪法的最高权威性和至上性。在我国,现行《宪法》第5条也明确规定:"一切法律、行政法规和地方性法规都不得同宪法相抵触。一切国家机关和武装力量、各政党和各社会团体、各企业事业组织都必须遵守宪法和法律。一切违反宪法和法律的行为,必须予以追究。任何组织或者个人都不得有超越宪法和法律的特权。"因此,宪法监督主体通过违宪审查并宣告其他规范性法律文件无效或依法追究违宪行为,表明了宪法监督在整个国家法律监督体系中,其法律效力层次处于最高地位,其他法律监督必须服从或服务于宪法监督。

(四)宪法监督结果的特殊性

宪法监督结果的特殊性,是指宪法主体依法行使违宪审查后所做出的裁决不同于一般法律监督的裁决。具体而言,在通常的情况下,一般法律监督的结果都会根据法律规定,要么裁决矛盾纠纷当事人承担相关的、具体的民事权利义务,要么裁决给予当事人具体的刑事处罚或行政处罚,而宪法监督的结果则是撤销或宣告与宪法抵触的规范性法律文件、国家机关行为、社会组织或个人行为的无效。例如,我国《宪法》第62条规定:"全国人民代表大会有权监督宪法的实施,有权改变或者撤销全国人民代表大会常务委员会不适当的决定。"第67条规定:"全国人大常委会有权撤销国务院制定的同宪法、法律相抵触的行政法规,决定和命令,有权撤销省、自治区、直辖市国家权力机关制定的同宪法、法律和行政法规相抵触的地方性法规和决议。"这些规定充分体现了宪法监督结果的特殊性。

三、宪法监督的意义

宪法监督的意义在于通过宪法监督主体行使宪法监督权,对违宪的规范性法律文件、国家机关行为、社会组织或社会个人行为做出裁决和处理,

能够保障宪法的实施,实现宪法的功能和价值。具体来讲,宪法监督的意义主要表现在以下几个方面:

第一,宪法监督有利于维护宪法的尊严。一般而言,世界各国都在宪法条文中明确规定了宪法在整个国家法律体系中处于最高的法律地位并具有最高的法律效力,这体现了国家宪法的至高尊严。例如,1947 年日本《宪法》在序言中明确规定:“凡与此相反的一切宪法、法律、法令和诏敕,我们均将排除之。”我国现行《宪法》也在序言中明确规定:“本宪法以法律的形式确认了中国各族人民奋斗的成果,规定了国家的根本制度和根本任务,是国家的根本法,具有最高的法律效力。全国各族人民、一切国家机关和武装力量、各政党和各社会团体、各企业事业组织,都必须以宪法为根本的活动准则,并且负有维护宪法尊严、保证宪法实施的职责。”这表明了宪法效力的至高性和法律地位的神圣不容侵犯性。但单纯的文本式的宪法尊严宣示并不能保证宪法的权威性和最高效力性,也不能防止现实生活中违宪情况的发生。因此,与其他普通法律的实施一样,宪法全面的、正确的实施必须依赖法律强制力作为保障,而宪法监督正是保证宪法有效实施的法律强制力。宪法监督通过宪法监督主体及时地裁决和处理违宪问题,能够保证宪法在现实社会生活中得到切实的执行和遵守,确保宪法的最高权威性,从而维护宪法的尊严。

第二,宪法监督有利于实现国家法律体系的统一。完善的国家法律体系是现代法治国家的重要标志。法治是现代国家、民主社会理性选择的治国方式,法治国家也是世界各国宪政的理想和目标。我国现行《宪法》第 5 条第 1、2 款也明确规定:“中华人民共和国实行依法治国,建设社会主义法治国家。国家维护社会主义法制的统一和尊严。”一个国家要实现法治国家的理想,其首要条件就是通过立法并形成完善的、统一的国家法律体系,这也是法治国家的前提和基础,而宪法则为构建国家法律体系提供了基础和依据。因此,为了充分保障宪法正确的、全面的实施,现代法治国家绝大多数都设置了宪法监督制度,并通过行使宪法监督权改变或者撤销违宪的规范性法律文件,保证其符合宪法精神和宪法原则,最终形成完善的、统一的国家法律体系。

第三,宪法监督有利于保障公民的权利。保护和实现公民权利是现代宪政国家的基本宪法原则。在国家的法律体系中,宪法具有最高的法律效力和法律地位,其根本原因源于宪法是公民意志的体现。这也就是说,为了保障和维护自身的权利,公民通过其代表制定宪法,从而表达自己的意志。因此,我们说宪法是公民权利的保障书,其重要内容就是确认和保障公民的权利。例如,俄罗斯联邦1993年《宪法》第2条、第17条第1项都明确规定:“人、人的权利与自由是最高价值。承认、遵循和捍卫人与公民的权利和自由是国家的义务”,“在俄罗斯联邦,根据普遍公认的国际法原则和准则并根据本宪法承认和保障人与公民的权利和自由”。日本《宪法》第3章明确规定“国民的权利与义务”。我国现行《宪法》也在第2章中明确规定了“公民的基本权利和义务”,并在第33条明确宣告“中华人民共和国公民在法律面前一律平等。国家尊重和保障人权”。但是,这些宪法文本规定只是体现了宪法的人权理念,人权保障也处于应然状态。事实上,尽管有了这些宪法关于人权保障的规定,在现实生活中各个国家出现侵犯公民权利的违宪事件或行为也屡见不鲜。为防止或减少侵犯公民权利的违宪事件或行为的发生,国家宪法监督主体就必须用宪法监督制度来保障宪法的实施,从而使宪法中关于人权保障的规定落实到公民的实际生活之中。

第四,宪法监督有利于规范公共权力的运行。限制公共权力的滥用、规范公共权力的运行是现代法治国家追求的重要目标。公共权力在运行过程中容易异化是人类社会最基本的常识。为此,人类社会通过了漫长的历史探索和社会实践后,终于认识到法治方式是防止公共权力变质和异化的最好手段,即代表民意的立法机关通过制定完善的法律制度来限制公权的滥用、规范公权的运行,从而维护公民的权利。在这些法律制度中,宪法的主要内容就是关于国家机构以及各个国家机关相互之间的权力设置和界定的法律规范。因此,宪法监督主体通过行使宪法监督权,及时地对公共权力机关的违宪行为进行纠正和惩处,保障国家的宪法能够正确地、全面地实施,就是对国家公共权力的监督和制约,从而保证公共权力依法地、规范地运行。

第二节 宪法监督的类型、范围、方式

一、宪法监督的类型

不同的历史传统、宪政体制和具体国情,决定了世界各宪政国家选择了不同的宪法监督体制机制,也产生了不同的宪法监督机关。从宪法监督机关的角度,宪法监督可划分为立法机关宪法监督、司法机关宪法监督和专门机关宪法监督三种基本类型。

(一)立法机关宪法监督

立法机关宪法监督又称代议机关宪法监督主体,它是指依据国家宪法的规定或宪法惯例确定的原则由国家最高立法机关行使最终的宪法监督职权。立法机关作为宪法监督主体的宪法监督制度首先由英国创制,它也是英国议会享有最高法律地位的体现,后来,这种宪法监督制度被其他一些西方资本主义国家和社会主义国家所效仿和沿用。如 1946 年厄瓜多尔《宪法》第 189 条明确规定:“唯有国会有权对宪法做出具有普遍约束力的解释,并对宪法规定发生疑义的任何令状的意义有解决之权。”1975 年荷兰《宪法》第 120 条规定:“法院无权裁决议会法令和条约是否合宪。”1918 年苏俄《宪法》第 31 条规定:“全俄苏维埃中央执行委员会为俄罗斯社会主义联邦共和国最高立法、号令及监督机关。”我国现行《宪法》第 62 条第 2 项、第 67 条第 1 项也分别规定了全国人民代表大会和全国人民代表大会常务委员会的“监督宪法的实施”和“解释宪法,监督宪法的实施”的职权。以立法机关作为宪法监督主体的宪法监督制度,排除了其他国家机关对国家宪法性法律文件,甚或立法机关制定的基本法律的违宪审查,能够最大限度保证国家宪法适用的统一性和国家法律体系的统一性。

(二)司法机关宪法监督

司法机关宪法监督是指普通法院作为宪法监督机关,行使国家宪法的最终监督权。司法机关作为宪法监督主体的宪法监督制度的创设源于美国的司法实践,最终确立于 1803 年美国的“马伯里诉麦迪逊案”一案。也就是说,这种宪法监督制度实际上是通过美国普通法院和联邦法院的个案判决

而逐步确立的。后来,这种宪法监督主体制度被世界上其他很多宪政国家采用。如,日本1947年《宪法》第81条规定:"最高法院为有权决定一切法律、命令、规则以及处分是否符合宪法的终审法院。"1967年玻利维亚《宪法》第127条第4项规定最高法院审理"关于使法律无效的诉讼和对要案的判决"、该条第5项规定最高法院"受理只经一审判决其结果取决于法律、法令和任何一种决断是否符合宪法的违宪案件"。宪法监督制度理论基础是立法机关(或议会)制定的法律并不一定能真正代表人民的意志,如果由立法机关作为宪法监督机关行使宪法监督权就等同于从制度上肯定了立法机关的意志高于人民的意志,就会导致立法机关监督自己行为的合宪性,从而使人民的意志无法得到真正的保障,解决这一问题的最好办法就是由中立的国家司法机关(法院)行使宪法监督权,居中裁判立法机关制定的法律是否真正符合人民的意志。

(三)专门机关宪法监督

专门机关宪法监督,是指设立专门的宪法法院或者宪法委员会作为宪法监督机关,行使国家宪法的最终监督权。专门机关作为宪法监督主体的宪法监督制度系由奥地利开创。1920年10月,奥地利在普通法院体系之外,设立了独立的宪法法院,行使国家宪法的监督职权。后来,这种宪法监督主体制度主要被一些欧洲国家和一些被欧洲国家殖民统治的非洲国家在独立后沿用。同时,这些国家在沿袭的基础上并加以发展,逐步形成了以德国为代表的宪法法院行使宪法监督职权的宪法监督主体制度和以法国为代表的宪法委员会行使宪法监督职权的宪法监督主体制度。如法国《宪法》第61条明确规定宪法委员会享有审查法律、法令是否合宪的职权;联邦德国在1949年设立宪法法院作为宪法监督主体行使宪法解释职权。专门机关的宪法监督主体制度排除了立法机关和普通司法机关行使宪法监督职权,其理论基础在于宪法是人民意志的体现,具有最高法律地位和法律效力,传统的国家立法机关、司法机关和行政机关在履职过程中都有可能出现违反宪法精神、宪法原则和宪法性规范的事件或行为,从而损害国家宪法的最高法律地位和法律效力。因此,为了保障宪法至高无上的权威,必须创设一个地位高于立法机关、行政机关和司法机关的国家机关,即宪法法院或宪法委员会,并通过它行使宪法监督职权,从而保证立法权、行政权和司法权的运行符合宪法精神和宪法规定。

二、宪法监督的范围

宪法监督的范围是宪法监督制度的重要内容。宪法监督的范围主要是指宪法活动参与主体从事的宪法行为和宪法活动,它要回答宪法监督是针对什么的问题。从各国宪法监督的实践来看,宪法监督的范围主要包括以下几个方面。

(一)国家机关的立法行为

国家机关的立法行为,是指国家机关制定具有普遍适用性、规范性法律文件的行为,即国家机关的广义上的立法行为。它既包括中央和地方的立法机关制定的一切的法律和规范性法律文件,也包括中央和地方的行政机关、司法机关制定的法规或规范性法律文件。在宪法的实施过程中,国家机关必须通过立法行为把高度概括性、抽象性的宪法规范转变为具体的、可操作的规范性法律文件,从而促进国家宪法的实施,这也表明了国家机关的立法行为是宪法实施的关键环节。同时,为了保证国家机关立法行为的合宪性,宪法监督主体必须通过行使宪法监督权对它进行合宪性审查,以判断它们的内容是否与宪法相抵触,如果它们违背宪法规定的根本原则、基本精神和条文内容,则宣告其违宪无效,并给予改变或撤销。在当今世界,各国宪法大都明确规定宪法监督主体对国家机关的立法行为进行宪法监督。如1947年日本《宪法》第81条明确规定:“最高法院为有权决定一切法律、命令、规则以及处分是否符合宪法的终审法院。”我国《宪法》第5条第3款也明确规定:“一切法律、行政法规和地方性法规都不得同宪法相抵触。”等等。因此,宪法监督主体对国家机关的立法行为进行是否违宪的审查是各国宪法监督的重要范围。

(二)国家机关的执法行为

国家机关的执法行为主要是指国家机关根据法律的规定行使具体的国家行政管理权力或司法审判权力的行为,即广义的执法行为。法律、法规或地方法律规范性文件是有权的国家机关依据国家宪法原则、制度和条文内容制定的,代表了国民的意志和国家宪法的精神,一旦被制定即具有了法律规范的普遍拘束效力,全社会都必须自觉遵守和执行。“法律的生命力在于实施,法律的权威也在于实施。"[1]因此,国家机关的执法也是国家的宪法实施的主要内容。为了保证国家机关严格地、规范地、公正地执行国家的法律或规范性法律文件,防止执法机关在执法活动中违反主体、实体和程序等方面的宪法和法律规定或者侵犯公民的宪法权利,从而全面保障国家宪法的实施,必须把国家机关的执法行为纳入宪法监督的范围。如 1949 年德国《基本法》第 19 条第 4 款明确规定:"任何人之权利受官署侵害时,得提起诉讼。"1993 年俄罗斯联邦《宪法》第 46 条第 2 项也明确规定:"对国家权力机关、地方自治机关、社会团体和公职人员的决定和行为(或不作为),可以向法院投诉。"从中我们可以看出把国家行政或司法机关的执法行为纳入合宪性审查的范围是各个宪政国家的通行做法。

(三)国家机关之间的权限争议

国家机关之间的权限争议是指国家机关在行使国家职权时因法律的授权不明,而与其他国家机关之间出现关于某具体案件或事项的管辖权争议。设置国家机构和明确国家机关的职权是宪法规范的基本内容之一。但由于国家宪法具有概括性、抽象性和稳定性的特征,制宪者在制宪时不可能全面地、明确地和清楚地阐述国家机构的设置和国家机关的权力划分的具体内容,加之社会又是处于不断的发展变化之中,各种新生事物、新的情况和新的问题都会不断产生,因此在宪法的实施过程中,世界各国都难免会出现中央国家机关与地方国家机关之间、中央国家机关之间和地方国家机关之间的权力交叉或管辖权争议的问题。为了解决国家机关之间的权限争议,许多国家都把它们纳入了宪法监督范围。如 1949 年德国《基本法》第 93 条规定:宪法法院行使宪法监督权的范围包括,"遇有联邦最高机关或本基本法或联邦最高机关事务规程赋予独立权利之其他关系人之权利义务范围发生争议时,解释本基本法";"关于联邦与各邦之权利义务,尤其关于各邦执行联邦法律及联邦对各邦行使监督,发生歧见之案件";等等。因此,通过宪法监督制度对国家机关的权限争议问题进行裁决,有利于理顺国家机关之间的相互关系,从而维护和保障国家宪法的实施。

(四)公民提起的宪法诉讼

公民提起的宪法诉讼又称宪法诉愿,它是指公民因个人的基本权利被

---

[1] 中共中央:《中共中央关于全面推进依法治国若干重大问题的决定》,载新华网:http://news.xinhuanet.com/2014-10/28/c_1113015330.htm,2016 年 10 月 19 日访问。

国家公共权力机关侵犯而主动向宪法监督机关提起的违宪申诉。公民的基本权利是各国宪法规定的重要内容。为了保护公民的政治、经济、社会等各方面的基本权利,防止它们被国家公权不法侵害,因此,有必要把公民提起的宪法诉愿纳入宪法监督的范围。公民提起的宪法诉讼作为宪法监督的范围主要存在于宪法法院监督模式的宪政国家。例如,1949 年德国《基本法》第 93 条第 1 款第 4 项规定:"任何人都可以因公权力机关侵犯其某项基本权利提起违宪申诉。联邦宪法法院有权对此申诉做出裁决。"1993 年俄罗斯联邦《宪法》第 125 条第 4 项也规定:"俄罗斯联邦宪法法院根据关于侵犯公民宪法权利和自由的投诉,根据法院的要求,按照联邦法律规定的程序检查在具体案件适用和应该适用的法律是否符合宪法。"

三、宪法监督的方式

宪法监督的方式是指宪法监督主体进行宪法监督的方法和样式。它是关于宪法监督程序方面的重要内容。从世界各个国家宪法监督的具体实践来看,宪法监督的方式主要有以下几种:

(一)事前监督

事前监督是指宪法监督主体对没有正式颁布实施的法律、法规和地方规范性法律文件的监督。具体来说,它是指在国家立法机关制定或通过法律、法规和地方性法律文件的过程中,没有正式颁布实施之前,国家宪法监督主体对国家立法机关的立法行为或规范性法律文件进行合宪性审查并做出是否违宪的裁定。在世界各国中,法国是采用宪法事前监督方式的典型代表。1958 年法国《宪法》第 61 条明确规定:"各个组织法在公布前,议会两院的规章在施行前,都必须提交宪法委员会,宪法委员会应就其是否符合宪法做出裁决。为了同样目的,各个法律在公布前,可以由共和国总统、总理、国民议会议长、参议院议长、六十名国民议会议员或者六十名参议院议员提交宪法委员会。"事前监督的方式能够保证和维护宪法的权威性,有利于防止国家机关的立法行为或规范性的法律文件违反宪法的根本原则、基本精神和宪法条文内容,能够较大限度地避免违宪的法律、法规和地方规范性法律文件在生效后对国家和社会的根本利益产生严重的负面影响。

(二)事后监督

事后监督,是指宪法监督主体对已经颁布实施的法律、法规和地方性法律文件的监督，它是世界各国普遍采用的宪法监督方式。如1949年德国《宪法》第93条第1项第2.3子项在设置联邦宪法法院的案件管辖范围时明确规定："关于联邦法律或各邦法律与本基本法在形式上及实质上有无抵触或各邦法律与其他联邦法律有无抵触、发生歧见或疑义时，经联邦政府、邦政府或联邦议会议员三分之一之请求受理之案件。""关于法律是否符合本基本法第72条第2项之要件发生歧见，而由联邦参议院、邦政府或邦议会所提起之案件。"这些规定表明，事后监督一般是先由有权国家机关或个人根据宪法的规定提出申请或请求，在此基础上，宪法监督主体对已经实施的相关法律、法规和地方性法律文件进行合宪性审查，然后根据审查结果作出是否违宪的裁决。由于事后审查的方式主要运用于法律、法规或规范性法律文件在实施过程中出现问题时，因此，这种宪法监督方式具有极强的针对性和实效性。

（三）具体监督

具体监督又称为附带性监督，附带性审查是这种宪法监督方式的典型特征。具体来说，它是指司法机关在审理某个具体案件的过程中，就与本案相关的法律、法规和地方性法律文件进行的合宪性审查，并根据违宪性审查的结果做出该规范性法律文件适用于本案，或排除本案的适用，而不一定作出该规范性法律文件违宪并宣告无效的裁定。具体或附带性的宪法监督方式普遍存在于以司法机关作为宪法监督主体的国家之中，如美国、日本等国家都采用这种宪法监督方式。宪法监督主体通过在具体的个案审理过程中排除对已经生效的违宪法律、法规和地方性法律文件的适用，有利于维护宪法和法律的权威，保证国家法制的统一。

（四）抽象监督

抽象监督又称为原则性监督，它是指宪法监督主体就法律、法规和地方性规范文件是否符合宪法的根本原则、基本精神和宪法条文内容所进行的一般性判断，它既可能因具体的个案争讼而引发，也可能因法律规定的特定机关或个人的请求而启动审查程序。以立法机关和专门机关作为宪法监督主体的国家大多数采用了抽象的宪法监督方式。如1949年《德国宪法》第93条第1项第4子项规定："任何人声请其基本权利或其依第20条第4项、第33、38、101、103及104条所享之权利遭公权力损害所提起违宪之诉愿。"这条规定表明，任何公民只要认为某个法律、法规和地方性法律文件侵犯了其宪法权利，在通过其他各种救济手段无效后，可以向联邦宪法法院提起违宪审查的诉愿。联邦宪法法院经过合宪法性审查后，如果确定其违反宪法，就会明确裁定该法律或法规失效。宪法监督主体通过抽象的宪法监督方式能够系统地、精准地审查法律、法规和地方规范性法律文件的合宪性，从而保证国家法律体系的统一性。

第三节　我国的宪法监督制度

中华人民共和国成立以来，我国先后颁布实施了四部宪法。在这些宪法文本中，除了1975年宪法没有规定我国的宪法监督问题，其他三部宪法都明确规定了我国的宪法监督制度。尽管如此，与其他宪政国家较为完善的制度相比，我国的宪法监督制度还存在很大差距，同时它也不能满足我国的经济、政治和社会发展的需要。因此，当前我国必须加快完善宪法监督制度，保障和加强我国宪法全面地、正确地实施，促进我国法治建设的全面推进。

一、我国宪法监督制度的历史沿革

新中国成立以来，与我国法治建设的实践一样，我国的宪法监督制度也经历了一个曲折的发展历程。从这个发展历程中，我们可以清楚地了解到我国宪法监督制度创立、发展的历史轨迹和现实状况。

（一）我国宪法监督制度的初创阶段

这一阶段始于1949年止于1957年上半年。在这一阶段，党和政府非常重视我国的法治建设，国家主席毛泽东同志亲自参与了我国1954年宪法的制定工作，促进了1954年宪法在宪法监督制度的创设上取得了开创性成果。如1954年《宪法》在第27条第3项明确规定了全国人民代表大会行使“监督宪法的实施”职权，第31条第6项、第7项明确规定了全国人大常委会行使“撤销国务院的同宪法、法律和法令相抵触的决议和命令”和“改变或撤销省、自治区、直辖市国家权力机关的不适当的决议”的职权。这些宪法条文对我国宪法监督制度作了原则性的规定，同时明确了立法机关作为我国宪法监督主体。

（二）我国宪法监督制度的挫折阶段

这一阶段始于1957年下半年止于1978年。在这一阶段，我国先后经历"反右"运动的扩大化和十年"文化大革命"的浩劫，导致了在国家政治生活中"极左"思想盛行，国家的法治建设被中断，现有的法律制度形同虚设，导致了大量的违宪违法行为得不到及时纠正和处理，我国的宪法监督制度建设也陷于倒退之中，甚至于在1975年《宪法》文本中彻底删除了宪法监督的相关规定。这一段惨痛的历史告诉我们，没有宪法监督的保障，就没有宪法的实施，也就没有国家法治建设的顺利推进。

（三）我国宪法监督制度的恢复和发展阶段

这一阶段始于1978年止于2012年上半年。在这一阶段，我国先后制定了1978年宪法和1982年宪法。在1978年《宪法》第22条第3项中明确规定了全国人民代表大会行使"监督宪法和法律的实施"，第25条第5项中明确规定了全国人大常委会"改变或者撤销省、自治区、直辖市国家权力机关的不适当的决议"，这些宪法条文表明，在1978年，我国已经恢复了宪法监督的制度。

在此基础上，1982年宪法和全国人民代表大会组织法就我国的宪法监督制度作了一些新的规定。如1982年《宪法》在第62条第11项中，规定了全国人民代表大会有权"改变或者撤销全国人民代表大会常务委员会不适当的决定"，在第67条第1项中，规定了全国人民代表大会常务委员会行使"解释宪法，监督宪法的实施"的职权，在第70条第2款中规定了专门委员会"研究、审议和拟订有关议案"的职能，这一职能在全国人民代表大会组织法中被具体化为协助宪法监督的职能，2000年《立法法》第100条明确规定了全国人民代表大会专门委员会、常务委员会工作机构对"行政法规、地方性法规、自治条例和单行条例同宪法或者法律相抵触的"违宪审查的相关程序等。这些新的规定有利于我国宪法监督主体更好地行使宪法监督权，表明了我国的宪法监督制度建设得到进一步发展。

（四）我国宪法监督制度的全面推进阶段

这一阶段起始于2012年。在我国，中国共产党是国家的领导核心，也是国家法治建设的领导力量和重要的推动力量。因此，深刻认识和把握中国共产党在新的历史时期关于我国宪法监督制度的要求和主张，有利于找准我国的宪法监督制度的发展阶段和历史任务。2012 年 12 月 4 日,习近平总书记指出:“全面贯彻实施宪法,是建设社会主义法治国家的首要任务和基础性工作。……全国人大及其常委会和国家有关监督机关要担负起宪法和法律监督职责,加强对宪法和法律实施情况的监督检查,健全监督机制和程序,坚决纠正违宪违法行为。”〔1〕2013 年 11 月 12 日,中国共产党第十八届三中全会明确指出:“维护宪法法律权威。……要进一步健全宪法实施监督机制和程序,把全面贯彻实施宪法提高到一个新水平。”2014 年 10 月 23 日,中国共产党第十八届四中全会明确指出:“完善全国人大及其常委会宪法监督制度,健全宪法解释程序机制。加强备案审查制度和能力建设,把所有规范性文件纳入备案审查范围,依法撤销和纠正违宪违法的规范性文件,禁止地方制发带有立法性质的文件。”这些要求或主张是我国的宪法监督制度进入了全面推进阶段的显著标志。

二、我国宪法监督制度的主要内容

1982 年宪法对我国宪法监督的问题作了一些原则性地、基础性地规定,在一定程度上说,这些宪法条文规定基本上构建了我国宪法监督制度的框架,为完善我国的宪法监督制度打下了坚实的基础。

首先,明确了我国宪法监督的目的。我国 1982 年《宪法》在序言和第 5 条中明确规定,我国宪法监督制度的直接目的是维护宪法的最高法律权威和法律地位;根本目的是通过宪法监督制度的运行,确保宪法全面地、正确地实施,维护国家法制的统一和尊严,从而全面推进我国的依法治国,最终实现社会主义法治国家建设的目标。

其次,规定了我国宪法监督的机构。我国 1982 年《宪法》在第 62 条第 2 项和第 67 条第 1 项分别规定了全国人民代表大会及全国人民代表大会常务委员会行使“监督宪法的实施”的职权,表明了全国人民代表大会及全国人民代表大会常务委员会是我国的最高立法机关,同时,也是行使我国宪法监督权的法定机构。从制度设置上说,全国人民代表大会及全国人民代表大会常务委员会行使宪法监督权,能够保障我国法律体系的统一性和完

〔1〕 习近平:《在首都各界纪念现行宪法公布施行30周年大会上的讲话》,载新华网:http://news.xinhuanet.com/politics/2012-12/04/c_113907206.htm,2016 年 10 月 18 日访问。

整性。

再次,明确了我国宪法监督的对象和范围。我国 1982 年《宪法》序言和第 5 条第 4 款规定:“全国各族人民、一切国家机关和武装力量、各政党和各社会团体、各企业事业组织,都必须以宪法为根本的活动准则,并且负有维护宪法尊严、保证宪法实施的职责。”“一切违反宪法和法律的行为,必须予以追究。”上述规定,表明了我国的所有的国家机关、企业事业单位、武装力量、各政党及社会团体组织和普通公民都属于我国宪法监督的对象。同时,我国 1982 年《宪法》第 5 条第 3 款关于“一切法律、行政法规和地方性法规都不得同宪法相抵触”的规定,明确了我国的法律、法规和地方性法规都属于宪法监督的范围。

最后,还体现了我国宪法监督的方式。我国宪法关于规范性法律文件的撤销、批准或备案相关规定,表明了我国实现事前和事后相结合性的宪法监督方式。我国《宪法》第 67 条第 7 项规定全国人大常委会有权“撤销国务院制定的同宪法、法律相抵触的行政法规、决定和命令”,该条第 8 项规定全国人大常委会有权“撤销省、自治区、直辖市国家权力机关制定的同宪法、法律和行政法规相抵触的地方性法规和决议”。《宪法》第 100 条规定:“省、直辖市的人民代表大会和它们的常务委员会,在不同宪法、法律、行政法规相抵触的前提下,可以制定地方性法规,报全国人民代表大会常务委员会备案,”这体现了事后监督的特征。而《宪法》第 116 条“民族自治地方的人民代表大会有权依照当地民族的政治、经济和文化的特点,制定自治条例和单行条例。自治区的自治条例和单行条例,报全国人民代表大会常务委员会批准后生效。自治州、自治县的自治条例和单行条例,报省或者自治区的人民代表大会常务委员会批准后生效,并报全国人民代表大会常务委员会备案”的规定,则体现了事前监督的特征。

三、完善我国宪法监督制度的方向性思考

(一)我国的宪法监督制度存在的主要不足

如上所述,1982 年宪法对我国宪法监督的问题作了一些原则性地、基础性地规定,表明了我国的宪法监督制度缺乏系统性和可操作性,这也是我国宪法监督制度存在的明显不足。在 1982 年宪法实施的过程中,虽然立法机关通过制定《全国人民代表大会组织法》、《立法法》和《各级人民代表大会

常务委员会监督法》对我国的宪法监督制度作了一些补充性规定，但是，从这些法律的具体规定来看，其中关于宪法监督的相关内容只是零散性地、附带性地提及。例如，2000 年 3 月，在我国《立法法》（现已修改）第 100 条第 1 ~3 款中，虽然规定了我国规范性文件审查的常设组织机构和一般程序，但是这些规范性文件并不包括全国人大制定的基本法律和全国人大常委会制定的一般法律；又如，2006 年 8 月，在我国《各级人民代表大会常务委员会监督法》第 28 条中，虽然规定了"规范性文件的备案审查"的相关内容，但明显缺失了对基本法律和一般法律的宪法监督，另外，我们从《各级人民代表大会常务委员会监督法》的具体内容规定来看，其立法重心和目的主要指向我国各级人大及常委会对"一府两院"的日常工作的监督。事实上，在我国宪法监督的具体实践中，即便现实生活中出现了明显地违宪的规范性法律文件和违宪行为，我国的宪法监督主体也很少，甚或从没有公开启动过宪法监督程序。比如，有违宪嫌疑的收容审查制度和劳动教养制度都是通过其他程序被废止的。为了保障我国宪法全面地、正确地实施，完善我国宪法的监督机制和具体制度就成为当务之急。

（二）完善我国宪法监督制度的方向性思考

近几年来，针对上述我国宪法监督制度存在的主要不足，我国宪法理论界根据中国的具体国情，并结合国外宪法监督制度的经验进行了深入地、细致地研究，在一些问题上形成了较为一致的共识，如建立我国专门的宪法监督机构、制定有关宪法监督的法律和明确宪法监督的程序等，[1]为完善我国的宪法监督制度提供了努力方向。

加强宪法监督重点领域的立法是健全我国宪法监督机制和制度体系的基础和前提。习近平总书记明确指出："保证宪法实施的监督机制和具体制度还不健全，……"[2]同时，他进一步指出："全国人大及其常委会要加强重点领域立法，拓展人民有序参与立法途径，通过完备的法律推动宪法实施，保证宪法确立的制度和原则得到落实。"[3]人类的法治实践告诉我们，法律

---

〔1〕 参见廖真贵主编：《新编宪法概论》，高等教育出版社 2009 年版，第 184 页。

〔2〕 习近平：《在首都各界纪念现行宪法公布施行 30 周年大会上的讲话》，载新华网：http://news.xinhuanet.com/politics/2012 - 12/04/c_113907206.htm，2016 年 10 月 18 日访问。

〔3〕 习近平：《在首都各界纪念现行宪法公布施行 30 周年大会上的讲话》，载新华网：http://news.xinhuanet.com/politics/2012 - 12/04/c_113907206.htm，2016 年 10 月 18 日访问。

就是人们的理想社会蓝图,人们通过立法完成对理想社会蓝图勾勒,而后再通过法律的运行,也即执法和守法达到理想社会蓝图的彼岸。为了保障我国宪法秩序,把我国建设成现代的、民主的法治国家,我们必须通过专门立法来明确我国宪法监督的主体、具体对象和范围、具体的程序规定和期间时效等,从而解决我国宪法监督制度不系统、不健全的问题。

建立专门的宪法监督机关是完善我国宪法监督制度的必然要求。建立专门的、独立的宪法监督机关有利于加强宪法全面的、正确的实施,同时也是世界各国宪法监督制度的发展趋势。当前,我国正处于全面推进依法治国,建设社会主义法治国家的历史时期,要实现依法治国,首先是要实现依宪治国,而要实现依宪治国就必然要求维护和保证我国宪法的权威性和至高性,而维护宪法权威性和至上性,关键在于完善我国的宪法监督制度。因此,我们应根据我国人民代表大会根本政治制度的要求,充分借鉴世界各国宪法监督机关专门化、独立化的成熟经验,在全国人民代表大会或全国人大常委会下设立专门的宪法监督机关,独立行使宪法监督的职权,从而完善我国的宪法监督制度。

第五章　本篇典型事例

事例一：全国人大常委会设立宪法宣誓制度[1]

【事件回顾】

2015年7月1日，全国人大常委会第十五次会议举行闭幕会，会议应到169人，出席155人。会议以153票赞成，0票反对，2票弃权表决通过了《全国人民代表大会常务委员会关于实行宪法宣誓制度的决定》（以下简称《决定》）。《决定》分别规定了宣誓人范围、誓词、宣誓组织者、宣誓形式、决定生效时间等10项内容。《决定》明确，各级人民代表大会及县级以上各级人民代表大会常务委员会选举或者决定任命的国家工作人员，以及各级人民政府、人民法院、人民检察院任命的国家工作人员，在就职时应当公开进行宪法宣誓。《决定》明确规定了宪法宣誓的誓词为："我宣誓：忠于中华人民共和国宪法，维护宪法权威，履行法定职责，忠于祖国、忠于人民，恪尽职守、廉洁奉公，接受人民监督，为建设富强、民主、文明、和谐的社会主义国家努力奋斗！"为保证各地方更好地执行宪法宣誓制度，《决定》还规定：宣誓的具体组织办法由省、自治区、直辖市人民代表大会常务委员会参照本决定制定，报全国人民代表大会常务委员会备案。此后，全国各省、自治区、直辖已陆续制定了实施宪法宣誓制度的办法，建立了符合各地情况的具体宣誓制度，将推动宪法宣誓制度能够更好地实施。

---

[1] 本事例素材来源：《全国人民代表大会常务委员会关于实行宪法宣誓制度的决定》，载中国人大网：http://www.npc.gov.cn/npc/xinwen/2015-07/01/content_1940407.htm，2016年9月8日访问；《全国人大常委会会议通过国家安全法及宪法宣誓制度》，载人民网：http://politics.people.com.cn/n/2015/0701/c70731-27237238.html，2016年9月8日访问；蒲晓磊：《立法形式建立宪法宣誓制度》，载《法制日报》2016年3月1日第10版。

【事例分析】

1. 事件相关的本编宪法理论

宪法是国家根本法,具有最高法律效力。宪法权威决定着法律权威、法治权威。但是,宪法的权威不仅因为其地位崇高,更缘于其能够得到有效实施。因此,宪法实施是任何成文宪法国家都高度关注的问题。宪法实施从根本上说是"人"的行动,人的行动是靠意识驱动的,所有的宪法实施方式都离不开宪法意识的作用。因此,人们宪法意识的强弱直接影响着宪法实施的程度和效果。"宪法的根基在于人民发自内心的拥护,宪法的伟力在于人民出自真诚的信仰。"[1]宪法宣誓制度就是一种培养和增强宪法意识的有效措施。宪法宣誓具有公共仪式的作用,通过宪法宣誓能唤起人们对宪法的关注,促进人们增强宪法观念,树立宪法信仰,提高遵守宪法、维护宪法的自觉性和积极性,是保障宪法实话的重要方式。因此,宪法宣誓已成为世界大多数国家较为通行的做法。

2. 事例评析

(1)建立我国宪法宣誓制度是吸取国外宪法实施经验的有益尝试。国家公职人员任职时向宪法宣誓在国外由来已久。1919 年德国《魏玛宪法》开创国家公职人员就职宣誓制度,此后很多国家的宪法都对这一制度进行了明确规定,现已为世界上大多数国家所采用。目前,联合国 193 个成员国宪法中,有 177 个规定了宣誓制度。[2] 虽然,我国从 20 世纪 80 年代末开始已形成新任国家主席在人大会议上公开承诺遵守宪法的惯例,[3]但这并非真正意义上的宪法宣誓。2014 年,中共十八届四中全会做出"建立宪法宣誓制度"的重大决策,2015 年全国人大常委会以《决定》的方式建立起我国的宪法宣誓制度。可见,宪法宣誓制度是我国在依宪治国、建设法治国家的道路上,不断探索,并吸取国外先进经验的基础上,逐渐建立起来的。

---

〔1〕 习近平:《在首都各界纪念现行宪法公布施行 30 周年大会上的讲话》,载新华网:http://news.xinhuanet.com/politics/2012-12/04/c_113907206.htm,2016 年 9 月 10 日访问。

〔2〕《树立宪法意识维护宪法权威》,载《法制日报》2015 年 12 月 4 日第 3 版。

〔3〕 1988 年 4 月 13 日,新当选的国家主席杨尚昆在七届人大一次会议闭幕会的讲话中承诺:我一定竭尽全力,恪尽职守,正确行使宪法所赋予的权力,不负党和人民的重托。此后,五届国家主席江泽民(1993、1998)、胡锦涛(2003、2008)、习近平(2013)在人大会议的讲话中都有类似承诺。

(2)建立我国宪法宣誓制度是加强宪法保障,促进宪法实施的重大举措。作为国家的根本大法,宪法具有最高的法律权威和法律效力。但我国宪法的权威尚未完全树立,宪法实施状况不尽如人意。其中的一个重要原因便是公众特别是国家公职人员的宪法意识、宪法观念还相当薄弱。有鉴于此,在全面推进依法治国的背景下,建立我国的宪法宣誓制度便具有重大的现实意义和深远的历史意义。具体表现在:

第一,有利于树立宪法权威,推进依法治国。全面贯彻实施宪法,是建设社会主义法治国家的首要任务,任何组织和个人都应尊重宪法权威。通过宪法宣誓,让宣誓者明白宪法权威神圣不可侵犯、懂得权力的来源和使命,逐渐强化"宪法至上"的观念,有助于依法治国方略的全面落实。

第二,有利于增强宪法观念,形成宪法信仰。宪法的根本目的是保护公民权利和规范国家权力。通过宪法宣誓表达对宪法的忠诚,将为人民服务和忠于职守的承诺公开化,从而使宣誓者产生神圣的使命感和强烈的责任感,使宪法观念内化为宪法信仰,外化为守宪、护宪的行为。

第三,有利于强化宪法意识,培养宪法情感。庄严的宪法宣誓仪式,可使宣誓者和旁观者产生强烈的情感冲击,深刻感知和接受宪法意识,从而将遵守宪法、信仰宪法的"火种"根植内心,更主动积极地尊重和维护宪法权威。

第四,传播宪法理念,培育宪法文化。随着国家宪法宣誓制度的施行,我国社会将会凝聚起更多的宪法共识,也将培育和累积我国的宪法文化,使全社会尊重宪法、热爱宪法、信仰宪法和宣扬宪法蔚然成风。

(3)我国宪法宣誓制度的相关争议及需要完善的问题

第一,建立宪法宣誓制度的方式和内容。有人认为,我国采用人大常委会《决定》方式建立宪法宣誓制度,且有关规定比较原则,这种做法和规定似有不妥。比如,《决定》只有简单的10项规定,对许多细节问题,如监誓人确定方法、宣誓人着装、宣誓场所布置、宣誓语言等未予明确,而是授权地方立法机关制定实施细则。同时,我国目前的宣誓制度中还缺乏宣誓对象、监誓人或见证人、宣誓效力等规定。综观国外的宪法宣誓制度,其共同特征主要有:一是直接在宪法文本中确认宪法宣誓制度,或在宪法中原则规定,再通过单行法具体规定;二是宪法宣誓制度一般包括:宣誓主体、宣誓对象、宣誓誓词、宣誓程序、见证人或监誓人、宣誓效力等。〔1〕我们认为,宪法宣誓制度是一项重要的宪法制度,为了体现其权威性、神圣性,借鉴国外的成熟做法,完善我国的宪法宣誓制度是必要的。当然,作为新生事物,我国宪法宣誓制度需要有一个探索试验、积累经验的过程。因此,国家在适当时候,一方面应在宪法文本中对宪法宣誓制度做出原则规定。另一方面,可以单行法律的形式具体而系统地规定宪法宣誓制度的内容。

第二,宣誓人员的范围是否过于广泛。有人认为,《中共中央关于全面推进依法治国若干重大问题的决定》提出的宪法宣誓人员范围是"经人大及其常委会选举或者决定任命的国家工作人员",而人大常委会在立法中将宣誓人范围扩展到"各级人民政府、人民法院、人民检察院任命的国家工作人员",宪法宣誓人员的范围过大可能影响宪法宣誓的庄重神圣性。对此,全国人大有关方面的解释是:"在起草决定草案过程中大家认为,树立宪法意识、恪守宪法原则、弘扬宪法精神、履行宪法使命,不仅是对各级人大及其常委会选举或者决定任命的国家工作人员的基本要求,也是对各级人民政府、人民法院、人民检察院任命的国家工作人员的基本要求。因此,宪法宣誓制度的适用范围,不仅应该包括各级人大及其常委会选举或者决定任命的国家工作人员,也应该把各级人民政府、人民法院、人民检察院任命的国家工作人员纳入进来。'一府两院'任命的国家工作人员是依据宪法和有关组织法行使国家权力的人员,将这部分公务员纳入宪法宣誓制度的适用范围较为适宜,也符合四中全会提出的全面依法治国精神。"〔2〕我们认为,宪法宣誓人员宜限定于国家机关高级领导干部或国家机关正职和副职领导人。而目前我国的宪法宣誓人员几乎包括了所有国家机关的中层以上的干部,其范围确实过于宽泛,虽然如此规定的动机良好,但其效果可能受到影响。因此,在以后完善宪法宣誓制度时,可参照其他国家的做法,适当缩小宣誓人员范围。

第三,宪法宣誓的效力。国外建立宪法宣誓制度的国家,大多明确把举

---

〔1〕 参见邓静秋:《宪法宣誓制度的意义与功能》,载法制网:http://www.legaldaily.com.cn/fxjy/content/2014-11/26/content_5864847.htm?node=70676,2016年10月19日访问。

〔2〕 韩晓武:《关于〈全国人民代表大会常务委员会关于实行宪法宣誓制度的决定(草案)〉的说明》,载中国人大网:http://www.npc.gov.cn/wxzl/gongbao/2015-08/27/content_1946093.htm,2016年10月13日访问。

行宣誓仪式规定为宣誓者开始执行职务的必要条件。因此,这些国家实际上是把宣誓视作宣誓者就职或者履行职务的开始。比如,蒙古宪法规定总统的职权始于其宣誓就职,止于新当选总统宣誓就职。新加坡宪法规定,任何议会议员在议会宣誓之前,不得在议会中参加任何有关立法的议事活动。一些国家还规定,如果议员拒绝宣誓,或者做出附带保留的宣誓,将导致取消就任资格,或者视为放弃职权,比如波兰、捷克、立陶宛、斯洛伐克和乌克兰等。[1] 这些国家的做法有利于把宪法和个人行使职权紧密结合起来,让宣誓者乃至整个社会对宪法宣誓的重要性有更深刻的理解,进而更慎重地对待宪法宣誓活动。因此,可借鉴国外的这种做法,在今后完善我国的宪法宣誓制度时,对宪法宣誓的效力做出明确规定。

第四,对违背宣誓誓言的惩戒。有人认为宪法宣誓更多具有形式上的意义,对宣誓者在履职中是否遵守誓言并没有实际上的拘束力,因此,应规定对违背宪法宣誓誓言的惩罚措施。我们认为,宪法宣誓实质上是一种自律形式,它是通过触及人们的思想、信念,从而影响宣誓者的行为。同时,宪法誓词往往高度抽象、原则,不便于据此追究违背誓言者的法律责任。另外,世界各国也鲜见对宪法宣誓后的违誓行为加以宪法或法律制裁的现象。因此,我们认为不规定对违背宪法宣誓誓言的惩罚措施是妥当的。

3. 结论

全国人大常委会以立法的形式设立宪法宣誓制度,体现了我国最高国家权力机关对宪法实施的高度重视。宪法宣誓制度的建立有利于树立宪法权威,增强国家工作人员的宪法观念,激励和教育国家工作人员忠于宪法、遵守宪法、维护宪法;有利于营造"尊宪、守宪、护宪"的社会氛围,让宪法精神渗入民众与官员的内心,促进全社会宪法和法律意识的提升。因此,建立宪法宣誓制度是我国推进依宪治国、依法治国的重要举措。

---

〔1〕 参见邓静秋:《宪法宣誓制度的意义与功能》,载法制网:http://www.legaldaily.com.cn/fxjy/content/2014-11/26/content_5864847.htm?node=70676,2016年10月19日访问。

事例二：洛阳市中级人民法院认定地方法规无效案[1]

【事件回顾】

2001年5月22日，河南省汝阳县种子公司与伊川县种子公司签订合同，约定由伊川县种子公司代其培育玉米种子。2003年年初，汝阳县种子公司以伊川县种子公司没有履约而将其诉至洛阳市中级人民法院，请求赔偿。伊川县种子公司同意赔偿，但在赔偿损失的计算方法上却存在严重争议。汝阳县种子公司认为，玉米种子的销售价格应按市场价执行。而伊川县种子公司认为应当依照《河南省农作物种子管理条例》（以下简称《种子条例》）及省物价局、农业厅根据该条例制定的《河南省主要农作物种子管理办法的通知》（以下简称《通知》），按政府指导价进行赔偿。

2003年5月27日，洛阳市中级人民法院做出一审判决[（2003）洛民初字第26号]。判决书认定：《种子法》实施后，玉米种子的价格已由市场调节，《河南省农作物种子管理条例》作为法律阶位较低的地方性法规，其与《种子法》相冲突的条款自然无效，而河南省物价局、农业厅联合下发的《通知》又是依据该《种子条例》制定的一般性规范性文件，其与《种子法》相冲突的条款亦为无效条款。遂判令伊川县种子公司按市场价格进行赔偿。按此判决，伊川县种子公司就需赔偿较多。伊川县种子公司不服洛阳市中级人民法院的一审判决，向河南省高级人民法院提起上诉。

2003年10月13日，河南省人大常委会主任会议就前述判决所涉问题进行专门审议，认定：洛阳市中级人民法院作为一级审判机关，在其民事判决书中宣告河南省人大常委会通过的地方性法规有关内容无效，其实质是对省人大常委会通过的地方性法规的违法审查，违背了我国的人民代表大

---

〔1〕 本事例素材来源：《洛阳市中级人民法院认定地方性法规无效案》（董和平、秦前红主编：《宪法案例》，中国人民大学出版社2006年版，第31页）；《面对法律冲突时法官该如何处理——河南省汝阳县种子公司与河南省伊川县种子公司玉米种子代繁合同纠纷案》（罗堂庆主编：《检察官推荐必读的一百个经典案例》，中国检察出版社2015年版，第105页）。

会制度,侵犯了权力机关的职权,是严重违法行为。10 月 18 日,河南省人大常委会办公厅下发了《关于洛阳市中级人民法院在民事审判中违法宣告省人大常委会通过的地方性法规有关内容无效问题的通报》,要求河南省高院对洛阳市中院的“严重违法行为做出认真、严肃的处理,对直接责任人和主管领导依法做出处理”。

河南省高级人民法院受理此案后,向最高人民法院进行了请示。最高人民法院于 2004 年 3 月 30 日做出《关于河南省汝阳县种子公司与河南省伊川县种子公司玉米种子代繁合同纠纷一案请示的答复》,指出:《立法法》第 79 条规定:“法律的效力高于行政法规、地方性法规、规章。行政性法规的效力高于地方性法规、规章。”同时,最高人民法院《关于适用〈中华人民共和国合同法〉若干问题的解释(一)》第 4 条规定:“合同法实施以后,人民法院确认合同无效应当以全国人大及其常委会制定的法律和国务院制定的行政性法规为依据,不得以地方性法规和行政规章为依据。”根据上述规定,人民法院在审理案件过程中,认为地方性法规与法律、行政法规的规定不一致,应当适用法律、行政法规的相关规定。据此,河南省高级人民法院做出终审判决,维持洛阳市中级人民法院的原判决。

2004 年 4 月 1 日,第十届河南省人大常委会第八次会议通过《河南省实施〈中华人民共和国种子法〉办法》,废止了原《河南省农作物种子管理条例》。

【事例分析】

1. 事件相关的本编宪法理论

(1)宪法实施的方式

宪法实施是宪法规范在实际生活中的贯彻落实。从宪法实施的基本构成看,主要包括两方面。第一,宪法的执行和宪法的适用。宪法的执行是指国家立法机关和国家行政机关贯彻落实宪法内容的活动。体现在这些国家机构在设置、职权及相互关系上应符合宪法的规定,在行使职权中必须严格执行宪法的规定。宪法的适用则通常指国家司法机关在司法活动中贯彻落实宪法的活动。第二,宪法的遵守。宪法的遵守是指一切国家机关、社会组织和公民严格按照宪法的规定从事各种行为。宪法的遵守是宪法实施最基本的要求和方式,在宪法实施中具有举足轻重的地位。从宪法的规定和精神看,虽然我国的人民法院主要是普通法律的适用机关,但严格依据宪法规定行使审判权也是其实施宪法的重要方式和内容。

(2)保障宪法实施的立法体制

立法体制是关于国家立法机关设置及其立法权限划分的体系和制度。宪法规范一般具有原则性和概括性,需要通过普通立法活动将宪法规定进一步明确化和具体化。而各种立法主体制定的法律文件之间难免产生冲突,这就要求明确各立法主体相应的立法权限和所制定法律文件的效力等级,从而形成以宪法为基础,协调有序的法律体系,并以此实现宪法的全面实施。为此,我国宪法及立法法、地方组织法等明确规定了全国人大及其常委会、国务院、有立法权的地方人大及其常委会、地方人民政府等相应的立法权限,并规定了解决各类立法文件之间冲突的办法。

2. 事例评析

本案的关键点在于:一是地方立法是否能与全国人大常委会立法相冲突,二是如何确认和解决该冲突。本事例的争议焦点是法院是否有权认定地方立法机关制定的地方性法规与全国性法律相抵触而无效。

(1)对河南省人大常委会的相关立法行为的分析

我国《宪法》序言最后一段规定:"全国各族人民、一切国家机关和武装力量、各政党和各社会团体、各企业事业组织,都必须以宪法为根本的活动准则,并且负有维护宪法尊严、保证宪法实施的职责。"同时,《宪法》第5条第3、4款规定:"一切法律、行政法规和地方性法规都不得同宪法相抵触。一切国家机关和武装力量、各政党和各社会团体、各企业事业组织都必须遵守宪法和法律。一切违反宪法和法律的行为,必须予以追究。"上述规定表明,我国的任何国家机关都有遵守和执行宪法的义务,都不能违背宪法的规定行使职权。否则,会承担相应的宪法和法律责任。

我国《宪法》第15条第1款规定:"国家实行社会主义市场经济。"那么,国家立法机关应该遵守此宪法规定,通过立法促进社会主义市场经济的健康发展。而全国人大常委会制定的《种子法》符合市场经济的基本要求,因此该立法行为是全国人大常委会积极履行宪法职权,[1]维护国家基本经

[1] 《中华人民共和国宪法》第67条第2项规定:全国人民代表大会常务委员会制定和修改除应当由全国人民代表大会制定的法律以外的其他法律。

济制度的合宪行为。相反,河南省人大常委会制定的《河南省农作物种子管理条例》却规定种子交易依政府指导价,既违背了宪法的相关规定,也与上位法《种子法》的精神相冲突。如果从地方人大遵守和执行宪法的要求出发,河南省人大应该及时对《种子条例》进行修改或者废止。但直到 2004 年 4 月 1 日,即河南省高级人民法院就此案做出终审判决两天后,河南省人大常委会才主动废止《河南省农作物种子管理条例》。当然,该行为本身也表明《种子条例》与《宪法》、《种子法》的冲突是客观存在的,同时也说明此前河南省人大常委会在履行宪法规定的立法职责时是存在缺陷的。

(2)对洛阳市中级人民法院的司法行为的分析

正确适用法律是我国各级人民法院的宪法义务,也是人民法院遵守宪法的基本要求。如果人民法院在司法审判中发现地方性法规与上位法冲突该如何解决呢? 这需要从宪法和相关法律的规定中寻找办法。

我国现行《宪法》第 2 条第 1、2 款规定:"中华人民共和国的一切权力属于人民。人民行使国家权力的机关是全国人民代表大会和地方各级人民代表大会。"《宪法》第 3 条第 1 ~ 3 款规定:"中华人民共和国的国家机构实行民主集中制的原则。全国人民代表大会和地方各级人民代表大会都由民主选举产生,对人民负责,受人民监督。国家行政机关、审判机关、检察机关都由人民代表大会产生,对它负责,受它监督。"可见,人民代表大会在我国国家机关体系中居于中心地位,国家行政机关、审判机关、检察机关都由人民代表大会产生,对它负责,受它监督。而这些国家机关都无权监督人民代表大会及其常委会的职权活动。因此,人民法院在审理具体案件过程中,审查并认定地方性法规与宪法、法律相抵触而无效,则违背了宪法的相关规定。因此,洛阳市中级人民法院在判决书中认定:"《河南省农作物种子管理条例》作为法律阶位较低的地方性法规,其与《种子法》相冲突的条款自然无效。"其实质是对地方性法规的违法审查与效力判断,违背了我国的人民代表大会制度,侵犯了权力机关的职权,当属于严重违法行为或者违宪行为。

其实,当人民法院在审判活动中遇到此情形时,其正确处理方式相关法律已有规定。《全国人民代表大会常务委员会关于加强法律解释工作的决议》第 4 条明确规定:"凡属于地方性法规条文本身需要进一步明确界限或作补充规定的,由制定法规的省、自治区、直辖市人民代表大会常务委员会进行解释或做出规定。”《立法法》[1]（2000 年制定，现已修改）第 90 条规定：“国务院、中央军事委员会、最高人民法院、最高人民检察院和各省、自治区、直辖市的人民代表大会常务委员会认为行政法规、地方性法规、自治条例和单行条例同宪法或者法律相抵触的，可以向全国人民代表大会常务委员会书面提出进行审查的要求，由常务委员会工作机构分送有关的专门委员会进行审查、提出意见。”可见，洛阳中级人民法院有两种合法处理方式：一是经由洛阳市人大常委会（或经由河南省高级人民法院），报请河南省人大常委会做出解释。二是按照立法法的规定上报最高人民法院，由最高人民法院向全国人大常委会提出审查要求，由全国人大常委会按程序办理。待有关机关做出处理后，人民法院再据此做出判决。

实际上，更为简单可行的办法是洛阳市中级人民法院直接适用《种子法》。因为《立法法》第 79 条（现已修改）规定：“法律的效力高于行政法规、地方性法规、规章，行政性法规的效力高于地方性法规、规章。”另外，《中华人民共和国合同法解释（一）》第 4 条规定：“合同法实施以后，人民法院确认合同无效应当以全国人大及其常委会制定的法律和国务院制定的行政性法规为依据，不得以地方性法规和行政规章为依据。”因此，当洛阳中级法院认为地方性法规与法律冲突时，可依法直接适用法律（不能以违法方式对地方性法规的效力做出判断），本案中即可直接适用《种子法》。同时，二审中河南省高级人民法院也无需向最高人民法院请示，而有权根据立法法和合同法相关解释直接作出终审判决。

3. 结论

无论是制定法律还是实施法律都必须尊重宪法和法律的权威，严格依据宪法和法律规定履行职权职责。宪法对各国家机构的权力做出明确规定，国家机构不能违背宪法的规定，越权行使权力或怠于行使职权。本案中地方立法机关未能及时修改或废止违背上位法的法规，有怠于行使宪法授予的职权之嫌。而有关人民法院却超越宪法授权，评判甚至否认地方性法规的法律效力。前述两种行为，事实上都构成了对宪法权威的伤害，妨碍了宪法的实施，我国所有的国家机关及其工作人员应引以为戒。

---

〔1〕 2000 年制定的《立法法》，虽经 2015 年修改，但相关内容没有改变。

事例三:全国人大常委会废止劳教制度[1]

【事件回顾】

2013年12月23日,第十二届全国人大常委会第六次会议开始审议国务院关于提请废止《国务院关于劳动教养问题的决定》和《国务院关于劳动教养的补充规定》的议案。12月28日,全国人大常委会通过《全国人民代表大会常务委员会关于废止有关劳动教养法律规定的决定》,决定废止1957年8月1日第一届全国人民代表大会常务委员会第七十八次会议通过的《全国人民代表大会常务委员会批准国务院关于劳动教养问题的决定的决议》及《国务院关于劳动教养问题的决定》、废止1979年11月29日第五届全国人民代表大会常务委员会第十二次会议通过的《全国人民代表大会常务委员会批准国务院关于劳动教养的补充规定的决议》及《国务院关于劳动教养的补充规定》。至此,在我国实施五十多年的劳教制度正式终止。

【事例分析】

1. 事件相关的本编宪法理论

(1)宪法实施与人权保障

人权是指人依其自然本性和社会本质所享有或者应当享有的并被社会承认的权利总和,具体包括人的生存权利、政治权利和经济、社会、文化发展权利等,是社会成员最一般的权利。人权保障是世界各国宪法的基本原则和共同使命。保护人权不仅体现在制定和修改宪法中,也体现于宪法实施的各个环节和方面。一方面,国家有义务通过立法等手段,构建保护基本人权的法律制度体系,细化落实宪法规定的各项基本人权。另一方面,当基本人权受到威胁或侵害时,国家有义务及时提供保护,包括制定、修改和废止

[1] 事例素材来源:《全国人大常委会开始审议废止劳教制度的议案》,载新华网:http://news.xinhuanet.com/politics/2013-12/23/c_118675352.htm,2016年10月3日访问;《全国人大常委会关于废止劳动教养法律规定的决定》,载新华网:http://news.xinhuanet.com/politics/2013-12/28/c_118749199.htm,2019年10月3日访问。

法律,采取必要的行政措施,通过违宪审查、宪法诉讼或普通司法程序等,阻止和消除对基本人权的侵犯。

(2)宪法监督

宪法监督是法定主体对有关宪法活动进行的监察与督促,它是保障宪法实施的重要手段,也是人权保障的有效方式之一。在宪法监督的各种手段中,违宪审查(狭义宪法监督)更为直接和有效。因为其监督主体一般是国家法定机构(可由宪法、宪法判例或宪法惯例确定)具有较高的权威性;有严格的监督程序保证,体现出较强的公开、公正性;有特殊的处理手段或措施,确保其有效性。所以宪法监督制度受到各国的高度重视,并在发展中不断完善,形成了代议机关违宪审查、普通司法机关审查和特设机构审查等三种基本模式。

2. 事例评析

本事件围绕劳教制度而展开,其关注点主要有废止劳教制度的原因及废止劳教制度的方式。

(1)废止劳教制度的原因:劳教制度涉嫌违背宪法和有关法律

劳动教养制度创始于 1957 年,其法律基础是由国务院制定、由全国人大常委会批准的《关于劳动教养问题的决定》(现已废止)。该决定的宪法依据是 1954 年《宪法》第 100 条的内容,具体而言是这部宪法关于"公民必须遵守宪法和法律,遵守劳动纪律,遵守公共秩序,尊重社会公德"的规定。该制度的设立目的是"把游手好闲、违反法纪、不务正业的有劳动力的人,改造成为自食其力的新人","进一步维护公共秩序,有利于社会主义建设。"[1]实际上宪法规定的"遵守劳动纪律,遵守公共秩序,尊重社会公德义务"更多是一种提倡或道德性义务,并不具有直接的法律强制性。因此,劳教制度的设立目的并不符合宪法的本意,更不用说 1957 年以后还多次扩大劳教制度的适用对象和范围,使该制度逐渐偏离其设立的初衷。

现行宪法颁行以后,劳教制度日渐显现出与宪法规定及宪法精神的背离。

第一,劳教制度有违宪法规定的法治原则和人权保障原则。《宪法》第 5 条规定:"中华人民共和国实行依法治国,建设社会主义法治国家。国家

---

〔1〕 参见《国务院关于劳动教养问题的决定》(1957)序言。

维护社会主义法制的统一和尊严。一切法律、行政法规和地方性法规都不得同宪法相抵触。"《宪法》第 33 条规定:"国家尊重和保障人权。"显然,劳教制度并不符合这两项宪法规定和其中蕴含的"法治"和"保护人权"的精神。

第二,劳教制度直接违反宪法规范。《宪法》第 37 条明确规定:"中华人民共和国公民的人身自由不受侵犯。任何公民,非经人民检察院批准或者决定或者人民法院决定,并由公安机关执行,不受逮捕。禁止非法拘禁和以其他方法非法剥夺或者限制公民的人身自由,禁止非法搜查公民的身体。"而劳动教养不经检察院审查起诉和法院审判,行政机关实际上能单方面决定限制和剥夺公民人身自由最长达 4 年之久,这明显是一种侵害公民人身自由的行为。

第三,劳教制度违反《立法法》规定的法律保留原则。《立法法》是为了细化国家机关的立法权,提高立法质量,维护国家法制统一而制定的宪法性法律。《立法法》第 8 条第 5 项规定:"对公民政治权利的剥夺、限制人身自由的强制措施和处罚","只能制定法律"。可见,我国对公民人身自由的限制采取了法律保留原则。即只有全国人大及其常委会且通过立法方式才能限制公民人身自由,而其他任何机关均无此权。劳动教养是剥夺或限制公民人身自由的措施,依据《立法法》的规定,这样的事项毫无疑问只能用法律规定。但是创立劳教制度的基本文件是《国务院关于劳动教养问题的决定》(1957),此决定严格说来并非法律。因为 1954 宪法规定的是全国人大的"单一立法制",即制定法律的权力只属于全国人民代表大会。[1] 同时,1954 年宪法明确规定全国人大常委会有权"解释法律""制定法令"。[2] 而国务院只有权"根据宪法、法律和法令,规定行政措施,发布决议和命令"。[3] 因此,从立法形式上看,实质上是用行政措施或行政命令限制或剥

[1] 1954 年《中华人民共和国宪法》第 22 条:全国人民代表大会是行使国家立法权的唯一机关。

[2] 1954 年《中华人民共和国宪法》第 27 条:全国人民代表大会行使下列职权:(一)修改宪法;(二)制定法律。……第 31 条规定:全国人民代表大会常务委员会行使下列职权:(一)主持全国人民代表大会代表的选举;(二)召集全国人民代表大会会议;(三)解释法律;(四)制定法令。……

[3] 1954 年《中华人民共和国宪法》第 49 条:国务院行使下列职权:(一)根据宪法、法律和法令,规定行政措施,发布决议和命令,并且审查这些决议和命令的实施情况;……

夺人身自由,[1]这与《立法法》的规定不相吻合,甚至可理解为违背了宪法的规定(现行《宪法》第37条中的三个“非法”已由《立法法》明确为“非法律”)。总之,如果单从1954年宪法的视角审视劳教制度,其违宪性并不突出。但1982年《宪法》、特别是2000年《立法法》颁行以后,劳教制度已明显背离宪法相关规定和宪法精神。

(2)对全国人大常委会废止劳教制度行为的评析

首先,这是全国人大常委会履行监督宪法实施的职权行为。《宪法》第67条规定:“全国人民代表大会常务委员会行使下列职权:(一)解释宪法,监督宪法的实施;……”从上面的分析可以看出,劳教制度与现行宪法的规定和精神不符,因此,全国人大承担起宪法监督的职责,经过法定程序废止了劳教制度。

其次,这是我国强化宪法监督工作的具体体现。虽然1982年宪法赋予全国人大常委会监督宪法实施的职权,但宪法监督工作并未有效展开。1982年宪法颁行三十多年后才废止劳教制度的事实也在一定程度上反映出我国宪法监督制度的运行之难。中共十八大后,加强宪法实施成为全党和全社会的共识,宪法监督工作受到高度重视。习近平总书记强调:“全面贯彻实施宪法,是建设社会主义法治国家的首要任务和基础性工作。……全国人大及其常委会和国家有关监督机关要担负起宪法和法律监督职责。”[2] 2013年11月中共十八届三中全会决定废止劳动教养制度。12月底全国人大常委会通过法定程序废止劳动教养制度。劳教制度的废除无疑是我国强化宪法监督工作的具体体现。同时,此次全国人大常委会依职权废除劳教制度,也表明人大常委会监督宪法实施的职权并没有体制性障碍,这必将推动我国宪法监督制度的进一步落实。

最后,废止劳教制度是实施宪法的重大举措。劳教制度不仅对公民人身自由,也对公民言论自由、监督国家机关及其工作人员的权利等宪法权利构成威胁和伤害,使宪法确认的这些基本权利在现实生活中难以实现。因

---

〔1〕 虽然《国务院关于劳动教养问题的决定》(1957)经过全国人大常委会批准,但难以据此认定该决定已转化为全国人大常委会的立法,因为此“批准”行为并没有宪法依据,同时该决定由国务院制定,其后经过全国人大批准,最后仍以国务院的名义发布。

〔2〕 习近平:《在首都各界纪念现行宪法公布施行30周年大会上的讲话》,载新华网:http://news.xinhuanet.com/politics/2012-12/04/c_113907206.htm,2016年9月10日访问。

此，废止劳教制度是我国走向全面落实公民基本权利的重要步骤，是全面实施宪法、推进依法治国的重大举措。

(3)废止劳教制度对我国社会发展具有重大而深远影响

第一，维护了宪法和法律权威，为建设法治中国提供了保障。目前，中国法治已发展到以宪法和法律实施为主要内容的实质法治阶段。而宪法和法律有效实施的关键，主要体现在当其他法律法规或行为与宪法相违背或下位法违背上位法时，能够得到快速而果断的处理和制止。因此，废止劳教制度无疑维护了宪法和法律的权威，对我国法治建设的推动作用不可低估。

第二，重视制度建设，努力保护人权。废止劳教制度宣示了我国人权保障的重要性和迫切性，也表明国家加强人权保护制度建设的决心和力度。废除劳教制度不仅对我国人权司法保障制度的完善有极大促进作用。同时，也警醒国家机关和有关组织在创设制度、履行职责时要努力避免侵犯和伤害公民权利。

第三，有利于履行国际义务，提升国家形象。中国早在20世纪末就签署了《公民权利和政治权利国际公约》，其第14条第1款明确规定："人人有资格由一个依法设立的、合格的、独立的和无偏倚的法庭进行公正的和公开的审讯。"显然，废除劳动教养制度明显与上述人身自由权原则相适应的，也有助于提升国家形象。

3. 结论

劳动教养制度施行五十多年来，为维护社会治安秩序、确保社会稳定、教育挽救违法人员发挥了历史性的重要作用。但随着我国社会主义民主法治建设的推进和法律体系的不断完善，劳动教养制度的历史任务已经完成。全国人大常委会废止劳教制度，是我国最高国家权力机关履行宪法监督权的职权行为，是维护宪法尊严、强化宪法监督、保障宪法实施的具体行动。劳教制度的废止，必将有力推动人权保护等各项宪法制度的全面落实，激发公众尊重宪法、遵守宪法的自觉性和积极性，促进所有国家机关更好履行宪法权力，使国家和社会管理步入法治化轨道。

事例四：马伯里诉麦迪逊案[1]

【事件回顾】

1800年美国大选结果，联邦党人约翰·亚当斯总统落选，民主共和党候选人托马斯·杰弗逊当选。亚当斯为了使以后的联邦党人长期控制司法机关，以此牵制国会和行政，便在1801年3月4日杰弗逊正式接任以前采取了一系列紧急措施，先是任命联邦党人（时任国务卿）约翰·马歇尔为联邦最高法院首席法官，后又任命42名联邦党人为治安法官。对这些人选，在3月3日参议院批准后，亚当斯总统连夜颁发由他签署、国务卿马歇尔盖印的委任状。但由于时间匆忙，有些委任状来不及送出就到了第二天。3月4日新总统杰弗逊上任。他一上任便命令其国务卿麦迪逊扣发这些委任状，以减少联邦党人对司法的控制。于是马伯里等17人未能得到治安法官委任状。为此，马伯里等诉请联邦最高法院向行政部门颁发执行命令，要求后者发给委任状。因为，根据国会颁布的1789年《司法条例》第13条规定，最高法院有权对公职人员颁发执行命令。最高法院根据马伯里的申请，一方面命令国务卿麦迪逊说明不颁发委任状的原因，另一方面考虑如何处理该案。但杰弗逊和麦迪逊对联邦党人控制下的法院极为轻视，认为民选的代表即使不具有绝对的最高性，也具有相对的独立性；否认司法机关有权向执行机关发布司法命令。加之改选后的国会已控制在民主党人手中，并且正在对上届国会通过的巡回法院法案展开激烈辩论。在这种形势下，如何判决马伯里一案，最高法院处于两难地位，如果驳回马伯里的请求，显然是向杰弗逊的民主党屈服；如果颁发令状，杰弗逊和麦迪逊显然不会执行，将会贻笑全国。而采用任何一种做法都会形成行政和立法两部门不受司法部门牵制的危险局面。最终最高法院运用司法审查这个手段摆脱了两难境地。首席法官马歇尔在他起草的全体最高法院法官一致同意的判决书中，先是承认

---

〔1〕 案例编辑自：[美]克里夫·斯隆、戴维·麦基恩：《大法官与总统的对决——马伯里诉国务卿麦迪逊案》，王之洲译，北京大学出版社2015年版。

马伯里被任命为法官是合法的，是有权得到委任状的，而总统和国务卿不予颁发是没有理由的，马伯里的正当权利由此而遭到侵犯，是有权得到补偿的。但是，他又说，最高法院不能颁发这样的执行命令，因为它超出了《宪法》第3条关于最高法院管辖权的规定。根据《宪法》第3条规定最高法院除对极少数案件（主要是涉及大使、公使、领事以及以州为当事人的案件）有第一审管辖权外，只能审理上诉案件，责成最高法院对公职人员颁发执行命令的1789年《司法条例》第13条规定同宪法相违背而无效。最高法院有权拒绝马伯里等的诉讼请求。最后，他就联邦国会立法权的界线、宪法的最高法律地位、法院何以有审查法律的权力等问题作了长篇论证，明确宣布"违宪的法律不是法律""阐明法律的意义是法院的职权"。就此开创了联邦最高法院审查国会法律是否违宪的先例，为联邦最高法院赢得了宪法解释权和对法律的司法审查权。

【事例分析】

1. 事件相关的本编宪法理论

（1）宪法的法律地位及效力。宪法确定了国家的发展方向，规定了国家和社会最重要的制度，关系着国家稳定、社会发展以及全体国民的福祉。因此，在宪法中明确宣告宪法的根本法地位，已成为世界各成文宪法国家的通常作法。同时，各国宪法往往也会明确规定宪法的最高效力，让宪法既约束所有的普通法律规则，也约束所有国家机关、政党、社会组织和全体公民的行为。这样，宪法的权威才能树立，国家制定宪法的根本目的才能实现。

（2）宪法的实施方式。宪法的实施是宪法原则和规范在现实生活中的贯彻落实，是宪法对国家与社会发生作用的实现形式。任何国家的宪法都必须实施，否则，再好的宪法只能是一纸空文。宪法的实施方式既包括所有宪法主体按照宪法的规定履行职权职责，开展有关活动；也包括当危及或损伤宪法权威的事件或行为发生时，及时处理宪法争议和制裁违宪主体。宪法实施的具体方式很多，通常包括：宪法遵守、宪法执行、宪法适用、宪法修改、宪法解释、违宪审查（狭义宪法监督）等。因此，实施宪法的主体范围广泛，它包括了所有的国家机关、政党、社会组织和全体公民。当然，国家司法机关自不例外。各国的差异在于司法机关实施宪法的具体方式，是直接适用宪法还是间接适用宪法，是普通司法机关适用宪法还是专门司法机关适用宪法。一般而论,实行三权分立的资本主义国家主张司法机关可以直接实施宪法,出于增强效果等考虑,后来发展出专门司法机关适用宪法的体制。而在实行民主集中制的社会主义国家,一般把直接适用宪法的权力授予最高国家权力机关,司法机关仅保留间接实施宪法(适用普通法律)的职权。

(3)违宪审查与司法审查。违宪审查是指由特定国家机关通过法定程序,以特定方式审查和处理某项立法或某种行为是否合宪的制度。而司法审查仅是违宪审查的具体类型之一,它是指由国家司法机关对立法行为和行政行为的合宪性进行判定和裁决,并对违反宪法的立法和行政行为作出处理的活动。司法审查制的模式有两种,一种是普通司法机关审查,另一种是专门司法机关(宪法法院等)审查。目前英美法系国家主要采用普通司法机关审查制,而大陆法系国家主要采用专门司法机关审查制。

(4)宪法解释。宪法解释是指特定的国家机关,依据宪法精神和社会需要对宪法规范的内容、含义和界限、适用等所作的权威说明。宪法解释是宪法渊源之一。由于宪法规范与宪法条文具有模糊性、抽象性、开放性与广泛性等特点,任何国家在实施宪法的过程中,必然存在对宪法的理解问题。为了维护宪法的权威性和稳定性,一个国家需要从自己的国情出发,建立自己的宪法解释体制。目前,世界各国主要存在三种宪法解释体制,即代议机关解释体制、普通司法机关解释体制和专门机关解释体制。宪法解释体制的核心问题是宪法解释权的归属,由于宪法解释在宪法实施尤其是违宪审查中的特殊作用,现代国家一般会在宪法中明确规定宪法解释权的归属,当然也可以借助宪法判例、宪法惯例确定,但可能引发相关国家机关竞相争夺。

2. 案例评析

(1)本案是美国司法审查体制创立的开端

从表面看,本案要解决的根本问题是马伯利等是否能借助最高法院的支持获得委任状。对此,马歇尔法官首先提出三个问题:第一,马伯里等是否有权得到他所要求的委任状?第二,如果他有这个权利而且这一权利受到侵犯时,是否应该为他提供补救的办法?第三,如果应该为申请人提供补救办法,是否该由最高法院来下达强制执行令?马歇尔对前两个问题做出了肯定回答,但对第三个问题却按照如下脉络展开了重点阐述。

首先,立法机关(国会)能否超越宪法规定的职权范围。美国《宪法》

第 6 条规定:“本宪法和依照本宪法制定的合众国法律,以及根据合众国权力所缔结或将缔结的一切条约,都是全国的最高法律。”可见宪法明确了自己的最高法律地位和效力,而联邦法律必然依据宪法制定,这使宪法获得了高于国会立法的效力。立法机关只能在宪法规定的职权范围内行使立法权。本案中,马歇尔法官认为,国会的立法权是有限的,限于宪法列举为国会拥有立法权(美国《宪法》第 1 条第 8 款),而又未曾禁止国会行使立法权(第 1 条第 9 款、《宪法》第 1 修正案)的事项。人民组织政府,通过宪法授予各机关以各种权限,不允许各机关有越权之事,国会也不能例外,其行使立法权须限制在一定范围之内。如果国家机关职权受到宪法限制,而又可以破坏其限制,那么限制就没有任何意义。

其次,违宪的立法是否有效。马歇尔法官认为,宪法作为国家的最高法律,不能用一般立法程序加以变更,也不能与一般法律处于平等地位,议会可以随意加以变更,这是不言自明的道理。如果用一般立法变更宪法,那么一般立法就违背宪法,违宪的法律不是法律;如果议会可以随意变更宪法,则一切成文宪法的修改程序就无须复杂严格。因此,起草宪法的人,必然视宪法为国家的最高法律,“宪法取缔一切与之相抵触的法律”,法律违宪者无效是当然之理。由于国会制定的《司法条例》第 13 条(责成最高法院对公职人员颁发执行命令),明显超出美国《宪法》第 3 条第 2 款[1]对最高法院的授权范围,属超越宪法规定的权限立法,因而《司法条例》第 13 条违宪无效。法院驳回了马伯利等的诉讼请求。

最后,谁应拥有宪法解释权。关于宪法解释权的归属,美国宪法文本中并未明确。本案中,马歇尔法官认为,阐明什么是法律是法院的职权。法官适用法律以审判诉讼案件,当然有解释法规的必要。宪法也是法律,法院当然对其具有解释权。同时,当审判中两种法规相互抵触,法官必须决定适用哪一种法规。法院对一项违宪的法律,而且该法律和宪法适用于同一案件时,法院要么不顾宪法,顺从法律,要么不顾法律,顺从宪法。显然法院要作判断和选择,选择后者,这不仅是在捍卫人民的最高意志和原始权力,而且

---

〔1〕 1787 年美国《宪法》第 3 条第 2 款规定:涉及大使、其他使节和领事以及一州为当事人的一切案件,其初审权属于最高法院。对上述的所有其他案件,无论是法律方面还是事实方面,最高法院有上诉审理权。

也是在实践自己宪法宣誓的誓言——维护联邦宪法。实际上，判断和选择必然要涉及宪法解释。

综上所述，通过本案的推理与结论，借助判例法的作用，最高法院获得了宪法解释权，拥有了认定联邦法律是否违宪及宣告联邦法律违宪无效的权力。其后，通过其他判例，最高法院陆续获得了对美国政府及各州立法机关的违宪（司法）审查权。因此，本案是美国司法审查制度的奠基之作，在美国及世界宪政史上具有重大影响。

（2）本案具有极强的政治色彩〔1〕

首先，本案受到美国政治体制的支撑。最高法院获得针对美国行政、立法机构的司法审查权，取决于美国三权分立的政治体制，要保证三权制衡，必须改变司法机关以前的弱势地位。正如学者所言："美国联邦的司法审查开始于1803年最高法院的一个判例。从此就使美国司法机关不但可以与国会和总统鼎足而立，而且成为牵制国会和总统的有效工具，从而对美国政治制度的发展起了很大的作用。"〔2〕这也是此案判决受到大多数美国公众支持的根本原因。

其次，本案的受理受到政治影响。既然美国宪法没有授权最高法院受理此类案件，那么，最高法院本可以直接驳回起诉，但最高法院却受理并审理了此案。实际上，最高法院此做法与政治背景有关，当时的美国行政和国会都被民主共和党人所控制（本案就是由于民主共和党人总统杰弗逊和国务卿麦迪逊拒不颁发法官委任状所引发），但最高法院的全部5名法官均为联邦党人，可以借此机会向民主共和党人报复。

最后，本案的判决是政治权衡的结果。如果最高法院向国务卿麦迪逊发出强制执行令，而后者肯定不会执行。如果不发强制执行令则可能受到联邦党人责难。所以判决首先承认了马伯利等诉讼请求的合理性，最高法院也应满足其要求，但最高法院对此案无管辖权更不能发出强制执行令，原因是国会授权立法违宪无效，如此联邦国会最终成为"替罪羊"。从结果看，联邦党人输了官司，却获得了控制国会的司法审查权，民主共和党人赢了官司，却受制于联邦党人。

〔1〕 参见胡建淼主编：《外国宪法：案例与评述》（上册），北京大学出版社2004年版，第14页。

〔2〕 龚祥瑞著：《比较宪法与行政法》，法律出版社1985年版，第116页。

3. 结论

本案中最高法院首席大法官马歇尔运用渊博的法学理论、高超的法律技巧和政治智慧，通过判决该案所援引的 1789 年联邦《司法条例》第 13 条因违宪而无效，成功解决了此案，并由此确立了美国最高法院有权解释宪法，有权审查国会立法行为是否违宪的制度，奠定了美国司法审查制度的基础。该案不仅提升了最高法院在美国国家机构中的地位，而且对美国乃至世界其他国家的宪法制度产生了重大而深远的影响。同时，该案的产生、处理及后果，与美国的宪政体制及当时的政治、司法状况密切相关。这也启示我们，一个国家需要从自己的国情出发创立、完善其宪法法律制度，而简单的模仿或抄袭势必导致该制度难以顺利运行并产生预期效果。

附：中华人民共和国宪法

（1982年12月4日第五届全国人民代表大会第五次会议通过　1982年12月4日全国人民代表大会公告公布施行　根据1988年4月12日第七届全国人民代表大会第一次会议通过的《中华人民共和国宪法修正案》、1993年3月29日第八届全国人民代表大会第一次会议通过的《中华人民共和国宪法修正案》、1999年3月15日第九届全国人民代表大会第二次会议通过的《中华人民共和国宪法修正案》和2004年3月14日第十届全国人民代表大会第二次会议通过的《中华人民共和国宪法修正案》修正）

目　　录

序　　言

中国是世界上历史最悠久的国家之一。中国各族人民共同创造了光辉灿烂的文化，具有光荣的革命传统。

一八四〇年以后，封建的中国逐渐变成半殖民地、半封建的国家。中国人民为国家独立、民族解放和民主自由进行了前仆后继的英勇奋斗。

二十世纪，中国发生了翻天覆地的伟大历史变革。

一九一一年孙中山先生领导的辛亥革命，废除了封建帝制，创立了中华民国。但是，中国人民反对帝国主义和封建主义的历史任务还没有完成。

一九四九年，以毛泽东主席为领袖的中国共产党领导中国各族人民，在经历了长期的艰难曲折的武装斗争和其他形式的斗争以后，终于推翻了帝国主义、封建主义和官僚资本主义的统治，取得了新民主主义革命的伟大胜利，建立了中华人民共和国。从此，中国人民掌握了国家的权力，成为国家的主人。

中华人民共和国成立以后，我国社会逐步实现了由新民主主义到社会主义的过渡。生产资料私有制的社会主义改造已经完成，人剥削人的制度已经消灭，社会主义制度已经确立。工人阶级领导的、以工农联盟为基础的人民民主专政，实质上即无产阶级专政，得到巩固和发展。中国人民和中国人民解放军战胜了帝国主义、霸权主义的侵略、破坏和武装挑衅，维护了国家的独立和安全，增强了国防。经济建设取得了重大的成就，独立的、比较完整的社会主义工业体系已经基本形成，农业生产显著提高。教育、科学、文化等事业有了很大的发展，社会主义思想教育取得了明显的成效。广大人民的生活有了较大的改善。

中国新民主主义革命的胜利和社会主义事业的成就，是中国共产党领导中国各族人民，在马克思列宁主义、毛泽东思想的指引下，坚持真理，修正错误，战胜许多艰难险阻而取得的。我国将长期处于社会主义初级阶段。国家的根本任务是，沿着中国特色社会主义道路，集中力量进行社会主义现代化建设。中国各族人民将继续在中国共产党领导下，在马克思列宁主义、毛泽东思想、邓小平理论和“三个代表”重要思想指引下，坚持人民民主专政，坚持社会主义道路，坚持改革开放，不断完善社会主义的各项制度，发展社会主义市场经济，发展社会主义民主，健全社会主义法制，自力更生，艰苦奋斗,逐步实现工业、农业、国防和科学技术的现代化,推动物质文明、政治文明和精神文明协调发展,把我国建设成为富强、民主、文明的社会主义国家。

在我国,剥削阶级作为阶级已经消灭,但是阶级斗争还将在一定范围内长期存在。中国人民对敌视和破坏我国社会主义制度的国内外的敌对势力和敌对分子,必须进行斗争。

台湾是中华人民共和国的神圣领土的一部分。完成统一祖国的大业是包括台湾同胞在内的全中国人民的神圣职责。

社会主义的建设事业必须依靠工人、农民和知识分子,团结一切可以团结的力量。在长期的革命和建设过程中,已经结成由中国共产党领导的,有各民主党派和各人民团体参加的,包括全体社会主义劳动者、社会主义事业的建设者、拥护社会主义的爱国者和拥护祖国统一的爱国者的广泛的爱国统一战线,这个统一战线将继续巩固和发展。中国人民政治协商会议是有广泛代表性的统一战线组织,过去发挥了重要的历史作用,今后在国家政治生活、社会生活和对外友好活动中,在进行社会主义现代化建设、维护国家的统一和团结的斗争中,将进一步发挥它的重要作用。中国共产党领导的多党合作和政治协商制度将长期存在和发展。

中华人民共和国是全国各族人民共同缔造的统一的多民族国家。平等、团结、互助的社会主义民族关系已经确立,并将继续加强。在维护民族团结的斗争中,要反对大民族主义,主要是大汉族主义,也要反对地方民族主义。国家尽一切努力,促进全国各民族的共同繁荣。

中国革命和建设的成就是同世界人民的支持分不开的。中国的前途是同世界的前途紧密地联系在一起的。中国坚持独立自主的对外政策,坚持互相尊重主权和领土完整、互不侵犯、互不干涉内政、平等互利、和平共处的五项原则,发展同各国的外交关系和经济、文化的交流;坚持反对帝国主义、霸权主义、殖民主义,加强同世界各国人民的团结,支持被压迫民族和发展中国家争取和维护民族独立、发展民族经济的正义斗争,为维护世界和平和促进人类进步事业而努力。

本宪法以法律的形式确认了中国各族人民奋斗的成果,规定了国家的根本制度和根本任务,是国家的根本法,具有最高的法律效力。全国各族人民、一切国家机关和武装力量、各政党和各社会团体、各企业事业组织,都必须以宪法为根本的活动准则，并且负有维护宪法尊严、保证宪法实施的职责。

第一章　总　　纲

第一条　中华人民共和国是工人阶级领导的、以工农联盟为基础的人民民主专政的社会主义国家。

社会主义制度是中华人民共和国的根本制度。禁止任何组织或者个人破坏社会主义制度。

第二条　中华人民共和国的一切权力属于人民。

人民行使国家权力的机关是全国人民代表大会和地方各级人民代表大会。

人民依照法律规定，通过各种途径和形式，管理国家事务，管理经济和文化事业，管理社会事务。

第三条　中华人民共和国的国家机构实行民主集中制的原则。

全国人民代表大会和地方各级人民代表大会都由民主选举产生，对人民负责，受人民监督。

国家行政机关、审判机关、检察机关都由人民代表大会产生，对它负责，受它监督。

中央和地方的国家机构职权的划分，遵循在中央的统一领导下，充分发挥地方的主动性、积极性的原则。

第四条　中华人民共和国各民族一律平等。国家保障各少数民族的合法的权利和利益，维护和发展各民族的平等、团结、互助关系。禁止对任何民族的歧视和压迫，禁止破坏民族团结和制造民族分裂的行为。

国家根据各少数民族的特点和需要，帮助各少数民族地区加速经济和文化的发展。

各少数民族聚居的地方实行区域自治，设立自治机关，行使自治权。各民族自治地方都是中华人民共和国不可分离的部分。

各民族都有使用和发展自己的语言文字的自由，都有保持或者改革自己的风俗习惯的自由。

第五条　中华人民共和国实行依法治国，建设社会主义法治国家。

国家维护社会主义法制的统一和尊严。

一切法律、行政法规和地方性法规都不得同宪法相抵触。

一切国家机关和武装力量、各政党和各社会团体、各企业事业组织都必须遵守宪法和法律。一切违反宪法和法律的行为，必须予以追究。

任何组织或者个人都不得有超越宪法和法律的特权。

第六条 中华人民共和国的社会主义经济制度的基础是生产资料的社会主义公有制，即全民所有制和劳动群众集体所有制。社会主义公有制消灭人剥削人的制度，实行各尽所能、按劳分配的原则。

国家在社会主义初级阶段，坚持公有制为主体、多种所有制经济共同发展的基本经济制度，坚持按劳分配为主体、多种分配方式并存的分配制度。

第七条 国有经济，即社会主义全民所有制经济，是国民经济中的主导力量。国家保障国有经济的巩固和发展。

第八条 农村集体经济组织实行家庭承包经营为基础、统分结合的双层经营体制。农村中的生产、供销、信用、消费等各种形式的合作经济，是社会主义劳动群众集体所有制经济。参加农村集体经济组织的劳动者，有权在法律规定的范围内经营自留地、自留山、家庭副业和饲养自留畜。

城镇中的手工业、工业、建筑业、运输业、商业、服务业等行业的各种形式的合作经济，都是社会主义劳动群众集体所有制经济。

国家保护城乡集体经济组织的合法的权利和利益，鼓励、指导和帮助集体经济的发展。

第九条 矿藏、水流、森林、山岭、草原、荒地、滩涂等自然资源，都属于国家所有，即全民所有；由法律规定属于集体所有的森林和山岭、草原、荒地、滩涂除外。

国家保障自然资源的合理利用，保护珍贵的动物和植物。禁止任何组织或者个人用任何手段侵占或者破坏自然资源。

第十条 城市的土地属于国家所有。

农村和城市郊区的土地，除由法律规定属于国家所有的以外，属于集体所有；宅基地和自留地、自留山，也属于集体所有。

国家为了公共利益的需要，可以依照法律规定对土地实行征收或者征用并给予补偿。

任何组织或者个人不得侵占、买卖或者以其他形式非法转让土地。土地的使用权可以依照法律的规定转让。

一切使用土地的组织和个人必须合理地利用土地。

第十一条 在法律规定范围内的个体经济、私营经济等非公有制经济，是社会主义市场经济的重要组成部分。

国家保护个体经济、私营经济等非公有制经济的合法的权利和利益。国家鼓励、支持和引导非公有制经济的发展，并对非公有制经济依法实行监督和管理。

第十二条 社会主义的公共财产神圣不可侵犯。

国家保护社会主义的公共财产。禁止任何组织或者个人用任何手段侵占或者破坏国家的和集体的财产。

第十三条 公民的合法的私有财产不受侵犯。

国家依照法律规定保护公民的私有财产权和继承权。

国家为了公共利益的需要，可以依照法律规定对公民的私有财产实行征收或者征用并给予补偿。

第十四条 国家通过提高劳动者的积极性和技术水平，推广先进的科学技术，完善经济管理体制和企业经营管理制度，实行各种形式的社会主义责任制，改进劳动组织，以不断提高劳动生产率和经济效益，发展社会生产力。

国家厉行节约，反对浪费。

国家合理安排积累和消费，兼顾国家、集体和个人的利益，在发展生产的基础上，逐步改善人民的物质生活和文化生活。

国家建立健全同经济发展水平相适应的社会保障制度。

第十五条 国家实行社会主义市场经济。

国家加强经济立法，完善宏观调控。

国家依法禁止任何组织或者个人扰乱社会经济秩序。

第十六条 国有企业在法律规定的范围内有权自主经营。

国有企业依照法律规定，通过职工代表大会和其他形式，实行民主管理。

第十七条 集体经济组织在遵守有关法律的前提下，有独立进行经济活动的自主权。

集体经济组织实行民主管理，依照法律规定选举和罢免管理人员，决定经营管理的重大问题。

第十八条 中华人民共和国允许外国的企业和其他经济组织或者个人依照中华人民共和国法律的规定在中国投资,同中国的企业或者其他经济组织进行各种形式的经济合作。

在中国境内的外国企业和其他外国经济组织以及中外合资经营的企业,都必须遵守中华人民共和国的法律。它们的合法的权利和利益受中华人民共和国法律的保护。

第十九条 国家发展社会主义的教育事业,提高全国人民的科学文化水平。

国家举办各种学校,普及初等义务教育,发展中等教育、职业教育和高等教育,并且发展学前教育。

国家发展各种教育设施,扫除文盲,对工人、农民、国家工作人员和其他劳动者进行政治、文化、科学、技术、业务的教育,鼓励自学成才。

国家鼓励集体经济组织、国家企业事业组织和其他社会力量依照法律规定举办各种教育事业。

国家推广全国通用的普通话。

第二十条 国家发展自然科学和社会科学事业,普及科学和技术知识,奖励科学研究成果和技术发明创造。

第二十一条 国家发展医疗卫生事业,发展现代医药和我国传统医药,鼓励和支持农村集体经济组织、国家企业事业组织和街道组织举办各种医疗卫生设施,开展群众性的卫生活动,保护人民健康。

国家发展体育事业,开展群众性的体育活动,增强人民体质。

第二十二条 国家发展为人民服务、为社会主义服务的文学艺术事业、新闻广播电视事业、出版发行事业、图书馆博物馆文化馆和其他文化事业,开展群众性的文化活动。

国家保护名胜古迹、珍贵文物和其他重要历史文化遗产。

第二十三条 国家培养为社会主义服务的各种专业人才,扩大知识分子的队伍,创造条件,充分发挥他们在社会主义现代化建设中的作用。

第二十四条 国家通过普及理想教育、道德教育、文化教育、纪律和法制教育,通过在城乡不同范围的群众中制定和执行各种守则、公约,加强社会主义精神文明的建设。

国家提倡爱祖国、爱人民、爱劳动、爱科学、爱社会主义的公德,在人民中进行爱国主义、集体主义和国际主义、共产主义的教育,进行辩证唯物主义和历史唯物主义的教育,反对资本主义的、封建主义的和其他的腐朽思想。

第二十五条 国家推行计划生育,使人口的增长同经济和社会发展计划相适应。

第二十六条 国家保护和改善生活环境和生态环境,防治污染和其他公害。

国家组织和鼓励植树造林,保护林木。

第二十七条 一切国家机关实行精简的原则,实行工作责任制,实行工作人员的培训和考核制度,不断提高工作质量和工作效率,反对官僚主义。

一切国家机关和国家工作人员必须依靠人民的支持,经常保持同人民的密切联系,倾听人民的意见和建议,接受人民的监督,努力为人民服务。

第二十八条 国家维护社会秩序,镇压叛国和其他危害国家安全的犯罪活动,制裁危害社会治安、破坏社会主义经济和其他犯罪的活动,惩办和改造犯罪分子。

第二十九条 中华人民共和国的武装力量属于人民。它的任务是巩固国防,抵抗侵略,保卫祖国,保卫人民的和平劳动,参加国家建设事业,努力为人民服务。

国家加强武装力量的革命化、现代化、正规化的建设,增强国防力量。

第三十条 中华人民共和国的行政区域划分如下:

(一)全国分为省、自治区、直辖市;

(二)省、自治区分为自治州、县、自治县、市;

(三)县、自治县分为乡、民族乡、镇。

直辖市和较大的市分为区、县。自治州分为县、自治县、市。

自治区、自治州、自治县都是民族自治地方。

第三十一条 国家在必要时得设立特别行政区。在特别行政区内实行的制度按照具体情况由全国人民代表大会以法律规定。

第三十二条 中华人民共和国保护在中国境内的外国人的合法权利和利益,在中国境内的外国人必须遵守中华人民共和国的法律。

中华人民共和国对于因为政治原因要求避难的外国人,可以给予受庇护的权利。

第二章 公民的基本权利和义务

第三十三条 凡具有中华人民共和国国籍的人都是中华人民共和国公民。

中华人民共和国公民在法律面前一律平等。

国家尊重和保障人权。

任何公民享有宪法和法律规定的权利,同时必须履行宪法和法律规定的义务。

第三十四条 中华人民共和国年满十八周岁的公民,不分民族、种族、性别、职业、家庭出身、宗教信仰、教育程度、财产状况、居住期限,都有选举权和被选举权;但是依照法律被剥夺政治权利的人除外。

第三十五条 中华人民共和国公民有言论、出版、集会、结社、游行、示威的自由。

第三十六条 中华人民共和国公民有宗教信仰自由。

任何国家机关、社会团体和个人不得强制公民信仰宗教或者不信仰宗教,不得歧视信仰宗教的公民和不信仰宗教的公民。

国家保护正常的宗教活动。任何人不得利用宗教进行破坏社会秩序、损害公民身体健康、妨碍国家教育制度的活动。

宗教团体和宗教事务不受外国势力的支配。

第三十七条 中华人民共和国公民的人身自由不受侵犯。

任何公民,非经人民检察院批准或者决定或者人民法院决定,并由公安机关执行,不受逮捕。

禁止非法拘禁和以其他方法非法剥夺或者限制公民的人身自由,禁止非法搜查公民的身体。

第三十八条 中华人民共和国公民的人格尊严不受侵犯。禁止用任何方法对公民进行侮辱、诽谤和诬告陷害。

第三十九条 中华人民共和国公民的住宅不受侵犯。禁止非法搜查或者非法侵入公民的住宅。

第四十条 中华人民共和国公民的通信自由和通信秘密受法律的保护。除因国家安全或者追查刑事犯罪的需要,由公安机关或者检察机关依照法律规定的程序对通信进行检查外,任何组织或者个人不得以任何理由侵犯公民的通信自由和通信秘密。

第四十一条 中华人民共和国公民对于任何国家机关和国家工作人员，有提出批评和建议的权利；对于任何国家机关和国家工作人员的违法失职行为，有向有关国家机关提出申诉、控告或者检举的权利，但是不得捏造或者歪曲事实进行诬告陷害。

对于公民的申诉、控告或者检举，有关国家机关必须查清事实，负责处理。任何人不得压制和打击报复。

由于国家机关和国家工作人员侵犯公民权利而受到损失的人，有依照法律规定取得赔偿的权利。

第四十二条 中华人民共和国公民有劳动的权利和义务。

国家通过各种途径，创造劳动就业条件，加强劳动保护，改善劳动条件，并在发展生产的基础上，提高劳动报酬和福利待遇。

劳动是一切有劳动能力的公民的光荣职责。国有企业和城乡集体经济组织的劳动者都应当以国家主人翁的态度对待自己的劳动。国家提倡社会主义劳动竞赛，奖励劳动模范和先进工作者。国家提倡公民从事义务劳动。

国家对就业前的公民进行必要的劳动就业训练。

第四十三条 中华人民共和国劳动者有休息的权利。

国家发展劳动者休息和休养的设施，规定职工的工作时间和休假制度。

第四十四条 国家依照法律规定实行企业事业组织的职工和国家机关工作人员的退休制度。退休人员的生活受到国家和社会的保障。

第四十五条 中华人民共和国公民在年老、疾病或者丧失劳动能力的情况下，有从国家和社会获得物质帮助的权利。国家发展为公民享受这些权利所需要的社会保险、社会救济和医疗卫生事业。

国家和社会保障残废军人的生活，抚恤烈士家属，优待军人家属。

国家和社会帮助安排盲、聋、哑和其他有残疾的公民的劳动、生活和教育。

第四十六条 中华人民共和国公民有受教育的权利和义务。

国家培养青年、少年、儿童在品德、智力、体质等方面全面发展。

第四十七条 中华人民共和国公民有进行科学研究、文学艺术创作和其他文化活动的自由。国家对于从事教育、科学、技术、文学、艺术和其他文化事业的公民的有益于人民的创造性工作，给以鼓励和帮助。

第四十八条 中华人民共和国妇女在政治的、经济的、文化的、社会的和家庭的生活等各方面享有同男子平等的权利。

国家保护妇女的权利和利益,实行男女同工同酬,培养和选拔妇女干部。

第四十九条 婚姻、家庭、母亲和儿童受国家的保护。

夫妻双方有实行计划生育的义务。

父母有抚养教育未成年子女的义务,成年子女有赡养扶助父母的义务。

禁止破坏婚姻自由,禁止虐待老人、妇女和儿童。

第五十条 中华人民共和国保护华侨的正当的权利和利益,保护归侨和侨眷的合法的权利和利益。

第五十一条 中华人民共和国公民在行使自由和权利的时候,不得损害国家的、社会的、集体的利益和其他公民的合法的自由和权利。

第五十二条 中华人民共和国公民有维护国家统一和全国各民族团结的义务。

第五十三条 中华人民共和国公民必须遵守宪法和法律,保守国家秘密,爱护公共财产,遵守劳动纪律,遵守公共秩序,尊重社会公德。

第五十四条 中华人民共和国公民有维护祖国的安全、荣誉和利益的义务,不得有危害祖国的安全、荣誉和利益的行为。

第五十五条 保卫祖国、抵抗侵略是中华人民共和国每一个公民的神圣职责。

依照法律服兵役和参加民兵组织是中华人民共和国公民的光荣义务。

第五十六条 中华人民共和国公民有依照法律纳税的义务。

第三章 国家机构

第一节 全国人民代表大会

第五十七条 中华人民共和国全国人民代表大会是最高国家权力机关。它的常设机关是全国人民代表大会常务委员会。

第五十八条 全国人民代表大会和全国人民代表大会常务委员会行使国家立法权。

第五十九条 全国人民代表大会由省、自治区、直辖市、特别行政区和军队选出的代表组成。各少数民族都应当有适当名额的代表。

全国人民代表大会代表的选举由全国人民代表大会常务委员会主持。

全国人民代表大会代表名额和代表产生办法由法律规定。

第六十条 全国人民代表大会每届任期五年。

全国人民代表大会任期届满的两个月以前,全国人民代表大会常务委员会必须完成下届全国人民代表大会代表的选举。如果遇到不能进行选举的非常情况,由全国人民代表大会常务委员会以全体组成人员的三分之二以上的多数通过,可以推迟选举,延长本届全国人民代表大会的任期。在非常情况结束后一年内,必须完成下届全国人民代表大会代表的选举。

第六十一条 全国人民代表大会会议每年举行一次,由全国人民代表大会常务委员会召集。如果全国人民代表大会常务委员会认为必要,或者有五分之一以上的全国人民代表大会代表提议,可以临时召集全国人民代表大会会议。

全国人民代表大会举行会议的时候,选举主席团主持会议。

第六十二条 全国人民代表大会行使下列职权:

(一)修改宪法;

(二)监督宪法的实施;

(三)制定和修改刑事、民事、国家机构的和其他的基本法律;

(四)选举中华人民共和国主席、副主席;

(五)根据中华人民共和国主席的提名,决定国务院总理的人选;根据国务院总理的提名,决定国务院副总理、国务委员、各部部长、各委员会主任、审计长、秘书长的人选;

(六)选举中央军事委员会主席;根据中央军事委员会主席的提名,决定中央军事委员会其他组成人员的人选;

(七)选举最高人民法院院长;

(八)选举最高人民检察院检察长;

(九)审查和批准国民经济和社会发展计划和计划执行情况的报告;

(十)审查和批准国家的预算和预算执行情况的报告;

(十一)改变或者撤销全国人民代表大会常务委员会不适当的决定;

(十二)批准省、自治区和直辖市的建置;

(十三)决定特别行政区的设立及其制度;

(十四)决定战争和和平的问题;

(十五)应当由最高国家权力机关行使的其他职权。

第六十三条 全国人民代表大会有权罢免下列人员:

(一)中华人民共和国主席、副主席;

(二)国务院总理、副总理、国务委员、各部部长、各委员会主任、审计长、秘书长;

(三)中央军事委员会主席和中央军事委员会其他组成人员;

(四)最高人民法院院长;

(五)最高人民检察院检察长。

第六十四条 宪法的修改,由全国人民代表大会常务委员会或者五分之一以上的全国人民代表大会代表提议,并由全国人民代表大会以全体代表的三分之二以上的多数通过。

法律和其他议案由全国人民代表大会以全体代表的过半数通过。

第六十五条 全国人民代表大会常务委员会由下列人员组成:

委员长,

副委员长若干人,

秘书长,

委员若干人。

全国人民代表大会常务委员会组成人员中,应当有适当名额的少数民族代表。

全国人民代表大会选举并有权罢免全国人民代表大会常务委员会的组成人员。

全国人民代表大会常务委员会的组成人员不得担任国家行政机关、审判机关和检察机关的职务。

第六十六条 全国人民代表大会常务委员会每届任期同全国人民代表大会每届任期相同,它行使职权到下届全国人民代表大会选出新的常务委员会为止。

委员长、副委员长连续任职不得超过两届。

第六十七条 全国人民代表大会常务委员会行使下列职权:

(一)解释宪法,监督宪法的实施;

(二)制定和修改除应当由全国人民代表大会制定的法律以外的其他

法律；

（三）在全国人民代表大会闭会期间，对全国人民代表大会制定的法律进行部分补充和修改，但是不得同该法律的基本原则相抵触；

（四）解释法律；

（五）在全国人民代表大会闭会期间，审查和批准国民经济和社会发展计划、国家预算在执行过程中所必须作的部分调整方案；

（六）监督国务院、中央军事委员会、最高人民法院和最高人民检察院的工作；

（七）撤销国务院制定的同宪法、法律相抵触的行政法规、决定和命令；

（八）撤销省、自治区、直辖市国家权力机关制定的同宪法、法律和行政法规相抵触的地方性法规和决议；

（九）在全国人民代表大会闭会期间，根据国务院总理的提名，决定部长、委员会主任、审计长、秘书长的人选；

（十）在全国人民代表大会闭会期间，根据中央军事委员会主席的提名，决定中央军事委员会其他组成人员的人选；

（十一）根据最高人民法院院长的提请，任免最高人民法院副院长、审判员、审判委员会委员和军事法院院长；

（十二）根据最高人民检察院检察长的提请，任免最高人民检察院副检察长、检察员、检察委员会委员和军事检察院检察长，并且批准省、自治区、直辖市的人民检察院检察长的任免；

（十三）决定驻外全权代表的任免；

（十四）决定同外国缔结的条约和重要协定的批准和废除；

（十五）规定军人和外交人员的衔级制度和其他专门衔级制度；

（十六）规定和决定授予国家的勋章和荣誉称号；

（十七）决定特赦；

（十八）在全国人民代表大会闭会期间，如果遇到国家遭受武装侵犯或者必须履行国际间共同防止侵略的条约的情况，决定战争状态的宣布；

（十九）决定全国总动员或者局部动员；

（二十）决定全国或者个别省、自治区、直辖市进入紧急状态；

（二十一）全国人民代表大会授予的其他职权。

第六十八条 全国人民代表大会常务委员会委员长主持全国人民代表

大会常务委员会的工作,召集全国人民代表大会常务委员会会议。副委员长、秘书长协助委员长工作。

委员长、副委员长、秘书长组成委员长会议,处理全国人民代表大会常务委员会的重要日常工作。

第六十九条 全国人民代表大会常务委员会对全国人民代表大会负责并报告工作。

第七十条 全国人民代表大会设立民族委员会、法律委员会、财政经济委员会、教育科学文化卫生委员会、外事委员会、华侨委员会和其他需要设立的专门委员会。在全国人民代表大会闭会期间,各专门委员会受全国人民代表大会常务委员会的领导。

各专门委员会在全国人民代表大会和全国人民代表大会常务委员会领导下,研究、审议和拟订有关议案。

第七十一条 全国人民代表大会和全国人民代表大会常务委员会认为必要的时候,可以组织关于特定问题的调查委员会,并且根据调查委员会的报告,作出相应的决议。

调查委员会进行调查的时候,一切有关的国家机关、社会团体和公民都有义务向它提供必要的材料。

第七十二条 全国人民代表大会代表和全国人民代表大会常务委员会组成人员,有权依照法律规定的程序分别提出属于全国人民代表大会和全国人民代表大会常务委员会职权范围内的议案。

第七十三条 全国人民代表大会代表在全国人民代表大会开会期间,全国人民代表大会常务委员会组成人员在常务委员会开会期间,有权依照法律规定的程序提出对国务院或者国务院各部、各委员会的质询案。受质询的机关必须负责答复。

第七十四条 全国人民代表大会代表,非经全国人民代表大会会议主席团许可,在全国人民代表大会闭会期间非经全国人民代表大会常务委员会许可,不受逮捕或者刑事审判。

第七十五条 全国人民代表大会代表在全国人民代表大会各种会议上的发言和表决,不受法律追究。

第七十六条 全国人民代表大会代表必须模范地遵守宪法和法律,保守国家秘密,并且在自己参加的生产、工作和社会活动中,协助宪法和法律的实施。

全国人民代表大会代表应当同原选举单位和人民保持密切的联系，听取和反映人民的意见和要求，努力为人民服务。

第七十七条 全国人民代表大会代表受原选举单位的监督。原选举单位有权依照法律规定的程序罢免本单位选出的代表。

第七十八条 全国人民代表大会和全国人民代表大会常务委员会的组织和工作程序由法律规定。

第二节 中华人民共和国主席

第七十九条 中华人民共和国主席、副主席由全国人民代表大会选举。

有选举权和被选举权的年满四十五周岁的中华人民共和国公民可以被选为中华人民共和国主席、副主席。

中华人民共和国主席、副主席每届任期同全国人民代表大会每届任期相同，连续任职不得超过两届。

第八十条 中华人民共和国主席根据全国人民代表大会的决定和全国人民代表大会常务委员会的决定，公布法律，任免国务院总理、副总理、国务委员、各部部长、各委员会主任、审计长、秘书长，授予国家的勋章和荣誉称号，发布特赦令，宣布进入紧急状态，宣布战争状态，发布动员令。

第八十一条 中华人民共和国主席代表中华人民共和国，进行国事活动，接受外国使节；根据全国人民代表大会常务委员会的决定，派遣和召回驻外全权代表，批准和废除同外国缔结的条约和重要协定。

第八十二条 中华人民共和国副主席协助主席工作。

中华人民共和国副主席受主席的委托，可以代行主席的部分职权。

第八十三条 中华人民共和国主席、副主席行使职权到下届全国人民代表大会选出的主席、副主席就职为止。

第八十四条 中华人民共和国主席缺位的时候，由副主席继任主席的职位。

中华人民共和国副主席缺位的时候，由全国人民代表大会补选。

中华人民共和国主席、副主席都缺位的时候，由全国人民代表大会补选；在补选以前，由全国人民代表大会常务委员会委员长暂时代理主席职位。

第三节 国 务 院

第八十五条 中华人民共和国国务院,即中央人民政府,是最高国家权力机关的执行机关,是最高国家行政机关。

第八十六条 国务院由下列人员组成:

总理,

副总理若干人,

国务委员若干人,

各部部长,

各委员会主任,

审计长,

秘书长。

国务院实行总理负责制。各部、各委员会实行部长、主任负责制。

国务院的组织由法律规定。

第八十七条 国务院每届任期同全国人民代表大会每届任期相同。

总理、副总理、国务委员连续任职不得超过两届。

第八十八条 总理领导国务院的工作。副总理、国务委员协助总理工作。

总理、副总理、国务委员、秘书长组成国务院常务会议。

总理召集和主持国务院常务会议和国务院全体会议。

第八十九条 国务院行使下列职权:

(一)根据宪法和法律,规定行政措施,制定行政法规,发布决定和命令;

(二)向全国人民代表大会或者全国人民代表大会常务委员会提出议案;

(三)规定各部和各委员会的任务和职责,统一领导各部和各委员会的工作,并且领导不属于各部和各委员会的全国性的行政工作;

(四)统一领导全国地方各级国家行政机关的工作,规定中央和省、自治区、直辖市的国家行政机关的职权的具体划分;

(五)编制和执行国民经济和社会发展计划和国家预算;

(六)领导和管理经济工作和城乡建设;

(七)领导和管理教育、科学、文化、卫生、体育和计划生育工作;

（八）领导和管理民政、公安、司法行政和监察等工作；

（九）管理对外事务，同外国缔结条约和协定；

（十）领导和管理国防建设事业；

（十一）领导和管理民族事务，保障少数民族的平等权利和民族自治地方的自治权利；

（十二）保护华侨的正当的权利和利益，保护归侨和侨眷的合法的权利和利益；

（十三）改变或者撤销各部、各委员会发布的不适当的命令、指示和规章；

（十四）改变或者撤销地方各级国家行政机关的不适当的决定和命令；

（十五）批准省、自治区、直辖市的区域划分，批准自治州、县、自治县、市的建置和区域划分；

（十六）依照法律规定决定省、自治区、直辖市的范围内部分地区进入紧急状态；

（十七）审定行政机构的编制，依照法律规定任免、培训、考核和奖惩行政人员；

（十八）全国人民代表大会和全国人民代表大会常务委员会授予的其他职权。

第九十条 国务院各部部长、各委员会主任负责本部门的工作；召集和主持部务会议或者委员会会议、委务会议，讨论决定本部门工作的重大问题。

各部、各委员会根据法律和国务院的行政法规、决定、命令，在本部门的权限内，发布命令、指示和规章。

第九十一条 国务院设立审计机关，对国务院各部门和地方各级政府的财政收支，对国家的财政金融机构和企业事业组织的财务收支，进行审计监督。

审计机关在国务院总理领导下，依照法律规定独立行使审计监督权，不受其他行政机关、社会团体和个人的干涉。

第九十二条 国务院对全国人民代表大会负责并报告工作；在全国人民代表大会闭会期间，对全国人民代表大会常务委员会负责并报告工作。

第四节 中央军事委员会

第九十三条 中华人民共和国中央军事委员会领导全国武装力量。

中央军事委员会由下列人员组成:

主席,

副主席若干人,

委员若干人。

中央军事委员会实行主席负责制。

中央军事委员会每届任期同全国人民代表大会每届任期相同。

第九十四条 中央军事委员会主席对全国人民代表大会和全国人民代表大会常务委员会负责。

第五节 地方各级人民代表大会和地方各级人民政府

第九十五条 省、直辖市、县、市、市辖区、乡、民族乡、镇设立人民代表大会和人民政府。

地方各级人民代表大会和地方各级人民政府的组织由法律规定。

自治区、自治州、自治县设立自治机关。自治机关的组织和工作根据宪法第三章第五节、第六节规定的基本原则由法律规定。

第九十六条 地方各级人民代表大会是地方国家权力机关。

县级以上的地方各级人民代表大会设立常务委员会。

第九十七条 省、直辖市、设区的市的人民代表大会代表由下一级的人民代表大会选举;县、不设区的市、市辖区、乡、民族乡、镇的人民代表大会代表由选民直接选举。

地方各级人民代表大会代表名额和代表产生办法由法律规定。

第九十八条 地方各级人民代表大会每届任期五年。

第九十九条 地方各级人民代表大会在本行政区域内,保证宪法、法律、行政法规的遵守和执行;依照法律规定的权限,通过和发布决议,审查和决定地方的经济建设、文化建设和公共事业建设的计划。

县级以上的地方各级人民代表大会审查和批准本行政区域内的国民经济和社会发展计划、预算以及它们的执行情况的报告;有权改变或者撤销本级人民代表大会常务委员会不适当的决定。

民族乡的人民代表大会可以依照法律规定的权限采取适合民族特点的具体措施。

第一百条 省、直辖市的人民代表大会和它们的常务委员会,在不同宪法、法律、行政法规相抵触的前提下,可以制定地方性法规,报全国人民代表大会常务委员会备案。

第一百零一条 地方各级人民代表大会分别选举并且有权罢免本级人民政府的省长和副省长、市长和副市长、县长和副县长、区长和副区长、乡长和副乡长、镇长和副镇长。

县级以上的地方各级人民代表大会选举并且有权罢免本级人民法院院长和本级人民检察院检察长。选出或者罢免人民检察院检察长,须报上级人民检察院检察长提请该级人民代表大会常务委员会批准。

第一百零二条 省、直辖市、设区的市的人民代表大会代表受原选举单位的监督;县、不设区的市、市辖区、乡、民族乡、镇的人民代表大会代表受选民的监督。

地方各级人民代表大会代表的选举单位和选民有权依照法律规定的程序罢免由他们选出的代表。

第一百零三条 县级以上的地方各级人民代表大会常务委员会由主任、副主任若干人和委员若干人组成,对本级人民代表大会负责并报告工作。

县级以上的地方各级人民代表大会选举并有权罢免本级人民代表大会常务委员会的组成人员。

县级以上的地方各级人民代表大会常务委员会的组成人员不得担任国家行政机关、审判机关和检察机关的职务。

第一百零四条 县级以上的地方各级人民代表大会常务委员会讨论、决定本行政区域内各方面工作的重大事项;监督本级人民政府、人民法院和人民检察院的工作;撤销本级人民政府的不适当的决定和命令;撤销下一级人民代表大会的不适当的决议;依照法律规定的权限决定国家机关工作人员的任免;在本级人民代表大会闭会期间,罢免和补选上一级人民代表大会的个别代表。

第一百零五条 地方各级人民政府是地方各级国家权力机关的执行机关,是地方各级国家行政机关。

地方各级人民政府实行省长、市长、县长、区长、乡长、镇长负责制。

第一百零六条 地方各级人民政府每届任期同本级人民代表大会每届任期相同。

第一百零七条 县级以上地方各级人民政府依照法律规定的权限，管理本行政区域内的经济、教育、科学、文化、卫生、体育事业、城乡建设事业和财政、民政、公安、民族事务、司法行政、监察、计划生育等行政工作，发布决定和命令，任免、培训、考核和奖惩行政工作人员。

乡、民族乡、镇的人民政府执行本级人民代表大会的决议和上级国家行政机关的决定和命令，管理本行政区域内的行政工作。

省、直辖市的人民政府决定乡、民族乡、镇的建置和区域划分。

第一百零八条 县级以上的地方各级人民政府领导所属各工作部门和下级人民政府的工作，有权改变或者撤销所属各工作部门和下级人民政府的不适当的决定。

第一百零九条 县级以上的地方各级人民政府设立审计机关。地方各级审计机关依照法律规定独立行使审计监督权，对本级人民政府和上一级审计机关负责。

第一百一十条 地方各级人民政府对本级人民代表大会负责并报告工作。县级以上的地方各级人民政府在本级人民代表大会闭会期间，对本级人民代表大会常务委员会负责并报告工作。

地方各级人民政府对上一级国家行政机关负责并报告工作。全国地方各级人民政府都是国务院统一领导下的国家行政机关，都服从国务院。

第一百一十一条 城市和农村按居民居住地区设立的居民委员会或者村民委员会是基层群众性自治组织。居民委员会、村民委员会的主任、副主任和委员由居民选举。居民委员会、村民委员会同基层政权的相互关系由法律规定。

居民委员会、村民委员会设人民调解、治安保卫、公共卫生等委员会，办理本居住地区的公共事务和公益事业，调解民间纠纷，协助维护社会治安，并且向人民政府反映群众的意见、要求和提出建议。

第六节 民族自治地方的自治机关

第一百一十二条 民族自治地方的自治机关是自治区、自治州、自治县的人民代表大会和人民政府。

第一百一十三条 自治区、自治州、自治县的人民代表大会中，除实行区域自治的民族的代表外，其他居住在本行政区域内的民族也应当有适当名额的代表。

自治区、自治州、自治县的人民代表大会常务委员会中应当有实行区域自治的民族的公民担任主任或者副主任。

第一百一十四条 自治区主席、自治州州长、自治县县长由实行区域自治的民族的公民担任。

第一百一十五条 自治区、自治州、自治县的自治机关行使宪法第三章第五节规定的地方国家机关的职权，同时依照宪法、民族区域自治法和其他法律规定的权限行使自治权，根据本地方实际情况贯彻执行国家的法律、政策。

第一百一十六条 民族自治地方的人民代表大会有权依照当地民族的政治、经济和文化的特点，制定自治条例和单行条例。自治区的自治条例和单行条例，报全国人民代表大会常务委员会批准后生效。自治州、自治县的自治条例和单行条例，报省或者自治区的人民代表大会常务委员会批准后生效，并报全国人民代表大会常务委员会备案。

第一百一十七条 民族自治地方的自治机关有管理地方财政的自治权。凡是依照国家财政体制属于民族自治地方的财政收入，都应当由民族自治地方的自治机关自主地安排使用。

第一百一十八条 民族自治地方的自治机关在国家计划的指导下，自主地安排和管理地方性的经济建设事业。

国家在民族自治地方开发资源、建设企业的时候，应当照顾民族自治地方的利益。

第一百一十九条 民族自治地方的自治机关自主地管理本地方的教育、科学、文化、卫生、体育事业，保护和整理民族的文化遗产，发展和繁荣民族文化。

第一百二十条 民族自治地方的自治机关依照国家的军事制度和当地的实际需要，经国务院批准，可以组织本地方维护社会治安的公安部队。

第一百二十一条 民族自治地方的自治机关在执行职务的时候，依照本民族自治地方自治条例的规定，使用当地通用的一种或者几种语言文字。

第一百二十二条 国家从财政、物资、技术等方面帮助各少数民族加速发展经济建设和文化建设事业。

国家帮助民族自治地方从当地民族中大量培养各级干部、各种专业人才和技术工人。

第七节 人民法院和人民检察院

第一百二十三条 中华人民共和国人民法院是国家的审判机关。

第一百二十四条 中华人民共和国设立最高人民法院、地方各级人民法院和军事法院等专门人民法院。

最高人民法院院长每届任期同全国人民代表大会每届任期相同,连续任职不得超过两届。

人民法院的组织由法律规定。

第一百二十五条 人民法院审理案件,除法律规定的特别情况外,一律公开进行。被告人有权获得辩护。

第一百二十六条 人民法院依照法律规定独立行使审判权,不受行政机关、社会团体和个人的干涉。

第一百二十七条 最高人民法院是最高审判机关。

最高人民法院监督地方各级人民法院和专门人民法院的审判工作,上级人民法院监督下级人民法院的审判工作。

第一百二十八条 最高人民法院对全国人民代表大会和全国人民代表大会常务委员会负责。地方各级人民法院对产生它的国家权力机关负责。

第一百二十九条 中华人民共和国人民检察院是国家的法律监督机关。

第一百三十条 中华人民共和国设立最高人民检察院、地方各级人民检察院和军事检察院等专门人民检察院。

最高人民检察院检察长每届任期同全国人民代表大会每届任期相同,连续任职不得超过两届。

人民检察院的组织由法律规定。

第一百三十一条 人民检察院依照法律规定独立行使检察权,不受行政机关、社会团体和个人的干涉。

第一百三十二条 最高人民检察院是最高检察机关。

最高人民检察院领导地方各级人民检察院和专门人民检察院的工作，上级人民检察院领导下级人民检察院的工作。

第一百三十三条 最高人民检察院对全国人民代表大会和全国人民代表大会常务委员会负责。地方各级人民检察院对产生它的国家权力机关和上级人民检察院负责。

第一百三十四条 各民族公民都有用本民族语言文字进行诉讼的权利。人民法院和人民检察院对于不通晓当地通用的语言文字的诉讼参与人，应当为他们翻译。

在少数民族聚居或者多民族共同居住的地区，应当用当地通用的语言进行审理；起诉书、判决书、布告和其他文书应当根据实际需要使用当地通用的一种或者几种文字。

第一百三十五条 人民法院、人民检察院和公安机关办理刑事案件，应当分工负责，互相配合，互相制约，以保证准确有效地执行法律。

第四章 国旗、国歌、国徽、首都

第一百三十六条 中华人民共和国国旗是五星红旗。

中华人民共和国国歌是《义勇军进行曲》。

第一百三十七条 中华人民共和国国徽，中间是五星照耀下的天安门，周围是谷穗和齿轮。

第一百三十八条 中华人民共和国首都是北京。

附:参考文献

1.《马克思恩格斯选集》(第2、3卷),人民出版社1972年版。

2.[古希腊]亚里士多德:《政治学》,商务印书馆1981年版。

3.[英]霍布斯·利维坦:《利维坦》,商务印书馆1985年版。

4.[英]洛克:《政府论(下)》,商务印书馆1981年版。

5.[英]密尔:《论自由》,商务印书馆1996年版。

6.[美]罗斯金等:《政治科学》,华夏出版社2001年版。

7.[美]列奥·施特劳斯、约瑟夫·克罗波西:《政治哲学史》,河北人民出版社1993年版。

8.[美]弗雷德里克森:《公共行政的精神》,中国人民大学出版社2003年版。

9.[美]詹姆斯·A.布坎南:《同意的计算——立宪民主的逻辑基础》,中国社会科学出版社2000年版。

10.[美]罗伯特·达尔:《民主理论的前言》,三联书店1999年版。

11.[美]弗里德利·冯·哈耶克:《自由秩序原理》,三联书店1997年版。

12.[美]彼德·布劳:《社会生活中的交换与权力》,华夏出版社1987年版。

13.[法]托克维尔:《论美国的民主》,商务印书馆1991年版。

14.[美]莱斯特·M.萨拉蒙等:《全球公民社会——非营利部门视界》,社会科学文献出版社2002年版。

15.刘军宁:《共和民主宪政》,三联书店1998年版。

16.陈云生:《宪法监督司法化》,北京大学出版社2004年版。

17.董和平、秦前红主编:《宪法案例》,中国人民大学出版社2006年版。

18.董和平、韩大元、李树忠主编:《宪法学》,法律出版社2000年版。

19. 龚祥瑞:《比较宪法与行政法》,法律出版社 1985 年版。

20. 胡建淼主编:《外国宪法:案例及评述》,北京大学出版社 2004 年版。

21. 廖真贵主编:《新编宪法概论》,高等教育出版社 2009 年版。

22. 汪太贤主编:《中国宪法学》,法律出版社 2011 年版。

23. 王广辉:《宪法学》,中国政法大学出版社 2010 年版。

24. 王建华主编:《宪法学新论》,电子科技大学出版社 2005 年版。

25. 王磊:《宪法的司法化》,中国政法大学出版社 2000 年版。

26. 杨泉明:《宪法保障论》,四川大学出版社 1990 年版。

27. 殷啸虎主编:《宪法学》,上海人民出版社 2003 年版。

28. 周叶中主编:《宪法》,高等教育出版社 2001 版。

29. 朱最新、杨桦主编:《宪法学》(第二版),中国人民大学出版社 2014 年版。

30. [奥] 凯尔森:《法与国家的一般理论》,沈宗灵译,中国大百科出版社 1996 年版。

31. [荷]亨利·范·马尔赛文等:《成文宪法的比较研究》,陈云生译,华夏出版社 1987 年版。

32. [美]詹姆斯·安修:《美国宪法判例与解释》,黎建飞译,中国政法大学出版社 1999 年版。

33. [美]克里夫·斯隆、戴维·麦基恩:《大法官与总统的对决——马伯里诉国务卿麦迪逊案》,王之洲译,北京大学出版社 2015 年版。

34. [英]米尔恩:《关于人权的概念》,夏勇译,载《法学论丛》1991 年第 5 期。

35.《中国人民大学宪法笔记》,载百度文库网:http://wenku. baidu. com/view/a5499fbefd0a79563c1e728a. html。

36. 韩大元、林来梵、郑贤君:《宪法学专题研究》(第二版),中国人民大学出版社 2008 年版。

37. [美]乔治·霍兰·萨拜因:《政治学说史》(上册),盛葵阳、崔妙因译,商务印书馆 1986 年版,第 209 页。

38. [德]马克斯·韦伯:《经济与社会》(上卷),林荣远译,商务印书馆 1997 年版。

39. 范进学:《论公民基本权利的功能与实现》,载《山东社会科学》2008

年第 4 期。

40. [英]洛克:《政府论》,叶启芳、翟菊农译,商务印书馆 1964 年版。

41. [美]爱得华·S. 考文:《美国宪法的"高级法"背景》,强世功译,北京三联书店 1996 年版。

42. [法]卢梭:《社会契约论》,何兆武译,商务印书馆 1980 年版。

43. 陈新民:《德国公法学基础理论》(下),山东人民出版社 2001 年版。

44. 韩大元:《宪法学基础理论》,中国政法大学出版社 2008 年版。

45. 周叶中主编:《宪法》,高等教育出版社 2011 年版。

46. 秦前红:《新宪法学》,武汉大学出版社 2009 年版。

47. 杨海坤、上官丕亮、陆永胜:《宪法基本理论》,中国民主法制出版社 2007 年版。

48. 张千帆主编:《宪法学导论:原理与应用》(第二版),法律出版社 2008 年版。

49.《马克思恩格斯全集》(第 1 卷),人民出版社 1956 年版。

50. [美]达尔:《论民主》,李柏光译,商务印书馆 1999 年版。

51. 李道揆:《美国政府与美国政治》(下册),商务印书馆 1999 年版。

52. 夏勇:《人权概念起源》,中国政法大学出版社 2001 年版。

53. 胡锦光、韩大元:《中国宪法》,法律出版社 2007 年版。

54. 许崇德主编:《宪法》(第五版),中国人民大学出版社 2014 年版。

55. 朱福惠主编:《宪法学》(第三版),厦门大学出版社 2013 年版。

56. 中华人民共和国国务院新闻办公室编:《中国的人权状况》,中央文献出版社 1991 年版。

57. 王军:《文化传承与教育选择——中国少数民族高等教育的人类学透视》,民族出版社 2002 年版。

58. 张翔:《宪法释义学:原理·技术·实践》,法律出版社 2013 年版。

59. [日]芦部信喜:《宪法》,林来梵等译,北京大学出版社 2006 年版。

60. 张翔主编:《基本权利的规范建构》,高等教育出版社 2008 年版。

61. 韩大元、林来梵、郑贤君:《宪法学专题研究》(第二版),中国人民大学出版社 2008 年版。

62. 王浦劬主编:《政治学基础》,北京大学出版社 1995 年版。

63. 朱柏铭编:《公共部门经济学》,浙江大学出版社 2003 年版。

64. 应克复等:《西方民主史》,中国社会科学出版社 1997 年版。

65. 丛日云:《在上帝与恺撒之间——基督教二元政治观与近代自由主义》,三联书店 2003 年版。

66. 法学教材编辑部:《西方法律思想史编写组》编:《西方法律思想史资料选编》,北京大学出版社 1983 年版。

67. 赵黎青:《非营利部门与中国发展》,香港社会科学出版社 2001 年版。

68. Adam B. Seligman, The IdeaofCivilSociety, New York: The Free Press,1992.

69. 高壮华:《论尊重人权与普世价值的关系》,载《河南司法警官职业学院学报》2014 年第 1 期。

70. 林聪:《基本权利教学研究》,首都师范大学 2008 年硕士学位论文。

71. 宇凤利:《诉权之宪法建构》,广西师范大学 2006 年硕士学位论文。

72. 陈征:《基本权利的国家保护义务功能》,载《中国法学》2008 年第 1 期。

73. 张翔:《基本权利的受益权功能与国家的给付义务——从基本权利分析框架的革新开始》,载《中国法学》2006 年第 1 期。

74. 许宗力:《基本权的功能与司法审查》,载《宪法与法治国行政》,元照出版公司 1999 年版。

75. 李忠夏:《基本权利的社会功能》,载《法学家》2014 年第 5 期。

76. 王勇:《宪法实施的基础》,载《理论与改革》2016 年第 3 期。

77. 王勇:《宪法解决的主要问题是什么》,载《理论动态》2015 年第 4 期。

78. 邱之岫:《公法框架下公共利益正当性的判定与考量》,载《河南省政法管理干部学院学报》2010 年第 6 期。

79. 牛静:《国外宪法对新闻自由的规定和保障模式之探析》,载《新闻知识》2008 年第 1 期。

80. 黄学贤、郭殊:《试论紧急状态下公民基本权利之保障》,载《当代法学》2004 年第 4 期。

81. 莫于川:《树立现代行政法治观念是建设法治政府的要义》,载《中共青岛市委党校 青岛行政学院学报》2006 年第 6 期。

82. 李应涛:《论我国公民迁徙自由权的实现》,华中科技大学 2011 年硕士学位论文。

83. 李慈恩、郑贤君:《由孙志刚案看宪法基本权利的限制》,载《法学家》2004 年第 2 期。

84. 习近平:《在庆祝全国人民代表大会成立 60 周年大会上的讲话》,载《中国人大》2014 年第 18 期。

85. 焦洪昌:《选举权的法律保障》,中国政法大学 2005 年博士学位论文。

86. 宁立成:《公民监督权的社会价值》,载《理论月刊》2007 年第 3 期。

87. 王利明:《人格权法中的人格尊严价值及其实现》,载《清华法学》2013 年第 5 期 。

88. 刘英:《论精神障碍患者的权利保护》,西南政法大学 2012 年硕士学位论文。

89. 王凯:《重庆高考状元因民族加分未被大学录取事件——优惠性差别待遇措施与宪法上平等原则》,载胡锦光主编:《2009 年中国十大宪法事例评析》,法律出版社 2010 年版。

90. 廖元豪:《美国种族优惠性差别待遇合宪性之研究》,载《东吴大学法律学报》第 9 卷第 2 期。

91. 张千帆:《甘肃初中生发帖被刑拘——言论自由的宪法审查》,载胡锦光主编:《2013 年中国十大宪法事例评析》,法律出版社 2015 年版。

92. 曾娜:《四川农民与国家争夺乌木归属权案——财产的"私使用性"与国家所有》,载胡锦光主编:《2012 年中国十大宪法事例评析》,法律出版社 2013 年版。

93. 张翔:《财产权的社会义务》,载《中国社会科学》2012 年第 9 期。

94. 张敏:《芦山乌木市场良性发展受肯定》,载四川新闻网雅安频道:http://ya.newssc.org/system/20130408/000997116.html。

95. 周刚志:《四川巴中市白庙乡"财政公开"事件——"财政公开"的规范基础、宪政价值与制度保障》,载胡锦光主编:《2010 年中国十大宪法事例评析》,法律出版社 2011 年版。

96. 刘英:《中国财政转移支付的运行情况、问题及建议》,载全国人民代表大会常务委员会预算工作委员会调研室编:《中外专家论财政转移支付》,

中国财政经济出版社 2003 年版。

97. 禹竹蕊、李宗侯:《公安机关全面推进政务公开的路径分析》,载《政法学刊》2015 年第 3 期。

98. 陈端洪:《政治法的平衡结构——卢梭〈社会契约论〉中人民主权的建构原理》,载《政法论坛》2006 年第 5 期,第 145 页。

99. [美]乔·萨托利:《民主新论》,冯克利、阎克立译,东方出版社 1993 年版,第 282 ~ 287 页。

100. 刘茂林、陈明辉:《宪法监督的逻辑与制度构想》,载《当代法学》2015 年第 1 期。

后　　记

习近平总书记在纪念现行宪法颁布30周年的讲话中指出:"依法治国,首先是依宪治国。"宪法是国家的根本大法,是治国安邦的总章程,所以,党员领导干部学习宪法是至关重要的。党的十八届四中全会《决定》中指出,坚持把领导干部带头学法、模范守法作为树立法治意识的关键,完善国家工作人员学法用法制度,把宪法法律列入党委(党组)中心组学习内容,列为党校、行政学院、干部学院、社会主义学院必修课。

然而,目前尚未有专门针对党员领导干部学习之用的宪法学用书,所以,我们决定组织党校系统的部分宪法学专家,专门撰写一部适合党员领导干部学习宪法的宪法学用书。

本书由中央党校政法部宪法行政法教研室主任,博士生导师王勇教授组织部分党校系统的宪法学教师共同编撰而成。本书的写作紧扣党员领导干部的需求,既有比较深刻的理论阐述,也有比较生动活泼的宪法案例分析,语言朴素,具有很强的可读性。

本书除引言之外,共分四篇,每篇单独成章节,并配有案例分析。具体分工是:引言(撰稿人王勇);基础理论篇(撰稿人:王勇、赵明、胡业勋);基本权利篇第一、二、六章(撰稿人:禹竹蕊);基本权利篇第三、四、五章(撰稿人:曹阳昭);国家权力篇第一、二、五章(撰稿人:吴涛);国家权力篇第三、四章(撰稿人:刘伟);宪法保障篇第一、四、五章(撰稿人:杨树人);宪法保障篇第二、三章(撰稿人:邱家胜)。本书写作完成后,由王勇、吴涛、胡业勋负责统稿。

本书的写作一定会有很多不足之处,敬请广大读者予以批评指正。本书的写作借鉴了学术界的最新理论研究成果,在此表示感谢!

本书的出版得到法律出版社的大力支持,特别是得到法律出版社郑导编辑的帮助和支持,在此深表谢意!

王　勇
2017 年 1 月 5 日

图书在版编目(CIP)数据

宪法学原理与适用 / 王勇主编. —北京:法律出版社,2017.4
ISBN 978 - 7 - 5197 - 0750 - 7

Ⅰ.①宪… Ⅱ.①王… Ⅲ.①宪法学—中国—党校—教材 Ⅳ.①D921.01

中国版本图书馆 CIP 数据核字(2017)第 070152 号

宪法学原理与适用
XIANFAXUE YUANLI YU SHIYONG

王 勇 主编

策划编辑 郑 导
责任编辑 郑 导
装帧设计 鲍龙卉

出版 法律出版社
总发行 中国法律图书有限公司
经销 新华书店
印刷 三河市龙大印装有限公司
责任校对 王沁陶
责任印制 张建伟
编辑统筹 独立项目策划部
开本 720 毫米×960 毫米 1/16
印张 27
字数 410千
版本 2017 年 6 月第 1 版
印次 2017 年 6 月第 1 次印刷

法律出版社/北京市丰台区莲花池西里 7 号(100073)
网址/www. lawpress. com. cn
投稿邮箱/info@ lawpress. com. cn
举报维权邮箱/jbwq@ lawpress. com. cn
销售热线/010 - 63939792
咨询电话/010 - 63939796

中国法律图书有限公司/北京市丰台区莲花池西里 7 号(100073)
全国各地中法图分、子公司销售电话:
统一销售客服/400 - 660 - 6393
第一法律书店/010 - 63939781/9782
西安分公司/029 - 85330678
重庆分公司/023 - 67453036
上海分公司/021 - 62071639/1636
深圳分公司/0755 - 83072995

书号:ISBN 978 - 7 - 5197 - 0750 - 7
定价:68.00 元
(如有缺页或倒装,中国法律图书有限公司负责退换)